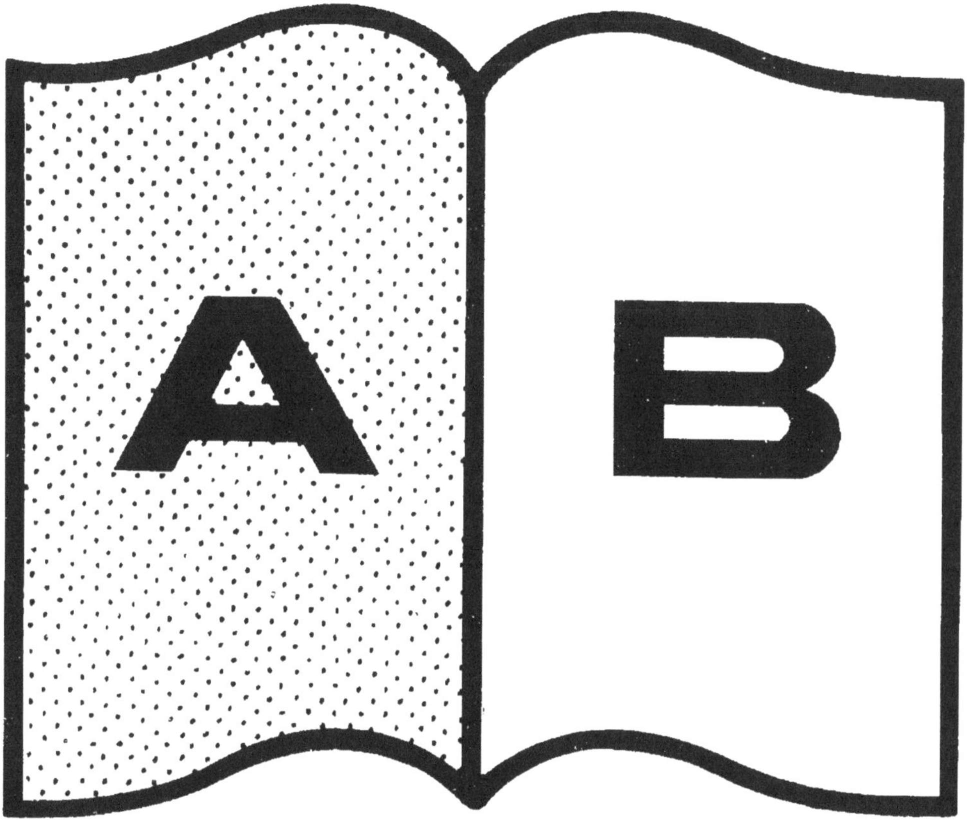

Contraste insuffisant

NF Z 43-120-14

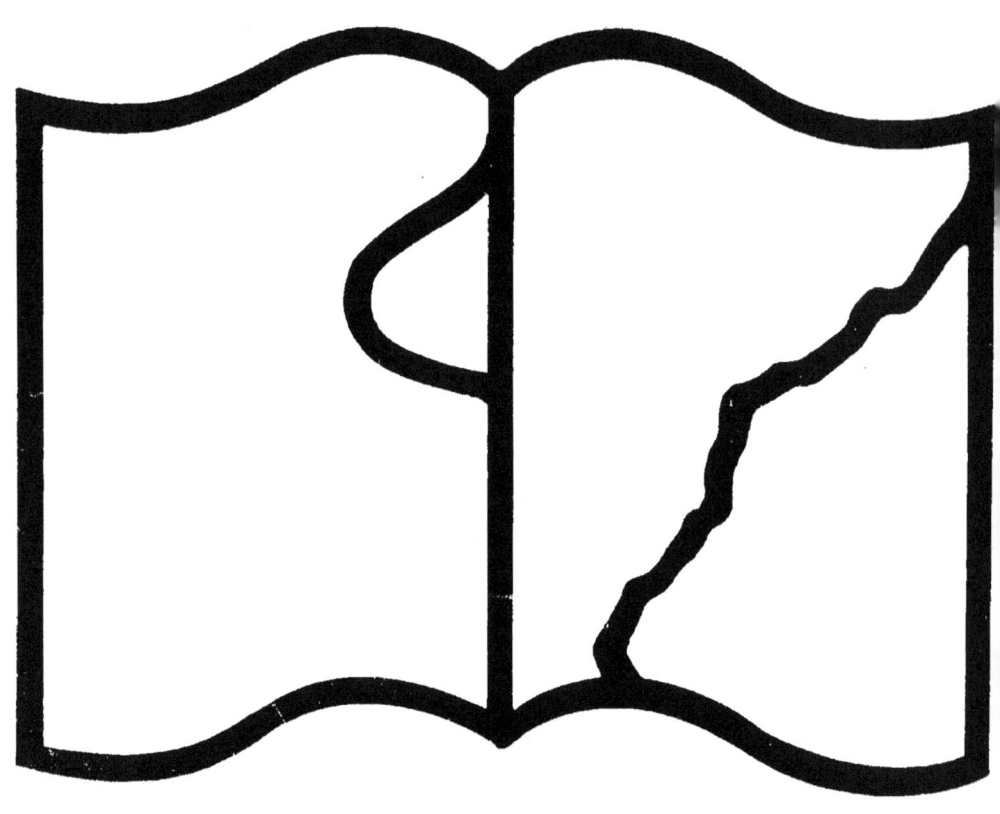

Texte détérioré — reliure défectueuse

NF Z 43-120-11

LA
BELLE RIVIÈRE

SCEAUX. — IMPRIMERIE CHARAIRE ET Cⁱᵉ.

LA
BELLE RIVIÈRE

PAR

GUSTAVE AIMARD

PARIS

H. GEFFROY, LIBRAIRE-ÉDITEUR

222, BOULEVARD SAINT-GERMAIN, 222

LA BELLE RIVIÈRE

———

LE FORT DUQUESNE

TABLE DES MATIÈRES

		Pages.
I.	Le Comte de Jumonville.	1
II.	Le Major Washington.	12
III.	L'Assassinat.	19
IV.	Un Paysage de la Belle Rivière.	27
V.	L'Amour au Désert.	35
VI.	Où l'on prouve qu'une jolie femme ne doit jamais avoir de perroquet blanc.	49
VII.	Dette payée.	57
VIII.	La Chaumière du Proscrit.	66
IX.	Les Messagers.	76
X.	Les Deux Frères.	81
XI.	Au Fort Duquesne.	85
XI.	Plan de campagne.	93
XIII.	Une Silhouette de Coupe-Jarrets.	107
XIV.	Le Départ.	119
XV.	Au Château de Maleval.	127
XVI.	Le Récit de Léona.	134
XVII.	Deux Charmantes Vipères.	153

FIN DE LA TABLE DES MATIÈRES

SCEAUX. IMP. CHARAIRE ET Cⁱᵉ

LA BELLE RIVIÈRE

LE
FORT DUQUESNE

PAR

GUSTAVE AIMARD

PARIS

H. GEFFROY, LIBRAIRE-ÉDITEUR

222, BOULEVARD SAINT-GERMAIN, 222

LA BELLE RIVIÈRE

LE FORT DUQUESNE

I

LE COMTE DE JUMONVILLE

Peu de personnes le savent.

Sous Louis XIV et sous Louis XV, la plus grande partie de l'Amérique du Nord appartenait à la France.

Dans ces possessions se trouvait le vaste territoire connu aujourd'hui sous la dénomination de *Canada*, jadis nommé : Nouvelle-France.

De nos mains, cette terre si riche passa dans celles des Anglais.

L'Angleterre en possède actuellement une minime partie qui constitue une de ses plus riches colonies.

Que si l'on cherche une cause sérieuse à cet abandon inintelligent, on n'en trouve pas.

Des flots de sang ont été versés.

Tant d'hommes illustres s'étaient voués à la colonisation de cette succursale de la mère patrie !

On se croyait près d'arriver à un résultat glorieux et fécond.

L'indifférence coupable du gouvernement, l'odieuse jonglerie des Mississipiens, le mot mi-spirituel et antipatriotique de Voltaire, mot qui fut pris à la lettre par le peuple le plus léger de la terre, anéantirent le fruit de si héroïques efforts, de si longs travaux.

Ce fut une grande perte pour la France.

On se représente encore maintenant le Canada comme un pays de médiocre étendue, stérile, au climat rigoureux, inclément, mortel pour les Européens.

On voit toujours ces immenses étendues de terrains, enfouies sous des neiges éternelles, parcourues par des bêtes fauves ou de féroces Indiens.

Erreur qui nous a coûté cher.

En deux mots, voici la vérité :

A l'époque où nous étions les maîtres, la Nouvelle-France formait un triangle dont la base se trouvait au nord de la baie d'Hudson et le sommet dans le golfe du Mexique, au sud de la Nouvelle-Orléans.

Or, chaque côté de ce triangle mesure au moins 3,500 kilomètres et la superficie totale en est d'environ 1,200,000 kilomètres carrés, superficie onze fois plus considérable que celle de la France actuelle.

Le Canada seul compte vingt-cinq mille habitants.

Il en pourrait contenir le sextuple.

C'est, sans contredit, le pays le plus industrieux et le plus commerçant de l'Amérique du Nord.

Tels sont les *quelques arpents de neige* qui, au dire du philosophe de Ferney, *ne valaient ni le sang ni l'argent qu'ils coûtaient à la France.*

Nous n'insisterons pas davantage sur des considérations attristantes, qui sortent du cadre de notre récit.

A l'époque où commence cette histoire, la guerre menaçait de nouveau en Amérique entre les Anglais et les Français.

La faute n'en était point à nos représentants.

Cette guerre inique était faite, du côté des Anglais, avec une barbarie incroyable et un mépris cynique de tout droit des gens.

Ils l'entreprenaient, le plus souvent, sans déclaration préalable, sans même se donner la peine de chercher un prétexte futile.

Rien ne lavera jamais de cette tache leur réputation politique. C'est un reproche juste et infamant qu'on pourra constamment jeter en pleine face à leur honneur militaire.

Le 27 mai 1754, vers six heures du soir, une troupe de trente-quatre hommes, commandée par un officier, déboucha dans une vaste clairière.

Cette clairière était située au centre de l'une de ces immenses forêts qui couvraient alors les rives de l'Ohio, nommé par les nôtres *Belle-Rivière*, et qui s'étendaient jusqu'aux frontières de la Virginie, possédée par l'Angleterre.

La troupe en question venait de faire une marche longue et fatigante à travers les sentiers presque impraticables de la forêt.

Bien que les hommes qui la composaient fussent pour la plupart des guerriers indiens, rompus, dès l'enfance, à toutes les privations de la vie du désert, et que le reste eût été choisi parmi les chasseurs canadiens les plus endurcis à la fatigue, Indiens et chasseurs paraissaient accablés.

Ils se traînaient plutôt qu'ils ne marchaient, et ce fut avec un cri de joie qu'ils émergèrent des fourrés et entrèrent les uns après les autres dans la clairière.

L'officier, jeune homme de vingt-cinq ans, aux traits fins et distingués, portait l'uniforme de Royal-Marine.

Jugeant une plus longue marche impossible et quelques heures de repos indispensables à ses hommes, il donna l'ordre d'établir le campement pour la nuit.

Cet ordre était impatiemment attendu par les Canadiens et les Peaux-Rouges.

En un instant, le bivouac fut installé.

On alluma les feux de veille.

Puis, chacun fouillant sa gibecière, se mit en devoir de préparer le repas du soir.

Le capitaine s'était assis devant un des feux, sur le tronc d'un arbre renversé.

Le coude sur le genou, la tête dans la main, il suivait d'un vague regard les étincelles brillantes échappées du foyer, tout en se laissant aller à une rêverie qui ne tarda pas à l'absorber complètement.

Profitons de ce moment de répit pour expliquer la présence de ce détachement armé dans une contrée déserte, éloignée de plus trente lieues de toute habitation.

Quelques semaines avant le commencement de notre action, Dinwidie, gouverneur de la Virginie, nommé par le gouvernement britannique, avait expédié une colonne de miliciens chargée d'occuper les terres de l'Ohio qui nous appartenaient.

Notons, en passant, que, selon l'habitude anglaise, cette expédition se faisait en pleine paix, contre le droit de toutes les nations civilisées.

Le major Washington commandait en chef cette colonne.

Washington, le même qui plus tard devint un grand homme et délivra sa patrie du joug de l'Angleterre.

Son avant-garde, dirigée par l'enseigne Ward, entra résolument sur notre territoire, s'y installa et construisit sur les bords de l'Ohio un fort qui du reste fut immédiatement attaqué et enlevé par les Français.

La garnisa demeura prisonnière.

Cependant M. de Contrecœur, commandant du fort Duquesne, fort qui est aujourd'hui la ville de Pittsbourg, l'une des plus riches des États-Unis, M. de Contrecœur, voulant non seulement mettre le droit de son côté, mais, comme si cela était possible, éviter la guerre, prit la résolution de ne pas rendre coup pour coup, attaque pour attaque.

Il chargea l'un de ses aides de camp, capitaine au régiment de Royal-Marine, de se rendre auprès du chef anglais et de le sommer d'avoir à se retirer sur-le-champ, attendu qu'il se trouvait sans raison sur le territoire français.

Cet aide de camp se nommait le comte de Jumonville.

M. de Jumonville fit immédiatement ses préparatifs de départ.

Seulement, comme il lui fallait traverser des régions hantées par des tribus hostiles aux Français, sur la recommandation expresse de M. de Contrecœur, il prit une escorte de trente-quatre hommes dévoués et aguerris.

C'est ce détachement que nous avons laissé campé dans une clairière après une marche forcée de cinq jours.

Le comte de Jumonville tenait tellement à accomplir sa mission sans retard, qu'il n'avait encore laissé reposer ses hommes ni jour ni nuit.

Il espérait du reste, grâce à cette miraculeuse célérité, se trouver le lendemain même vers midi en vue des premiers avant-postes anglais.

Le jeune homme était depuis quelques instants plongé dans ses réflexions, lorsqu'un des Canadiens s'approcha de lui

Le bruit de ses pas ne suffit pas pour le tirer de sa rêverie.

Le Canadien attendit.

Enfin, voyant que l'officier ne faisait aucune attention à lui, il se décida à parler.

— Capitaine ! fit-il après avoir salué respectueusement.

M. de Jumonville releva brusquement la tête, réprimant avec peine un premier mouvement de mauvaise humeur.

Mais le Canadien, immobile, au port d'armes, attendait imperturbablement que son chef l'interrogeât.

En reconnaissant dans le personnage qui se tenait devant lui, sinon un ami, du moins un homme dévoué, le capitaine sourit et lui dit :

— C'est toi, Berger ! que me veux-tu ?

— J'ai à vous parler, répondit laconiquement celui que M. de Jumonville venait d'appeler Berger.

— Assieds-toi, je t'écoute.

Le Canadien obéit et s'assit aux pieds de son chef.

C'était un homme de haute taille, aux larges épaules, aux membres bien attachés.

Des muscles gros comme des cordes et durs comme le fer, dénotaient en lui une rare vigueur.

Sa tête, un peu petite, au front carré, aux traits accentués, reposait d'aplomb sur un cou de taureau.

Ses yeux noirs, bien ouverts, couronnés d'épais sourcils, regardaient bien en face.

Une forêt de cheveux bruns et bouclés, noués par derrière par une peau de serpent, s'éparpillaient en désordre sur ses épaules.

Sa peau parcheminée, sillonnée de rides hâtives, avait une teinte bistre foncé.

Une longue barbe rousse et touffue lui couvrait le bas du visage et descendait jusque sur sa poitrine, donnant à l'ensemble de sa physionomie une sauvagerie étrange.

Malgré cette rude apparence, on sentait que le mal n'avait pas de prise sur la nature primitive de cet homme.

Tout en lui sentait la franchise et la loyauté.

Son costume, adopté par les coureurs des bois canadiens, consistait en une blouse de toile bleue, ornementée, soutachée de fil blanc.

Cette blouse, serrée aux hanches par une ceinture en peau de crocodile, lui laissait une liberté d'allures que n'ont point les vêtements de drap européen.

Dans sa ceinture étaient passés un couteau à manche de corne, une baïonnette, un sac à balles et un sac à poudre.

Sur ses genoux descendait un caleçon de toile bise.

Ses jambes nues n'étaient garanties des ronces et des broussailles que par les ligatures des *mocksens* en peau d'élan qui lui servaient de chaussures. Ces ligatures se rejoignaient au-dessus du mollet.

Un large sac en parchemin, ressemblant à nos carnassières de chasse, était jeté en bandoulière sur son épaule droite.

M. de Jumonville releva brusquement la tête.

Enfin, il tenait à la main un long fusil dont la crosse curieusement sculptée portait une profusion d'arabesques, obtenues à l'aide d'une grande quantité de petits clous en cuivre doré.

Ce spécimen du chasseur canadien, chez lequel le type indien et le type européen se mariaient si bien qu'il devenait impossible de lui assigner une origine exclusive, supportait à merveille l'entourage de cette nature sauvage et luxuriante.

Il se trouvait dans son vrai cadre.

Berger descendait de ces premiers colons normands qui, lors de la première guerre, chassés par les Anglais de leurs plantations, se réfugièrent dans les bois et adoptèrent l'existence aventureuse des aborigènes.

On leur donna, par la suite, le surnom de Bois-Brûlés, à cause de la couleur bistre foncé que le croisement des races avait imprimée à leur peau.

Il eût été fort difficile d'assigner un âge quelconque à l'interlocuteur du comte de Jumonville.

Berger pouvait avoir trente-cinq ans, comme il pouvait en avoir cinquante.

Voyant que le chasseur ne se décidait pas à s'expliquer, le capitaine reprit :

— Voyons, parle ; les ordres de nuit sont donnés. Nos hommes ont bu et mangé. Qu'ils se reposent et s'endorment. Deux sentinelles suffiront pour veiller au salut général et entretenir les feux.

Le Canadien hocha la tête.

— Non? demanda l'officier.

— Non, répondit péremptoirement Berger.

— Qu'y a-t-il?

— Faites excuse, mais...

— Mais quoi?

— Ce n'est pas l'heure du sommeil pour tout le monde.

— Je le vois bien, repartit en riant M. de Jumonville. Si tu continues de la sorte, mon brave, nous en avons, toi et moi, pour jusqu'à demain matin.

— Ce n'est pas le moment de rire non plus, fit le Canadien sans sourciller.

L'officier français connaissait son homme.

Il savait que Berger ne faisait jamais de grandes phrases sans motif.

Il arrêta son rire.

L'autre dit :

— Capitaine, il faut reconnaître les environs.

— Les environs de qui? de quoi? Ne sommes-nous pas en plein désert? De qui diantre peux-tu craindre la visite ?

— Je ne crains rien.

— Je le sais, mon brave Berger.

— Mais les bois ne sont pas sûrs pour tout le monde.

— Est-ce pour moi que tu dis cela?

— Pour vous, monsieur le comte. Précisément.

— Baste! ne vas-tu pas chercher à m'effrayer maintenant?

— Non, ce serait impossible ; mais je cherche à vous rendre défiant, à éveiller votre prudence.

— De la prudence? N'en as-tu pas pour moi, mon vieux Berger? répliqua affectueusement l'officier.

— Cela ne suffit pas.

— Ta main?

Berger donna sa main au comte de Jumonville qui continua :

— Vois-tu, camarade, nous sommes originaires du même pays...

— Oui.

— Normands tous deux. Tes ancêtres ont pendant des siècles été les fidèles serviteurs des miens...
— Oui.
— Tu es mon ami.
— Oui.
— Parle-moi donc comme un ami, et non comme un inférieur.
— Merci, fit le Canadien retirant sa main et détournant son visage pour cacher l'émotion qui le gagnait; merci, monsieur le comte... C'est vrai... Ma famille a toujours été dévouée à la vôtre... et quand, là-bas..., à Québec, j'ai par hasard entendu prononcer votre nom, mon cœur a tressailli de bonheur et je suis accouru à vous. Bien que venu au monde à la *Nouvelle-France*, je me suis toujours cru le serviteur né de vous et des vôtres. Aussi vous l'avez vu, je ne me suis pas fait attendre. Je me suis offert, vous m'avez accepté... Le pacte est conclu entre nous et rien que la mort séparera le fils de mon père, du fils aîné de l'héritier des comtes de Jumonville.
— Je me plais à reconnaître la vérité de tes paroles..., et un jour je me réserve de t'interroger plus en détail sur ce sujet.
— Plus tard, fit Berger avec un certain embarras.
— Oui, quand nous aurons accompli la mission dont je suis chargé.
— C'est cela, oui.
— Tu me diras alors tout ce que tu m'as caché jusqu'à ce jour.
— Nous avons le temps.
— La cause de l'émigration de ton père..., continua le capitaine.
— Oh! l'histoire des pauvres gens comme nous n'est pas bien intéressante.
— Tout ce qui te touche m'intéresse.
— Je vous obéirai, monsieur.
— D'autre part, reprit le jeune homme, en venant en Amérique, mon but était de prendre certains renseignements...
Le Canadien se trouvait de plus en plus mal à l'aise.
Le comte de Jumonville continua, sans remarquer son trouble, que du reste l'obscurité de la nuit tombante l'empêchait d'apercevoir.
— Tu me seras utile dans mes recherches.
— Je ferai de mon mieux, mais je ne vous comprends pas, répondit Berger qui semblait sur des épines.
— Il s'agit d'un de mes grands-oncles...
— Ah! bien.
— Capitaine, à ce que je crois, au régiment de Carignan.
— Mais...
— Il suivit sa compagnie en Amérique et il s'y fixa.
— Et depuis lors?
— Plus de nouvelles. On eut beau se livrer à des recherches actives, il était disparu sans laisser de traces.
— Cela n'a rien de bien extraordinaire, monsieur.
— Comment?
— Sans doute. En se faisant colon, de même que beaucoup d'autres, il

aura changé de nom, fit le Canadien avec une légère hésitation dans la voix.

— A quoi bon?

— Ah! voilà, monsieur le comte, des choses que les Européens ne comprennent pas de prime abord... Mais, voyez-vous, il y a ceci de certain, c'est qu'au bout d'un certain temps, quand on a quitté le vieux monde pour le nouveau, la ville pour la forêt, quand on a compris que le bonheur se trouve seulement au fond des bois, on secoue la plante de ses pieds pour qu'il n'y reste plus un atome de la poussière des villes. On recommence sa vie, on se refait un nom et tout va bien.

— Oui, murmura le jeune homme. C'est cela ou autre chose. Enfin, ajouta-t-il à haute voix, je voudrais quand même savoir ce que ce membre de notre famille est devenu.

— Peut-être bien que vous l'apprendrez un jour.

— Crois-tu?

— Peut-être bien! répéta le chasseur avec une émotion toujours mal réprimée.

Evidemment, s'il eût pu changer le tour de l'entretien, M. de Jumonville n'aurait plus été libre de lui dire un mot de plus sur ce sujet, mais le chasseur avait trop de déférence pour son chef pour se permettre de rompre les chiens.

Le capitaine reprit :

— Il y a trente ans et plus, que le parent dont je parle a disparu.

— Trente ans, trente jours! Le temps est un grand découvreur de mystères. Et puis me permettez-vous une question, monsieur le comte?

— Dis.

— Quel intérêt vous pousse à jeter la lumière dans cette nuit?

— Mais ne t'ai-je pas expliqué qu'il s'agissait d'un de mes grands-oncles? Quelque secondaire que soit l'intérêt que je lui porte personnellement, notre nom peut se trouver en jeu.

— S'il en a changé, comme vous le pensez?

— Est-ce certain?

— Non.

— D'ailleurs, je te l'avouerai, mon bon Berger, il y a au fond de tout cela un attrait de curiosité très grand pour moi.

— Oh! de la curiosité, grommela le chasseur..., ce n'est peut-être pas le moment d'en avoir. Nous avons d'autres chats à fouetter.

M. de Jumonville ajouta sans avoir l'air d'entendre le rappel de son serviteur à la situation présente :

— Quoique cette histoire soit bien confuse et se perde dans la nuit de mon enfance, je me souviens avoir ouï parler à mon père d'une catastrophe sanglante mêlée au nom de mon grand-oncle.

— Rêve d'enfant! fit Berger en haussant les épaules.

— Non pas! Cette disparition subite se rattachait intimement à cette catastrophe; mon père connaissait bien sûr cette affaire.

— Et il ne vous l'a pas racontée? demanda vivement le chasseur.

— Jamais en détail. Une ou deux fois, je l'ai interrogé à ce sujet ; toujours il détournait la conversation.

Berger respira plus librement.

— Votre père, dit-il, pensait sans doute que mieux valait ensevelir cette affaire dans l'oubli le plus profond.

— C'est possible. Notre marche à travers les bois, ces immenses solitudes, la poésie du désert m'ont remis ce souvenir devant les yeux. J'y repenserai plus tard. Revenons-en au motif de ta venue.

— Il n'est pas trop tôt, fit Berger entre ses dents.

— Grognon ! sourit le jeune homme. Quel mal nous est-il arrivé pour que tu cries après le temps perdu ?

— Aucun, mais qui vous dit qu'il ne nous en arrivera point ?

— Nous sommes dans les mains de Dieu. Tu me permettras de ne jamais rien préjuger de l'avenir.

— Bon !

— En somme, que demandes-tu ?

— Que vous m'autorisiez à battre l'estrade pendant une heure dans les environs du campement.

— Ah ! ah ! mais, décidément, tu crains quelque chose ?

— Pour parler net, oui, monsieur.

— Quoi ?

— Le chef indien qui nous accompagne vient de découvrir de nombreuses traces dans le bois, et moi-même j'ai relevé un grand nombre d'empreintes.

— Des chasseurs ?

— Non pas.

— Ou des voyageurs comme nous ?

— Non plus.

— Qui alors ?

— Des soldats, fit Berger.

— Des soldats anglais ?

— Oui.

— Tu te trompes.

— Il n'y a pas à se tromper, pour un vieux coureur de bois comme moi, sur les traces que les habits rouges laissent derrière eux.

— Ainsi tu crois les Anglais près de nous ?

— J'en suis sûr.

— Tant mieux, nous aurons moins de chemin à faire.

— M'est avis que, tout compte fait, mieux vaudrait les éviter.

— Hein !

— Et rebrousser chemin.

— Es-tu fou ? demanda M. de Jumonville, en regardant le Canadien avec stupéfaction.

— Ces allées, ces marches et ces contre-marches mystérieuses sont louches, je vous en réponds.

— Ne suis-je pas envoyé en parlementaire vers le colonel Frye ?

— Je ne dis pas non.

— Et vers le lieutenant-colonel Washington?
— Oui.
— La présence, le voisinage des troupes britanniques, n'a rien que je redoute.
— Il faudra voir.
L'officier impatienté reprit vivement:
— Un parlementaire est inviolable, sacré! Les lois de la guerre, le droit des gens et des nations le protègent.
Le chasseur fit un geste de doute.
— La guerre ne se pratique pas ici comme dans la vieille Europe, dit-il.
— Je ne croirai jamais...
— L'agression impossible à justifier dont nous venons d'être victimes en pleine paix doit vous donner une idée du respect que les Anglais ont pour le droit des gens.
— Berger! Berger! tu n'es qu'un oiseau de mauvais augure, repartit le capitaine en souriant malgré lui. Ta haine pour les Anglais te rend injuste.
— Injuste envers des...
— Respecte nos ennemis si tu veux que nos ennemis te respectent.
— Soit, on se taira..., devant vous, murmura le chasseur canadien en mâchonnant sa mauvaise humeur.
— Mais tu t'obstines... et tu persistes à croire des mesures de prudence nécessaires?
— Ça, oui.
— Eh bien! je te donne carte blanche. Agis à ta guise.
— C'est tout ce que je demande, s'écria joyeusement Berger en se relevant.
— Tu reconnaîtras ton erreur.
— Dieu le veuille, monsieur! Je désire en être pour ma battue et pour mes soupçons, mais je n'en profiterai pas moins et sur-le-champ de la permission que vous venez de me donner.
— Va, va et bien du plaisir. Tu reviendras me prévenir dès que tu seras de retour.
— Je n'y manquerai pas, monsieur le comte.
Après avoir pris congé du jeune officier, Berger se dirigea rapidement vers un Indien accroupi à l'écart devant un feu allumé par lui et pour lui.
Cet indigène, dans la force de l'âge, d'une taille gigantesque et bien proportionnée, avait un visage régulier et des traits dignes du ciseau d'un Michel-Ange.
Ses yeux noirs, bien ouverts, pétillaient d'intelligence et d'astuce.
Sa physionomie à l'expression douce et méditative, sa prestance noble lui donnaient un cachet d'élégance native qui caractérise les Peaux-Rouges.
Son costume se composait de *mitasses* ou caleçons en deux parties cousues avec des cheveux, serrés aux hanches par une ceinture en cuir et attachés aux chevilles; d'une chemise de calicot et de mocksens en peau d'élan, garnis de piquants de porc-épic et de perles en verres multicolores.
Ses cheveux assez longs étaient tressés adroitement et relevés en forme de chignon sur le sommet de sa tête.

Une robe de bison blanc femelle, retenue par une courroie sur ses épaules, l'enveloppait tout entier, traînant jusqu'à terre dans un mouvement plein de grâce et de majesté.

Cet Indien, qu'à la plume d'aigle fichée droit dans sa chevelure il était facile de reconnaître pour un chef, fumait nonchalamment son calumet.

Bien qu'il eût entendu le pas pressé du Canadien et que son œil perçant l'eût parfaitement vu venir vers lui, il ne fit pas un geste, demeurant en apparence absorbé dans ses pensées.

Berger arrivait près de lui.

L'Indien ne tourna pas la tête.

Le chasseur canadien lui posa doucement la main sur l'épaule sans prononcer une parole.

Il attendit, comme il l'avait fait avec l'officier français, que le chef l'interrogeât.

— Mon frère est le bien venu près de son ami, dit l'Indien d'une voix pénétrante. Que désire-t-il? Qu'il parle. Les oreilles d'un chef sont ouvertes.

— Le chasseur blanc veut saluer son ami et lui souhaiter un long repos, avant de se séparer de lui, répondit le Canadien.

— Où va *Sans-Piste?* reprit le Peau-Rouge en donnant à Berger le nom sous lequel il était connu et renommé dans les grands bois. Le chef pâle lui a-t-il donné une mission que deux hommes ne peuvent remplir ensemble?

— J'ai en effet reçu une mission.

— Sans-Piste a-t-il promis d'exécuter seul cette mission?

— Non.

L'Indien ne sourcilla pas.

Le chasseur reprit en souriant :

— J'ai supposé que le chef, fatigué d'une longue route à travers la forêt, aimerait mieux demeurer tranquille auprès du feu que me suivre par une nuit aussi noire, par un ciel sans étoiles.

Le Peau-Rouge releva vivement la tête.

— Sans-Piste est très gai, dit-il. Sans-Piste plaisante. Ne sait-il pas que Koua-Handé [1] est un chef et que la fatigue n'a point de prise sur lui? Les Hurons sont des hommes et non des vieilles femmes bavardes. Où va mon frère?

— Surveiller les alentours du camp.

— Bon.

— Venez-vous avec nous?

— Que mon frère marche; le chef le suit.

— Je comptais sur vous.

Ce disant, le chasseur canadien tendit la main au chef indien, qui la lui serra silencieusement.

Puis, le Peau-Rouge se leva, serra sa robe de bison autour de son corps, jeta son fusil sous son bras et se mit en mesure de suivre son ami.

---

1. Koua-Handé, littéralement : *J'entends venir.* Nous traduisons, l'Ouïe-Fine.

Les deux hommes, après avoir jeté un regard circulaire sur le campement, où, sauf les sentinelles, tout le monde était plongé dans un sommeil réparateur, quittèrent la clairière pour s'enfoncer dans la forêt.

Ils ne tardèrent pas à disparaître dans les fourrés et les taillis épais qui servaient de remparts au camp des Français.

II

LE MAJOR WASHINGTON

Abandonnons le détachement commandé par le comte de Jumonville et devançons les deux coureurs des bois chargés d'explorer les environs du campement français; prions le lecteur de nous accompagner dans les ruines d'un village huron, situées à quelques lieues plus loin sur les rives de l'Ohio.

Là se trouvaient provisoirement réunies certaines personnes avec lesquelles il importe que nous lui fassions lier connaissance, pour l'intelligence des faits qui vont suivre.

Ce village, bâti sur une accore verdoyante de la rive gauche du fleuve, avait longtemps servi de station aux Indiens pendant leur chasse de printemps.

La position même le mettait à l'abri d'un coup de main.

D'un côté, il dominait le cours capricieux de la *Belle-Rivière* en amont et en aval, tandis que de l'autre, il était garanti de toute surprise par une pente escarpée.

Déjà, depuis plusieurs années, les Indiens l'avaient délaissé pour s'enfoncer dans les terres.

Le gibier devenant d'une rareté extrême, ils s'étaient mis à la recherche d'autres territoires de chasse.

Aussi les palissades destinées jadis à lui servir de remparts se trouvaient-elles détruites presque partout, et les rares cabanes encore debout donnaient plutôt asile au vent et à la pluie qu'aux malheureux conduits de ce côté par le hasard ou leur mauvaise étoile.

Cependant, le jour où commence notre histoire, la plus grande animation régnait dans ce village, ordinairement désert et silencieux.

Vers sept heures du soir, une troupe de soldats anglais, forte de trois cents hommes, tant blancs que sauvages, gravissait la colline, entrait dans le village et s'y retranchait solidement pour y passer la nuit.

Cette troupe avait été envoyée par Dinwidie, gouverneur de la Virginie. Elle faisait partie du détachement chargé de s'emparer des terres de l'Ohio et d'y construire un fort, détachement que les Français avaient malmené si rudement pour leur apprendre à faire litière de toutes les lois qui régissent les peuples civilisés.

Dans une cabane un peu moins ruinée que les autres, réparée à la hâte et rendue presque habitable, se trouvaient deux officiers anglais.

Les deux hommes quittèrent la clairière pour s'enfoncer dans le taillis.

C'étaient le commandant du détachement et son lieutenant.

Assis en face l'un de l'autre, devant un feu que la fraîcheur de la nuit rendait nécessaire, ils causaient tout en soupant d'un quartier de venaison rôtie, arrosé de wisky coupé dans de l'eau.

Le commandant, jeune homme de vingt-deux ans à peine, encore imberbe, n'était autre que le major des milices virginiennes, Washington, le

Washington qui plus tard devint si justement célèbre en affranchissant son pays de la suzeraineté de l'Angleterre.

Seulement, à cette époque, le major anglais Washington était loin de se douter du rôle que la Providence l'appelait à jouer dans l'avenir.

Il sortait à peine de l'adolescence.

Sa taille haute et bien prise, ses manières élégantes et ses gestes pleins de grâce et d'harmonie, en faisaient déjà un homme remarquable à tous égards, un gentleman accompli.

Ses traits étaient beaux.

Un nez grec, des yeux au regard pensif et mélancolique, une bouche aux lèvres minces, surmontant un menton accusé et annonçant un caractère résolu, donnaient à sa physionomie une rare expression de dignité.

A première vue, il inspirait le respect.

Il portait avec une grande aisance le costume militaire et, malgré son extrême jeunesse, on reconnaissait réellement en lui le chef de tous ces hommes.

L'enseigne Ward, son lieutenant, formait avec lui le contraste le plus complet.

C'était un soldat, dans toute la force du terme.

Grand, sec, maigre, froid et brave comme son épée, il possédait tout juste l'intelligence nécessaire pour s'acquitter strictement de ses devoirs.

Ajoutons ceci, pour compléter le portrait de ce digne officier :

L'enseigne Ward, imbu, comme tous les Européens de cette époque, des absurdes préjugés de race et de caste, se trouvait intérieurement blessé de se voir sous les ordres du major Washington.

Non pas que lui, homme de cinquante ans, répugnât à obéir à un jeune homme vingt ans, mais parce que, lui Anglais, il servait sous un créole, fait qui ne s'était jamais vu depuis la fondation des colonies anglaises en Amérique.

Tout ce qui précède rendait l'enseigne Ward aussi honteux que malheureux.

Il avait beau faire, il ne parvenait pas à cacher les froissements de son orgueil et de sa vanité.

Fait prisonnier par les Français, lors de l'attaque du Petit-Fort, élevé sur l'Ohio, il avait donné sa parole de ne pas s'évader du fort Duquesne où on l'avait interné.

Naturellement, selon les habitudes anglaises en Amérique, il ne s'était gêné en rien pour la tenir.

Il s'était donc échappé depuis une huitaine de jours seulement et venait de rejoindre les troupes anglaises, tout chaud encore de l'échec subi par lui et les siens.

Sa mauvaise humeur s'était accrue de ses scrupules de conscience rétrospectifs, car, tout fils d'Albion qu'il fût, le brave enseigne ne pouvait s'empêcher d'en avoir.

Ward n'aspirait qu'au moment où il se verrait en mesure de tirer une vengeance éclatante des maux qu'il prétendait avoir soufferts durant une captivité de quarante-huit heures qu'il avait passée libre sur parole.

Mais les Français étaient de si cruels et si félons ennemis de l'Angleterre !

Tout en achevant de souper, l'enseigne racontait à son commandant pour la vingtième fois au moins les vexations auxquelles il avait été en butte pendant sa captivité et les péripéties émouvantes de sa fuite à travers le désert.

Le major Washington l'écoutait en apparence avec une profonde attention, mais un fin sourire plissait de temps en temps le coin de ses lèvres. L'enseigne, échauffé par l'action de son récit, ne se doutait pas que derrière cette fausse attention se cachait une volonté ne manquant jamais son but.

Si le jeune officier n'avait pas eu une raison sérieuse pour écouter les bavardages du vieux soudard, depuis déjà longtemps il lui eût donné un ordre dilatoire et s'en fût débarrassé.

Quand Ward eut fini, son chef lui laissa le temps de réfléchir à toutes ses mésaventures passées.

Le souper tirait lui-même à sa fin.

— Ainsi, monsieur, dit froidement Washington, vous avez beaucoup souffert par la faute des Français ?

— Oui, monsieur le major, répondit l'enseigne avec chaleur, beaucoup !

— Et vous leur en voulez ?

— Comme tout bon Anglais doit le faire.

Le jeune officier réprima un sourire sardonique.

Il pensait peut-être à part lui que, si les Anglais se croyaient en droit d'exécrer les Français, les Américains, de leur côté, ne raisonnaient pas d'une façon insensée en croyant fondée leur haine contre les Anglais.

Le vieil enseigne continua :

— J'ai juré une haine implacable à ces damnés *mangeurs de soupe* et j'espère bien la satisfaire un de ces jours.

— Quand ? demanda Washington sur le même ton indifférent.

— Dame ! aussitôt que la guerre sera déclarée.

— Vous dites, monsieur Ward ?

— Je dis : aussitôt que la guerre...

Le jeune homme ne laissa pas achever la phrase de l'enseigne, qui, tout effaré de l'attitude de son chef, cherchait quelle sottise il pouvait bien avoir lâchée.

— La guerre n'est donc pas déclarée entre la France et l'Angleterre ? s'écria-t-il avec une surprise parfaitement jouée.

— Mais, pas que je sache, balbutia Ward, et je ne vois pas comment, en temps de paix ou tout au moins d'armistice, je pourrai...

— En temps de paix, monsieur ? Mais nous sommes en pleine guerre.

— En pleine guerre ?

— Certes.

— Ma foi ! la chose s'est faite pendant que je me promenais dans la forêt... Vous m'excuserez si je ne suis pas tenu au courant.

— Je vous excuse, tout en ne comprenant pas bien votre ignorance et votre stupéfaction.

— Ainsi, la guerre existe ?

— Parfaitement.

Ward se frotta joyeusement les mains.

Son chef le regardait du coin de l'œil. Il réfléchit quelques instants, puis reprenant la parole avec un imperceptible accent de raillerie :

— Mon cher lieutenant, lui dit-il, je vois avec peine que vous manquez complètement de mémoire.

— Moi, major, je n'oublie rien... de ce que je sais..., répondit Ward, offensé dans son amour-propre.

— Cela ne suffit pas, fit Washington sur le même ton. Il faut deviner ce que vous ne savez pas.

— Expliquez-vous, major.

— Pourquoi sommes-nous ici?

— Pourquoi?

— Oui.

— En mon âme et conscience, major, je vous jure que je l'ignore.

— C'est impossible.

— Sur mon honneur, c'est ainsi.

— Si vous ne me comprenez pas, monsieur Ward, c'est que vous ne voulez pas me comprendre, dit le jeune homme avec un geste de mauvaise humeur mal dissimulée.

— Je vous demande humblement pardon, monsieur, je fais au contraire tous mes efforts pour cela, mais vous avez trop bonne opinion de ma perspicacité.

— Je vais donc vous mettre les points sur les i.

L'enseigne Ward ouvrit curieusement les yeux et tendit les oreilles.

— Vous admettez, n'est-ce pas, monsieur Ward, que nous nous trouvons sur le territoire français?

— Cela ne fait pas l'ombre d'un doute.

— Bon, y sommes-nous de gré ou de force?

— Dame! hésita le vieil officier.

— Répondez.

— Il me semble que l'on ne nous a pas invités à...

— Vous y êtes. D'autre part, n'avons-nous pas, il y a quelque temps, essayé de nous retrancher sur l'Ohio et de nous y établir?

— Cela est d'autant plus vrai que vous m'avez fait l'honneur de me confier la garde de cet établissement.

— Les Français vous ont-ils attaqué?

— Oui, major.

— Détruit votre poste?

— De fond en comble.

— Vous ont-ils emmenés prisonniers, vous et vos soldats?

— Je ne peux pas prétendre le contraire.

— Eh bien? ajouta froidement Washington.

— Il est évident que..., répondit Ward avec timidité.

— Cela constitue, selon moi, un commencement d'hostilités bien caractérisé.

— Un commencement, oui.

— Et bien que, sans déclaration préalable, *la guerre me paraît parfaitement, existor*.

Nous soulignons ces dernières paroles, qui furent textuellement prononcées par Washington en cette circonstance.

Ward réfléchit quelques instants et répliqua :

— La guerre existe de notre côté.

— Comment! de notre côté? se récria le major. Est-ce donc nous qui avons commencé la lutte?

— Non.

— Alors?

— Mais c'est nous qui sans autorisation avons envahi le territoire de nos voisins.

— Vous dites?

— Et essayé de nous y établir malgré eux, continua Ward, qui, tout en manquant à sa parole et en fermant les yeux sur sa propre forfaiture, savait distinguer le vrai du faux quand il s'agissait des autres et surtout de ses supérieurs.

Washington demeura un instant confondu.

Il ne s'attendait pas à pareille réponse de la part d'un homme qu'il regardait comme une brute habituée à se courber devant les commandements et les avis de ses chefs.

Mais, se remettant presque aussitôt :

— Mon cher enseigne, dit-il avec ironie, vous êtes un brave soldat, un excellent officier. Mais, avouez-le, vous n'entendez absolument rien à la diplomatie, à la politique.

— Je ne m'en suis jamais occupé, major, répondit simplement l'enseigne.

— Et vous avez eu tort ; sans cela, vous comprendriez qu'il est de l'intérêt de l'Angleterre de reprendre ces riches contrées aux Français.

— Je comprends cela, major.

— Et que tous les moyens sont bons pour obtenir un résultat aussi important.

— Hum ! fit Ward.

— C'est ainsi.

Le vieil officier baissa la tête sans répondre.

Washington, feignant de prendre son silence pour un assentiment, continua :

— Vous voilà convaincu, monsieur, comme tout bon Anglais le serait à votre place et, toute discussion cessant, laissez-moi vous apprendre une nouvelle qui, j'en suis certain, vous causera une grande joie.

— Quelle nouvelle?

— Celle-ci : Mes coureurs et mes batteurs d'estrade m'informent qu'un détachement français vient de quitter le fort Duquesne.

— Ah ! ah !

— Ce détachement, composé d'une quarantaine d'hommes, remonte l'Ohio et se dirige de ce côté.

— C'est bien improbable.

— Cela est, pourtant.

— Quel motif les pousse à se risquer en aussi petit nombre dans ces parages qu'ils savent occupés par des forces supérieures?

— Je ne vous répondrai rien à ce sujet. Leur secret est bien gardé. Nos espions n'ont rien découvert.

— Quel est leur but ostensible?

— Ils prétendent, me dit-on, être envoyés en parlementaires auprès de moi pour me sommer d'avoir à me retirer immédiatement en Virginie...

— Ah !

— Et d'évacuer ce qu'ils appellent le territoire français indûment envahi par les troupes de Sa Majesté britannique.

— Les insolents ! grommela Ward.

— Mais, continua Washington avec une certaine animation, vous le comprenez, cet envoi d'un parlementaire n'est qu'un prétexte.

— Vous croyez, major?

— Cet envoi cache des projets qu'il me paraît nécessaire de déjouer.

— Il est certain que, s'il cache...

— D'ailleurs, un parlementaire ne se serait pas fait accompagner d'une aussi grosse troupe.

— Peuh ! quarante hommes !

— Il serait venu avec un guide, un interprète et un trompette, escorte suffisante pour un officier chargé d'une mission toute pacifique.

— Vous avez raison, major, cependant...

— Cependant, quoi?

— Si l'envoi de ce parlementaire était réel?

— Il ne l'est pas.

— Je crois avoir entendu parler de quelque chose comme cela, tandis que j'étais détenu au fort Duquesne.

— Rien ne m'ôtera de l'idée que cet officier vient dans une tout autre intention que celle qu'il avoue.

— En ce cas...

— La prudence exige que nous prenions certaines précautions afin de ne pas nous laisser surprendre.

— Oh ! fit l'enseigne en riant dédaigneusement, nous sommes huit fois plus nombreux que ces mendiants. Je ne vois pas ce que nous pouvons craindre.

— Nous pouvons craindre qu'ils nous tuent un certain nombre d'hommes, ce que je veux éviter à tout prix.

— C'est difficile.

— A tout prix, répéta Washington, vous m'entendez?

— Alors nous les attaquerons?

— Certes.

— Le cas est grave.

— En quoi?

— Si nous nous trompons, major?

— Je prends sur moi la responsabilité de cet acte, répondit sèchement le jeune officier.

L'enseigne s'inclina avec respect.
— Vos ordres ? dit-il.
— Les voici : lever le camp à minuit, descendre dans la plaine, pénétrer dans la forêt sur trois colonnes distancées à cent cinquante pas et reliées entre elles par une ligne de tirailleurs indigènes, puis pousser en avant, de façon à prendre tout ce qui se trouvera dans la forêt comme dans un vaste filet.
— Cela sera fait ainsi, monsieur.
— Bien, maintenant, mon cher monsieur Ward, je vais essayer de dormir quelques heures. Vous me réveillerez lorsqu'il en sera temps. Bonsoir. N'oubliez pas, je vous prie, de faire visiter les fusils et changer les amorces.

Le jeune officier s'enveloppa alors dans son manteau, et le dos, appuyé au mur croulant de la cabane, il allongea ses pieds devant le feu, ferma les yeux et feignit de s'endormir.

De la sorte, il n'avait plus à subir les scrupules ou les interrogatoires de son lieutenant.

Ce dernier, resté seul éveillé, alluma un cigare et se mit à fumer tout en réfléchissant aux ordres qu'il venait de recevoir.

L'enseigne Ward était un de ces hommes qui ne savent jamais s'ils doivent être contents ou mécontents.

Il ne demandait pas mieux que de jouer un mauvais tour aux Français, ses ennemis détestés ; mais il sentait bien que dans l'occurrence présente, lui et les siens allaient pêcher en eau trouble.

Entre deux bouffées de tabac, il laissa enfin échapper ces paroles qui résumaient sa pensée :

— Après tout, je suis bien bon de me casser la tête sur cette pierre-là. Arrive que pourra ; je m'en lave les mains. J'ai un chef, j'exécute ses ordres, et voilà !

Le major Washington entendit-il ce court monologue, ou dormait-il réellement ? cela aurait été difficile à certifier et à distinguer.

Toujours pouvons-nous affirmer qu'il ne sourcilla point.

Son cigare entièrement fumé, l'enseigne Ward s'enveloppa à son tour dans son manteau et s'endormit du sommeil de Ponce-Pilate.

III

L'ASSASSINAT

Telle était la position des deux détachements.
D'un côté la loyauté et la confiance.
De l'autre, la ruse, la trahison de parti pris.
Mais, nous le répéterons sans cesse, à quoi bon s'étonner ? C'est de cette façon que la guerre s'est toujours faite en Amérique, entre les Anglais et nous.

Il était trois heures du matin.

Le hibou chantait.

Le ciel commençait à s'éclaircir vers le levant.

Les étoiles disparaissaient les unes après les autres.

Une brise glaciale passant mystérieusement à travers les hautes branches des arbres, les faisait s'entre-choquer avec de sourds frémissements semblables à des plaintes humaines.

Excepté les deux sentinelles chargées d'entretenir les feux et de veiller au salut commun, tous dormaient dans le camp français.

Le comte de Jumonville avait fait comme tous les siens.

Soudain, une main se posa sur son épaule.

Si léger que fut cet attouchement, il suffit pour éveiller le chef du détachement français.

Il se dressa vivement sur son séant et jeta un regard inquiet sur la clairière.

Tout était tranquille et silencieux ; le chasseur canadien se tenait debout devant lui.

— Ah! tu es de retour, Berger? dit-il en étouffant un bâillement.

— Oui, monsieur le comte.

— Qu'y a-t-il? Est-ce donc déjà l'heure de se remettre en route?

— L'heure est peut-être passée.

— Hein? fit le capitaine en chassant les dernières vapeurs du sommeil, que veux-tu dire? Quelle heure est-il?

— Trois heures.

— Il y a du nouveau?

— Oui, monsieur. Je vous l'apprendrai aussitôt que vous aurez donné l'ordre du départ.

— Tu es fou, Berger! sur mon âme, tu es fou!

— Monsieur, répondit le coureur des bois avec une indicible expression de tristesse, il vous faut retourner sur vos pas, au plus vite.

— Hein!

— Si vous ne voulez tomber victime du plus odieux guet-apens.

— Que se passe-t-il? s'écria le capitaine avec vivacité.

— Écoutez-moi, monsieur le comte.

— Parle.

— Dieu veuille que vous ajoutiez foi à mes paroles, sinon vous êtes perdu.

— Bah!

— Et nous avec vous.

— Cela est plus grave. Dis-moi, d'où viens-tu?

— D'explorer la forêt.

— Seul?

— En compagnie de Kouha-Handé, le chef huron dont vous connaissez la prudence et la sagacité.

— Eh bien?

— La forêt est pleine d'Anglais.

Un ouragan de fer et de flamme passa comme un vent de mort sur les Français.

— Si ce n'est que cela !
— Ils s'avancent par trois colonnes, dans le but de vous entourer et de vous surprendre.
— Attendons-les.
— Faites cela et nous sommes tous perdus.
— Tu te trompes, mon vieil ami... tu te trompes, fit M. de Jumonville avec la plus profonde conviction.

— Je voudrais le croire comme vous, monsieur, mais ce que je vous dis est la vérité pure. Je me suis mêlé aux Anglais, j'ai marché dans leurs rangs près d'une demi-heure. Il ne se sont pas gênés de causer devant moi, me prenant pour un de leurs alliés.
— Dis.
— Il nous savent ici et s'avancent à coup sûr. Instruits de notre petit nombre, ils feignent de nous prendre pour des espions et nous traiteront comme tels.
— C'est impossible !
— Je vous le répète, monsieur, mettons-nous en retraite à l'instant même. Je vous guiderai par des sentes inconnues où nul ne nous suivra. Une fois à l'abri sous les canons du fort Duquesne, nous aviserons; marcher en avant ou rester ici, c'est se vouer à une mort inutile et certaine.

Il y eut un silence.

M. de Jumonville hésitait.

Berger eut un tressaillement de joie intérieure.

Il crut l'avoir emporté.

Hélas ! son espérance se trouva vite déçue.

Le jeune homme venait de prendre une décision irrévocable.

Il releva fièrement la tête, et s'adressant d'une voix affectueuse au chasseur :

— Merci, Berger, merci, mon ami, lui dit-il; tu m'as volontairement accompagné, retire-toi.
— Vous dites ?
— Retire-toi, je t'y autorise.
— Et vous ?
— Je marche en avant.
— Mais…
— Je marche en avant, répéta le comte.
— Partir sans vous ?… Mais vous ne comprenez donc pas, monsieur… ?
— Pas un mot de plus, mon ami, fit le jeune homme. J'ai l'honneur d'être officier de Sa Majesté le roi de France. Je me suis chargé d'une mission… Cette mission, je la remplirai, quoi qu'il advienne.
— Bon !
— Ainsi, brisons là. Dis-moi adieu et séparons-nous.
— Adieu ! pourquoi faire ? Je reste.
— Mais…
— A votre tour, pas un mot de plus, monsieur le comte. Ce n'est pas sérieusement, je l'espère, que vous me proposez de vous abandonner, répondit le chasseur avec une pointe de tristesse. Ma place est près de vous, je la garderai quoi qu'il advienne aussi. Vous voulez mourir, soit ! On mourra avec vous.
— Tu es un brave cœur. Je savais bien que tu ne t'éloignerais pas.
— Malheureusement ma présence ne vous sauvera point.
— Rassure-toi. Le danger n'est pas aussi grand que tu le supposes. Les Anglais, j'en conviens, nous exècrent, mais ce sont des adversaires braves et combattant au grand soleil.

— Je le veux bien.

— Ils n'assassinent pas. Leurs officiers sont des hommes comme nous et non des bêtes fauves ou des Indiens féroces.

— Les Indiens respectent leur hôte. Un parlementaire est l'hôte de la nation vers laquelle on l'envoie. Je préférerais avoir affaire à ces Indiens féroces plutôt qu'aux soldats civilisés en face desquels nous allons nous trouver.

— Soit, mon ami, à la garde de Dieu! Ma détermination est prise. Je ne faillirai point à ma tâche. Si je suis tué pendant l'accomplissement de ma mission, je tomberai en homme, léguant la honte de ma mort à mes assassins. Et crois-moi, Berger, quel que soit le sort qui les attende, plus tard ce stigmate sanglant leur restera au cœur et au front.

— Oui, mais...

— Éveille nos hommes, ajouta M. de Jumonville, et marchons au-devant des Anglais.

— C'est bien résolu? demanda le chasseur une dernière fois.

— Oui, évitons-leur la moitié du chemin.

Berger s'inclina respectueusement devant le jeune homme.

Il maudissait à part lui l'aveuglement qui poussait le jeune officier à sa perte, mais, tout en maugréant, il se voyait contraint d'admirer son noble caractère.

Ayant lui-même pris la résolution de ne pas reculer d'une semelle, il se hâta de donner aux chasseurs et aux Indiens le signal du réveil.

En peu de minutes, chacun fut debout et prêt à marcher.

Le capitaine de Jumonville prit la tête de sa colonne expéditionnaire, accompagné du fidèle Canadien qui le suivait pas à pas, comme son ombre.

On sortit de la clairière et on marcha en avant.

Kouha-Handé servait de guide.

Il se tenait à vingt pas environ du détachement.

En passant devant le chasseur, le sachem avait échangé un coup d'œil avec lui.

Ce simple coup d'œil suffit entre les deux hommes pour se comprendre, conclure et sceller un pacte de dévouement.

Cependant l'aube apparaissait.

Le soleil, en se levant, avait rendu aux Français toute leur insouciance et leur gaîté.

Ils s'avançaient en riant et causant dans la forêt, lorsque, vers sept heures du matin, au moment où M. de Jumonville allait commander une halte de quelques instants, le guide qui jusque-là s'était toujours maintenu à l'avant-garde, s'arrêta, hésita, sembla prêter l'oreille, puis finit par se replier vivement en arrière.

— Qu'avez-vous, chef? demanda l'officier.

— Yankées, répondit laconiquement le Huron.

— Ce mot *Yankées* est la corruption du mot *English* que les Indiens ne peuvent prononcer.

Il est devenu le terme qui, dans le Nouveau-Monde, sert à désigner les Américains du Nord.

— Les Anglais? fit le capitaine. Où sont-ils?

— Là, partout, répliqua le chef en désignant les quatre points cardinaux.

— Je vous avais prévenu; nous sommes cernés, ajouta Berger avec la plus profonde tranquillité.

Le comte de Jumonville fronça le sourcil.

Il commençait à soupçonner une trahison.

Cependant son front ne pâlit pas. Son visage demeura calme, sa voix ferme.

— Halte! enfants! cria-t-il.

Puis, se tournant vers Berger qui s'arrêta sur place comme les autres :

— Voici ceux que nous cherchons, ajouta-t-il. Berger, sortez le drapeau de sa gaine et remettez-le-moi.

Le Canadien obéit.

— Faut-il prendre nos dispositions pour répondre à l'ennemi, en cas de besoin? demanda-t-il.

— Non, mon vieil ami, non. Les braves gens qui me suivent n'ont rien à démêler aujourd'hui avec les Anglais. Faites désarmer les fusils, et attendons, la crosse en terre.

Berger, qui avait pris la résolution de ne plus se permettre une observation, fit exécuter l'ordre de M. de Jumonville.

Cela fait, le jeune homme lui tendit un papier qu'il venait de tirer de sa poitrine.

C'était la sommation que le chasseur devait traduire en anglais.

— Faut-il aller trouver le chef anglais, monsieur?

— Non, attendez mon ordre. Voyons-les venir.

— Ils sont tout arrivés, grommela le chasseur; regardez.

En effet, un grand bruit retentissait dans les broussailles qui s'écartèrent brusquement.

Les Anglais parurent de trois côtés à la fois.

Leurs dispositions avaient été prises de telle sorte que les Français se trouvèrent tout à coup enserrés dans un cercle de fer infranchissable.

En voyant leurs ennemis ou ceux qu'ils considéraient comme tels, la crosse de leurs fusils à terre dans une attente pacifique, les Anglais s'arrêtèrent étonnés.

Le comte de Jumonville profita de leur hésitation pour demander à parler à leur chef.

Washington s'avança l'épée à la main.

Il se tint froid et impassible quelques pas en avant de ses soldats.

L'officier français pria Berger, qui parlait anglais, de commencer la lecture de la sommation.

Cependant lui, de côté, le sabre au fourreau et sans se presser autrement, il déploya le drapeau de la France.

Un sourire de dédain glissa sur les lèvres du major anglo-américain.

La rougeur monta au front du comte de Jumonville.

Se redressant de toute sa hauteur, la main droite appuyée sur son drapeau, il cria d'une voix vibrante au chasseur :

— Lisez.

Celui-ci commençait à peine la lecture de la sommation que la voix lente et imprévue du major Washington répondit :

— Soldats, préparez vos armes !

Faisant deux pas en avant, le comte de Jumonville arriva presque face à face avec le commandant de la troupe ennemie.

— Je suis l'envoyé de la France, monsieur, que signifie ceci?

L'autre leva son épée, et commanda :

— Feu !

Les fusils anglais s'abaissèrent.

Un ouragan de fer et de flamme passa comme un vent de mort sur les Français pétrifiés de stupeur, en se voyant victimes d'un si lâche guet-apens.

— Traître ! fit le comte de Jumonville, qui roula sur le sol et tomba raide mort enveloppé dans les plis du drapeau parlementaire tout rougi de son sang.

Une balle venait de le frapper à la tête.

Sept des siens gisaient couchés autour de lui.

Le reste se débanda.

Les Anglais poussèrent un formidable hourra

Et grisés par la vue du sang qu'ils venaient de verser, ils croisèrent la baïonnette et s'élancèrent au pas de charge sur les malheureux compagnons du comte de Jumonville.

Un massacre horrible allait avoir lieu.

Mais alors il se passa un fait étrange, unique dans l'histoire de ces guerres sans pitié comme sans merci.

Les Indiens auxiliaires des Anglais, indignés de leur conduite déloyale, se jetant résolument entre les bourreaux et les victimes, leur barrèrent le passage.

Le major Washington lui-même s'interposa.

Avait-il atteint son but en réduisant pour toujours au silence le porteur des ordres du comte de Contrecœur, commandant du fort Duquesne ?

Ou ressentait-il déjà le remords de son acte inqualifiable ?

Toujours est-il qu'il désarma les siens et que les survivants de la troupe française furent sauvés.

Il va sans dire qu'on les retint prisonniers de guerre.

Nous n'appuierons pas davantage sur cet épouvantable attentat.

On n'invente pas de pareils faits lorsqu'il s'agit d'une grande figure historique comme celle de Washington.

Seulement, nous sommes obligé d'affirmer à nos lecteurs que ce récit est vrai de point en point [1].

Deux hommes avaient profité du tumulte et du désordre jeté par l'intervention des Indiens pour tirer au large et s'échapper.

---

[1] Voir, pour plus de détails, BANCROFT, *Archives de la Marine G. A.*

Ces deux hommes étaient : Berger, le chasseur canadien, et Kouha-Handé, le chef huron.

Lorsque les Anglais se furent retirés, emmenant leurs prisonniers et ne daignant même pas donner la sépulture aux victimes de leur félonie, les deux amis sortirent avec précaution des fourrés dans lesquels jusque-là ils s'étaient réfugiés et tenus aux aguets.

Leur premier soin fut de s'assurer que les assassins du comte de Jumonville avaient effectivement quitté la place.

Cela fait, Berger alla pieusement s'agenouiller auprès du corps du jeune officier, et il pria.

La prière du chasseur en valait bien une autre.

Laissant le Canadien s'abandonner à sa douleur, respectant le dernier témoignage d'amitié qu'il donnait au capitaine français, Kouha-Handé s'arma d'un de ces larges couteaux nommés bowie-knives, pendu à sa ceinture, et se mit à creuser activement la terre, encore humide de sang.

C'était par amitié pour le chasseur que le chef se livrait à cette rude besogne; de M. de Jumonville, il ne se souciait pas plus qu'un Peau-Rouge ne se soucie d'un blanc.

Le Canadien se releva, et, contemplant les restes de l'officier français :

— Pauvre enfant! murmurait-il, tandis que de grosses larmes coulaient le long de ses joues brunies : si jeune! si beau! si brave! finir ainsi! au coin d'un bois, au mépris de toutes les lois divines et humaines. C'est affreux. Pauvre enfant!...

Il souleva doucement la tête du capitaine, lui coupa une boucle de cheveux, enleva un double médaillon suspendu à son cou par une fine chaîne d'acier, prit ses papiers, et, le baisant au front, il reposa son corps à terre.

— Que dirai-je à son frère? pensait-il, tout en s'occupant de ces derniers soins. Comment lui annoncer cette affreuse nouvelle! En aurai-je la force seulement?

Il demeura un instant absorbé par le flot de pensées qui brûlaient son cerveau.

Cependant la besogne du chef était terminée.

Kouha-Handé vint tirer le chasseur de son amère rêverie.

— Vous avez fini, chef?

— Oui.

— Allons, mettons les malheureux dans leur dernière demeure. Ici, du moins, ils ne craindront plus les trahisons des hommes, ici ils jouiront d'un éternel repos!

Alors, enveloppant respectueusement le comte de Jumonville dans les plis du drapeau qui l'avait si peu protégé, Berger le déposa auprès des autres cadavres, dans la fosse creusée par le chef indien.

Glorieux linceul pour le jeune homme!

Les Anglais n'avaient pas songé à le lui arracher des mains.

Peut-être même, honteux de leur lâcheté, avaient-ils reculé devant cette dernière profanation.

Les deux hommes rejetèrent la terre sur les cadavres, puis ils amoncelèrent de lourdes pierres sur la tombe.

De la sorte ils étaient certains que les bêtes fauves ne viendraient pas profaner le dernier asile où reposaient ces hommes assassinés par d'autres hommes, leurs frères, mais plus féroces qu'elles.

Ce devoir accompli, le chasseur canadien se releva le front pâle, les sourcils froncés et, le bras étendu sur la fosse fraîchement fermée, il s'écria :

— Dormez en paix, nobles victimes, vous serez vengées !

Le chef inclina silencieusement la tête en signe d'approbation et les deux hommes s'éloignèrent d'un pas rapide à travers les *sentes* ignorées de la forêt.

Un silence funèbre plana alors sur cette place redevenue solitaire et désormais maudite.

IV

UN PAYSAGE DE LA BELLE RIVIÈRE

Les premiers Français qui explorèrent l'Amérique septentrionale furent séduits par les rives de l'Ohio.

Ce cours d'eau, qui traîne ses capricieux méandres à travers le pays le plus accidenté et les sites les plus pittoresques, reçut d'eux le nom de Belle Rivière, nom qu'il conserva jusqu'à l'abandon du Canada par la France.

Formé par la réunion de Manongohela et de l'Alleghany après un parcours de plusieurs centaines de milles, pendant lequel il reçoit un nombre infini de ruisseaux et de rivières, l'Ohio se jette dans le Mississipi, ce grandiose Meschacébé, que les Indiens appellent le père des fleuves.

La quantité innombrable d'îles et d'îlots dont son cours est semé, la rapidité de son courant, qui contraint les embarcations à s'abandonner au fil de l'eau, rendent sa navigation des plus dangereuses.

Ses rives assez hautes forment une chaîne continue de collines reliées entre elles par des terrains plats et boisés qui fourmillent de gibier.

Particularité singulière, dans un pays qui a centuplé de vie et d'animation, les contrées traversées par cette rivière ne sont pas beaucoup plus peuplées aujourd'hui qu'elles ne l'étaient à l'époque reculée dont nous parlons.

Il ne s'y installait guère alors que des tribus nomades.

De temps à autre, on y rencontrait des Indiens chasseurs ou des coureurs des bois.

C'était tout.

Nous ne savons à quoi attribuer l'abandon d'une région aussi fertile, couverte de forêts renfermant les essences les plus précieuses.

Tout colon qui s'y fixerait y trouverait sans grand travail des avantages commerciaux et industriels certains.

A coup sûr, la vie n'y serait pas difficile.

Environ à dix milles du fort Duquesne, blottie au milieu d'une épaisse forêt, s'élevait une modeste maisonnette construite selon la coutume des défrichements, en madriers à peine équarris posés les uns sur les autres, et reliés entre eux par de la mousse.

Des arbres deux ou trois fois centenaires, chargés de lianes aux inextricables enchevêtrements, lui servaient de ceinture et en défendaient l'approche mieux que n'eussent pu le faire des fossés et des remparts.

Cette maisonnette assez grande avait trois fenêtres, luxe inouï dans ces régions isolées. Quoique placées sans symétrie, elles complétaient l'ensemble de cette bâtisse irrégulière.

Elles étaient garnies de vitres et garanties à l'intérieur par d'épais volets en chêne solide.

Le toit, en paille de maïs, avançait de plus de trois pieds sur les quatre faces de la chaumière, son rebord formant une espèce d'auvent.

On n'apercevait pas les murs sous les vignes et les plantes grimpantes qui les tapissaient de tous côtés.

A droite et à gauche d'une porte doublée en fer, des bancs travaillés dans un seul bloc de chêne disparaissaient sous des plantes formant berceau.

Cette charmante et pittoresque habitation baignait ses fondations dans une étroite rivière qui, tout en traçant un sillon sinueux à ses pieds, sous une voûte de verdure, allait, quelques milles plus loin, se jeter dans l'Alleghany.

Dans un périmètre de trois hectares, autour de la maison, les arbres avaient été abattus; le terrain nivelé tant bien que mal, clos d'une haie et ensemencé à la houe.

Deux hangars, construits à cent pas de l'habitation, servaient à rentrer les grains, à renfermer la paille et les provisions des propriétaires.

Pour que rien ne manquât au bien-être de cette délicieuse oasis, attenant à la maisonnette, il y avait un poulailler où caquetaient une vingtaine de poules.

Dans une écurie voisine, deux chevaux de forte encolure broyaient à pleine bouche la provende dont leur mangeoire regorgeait.

Une laie énorme, entourée d'une demi-douzaine de marcassins, se vautrait dans la vase avec des grognements de joie, tandis qu'une troupe de canards pataugeait, criait, voletait à qui mieux mieux sur une mare communiquant avec la rivière.

Une fine et légère pirogue en écorce de bouleau, construite à l'indienne, sur laquelle séchaient des filets de toutes sortes, était attachée par une chaîne à un poteau planté dans le sable de la rivière.

Si nous ajoutons que deux magnifiques *venteurs*, noir et feu, aux oreilles pendantes, dormaient au soleil devant la porte, nous aurons complété la description de cette demeure, perdue dans une forêt vierge, autour de laquelle rayonnait une auréole de bien-être, qu'elle embaumait d'un parfum de bonheur tranquille.

L'intérieur de cette cabane ressemblait à s'y méprendre à celui des fermes normandes.

C'était la même distribution; presque les mêmes meubles. La seule diffé-

LA BELLE RIVIÈRE

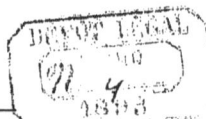

Un coup de feu retentit, la main qui le tenait se desserra.

rence se trouvait dans le plancher, qui, au lieu d'être en terre ou en pierres comme en France, était en bois.

La cheminée, placée au centre du bâtiment, s'adossait au mur, séparant la cuisine de la salle où se tenaient les habitants.

Aux deux extrémités de cette salle se trouvaient deux chambres à coucher de moyenne dimension. Tout, dans cette pièce, avait un langage expressif et vivant.

Le lit, meuble principal, entouré de serge verte, bénitier et crucifix en tête, la grande table à manger en chêne noirci par le temps, divers coffres en bois brun, renfermant le linge et les habits ; la huche, le dressoir avec la vaisselle de rigueur, le *Tulle* ou fusil à long calibre attaché au manteau de la cheminée entre la corne à poudre et le sac à balles, tout, jusqu'à la longue pipe à tuyau de merisier, jusqu'aux rideaux des fenêtres en calicot rouge, tout rappelait si complètement la vie normande qu'en pénétrant céans, sans grand effort d'imagination, on aurait pu se croire dans les environs de Dieppe ou de Caen, de Vire ou de Caudebec.

Cependant une sombre légende courait sur cette demeure solitaire, et chaque passant ou chaque colon s'en éloignait avec crainte.

Le maître de cette habitation était mieux défendu par la terreur qu'il inspirait aux maraudeurs blancs ou rouges des nouveaux défrichements que par une garnison nombreuse et aguerrie.

Ces bruits sinistres ne reposaient en réalité que sur des on-dit, sur des récits de veillée ou de bivouac. Nul ne se trouvait en mesure d'articuler un fait positif, ou de citer la moindre preuve à l'appui de ses accusations.

La légende elle-même, cause première de la réprobation dont ce coin de terre était frappé, se perdait dans des ténèbres si mystérieuses et dans un passé si lointain que le plus vieux colon en possédait à peine tous les détails.

L'interrogeait-on à ce sujet, il se contentait de secouer la tête.

Si l'on insistait, ce n'était qu'avec peine qu'il répondait quelques mots craintifs dont les curieux étaient bien obligés de se contenter.

Mais ces renseignements timides ne faisaient que jeter un jour plus sombre sur ce passé mystérieux et redoutable.

Or, quelques semaines avant les événements rapportés dans les chapitres précédents, un samedi, entre sept et huit heures du matin, la porte massive de la chaumière s'entr'ouvrit pour laisser passage à un homme d'une cinquantaine d'années, et, cet homme sorti, se referma aussitôt derrière lui.

Ce personnage était vêtu d'une large capote grise descendant jusqu'à ses genoux, serrée aux hanches par une ceinture multicolore qui supportait un long coutelas dit langue de bœuf au moyen âge, deux pistolets, une corne à poudre et un sac à balles.

Ses mitasses, pantalon en cuir d'élan, étaient attachées à ses chevilles par les ligatures des mocksens, chaussures indiennes en forme de sandales.

Un bonnet en fourrure couvrait sa tête.

Ce costume simple et pittoresque est encore aujourd'hui généralement adopté par les paysans canadiens d'origine française.

D'une taille haute, bien proportionnée, cet homme semblait doué d'une grande vigueur musculaire.

Ses traits réguliers respiraient l'audace et la fierté.

Malgré son âge, ses yeux d'un bleu sombre n'avaient rien perdu de leur vivacité.

Ses cheveux blonds, nuancés de gris, s'échappant de son bonnet et tombant en désordre sur ses puissantes épaules, donnaient à son visage une expression d'une indicible sauvagerie.

Néanmoins, pour un observateur sagace, il y avait plus de tristesse que de méchanceté dans la physionomie de cet individu, qui n'était autre que le propriétaire de la chaumière.

Il tenait un fusil de boucanier à la main.

Une gibecière en parchemin, passée en bandoulière, complétait son costume.

Après avoir jeté les yeux autour de lui, pour s'assurer que tout était bien en ordre dans son défrichement, il plaça son fusil sous son bras gauche, fit le signe de la croix et s'avança à grands pas dans la forêt.

Peu après le bruit de sa marche se perdit dans l'éloignement.

A peine cet homme eut-il disparu que la porte de la chaumière s'ouvrit de nouveau.

Une tête apparut par l'entre-bâillement, inquiète et curieuse à la fois.

Cette tête appartenait à une délicieuse et blonde jeune fille de seize ans au plus.

Pendant deux ou trois minutes, elle demeura l'oreille tendue, écoutant et analysant les bruits les plus légers.

Une fois sûre qu'elle se trouvait réellement seule, l'enfant franchit brusquement la porte et s'élança au dehors avec la vivacité d'une chevrette effarouchée.

C'était bien la plus charmante créature qu'il fût possible de rencontrer.

Créole de pied en cap, elle séduisait au premier aspect.

Sa taille svelte, souple et cambrée donnait à sa marche des ondulations pleines de grâce.

Sa chevelure, blonde comme une gerbe d'épis mûrs, voltigeait autour d'elle éparpillée par le vent du matin et lui formait une auréole radieuse.

De ses lèvres fines et coquettement modelées, légèrement entr'ouvertes et laissant apercevoir ses dents mignonnes et blanches, s'échappait un rire argentin naïf et insouciant à la fois.

Son œil d'un bleu azuré aux regards de flamme empreints de rêverie, son pied et sa main d'une petitesse rare en faisaient un tout parfait.

Son être pouvait se résumer par ce seul mot : Séduction.

Elle portait un costume simple et gracieux comme elle-même.

Un jupon de gros drap sombre, bordé de rouge, descendant jusqu'à mi-jambe, un corsage garni de passementeries, une collerette blanche, des bas de soie rose à coins d'or, bien tirés, et des mocksens brodés de laine aux couleurs variées entremêlées de perles de verre et couvrant à peine le cou-de-pied, c'était tout.

Étrange assemblage de charme sauvage et de hardiesse capricieuse.

Elle s'arrêta un instant, attentive et frissonnante, le corps penché en avant, le cou tendu.

Elle interrogea le souffle du vent, le bruit du feuillage des arbres, le chuchottement des oiseaux.

Enfin, elle se crut sûre de ce qu'elle voulait savoir.

Se redressant tout à tout, elle frappa joyeusement ses mains l'une contre l'autre et murmura avec un sourire expressif ce seul mot :

— Enfin!

Cela dit, la blonde jeune fille rentra dans la maisonnette.

Elle s'enveloppa d'une mante en gros drap, semblable à nos cabans de marine, et décrocha du manteau de la cheminée un léger fusil à canon damasquiné, coquet, élégant, arme de femme assurément.

Après s'être assurée qu'il était chargé en passant la baguette dans le canon, elle le mit en bandoulière, avec le sans-souci et l'air déterminé d'une fille des frontières accoutumée à se protéger elle-même.

Un des deux *venteurs* l'avait suivie depuis qu'elle avait entr'ouvert la porte.

Au moment où elle achevait ses préparatifs de sortie, il se trouvait derrière elle.

— Tout beau, mon brave Phœbus, fit la jeune fille d'une voix caressante, en passant sa main dans les poils soyeux du chien, tout beau, mon chien! Couchez là... et faites bonne garde. La maison va rester seule. Je la mets sous votre garde.

L'animal fixa sur elle ses grands yeux intelligents. On eût dit qu'il comprenait les paroles de sa maîtresse.

Puis, remuant la queue, poussant deux ou trois grognements de plaisir ou de contentement, il alla s'étendre sur le seuil de la maisonnette, non pas comme un concierge désœuvré et paresseux, mais en sentinelle active et vigilante, comprenant toute la responsabilité qui pesait sur elle.

— Bien, Phœbus! reprit la jeune fille, en riant de l'air important que venait de prendre le venteur ; vous êtes une belle et noble bête. Je pars et j'ai confiance en vous.

Après avoir fait une dernière caresse à son chien, elle se dirigea vers le petit port que nos lecteurs connaissent; elle entra dans la pirogue.

Son fusil déposé à ses pieds, elle détacha la pirogue, saisit les rames et prit le fil de l'eau.

La légère embarcation descendit la rivière dans la direction de l'Alleghany, sous un dôme de verdure ne laissant que faiblement percer à travers le feuillage les rayons d'un soleil déjà ardent.

La maîtresse de Phœbus se laissait aller pensive au courant, ne se servant de ses rames que pour maintenir sa pirogue au milieu de la rivière.

Ses regards rêveurs erraient sous la feuillée.

Parfois elle murmurait :

— Est-il là ? S'il ne venait pas !

Son sein se gonflait, ses yeux se remplissaient de larmes et des soupirs étouffés s'échappaient de sa poitrine.

Mais un poète l'a bien dit :

Comme chez les enfants, le rire est près des pleurs.

Aussi, au bout d'un instant, ses papillons noirs s'envolaient et elle reprenait gaiement :

— Non, non! Tout me le dit! Je le sens au fond de mon cœur, il est là, il est venu!

Et elle se mettait à sourire au milieu de ses tristesses.

Pendant près d'une heure, la pirogue descendit ainsi le cours de plus en plus obstrué de la rivière.

Enfin, la jeune nautonière se redressa. Elle pesa sur la rame droite, refoulant l'eau de la rame gauche.

La pirogue pivota lentement sur elle-même et disparut bientôt après, sous un fouillis de plantes de toutes sortes.

L'embarcation fut vite amarrée à un tronc d'arbre qui plongeait dans l'eau.

Abandonnant les rames et écartant doucement le rideau de verdure qui s'étendait devant elle, la jeune fille se pencha en avant, anxieuse et frémissante. Rien n'arrêtait plus sa vue.

Elle regarda, mais presque aussitôt après avoir regardé elle lâcha le feuillage qui se rejoignit, et se rejeta en arrière.

De la sorte, elle était cachée à tous les regards indiscrets.

— Je savais bien qu'il viendrait ! fit-elle en mettant la main sur son cœur pour en contenir les battements précipités.

Cette première émotion vaincue, elle se remit à son poste d'observation ; mais cette fois elle prit ses précautions.

Maintenant d'une main nerveuse les branches qui lui servaient de masque, elle regarda de nouveau à travers une mince éclaircie.

Voici ce qu'elle voyait.

A une cinquantaine de pas environ de l'endroit où elle se trouvait, la rivière, sur le point de se jeter dans l'Alleghany, faisait un brusque détour formant un cap assez avancé.

A l'extrémité même de ce cap, auprès d'un arbre immense, aux branches déployées en panache au-dessus de l'eau, se trouvaient deux hommes.

L'un de ces deux hommes dormait étendu sur l'herbe mousseuse ; le second pêchait, une ligne à la main, tout en lisant un livre à la lecture duquel il donnait une plus grande attention qu'à sa pêche.

Nous ne dirons que quelques mots du premier :

C'était un soldat. Jeune encore, bien découplé, à la mine narquoise, il dormait à poings fermés.

Il servait d'ordonnance au second de nos personnages.

Celui-ci, beau jeune homme de vingt-cinq ans, aux traits aristocratiques, aux yeux d'un bleu plein de feu, au front large et uni comme celui d'une jeune fille, coiffé à l'oiseau royal, selon la mode du temps, portait avec grâce l'élégant uniforme de capitaine au régiment de Royal-Marine. Charmant cavalier qui aurait fait florès à l'Œil-de-Bœuf auprès des coquettes marquises encombrant les salons de Versailles, et qui, à plus forte raison, devait produire une grande sensation sur le cœur un peu sauvage des créoles de la Nouvelle-France.

Une pirogue amarrée à quelques pas des deux militaires indiquait qu'ils s'étaient rendus par eau dans ce lieu de repos.

La jeune fille ne se lassait pas de contempler l'élégant pêcheur qui continuait imperturbablement sa lecture sans se douter de l'attention dont il était l'objet.

Il va sans dire que les poissons s'ébattaient et folâtraient à qui mieux mieux autour de sa ligne inoffensive.

Certes, pour un peintre habile, c'eût été un sujet attrayant que le contraste de cette blonde enfant blottie sous la frondaison et guettant, au milieu de ce paysage grandiose, ce bel officier si calme et si indifférent.

Ah ! si le jeune homme avait pu se douter que des regards ardents et purs à la fois pesaient sur lui, la situation eût été singulièrement modifiée.

Tout à coup le tableau changea.

Le calme plat se rompit.

La jeune Canadienne, poussant un cri étouffé, se rejeta en arrière avec un frémissement de terreur.

Son visage se couvrit d'une pâleur mortelle.

Elle venait de voir surgir dans les hautes herbes, à dix pas à peine de l'officier, la tête hideuse et menaçante d'un Indien.

Rampant comme un reptile, le Peau-Rouge rasait le sol et s'approchait lentement et sans bruit du jeune homme absorbé par sa double tâche.

Ses lèvres crispées par un rire terrible décelaient l'espérance qui le faisait mouvoir.

Sa main armée d'un de ces longs couteaux de fabrique anglaise qui déjà à cette époque remplaçaient les armes de pierre des premiers Indiens se levait à la hauteur du front de sa future victime.

N'étant plus séparé du capitaine français que par une longueur de bras, le Peau-Rouge se dressa sur les genoux.

Ce fut un moment cruel pour la jeune fille.

L'Indien couvrait d'un regard étincelant de rage satisfaite les deux soldats qu'il croyait être entre ses mains.

L'un dormait toujours d'un sommeil tranquille.

L'autre lisait et pêchait.

Rien ne pouvait les sauver.

L'Indien, auquel sa haine pour les Blancs ne faisait pas oublier la prudence de sa race et le soin de sa sûreté, s'assura rapidement qu'il était bien seul avec ses victimes.

Une fois certain qu'il n'avait rien à redouter, il se leva tout droit, bondit comme un jaguar sur l'officier désarmé, le saisit par les épaules et le renversa silencieusement en arrière, brandissant son couteau à scalper au-dessus de sa tête.

C'en était fait du Français.

Son camarade dormait toujours.

Lui-même, attaqué à l'improviste, maîtrisé par une main de fer qui lui serrait la gorge à l'étouffer, n'essaya pas une défense inutile.

Il se vit perdu.

Tout brave qu'il fût, il sentit un frisson glacial courir dans ses veines, et, fasciné par les éclairs bleuâtres lancés par l'arme prête à se plonger dans son cœur, il ferma les yeux, invoqua mentalement le nom du Seigneur une dernière fois et il attendit la mort.

Un coup de feu retentit.

La main qui le tenait se desserra.
La respiration lui revint.
Machinalement il bondit sur ses pieds, poussant un cri d'alarme et tirant son épée.
Quand le soldat s'éveilla, le jeune officier, encore tout ému de cette chaude alarme, se tenait l'arme haute à quelques pas du Peau-Rouge, gisant immobile sur le sol, le crâne fracassé par une balle.

V

L'AMOUR AU DÉSERT

L'officier demeurait immobile, frappé de stupeur et regardant d'un œil atone le cadavre étendu à ses pieds.

Il croyait à un miracle, tant la mort à laquelle il venait d'échapper providentiellement lui avait paru inévitable.

De son côté, mis sur pied par la détonation, le soldat était accouru auprès de son capitaine pour le défendre ou se faire tuer à ses côtés.

Encore mal éveillé, le brave garçon se frottait les yeux en jetant à droite et à gauche des regards effarés.

Fatalement, ses yeux revenaient sur le Peau-Rouge qui tenait toujours serré, dans sa main crispée, le couteau à scalper. Néanmoins, ce fut lui qui reprit le premier l'usage de ses sens.

Son officier était encore sous le coup de l'émotion terrible qu'il venait de subir.

Le soldat, beaucoup moins impressionné que son chef, retrouva plus vite la parole et la gaieté.

— Bien tiré, mon capitaine, fit-il d'un ton de bonne humeur. Joli poisson que vous venez de pêcher. Et quelle bonne aubaine! Vous attendez des truites, il vous tombe des Peaux-Rouges sous la main. Sur mon âme, voilà un fameux coup de pistolet! Un rude hameçon!

— Cette balle-là n'est point partie du canon de mes pistolets, répondit le capitaine en relevant la tête et en essuyant son front inondé d'une sueur froide.

— Ah! bah! s'écria le soldat étonné.

— Non. J'ai laissé mes armes dans la pirogue. Elles y sont encore. Ce n'est pas moi qui ai tiré sur cet Indien.

— Qui donc alors?

— Je pensais que c'était toi, Rameau-d'Or, répliqua l'officier, qui croyait à une plaisanterie de son ordonnance.

— Moi! mon capitaine, je le voudrais! Malheureusement je dormais trop bien pour me livrer à ce joyeux exercice sur la peau de ce sale sauvage.

— Ainsi ce n'est pas toi?

— Non, capitaine.

— Cependant je n'ai pas rêvé, fit l'officier en réfléchissant. Attaqué à l'improviste par cet homme, je me suis vu terrassé en un clin d'œil.

— Gueusard! grommela Rameau-d'Or en croisant du pied le corps de l'Indien.

— Son couteau, rapide comme l'éclair, continua le capitaine, descendait sur ma poitrine, quand un coup de feu retentit et mon assassin roula sans vie à mes pieds.

— Voilà qui est un peu fort!

— Tu sais le reste!

— Et vous ne soupçonnez pas l'ami inconnu qui nous est venu en aide si à point!... Pardon, capitaine, je dis *nous*, car après vous c'était mon tour.

— Très probablement, mon pauvre Rameau-d'Or. De toutes façons, quel que soit cet ami, je m'étonne qu'après m'avoir rendu un service aussi signalé il ne se fasse pas connaître.

— La modestie sans doute, dit en riant le soldat.

— Belle raison!

— Il est clair que, s'il paraissait, il ne serait pas trop mal reçu.

— A coup sûr, ce silence, cette abstention ont un motif.

L'officier et le soldat réfléchirent quelques instants.

Rameau-d'Or reprit :

— Êtes-vous bien sûr, mon capitaine, que d'autres Peaux-Rouges ne soient pas cachés aux environs?

— Je n'y ai seulement pas songé.

— Ces herbes et ces broussailles sont traîtresses en diable.

— Raison de plus pour que notre sauveur se joigne à nous dans notre commun intérêt.

— Dame, oui! on n'est jamais trop pour écraser cette vermine.

— Cordieu! continua l'officier, je n'en aurai pas le démenti, et, dussé-je rester un mois ici, je découvrirai cet ami mystérieux.

— Et vous ferez bien, mon capitaine.

— Suis-moi, Rameau-d'Or, s'écria le capitaine en prenant une soudaine résolution.

— Où voulez-vous aller?

— Suis-moi, te dis-je.

— Dans ce désert, il n'existe ni grande route, ni chemin de traverse, nous nous perdrons!

— Je suivrai la direction du coup de feu.

— C'est une idée comme une autre, grommela le soldat, qui ajouta tout haut :

Pardon, attendez-moi un instant, capitaine.

— Où vas-tu?

— Chercher vos pistolets et mon fusil. Nous ne savons qui nous rencontrerons sous ces arbres.

— Va.

Rameau-d'Or remplit d'eau une calebasse, et le plus délicatement possible lui en jeta goutte à goutte au visage.

— Il faut nous trouver en état de répondre aux questions qu'on nous adressera.
— Fais vite.
— Je vole et je suis à vous, capitaine.
Rameau-d'Or partit comme un trait dans la direction de la pirogue.
Peu de temps après, il revenait avec les armes à feu.

— Maintenant, dit-il, viennent les sauvages ! On les recevra avec la politesse et les égards qui leur sont dus. Où allons-nous, mon capitaine ?

L'officier passa les pistolets à sa ceinture et après avoir examiné attentivement la blessure de l'Indien et la façon dont il était tombé.

— Allons par là ! C'est de là que le coup de feu est parti, répondit-il en désignant du doigt le haut de la petite rivière.

Les deux hommes s'enfoncèrent dans les halliers.

Tout en marchant à grands pas, ils sondaient attentivement de l'œil les herbes et les fourrés que leur direction les obligeait de fouler aux pieds ou de traverser.

Aussi braves l'un que l'autre, ils allaient résolument, la main sur leurs armes, prêts à tout.

Ils avaient fait depuis longtemps leur noviciat de la vie des forêts. Pour eux, chaque tronc d'arbre cachait une embûche, chaque frémissement de feuilles ou de lianes amoncelées et entremêlées au-dessus de leurs têtes dénonçait la présence d'un ennemi occulte.

Ils n'éprouvaient aucun sentiment de crainte.

Ils se gardaient, voilà tout.

Mais aucun ennemi ne parut.

L'Indien qui venait de payer de sa vie sa tentative d'assassinat n'avait pas de complices.

C'était un de ces rôdeurs comme on en rencontre tant près des frontières. Traversant la forêt, sans but déterminé, il avait aperçu les deux soldats. Sa haine pour la race blanche s'était soudain éveillée.

L'occasion était si belle !

Nul risque à courir.

Le temps de frapper deux coups de couteau, d'attacher deux chevelures à sa ceinture et de se remettre en chasse !

Il n'en fallait pas davantage pour mettre en jeu ses instincts féroces et sanglants.

Mais les choses n'avaient pas tourné selon ses espérances, et le chasseur venait de tomber aux pieds du gibier.

L'officier et le soldat suivaient le bord de la rivière autant que leur permettait la sinuosité du terrain.

En peu de temps, l'espace qui les séparait de la jeune fille se trouva franchi.

Ils aperçurent la pirogue et s'arrêtèrent.

— Un bateau ! Faut-il tomber en arrêt, mon capitaine ? demanda Rameau-d'Or en riant.

— Oui.

Rameau-d'Or s'approcha de la pirogue, son fusil armé, et cherchant à découvrir le maître de l'embarcation.

— Je ne vois rien.

— Le bateau est vide ?

— Il faut croire, mon capitaine...

— C'est pourtant cette embarcation qui a amené mon sauveur.

— A moins qu'il ne soit tombé à l'eau, je ne vois pas...
Le soldat parlait et agissait en même temps.
Il tirait sur l'amarre pour amener l'embarcation au rivage.
Tout à coup il poussa une exclamation de surprise.
L'officier se vit forcé de saisir à la volée la corde que Rameau-d'Or venait de laisser échapper.
— Es-tu fou? s'écria-t-il avec colère.
— Non, capitaine, regardez.
— Où?
— Dans la pirogue, là, tenez...
Et le soldat effaré montrait le fond de la pirogue.
— Quoi?
— Une jeune fille.
— Une enfant, s'écria le capitaine, blessée, inanimée!...
Et, ne se donnant pas le temps d'attirer l'embarcation jusqu'à lui, il se précipita dedans au risque de faire chavirer.
Rameau-d'Or en fit autant pour rétablir l'équilibre.
— Par tous les saints! dit-il avec admiration, c'est elle qui a tiré. Tenez, capitaine, elle serre encore sa carabine dans ses mains crispées. C'est elle..., la vaillante fille.
Rameau-d'Or disait vrai.
Voici ce qui s'était passé :
A la vue du danger terrible couru par l'officier, la jeune Canadienne avait tiré sur l'Indien qui le menaçait.
Mais, cela fait, après avoir obéi au cri de son cœur, une réaction terrible s'était opérée en elle, et elle avait été prise d'une violente crise nerveuse.
Elle était tombée sans connaissance au fond de la pirogue, sans avoir ni le temps ni le courage d'examiner le résultat de son heureuse hardiesse, de son inspiration audacieuse.
C'en était fait peut-être de la généreuse enfant, si l'officier n'avait pas eu le désir de remercier celui qu'il supposait lui avoir sauvé la vie.
Le premier soin des deux Français fut de s'assurer que la jeune fille respirait encore.
Une fois la certitude acquise qu'elle n'était en proie qu'à un simple évanouissement, ils s'empressèrent de la sortir de la pirogue et de la transporter à terre.
Puis, avec les plus grandes précautions, ils la déposèrent sur l'herbe épaisse au pied d'un arbre au feuillage touffu.
— De l'eau, demanda l'officier, qui, s'agenouillant devant la jeune fille, lui souleva doucement la tête qu'il appuya sur son genou.
Rameau-d'Or remplit d'eau une calebasse, et, le plus délicatement possible, il lui en jeta goutte sur goutte au visage.
Plusieurs minutes s'écoulèrent; l'évanouissement persistait; l'officier français commençait à frissonner sous le coup d'une anxiété terrible.
— Si elle allait ne pas revenir à elle! murmurait-il, tout en saisissant une des mains mignonnes de la jeune Canadienne, et en la couvrant involontairement de baisers ardents.

— Elle reviendra, ne craignez rien, mon capitaine, répliqua Rameau-d'Or, qui continuait son opération hydrothérapique; les jeunes filles reviennent toujours.
— La ravissante créature !
— Pour ça, oui ; elle est à croquer les yeux fermés. Qu'est-ce que ce sera donc quand elle aura ouvert ses deux fenêtres ?
— Elle ne bouge pas.
— Attendez, ça viendra.
— C'est à peine si elle respire !
— Connu ! fit le soldat d'un ton important ; ces petits êtres-là, ça a l'air de tenir à un fil et c'est attaché à la vie par des cordes comme mon bras. N'ayez pas peur, mon capitaine, je vous réponds d'elle.
La pauvre enfant poussa un faible soupir, comme pour donner raison au brave garçon.
— Vous voyez, voilà que ça vient.
— Pauvre chère créature.
— Ah ! dame..., mon capitaine, elle a dû passer par une suite d'émotions qui vous désarçonnent le tempérament. Écoutez donc, une jeunesse comme ça ne doit pas toujours tirer d'aussi gros gibier. Et puis, franchement, faire une si belle mouche, il y a bien un peu de quoi se trouver mal de joie.
— Si jeune ! si belle ! murmurait l'officier. S'il lui était arrivé malheur, je ne me le serais jamais pardonné.
— Avec ça qu'il y aurait eu de notre faute... Ah ! voilà qu'elle bouge.
— Crois-tu ?
— Oui, le bras, regardez..., elle ouvre les yeux... Là, vous êtes content, j'espère, mon capitaine.
— Plus bas ! Tais-toi ! Tu vas l'effrayer.
— Ah ! ouiche..., grommela Rameau-d'Or, le plus souvent. Je n'ai jamais fait peur aux femmes, ajouta-t-il avec fatuité.
La jeune Canadienne reprenait ses sens.
Elle entr'ouvrit les yeux.
Son premier regard tomba sur le jeune homme agenouillé auprès d'elle.
Ce fut comme une commotion électrique.
Elle se redressa subitement, sans effort, sans secours.
Ses yeux se fixèrent sur ceux de l'officier français. C'était la première fois qu'ils échangeaient un regard. Cela suffit. Une flamme, un éclair, et tout fut dit. Dans cet échange, ils avaient mis toute leur âme.
Ils s'aimaient et pour toute leur vie.
Pas un mot ne s'échappa de la bouche du jeune homme.
Les lèvres frémissantes de la jeune fille n'exhalèrent même pas un souffle.
Mais dans le cœur du premier se disait une ardente prière d'action de grâces.
Elle vivait !
Il remerciait le Seigneur de la lui avoir donnée et rendue tout à la fois dans le même moment.
Dans la tête de la seconde, un étrange et délicieux travail se faisait. Elle

le voyait à travers un nuage, comme dans un rêve... et pourtant, la main étendue, elle pouvait le toucher.

Celui qui depuis quelque temps se trouvait à son insu l'objet de toutes ses pensées était là, tout auprès d'elle, sauvé de la mort la plus affreuse et sauvé par elle!

De tout cela elle n'était pas encore sûre, mais la mémoire lui revenait peu à peu avec la vie. Elle se rendait compte de ce qui venait de se passer, et une sensation suave d'abord, pénible, déchirante ensuite, lui traversa le cœur.

Si ce qu'elle croyait une réalité n'était qu'un rêve?

Si elle allait se réveiller, sortir de sa faiblesse, de son évanouissement avec la certitude que sa vision bénie n'était que l'enfant chéri de son désir?

Toutes ces impressions se reproduisirent sur son visage mobile et délicat.

Un frissonnement général agita son corps.

Un sanglot déchira sa gorge.

Elle fondit en larmes.

C'était la fin de la crise.

Le jeune officier, tremblant pour elle, désespéré de voir ce charmant visage inondé de pleurs, les prenait pour l'expression de la douleur et ne savait plus où donner de la tête.

Le soldat, plus calme, plus froid et qui ne voyait dans la jeune Canadienne qu'une enfant comme les autres, jugea à propos d'intervenir sans être interpellé.

— Mon capitaine, fit-il, calmez-vous.

— Eh! ne la vois-tu pas?

— Parfaitement... et je ne m'en plains pas.

— Elle souffre, elle pleure!

— Elle pleure! oui..., mais quant à souffrir, il ne faut pas vous y fier. Chez les femmes de cet âge-là, comme de tous les autres âges, les larmes sont aussi près de la joie que de la douleur.

— Puisses-tu dire vrai!

— Ce que vous prenez pour de la tristesse, de la souffrance, n'est que l'effet des nerfs... Tenez, avec de l'eau, on en vient toujours à bout. Buvez, mon enfant, buvez.

Il tendit la calebasse à la jeune fille.

Celle-ci but avidement.

— Là, là, continua Rameau-d'Or, en voilà assez... Tout à l'heure quelques gouttes suffisaient comme remède externe, maintenant deux ou trois gorgées doivent suffire à l'intérieur. On n'a pas été infirmier pour rien. Je sais à quoi m'en tenir, quoiqu'à vrai dire ce n'étaient pas des malades aussi tendres que j'ai eu l'habitude de soigner. Ça va-t-il mieux, ma belle enfant?

— Merci, lui répondit la jeune fille.

— Vous voyez, capitaine, elle parle.

Celui-ci, sourd aux beaux raisonnements du soldat, se désolait de n'être bon à rien.

Mais quand, il l'entendit parler, il fut sur le point de sauter au cou de Rameau-d'Or, qui, ne se départant point de son flegme habituel, ajouta :

— Vous inquiétez pas, cette pauvre petite avait le cœur gonflé. C'est l'effet d'un épanchement lacrymatoire plus ou moins prolongé, et puis on n'y pensera plus. Tenez, voyez plutôt. La voilà qui vous sourit à travers ses pleurs et qui vous tend les deux mains. Eh bien ! que faites-vous-là, droit comme un *i* ? Mais, mon capitaine, réveillez-vous ! Jour de Dieu ! Mais c'est vous qui allez vous trouver mal à présent. Il ne vous manquerait plus que ça.

Rameau-d'Or avait raison.

L'officier, voyant que la jeune fille était complètement revenue à la vie, avait ressenti une émotion, une joie si profonde qu'il demeurait immobile devant elle sans voix et sans pensées, tout à son bonheur.

L'enfant lui tendait les mains et, lui, il ne les prenait pas.

Enfin une voix mélodieuse comme un chant d'oiseau retentit à son oreille.

La voix disait :

— C'est lui..., sainte Mère de Dieu ! c'est bien lui..., vivant..., sauvé !

— Et sauvé par vous, s'écria-t-il avec une joie ineffable.

— Oh ! que je suis heureuse ! murmura-t-elle doucement en portant la main à son cœur.

Le charme était rompu.

Rameau-d'Or poussa un :

— Allons donc ! qui mit le feu aux poudres.

Le jeune homme saisit dans ses deux mains celles de la ravissante enfant et il lui murmura doucement et de façon que ses paroles ne fussent entendues que d'elle :

— Oui, vous êtes mon ange gardien ! Dieu vous a placée là pour me conserver une vie que je jure de vous consacrer.

— Le croyez-vous ? lui répondit-elle.

Et la réponse fut accentuée aussi bas que le serment de l'officier.

Une sainte et instinctive pudeur les avertissait que la communion de leurs âmes ne devait appartenir qu'à eux seuls.

Rameau-d'Or se sentit de trop.

Le brave garçon se mit à l'écart sans affectation.

Tant il est vrai que le contact de deux êtres délicats force les natures les plus rudes à la délicatesse.

— Dites, le croyez-vous ? répéta la jeune fille.

— Sur mon âme, telle est ma conviction.

— Merci... Moi aussi je le crois... Dieu est bon... je savais bien qu'il exaucerait mes vœux.

— Vos vœux ? fit-il étonné.

— Oui, je l'ai souvent prié pour vous !

L'officier la contemplait, stupéfait, ravi.

— Vous me connaissiez déjà ? lui demanda-t-il.

— Il y a longtemps.

— Je ne vous comprends pas, ma chère enfant.

— Comment me serais-je trouvée là ? reprit-elle avec une adorable expression de reproche. Le hasard n'est pour rien dans tout cela. Tous les jours depuis un mois, qui m'a paru bien court, vous venez vous reposer ou pêcher à cette même place.

— En effet, il y a si peu de distractions dans cette garnison isolée de tout!
— Je vous ai vu.
— Vous demeurez donc...
— Près d'ici, oui... Et tous les jours, je venais, je m'arrêtais à cette pointe du fleuve et je vous regardais à travers le feuillage.
— Et moi qui n'ai rien deviné !
— Oh! je me cachais bien... J'étais si contente, mais si contente de vous regarder, de vous voir !

Il y avait tant de pureté, tant d'innocence dans cette déclaration faite à brûle-pourpoint, que le jeune Français restait muet, le cœur béant, charmé, et ne trouvait rien à répondre.

Rameau-d'Or, qui saisissait par-ci, par-là, des bribes de leur entretien, baissait les yeux d'un air sournois et se demandait en se mordillant la moustache :

— Cordiable ! se moquerait-elle de nous? Faudra voir.

Et il écoutait de son mieux sans avoir l'air de rien entendre.

De plus en plus gagné, entraîné par cette grâce naïve et touchante, le capitaine dit à la jeune Canadienne :

— Ainsi, vous pensiez à moi?
— Nuit et jour.
— Et pourquoi ne pas me le faire savoir?
— Comment?
— D'une façon détournée... Par un signe, un mot, un message.
— Je n'osais pas !
— Ou d'une façon plus directe, comme en ce moment.
— Ah ! c'est bien autre chose en ce moment.
— Pourquoi? interrogea l'officier en souriant.
— Maintenant, il me semble que je vous connais depuis que je suis au monde.
— En vérité?
— Je me demande même comment j'ai pu vivre sans vous connaître.
— Chère enfant ! Il faut donc que je vous aime par un double motif...
— Oh ! oui, aimez-moi ! interrompit-elle vivement.
— Par un double motif, répéta le jeune homme.
— Quel motif?
— Vous m'avez sauvé la vie.
— Oh ! celui-là ne compte pas. C'est pour moi que j'ai tiré sur cet horrible Indien.
— Et vous m'aimez?
— Certainement, je vous aime ! répondit la Canadienne avec la plus grande simplicité.
— D'amour ou d'amitié?
— D'amour ! fit-elle interdite, et cherchant ce que ce mot pouvait signifier.
— Oui !

— Je ne sais pas.

— Je veux qu'on me pende si je crois un mot de ce que ces deux tourtereaux se racontent ! grommela Rameau-d'Or, qui tailladait des copeaux pour se donner une contenance.

La jeune fille reprit :

— Je ne sais quel nom donner au sentiment que j'éprouve.

— Expliquez-vous.

— Sans cesse vous occupez ma pensée ! Votre souvenir se mêle à mes prières, et cela malgré moi.

— Méchante !

— Oh ! je ne suis pas méchante, puisque je vous aime... Le croyez-vous ?

— Je le crois.

— Vous faites bien. Je n'ai jamais menti. Dans nos forêts on n'a pas besoin de mentir comme dans vos villes, où l'on se trompe à qui mieux mieux.

— Je ne vous tromperai pas, moi !

— Hum ! hum ! pensa Rameau-d'Or dans son coin.

— Voyez-vous, mon ami, continua l'enfant, votre image est toujours là dans ma tête et dans mon cœur. Absent ou présent, je vous vois, je vous sens toujours auprès de moi !

— Mais c'est mieux que de l'amitié cela !

— Mieux ? Non.

— Plus, peut-être.

— C'est possible, fit-elle rêveuse ; j'aime mon père aussi ; je l'aime de toute mon âme, et cependant je ne l'aime pas comme vous. Ce n'est pas la même chose.

— Pourquoi cela ? repartit le jeune homme, qui, tout en désirant s'éclairer sur les sentiments de la jeune fille, ne voulait pas risquer de la blesser dans son amour filial ou de froisser sa pudeur instinctive.

— Je suis toujours tranquille, insouciante et calme auprès de mon père, mais auprès de vous il n'en est pas ainsi. A votre vue, en vous entendant parler, je ressens une émotion qui me rend triste et joyeuse à la fois. L'espoir de vous rencontrer me serre le cœur à me le briser, et pourtant je suis heureuse de désirer vous revoir. Je tremble en venant ici et j'y viens.

A ces paroles si simples, le jeune homme ne trouva rien à répondre. Il n'était certes pas timide, et plus d'une fois, on pouvait en jurer hardiment, il avait eu affaire à des coquettes émérites qui lui avaient tenu un langage ressemblant fort à celui de la jeune Canadienne, sans qu'il eût manqué d'en profiter.

Mais il ne s'était jamais trouvé à pareille fête de candeur audacieuse.

La naïveté pure, l'innocence ignorante de l'être angélique qui se tenait calme et souriante devant lui le séduisait et le charmait à la fois.

Au contact de cette âme d'élite, une passion soudaine envahissait son âme ; passion chaste et noble comme celle qui l'inspirait ; passion, il le comprenait bien, qui ne devait finir qu'avec sa vie.

Il avait sur les lèvres tous les termes de l'amour le plus ardent et il les retenait.

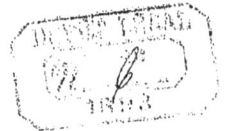

— A demain, cria-t-elle encore une fois.

A quoi lui eût servi de dire brutalement ce que ses yeux faisaient si bien comprendre ?

Ces mots : « Je vous adore ! » qu'il avait répétés mille fois, ne devaient pas trouver aussi facilement que son silence respectueux le chemin du cœur de cette douce et chaste enfant.

Ils se regardaient tous deux, sans un mot, sans un geste, comme dans une extase enchanteresse semblable à ces sommeils bienfaisants, à ces ivresses orientales, qui font descendre du ciel sur la terre et conduisent insensiblement à une mort pleine de jouissances idéales et de bonheur éthéré.

Rameau-d'Or, malgré son scepticisme militaire, le prosaïsme de ses coutumes amoureuses, s'essuyait les yeux en se demandant ce que signifiait cette humidité anormale de son orbite et de sa glande lacrymale.

— Tout ça, c'est... des bêtises! grommelait-il; mon capitaine tombe en enfance! Je ne comprends rien à toutes ces *gingineries* silencieuses... mais c'est égal, ça me touche!... Si je sais pourquoi, par exemple, je veux bien qu'on me torde le cou aussi fort que ma blanchisseuse tordra demain le mouchoir que voilà.

Effectivement, il tira de sa poche un mouchoir qui, pour la première fois, recueillit les précieuses larmes que l'attendrissement et le *il ne savait pas quoi ni pourquoi*, faisaient couler le long de ses joues brûlées par le soleil américain.

Les deux amoureux retrouvaient la parole.

Le soldat se tut de plus belle.

— Comment vous nommez-vous? demanda la Canadienne à l'officier.

— Louis.

— Louis! C'est un beau nom; je l'aime, fit-elle en battant des mains.

— Pourquoi?

— N'a-t-il pas été porté par un saint roi?

— En effet.

— Un roi de France?

— Vous savez cela! fit le jeune homme étonné.

— Je sais tout ce qui concerne la France.

— Vous êtes donc d'origine française?

— Oui.

— Oh! tant mieux! Et vous, chère enfant, quel est votre nom?

— Angèle. Vous convient-il?

— Angèle. Certes.

— Je suis heureuse qu'il vous plaise, s'écria-t-elle.

— Aucun nom n'était plus digne de vous.

— Pourquoi? demanda-t-elle avec naïveté.

— Angèle ne vient-il pas d'ange, répondit l'officier en lui baisant celle de ses mains qu'il tenait dans les siennes.

— Vous vous moquez de moi?

— N'en croyez rien!

Elle le regarda bien en face et lut dans ses yeux qu'il disait vrai.

— Vous aimez la pêche? reprit-elle.

— Faute de mieux.

— Reviendrez-vous quelquefois pêcher ici?

— Tous les jours.

— Bon, quand vous serez fatigué de pêcher ou de lire, vous penserez à moi.

— Vous ne viendrez donc plus? demanda-t-il, inquiet.

— Oh! si, mais je ne vous dérangerai pas. Je ferai comme je faisais, je vous regarderai.

Rameau-d'Or, pour le coup, laissa échapper un sifflement qui contenait à la fois une exclamation de surprise et un joyeux éclat de rire.

Le jeune homme répondit vivement :

— Mais je n'entends pas cela.

— Quoi ?

— Je veux, je désire que vous troubliez ma lecture à laquelle je tiens peu, et ma pêche à laquelle je ne tiens pas du tout. Vous voyez, ajouta-t-il en riant, que je ne vous sacrifie pas grand'chose.

— Soit, je viendrai m'asseoir près de vous.

— Et nous causerons ?

— Comme aujourd'hui. Vous habitez donc près d'ici.

— A quelques milles.

— Où cela ?

— Je fais partie de la garnison du fort Duquesne.

— Le fort Duquesne ? Je ne le connais pas ; mais j'en ai entendu parler souvent.

— Par qui ?...

— Par... par mon père, répondit la jeune fille, après une légère hésitation.

— Votre père ! que fait-il ? C'est un colon, sans doute ?

A cette question si simple, si naturelle, elle devint pensive et elle pâlit malgré son désir de ne pas laisser voir d'émotion.

— Vous ne voulez pas me faire de peine, Louis ?

— Dieu me garde...

— Alors, ne me parlez jamais de... de mon père. Toute question peut être un danger pour lui. Tout ce que je suis autorisée à vous dire est ceci : Nous vivons seuls au fond des bois. Il met tous ses soins à satisfaire le moindre de mes désirs. Un sourire de moi le rend heureux. Dans la retraite où nous vivons, nous nous aimons et nous sommes tranquilles. Dans votre intérêt comme dans le mien, Louis, je vous en supplie, promettez-moi de ne jamais chercher à découvrir cette retraite.

— Je vous le jure, Angèle.

— Merci.

— Pourtant, si des circonstances imprévues nous mettaient lui et moi en présence ?

— Dieu l'aurait voulu, et je ne vous en adresserais pas de reproche. Tout ce que Dieu veut est bien.

— Ainsi, demain, vous viendrez ici ?

— Demain et tous les jours. Maintenant il faut nous séparer.

— Déjà ! fit tristement Louis.

— Il le faut, mon ami. J'ai une longue route à faire pour rentrer à la maison. Si mon père rentrait, il serait inquiet ; il me chercherait, et je tremble rien qu'à l'idée qu'il pourrait nous trouver ensemble.

— Quel mal faisons-nous ?

La question était tout au moins singulière, venant du jeune et brillant capitaine de Rameau-d'Or. Elle était sincère pourtant, l'amour étant un enchanteur qui prend plaisir à donner de l'esprit aux imbéciles et à rendre bêtes les gens d'esprit.

— Aucun, répliqua Angèle en souriant, mais je me sens si heureuse auprès de vous, que je redoute tout ce qui pourrait m'empêcher de revenir près de vous.

— Vous êtes adorable! s'écria-t-il.

— Non, je vous aime bien, et cela me rend prudente et sage. Penserez-vous à moi, d'ici à demain?

— Me le demander est une injure.

— Moi, je penserai à vous, j'en suis sûre. Ainsi, quoique séparés, nous resterons ensemble. Quel don céleste que celui de la pensée et de la mémoire!

Elle se dégagea de ses mains.

Alerte et joyeuse, elle sauta dans sa pirogue et saisissant ses rames :

— A demain, Louis! cria-t-elle encore une fois.

— Angèle, à demain!

— Bon voyage, fit Rameau-d'Or.

La pirogue s'éloigna et ne tarda pas à disparaître derrière un coude de la rivière.

L'officier demeurait sur la rive, immobile, en proie à une émotion étrange.

— Je l'aime, je l'aime, s'écria-t-il, sans faire attention à son ordonnance qui venait de se rapprocher de lui..., j'en suis fou!

— Et vous avez raison, mon capitaine. La jeune personne vaut bien la peine qu'on perde un peu la tête pour elle; mais ce n'est peut-être pas une raison pour ne pas retourner au fort Duquesne.

— Soit, partons..., mais demain!

— Nous reviendrons, et de bon matin, fit Rameau-d'Or avec son rire le plus malin.

— Au revoir, Angèle! au revoir! cria le capitaine comme si la jeune fille eût pu l'entendre.

— Oh! les amoureux! les amoureux! grogna sourdement le soldat... Ça a beau changer, c'est toujours la même chanson.

Après ce dernier adieu jeté aux échos de la rive, les deux hommes regagnèrent leur embarcation sans s'occuper autrement du Peau-Rouge dont le cadavre resta abandonné aux vautours.

Une heure plus tard, ils atteignaient le fort Duquesne.

Un changement complet s'était opéré dans l'humeur jusque-là insouciante du jeune officier.

Les événements qui venaient de se passer donnaient un but à sa vie.

Il aimait comme il n'avait jamais aimé.

Il lui semblait avoir vécu un siècle en quelques heures.

Tout son passé disparaissait.

Un avenir inattendu, plein de lumière et de joie, s'ouvrait devant lui.

VI

OU L'ON PROUVE QU'UNE JOLIE FEMME NE DOIT JAMAIS AVOIR DE PERROQUET BLANC

Le comte Louis Coulon de Villiers, capitaine en premier au régiment de Royal-Marine, alors en garnison au fort Duquesne, était un gentilhomme d'une vieille race militaire originaire de l'Anjou, dont le nom se trouve glorieusement inscrit à chaque page de nos anciennes chroniques.

Chacun le sait, le fort Duquesne représentait la plus forte position militaire occupée par les Français au confluent de l'Allehany et du Manongahéla sur l'Ohio.

Or, les comtes de Villiers prétendaient descendre d'un célèbre *Brenn* gaulois nommé Kayélon, chef redouté, intrépide défenseur des Marches armoricaines, lors de la première invasion romaine.

Un baron de Villiers s'était trouvé, à la prise de Jérusalem, aux côtés de Godefroy de Bouillon.

Bref, partout où il y eut prise d'armes au moyen âge, soit en Europe, soit en Asie, soit en Sicile ou en Terre Sainte, les Coulon de Villiers furent toujours vaillamment représentés.

L'humeur batailleuse et aventureuse de cette famille engagea chacun de ses membres dans toutes les expéditions où il y avait plus de gloire que de richesses à récolter.

C'était une noble race qui ne reculait devant aucun péril.

Les premiers explorateurs de la Nouvelle-France comptèrent parmi eux un Coulon de Villiers.

Ce gentilhomme, séduit par la beauté du pays et par les avantages que lui offrait un établissement sur ce territoire vierge encore, se fixa au Canada.

Une centaine de ses vassaux s'attacha à sa fortune.

Il fonda une colonie prospère tout d'abord, mais ruinée peu après de fond en comble par sa mort soudaine et inattendue.

Plus récemment, c'est-à-dire quelque trente ans avant l'époque où commence notre récit, un cadet de la famille des Villiers, officier au régiment de Carignan, venait, lui aussi, de s'établir à la Nouvelle-Orléans.

Mais comme si, dans ce pays nouveau, une fatalité étrange eût pesé sur cette antique maison, ce gentilhomme disparut un jour sans que nul pût savoir par quelle raison il avait disparu ni dans quelle thébaïde il était retiré.

On fit toutes les recherches nécessaires pour retrouver sa trace.

Ce fut en vain.

Le nom de Villiers était donc connu et respecté au Canada.

Un grand nombre de descendants des anciens vassaux de cette famille y résidaient. Malgré les longues années écoulées depuis l'établissement de leurs pères dans le nouveau monde, ces braves gens conservaient avec une religieuse vénération le souvenir de leur seigneur et ancien maître.

Doué comme tous ses aïeux d'une âme ardente et d'un caractère aventureux, le comte Louis de Villiers n'avait pas tardé à se fatiguer de parader dans les boudoirs de Paris, ou d'attendre à l'Œil-de-Bœuf un sourire froid et ennuyé de ce roi blasé qui se nommait Louis XV, le *Bien-Aimé*.

Les maîtresses de ce royal libertin l'absorbaient trop pour qu'il songeât à ses serviteurs les plus dévoués autrement que pour en faire d'inutiles courtisans.

Le jeune gentilhomme avait sollicité la permission de se rendre en Amérique, où déjà, depuis plusieurs années, se trouvait son frère aîné.

Le ministre de Louis XV s'était fait prier tout juste assez pour avoir l'air d'accorder une grâce.

L'autorisation obtenue, le comte de Villiers avait pris congé de ses amis, s'était rendu au Havre et, grâce à sa promptitude, il était arrivé à temps pour s'embarquer sur un bâtiment appareillant à destination de Québec, capitale de nos colonies de la Nouvelle-France.

Le jeune officier portait un beau nom.

Riche, et venant directement de Versailles, il vit s'ouvrir à deux battants devant lui les portes de tous les salons de l'aristocratie canadienne.

Il fit sensation dans la haute société de Québec.

Avec cette fatalité naturelle de la jeunesse, qui ne doute de rien, le comte Louis de Villiers se laissa aller insoucieusement au courant de ses nombreux succès.

Il fit la cour à toutes les femmes, à toutes les jolies femmes, voulons-nous dire.

Les femmes sont peu cruelles pour un jeune et brillant cavalier, surtout de l'autre côté de l'Océan.

En peu de temps, notre gentilhomme aventureux devint la coqueluche, la fleur des pois de la métropole canadienne.

Nous l'avouerons, cette existence toute filée d'or et de soie, d'amours et de plaisirs que l'officier de Versailles blâmait tant dans le roi de France, séduisit extraordinairement l'aventurier américain qui tenait à oublier pendant un certain nombre de mois les ennuis inséparables d'une longue et pénible traversée.

Le comte de Villiers était admirablement préparé pour jouer le rôle que les reines de Québec lui faisaient remplir.

Mais, hélas ! tout passe, tout finit dans ce monde sublunaire.

L'homme se lasse de tout, même d'être adulé, admiré, adoré du matin au soir et du soir au matin.

Ce fut ce qui advint à notre héros.

La fatigue et le dégoût de ses faciles succès le prirent beaucoup plus tôt qu'il ne l'aurait pu supposer.

Il disparut quelque temps.

Toutes les invitations qui lui étaient adressées demeuraient sans réponse.

On ne le rencontrait ni dans les salons les plus connus ni dans les cabarets les mieux achalandés, ni dans les promenades où se donnait rendez-vous la jeunesse de Québec.

Comme de juste, on parla de lui pendant huit jours.

Mais huit jours sont huit siècles, à Paris comme à Québec.

Au bout de cette semaine de curiosité et de *De profundis* donnés à la mémoire de notre Don Juan disparu, les belles délaissées qui eussent pu remplir une liste aussi longue que celle du séducteur espagnol, pensant à d'autres soupirants, parlèrent d'autre chose et tout fut dit.

Cependant, ce n'était pas pour rien que Louis de Villiers avait abandonné si brusquement le théâtre de ses succès et de ses plaisirs.

Nos lectrices ne lui ayant pas encore consacré les huit jours de curiosité susénoncés, nous leur devons la clef de l'énigme si vainement cherchée par les dames de Québec.

Parmi les créoles qui tenaient alors le sceptre de la mode et de la beauté dans les salons de cette ville, il en était une qui l'emportait sur toutes ses rivales.

A ses pieds étaient venus se briser hommages flatteurs et galanteries ruineuses.

Sa réputation de vertu demeurait intacte et non effleurée; sa bonne renommée se tenait rigide sur son piédestal, entouré par tout ce qu'il y avait de jeune, de riche, de brillant dans le haut monde de la capitale du Canada.

Son cœur de marbre ne se ternit pas une seconde aux souffles ardents qui l'assaillaient.

Aucun rayon d'amour n'était parvenu à fondre la glace de son exaspérante sagesse.

On citait les noms de plusieurs de ses victimes.

L'un s'était planté bel et bien un bowie-knife dans la poitrine, parce qu'elle avait refusé de lui ouvrir sa porte par un soir d'orage.

L'autre l'avait menacée de mettre le feu à sa résidence habituelle et de s'y laisser brûler avec elle si elle ne consentait pas à lui donner sa main.

Elle s'était contentée de partir pour une villa qu'elle possédait dans les environs de Québec.

L'amoureux évincé n'en eut pas le démenti. Il incendia la maison de la dame et se fit sauter la cervelle, du désespoir de ne l'avoir pas trouvée.

On avait commencé par admirer ses rigueurs et ses charmes.

On finit par maudire sa beauté et par la mettre à l'index.

C'était injuste, absurde, mais c'était ainsi.

Elle ne prit pas plus garde aux colères de la foule qu'aux désespoirs insensés de ses adorateurs.

L'objet de tant de rancunes et de malédictions pouvait avoir vingt-un à vingt-deux ans. Il avait nom : Clara de Maleval.

Mme de Maleval était veuve d'un officier supérieur tué dans la dernière guerre contre les Anglais, qui lui laissait les souvenirs d'une lune de miel n'ayant pas eu le temps de se changer en lune rousse et, autre motif de regret, à son point de vue sentimental, une fortune incalculable.

Cette fortune eût été une faible consolation pour toute autre veuve consolable.

Pour elle, c'était un éternel sujet de deuil, lui rappelant l'époux qui la lui avait apportée.

Nous l'avons annoncé :

C'était une singulière créature que la comtesse Clara de Maleval, singulière et charmante.

Grande, d'une taille cambrée, flexible comme la tige d'un palmier, elle était admirablement proportionnée.

On n'aurait jamais pu croire à tant de grâce mignonne dans cette femme, possédant la majesté que nos pères désignaient si bien par ces mots vieillis : un port de reine.

Ses cheveux noirs contrastaient admirablement avec des yeux bleu d'azur qui lançaient des jets de flamme sous leurs longues et soyeuses paupières.

Sa bouche, aux lèvres sensuelles et purpurines, se plissait fréquemment sous un sourire fin et moqueur.

De ses lèvres s'échappait une voix harmonieusement timbrée et mordant au cœur.

La blancheur de son teint, la finesse de ses traits, la petitesse de ses mains et de ses pieds, cette suprême élégance de la femme, en faisaient un suprême échantillon de la perfection humaine.

Impossible de la voir sans se sentir attiré, séduit, subjugué au premier regard.

Le comte de Villiers la rencontra.

Cette rencontre le décida à en finir avec toutes ses amours de pacotille, avec ses conquêtes faciles et journalières.

On l'avertit du danger qu'il courait.

Les conseils que ses amis lui donnèrent ne firent naturellement qu'irriter ses désirs.

Dire à un homme amoureux d'une femme qu'il voit pour la première fois : Prenez garde ! Vous ne réussirez pas, nous avons été éconduits les uns après les autres, c'est jeter une tonne d'huile sur un incendie qui commence.

Louis de Villiers n'écouta rien.

Il se fit présenter à Mme de Maleval, qui tout d'abord le traita comme elle avait traité ses prédécesseurs.

Il s'entêta.

Elle lui ferma sa porte.

Le comte de Villiers se jura qu'il rentrerait chez elle par la fenêtre s'il le fallait.

Le hasard le servit.

Est-ce *le servit* qu'il nous faut dire ?

Certes, le jour où il réussit à s'ancrer dans l'intérieur de la belle créole fut un jour néfaste dans sa vie.

Mais ce qui devait être fut.

Voici par quel hasard M. de Villiers s'introduisit en vainqueur chez Mme de Maleval.

Elle possédait un kakatoès blanc à joues emplumées, à huppe rouge, originaire de la Nouvelle-Hollande qu'elle avait amené d'Europe avec elle.

Le terrible vieillard écrasa la grappe humaine.

Cet oiseau, d'une merveilleuse beauté et d'une mémoire extraordinaire, faisait l'admiration de tous les connaisseurs.

Sa maîtresse l'adorait.

Elle lui avait appris à parler, à chanter.

Elle y tenait comme à ses yeux.

Dans l'habitation voisine de la sienne demeurait un riche planteur.

Ce planteur possédait un macaque de la plus belle taille et du plus méchant caractère.

Il n'aimait que son maître et mordait tous les étrangers, hommes ou animaux, qui s'approchaient de lui.

Le singe s'appelait *Nick*.

Le perroquet *Bianco*.

Un jour, Nick rompit sa chaîne, grimpa sur le mur qui séparait les deux propriétés, sauta dans le parc de la comtesse, s'introduisit dans le sanctuaire où reposait *Bianco* et, le prenant délicatement entre ses pattes, il se sauva malgré les cris désespérés d'une négresse arrivée trop tard pour s'opposer à ce rapt inattendu.

Mme de Maleval accourut au bruit.

Le planteur, de son côté, arrivait pour remettre la main sur son singe.

Nick, grimpé sur un arbre haut de cent pieds, s'amusait de son mieux avec le pauvre *Bianco*, qui, lui, ne s'amusait pas du tout.

Gaieté du planteur.

Désespoir de la comtesse.

Notre officier passait et repassait souvent devant la demeure de l'intraitable créole.

Il y pénétra, attiré par les hélas! redoublés de la maîtresse de Bianco.

— Ma vie pour sauver les jours de mon perroquet! disait Mme Maleval, au milieu de ses larmes. Ma fortune et ma vie; tout, je donne tout!

Le planteur riait toujours.

Le comte de Villiers s'inclina devant la veuve du comte de Maleval et lui dit respectueusement :

— Un baiser et je vous le sauve.

La jolie femme lui tendit la main.

M. de Villiers y déposa le plus délicat de ses baisers.

Puis, prenant le mousquet d'un des serviteurs de la comtesse, il visa tranquillement Nick.

Le planteur bondit jusqu'à lui, un poignard long de dix-huit pouces à la main.

— Si vous touchez à mon singe, je vous tue, s'écria-t-il.

M. de Villiers haussa les épaules et tira.

Le singe, frappé à la tête, laissa échapper le perroquet, qui s'en vint se réfugier, en voletant lourdement, sur les genoux de sa maîtresse.

En même temps, le gentilhomme français tombait à ses pieds, avec le poignard du colon planté entre les deux épaules.

Il va sans dire qu'avant de tomber et de s'évanouir le jeune officier avait brisé le crâne du planteur d'un coup de crosse de mousquet.

Ah! c'était une bête bien précieuse que le perroquet de Mme la comtesse de Maleval.

Il venait de coûter la vie ou à peu près à un singe, à un planteur et à un gentilhomme français.

Le singe mourut réellement.

Le Canadien se fit recoller la tête tant bien que mal, mais il n'en retrouva qu'une partie et demeura idiot le restant de ses jours.

Quant à Louis de Villiers, il fallut bien que la maîtresse de Bianco le gardât chez elle jusqu'à son complet rétablissement.

Et le jeune homme fut long à se rétablir.

La longueur de cette guérison, les visites nombreuses que le comte de Villiers faisait à la comtesse de Maleval pendant toute la durée de sa convalescence, donnèrent beau jeu aux ennemis de cette dame.

D'ailleurs, trop d'intérêts jaloux, trop d'amours-propres froissés se trouvaient en jeu pour que la première faiblesse de la farouche créole ne fût pas divulguée et ne courût pas dans toutes les bouches.

La tigresse s'était humanisée.

Son cœur avait enfin parlé en faveur du séduisant, de l'intrépide sauveur de Bianco, le perroquet blanc.

Mme de Maleval accepta sa défaite en femme vaillante et fière du sentiment qu'elle éprouvait.

Au lieu d'essayer de donner le change aux mauvaises langues et de démentir les bruits qui couraient sur sa liaison avec M. de Villiers, elle accepta si franchement son amour qu'elle arrêta net les colporteurs de nouvelles et ferma la bouche aux plus acharnés faiseurs de commentaires.

Le comte, fier de son triomphe, en jouit d'abord avec délices; il se crut heureux.

De son côté, sa maîtresse se livra tout entière à cette passion qui l'avait surprise d'une si singulière façon.

Elle ne parlait de rien moins que de se remarier.

Ce fut le réveil.

Louis de Villiers se consulta, se tâta moralement, et de ses recherches, de ses interrogatoires consciencieux, il sortit une solution bien claire pour lui.

La comtesse lui plaisait, mais il ne l'aimait pas.

Or, le jeune officier était trop consciencieux pour épouser une femme qu'il se sentait ne point aimer.

La vanité satisfaite entrait pour beaucoup dans son bonheur.

Un beau matin, il s'éveilla tout étonné de se sentir la tête froide et le cœur vide.

Alors cette liaison qui lui avait paru si désirable et si douce lui pesa.

Il tenta de la rompre.

Malheureusement, nous l'avons dit, tout au contraire du jeune homme, la créole aimait de toute son âme et elle avait mis dans cet amour tout son espoir de bonheur à venir.

M. de Villiers manqua de courage.

Il attendit.

Le temps ne fit que resserrer les anneaux de sa chaîne.

Il avait espéré qu'un caprice nouveau lui rendrait sa liberté, mais la jeune femme demeura fidèle en dépit de toutes ses espérances.

Reconnaissant l'impossibilité d'une de ces ruptures si en usage à la cour de Louis XV, il résolut de trancher violemment la question et d'employer un moyen héroïque.

Ce moyen n'était autre qu'une prompte fuite.

M. de Villiers avait la conviction que la passion de la comtesse ne résisterait pas à une absence prolongée.

— Loin des yeux, loin du cœur ! se disait-il.

Il se rendit donc en grande hâte chez M. le marquis Duquesne de Menneville, gouverneur de la Nouvelle-France, auprès duquel il avait été chaudement recommandé.

En toutes circonstances, le marquis lui avait témoigné toute sa sympathie. Sans lui rien dire des motifs qui l'engageaient à faire cette démarche et cette demande, le jeune gentilhomme le pria de ne pas prolonger son séjour à Québec et de le mettre dans le plus bref délai à même de servir utilement le roi.

M. de Menneville était homme du monde.

Il comprit à demi-mot.

Sans même se permettre un sourire qui pût faire honneur à sa perspicacité, il félicita chaleureusement le comte sur son zèle et son dévouement au service de Sa Majesté.

Séance tenante, le capitaine de Villiers reçut l'ordre de rejoindre son régiment qui se trouvait en garnison au fort Duquesne, dans l'intérieur des terres.

Quand nous aurons expliqué à nos lecteurs que le gouverneur de la Nouvelle-France s'était vu au nombre des adorateurs repoussés de la belle comtesse de Maleval, ils comprendront la raison de cette réponse affirmative et empressée.

Aussitôt l'ordre obtenu, M. de Villiers se rendit chez sa maîtresse,

Là, il montra un visage tellement bouleversé et témoigna un si profond désespoir que la jeune femme fut sa dupe, et sa dupe affligée.

Loin de se plaindre de l'abandon dans lequel elle restait, elle se vit réduite à consoler le perfide qui riait sous cape du succès de sa ruse.

On chercha des moyens de faire révoquer cet ordre cruel.

Mais Mme de Maleval, qui n'y voyait qu'une vengeance de M. de Menneville, crut comprendre que tous leurs efforts seraient inutiles.

Il fallait se résigner.

Elle lui jura un amour éternel, il répondit par les serments de constance les plus terribles.

Et le lendemain, au point du jour, le comte Louis de Villiers, redoutant un contre-ordre ou un contre-temps imprévu, quittait Québec avec armes et bagages, humant à pleins poumons l'air de sa liberté reconquise.

VII

DETTE PAYÉE

Le jour où le capitaine de Villiers se prélassait sur les bords de la Rivière, lisant et pêchant, double divertissement qui avait failli lui coûter si cher, il était installé, déjà depuis un mois, au fort Duquesne.

Ce mois durant, l'image de Clara de Maleval s'était-elle souvent présentée à la mémoire ou aux yeux du brillant et solitaire officier?

Avait-il eu le courage de ne pas regretter cette charmante liaison si brusquement rompue?

Ne lui arrivait-il pas, de temps à autre, de soupirer en comparant son existence actuelle à la vie qu'il menait à Québec?

La monotonie d'une garnison éloignée de toute habitation, tenue sur une frontière isolée, entrait-elle pour la plus grande part dans ces regrets et dans ces soupirs?

C'est ce que nous laisserons deviner.

Toujours est-il que l'apparition de la délicieuse créature, à laquelle il devait si miraculeusement la vie, rompit définitivement le charme qui, malgré lui, l'enchaînait au passé.

L'ardente et capricieuse grande dame fut pour jamais bannie de son cœur.

Il ne songea plus qu'à la naïve jeune fille dont le langage lui avait fait éprouver les suaves angoisses d'un véritable amour.

Pour la première fois, il se sentait aimer.

Quelques jours s'écoulèrent et sa passion ne fit qu'augmenter.

Chaque matin, le jeune homme, suivi de Rameau-d'Or, dans lequel il avait confiance pleine et entière, se dirigeait en pirogue vers le rendez-vous où la jeune fille ne manquait jamais de se trouver.

Les heures s'écoulaient rapides en douces causeries, en projets d'avenir, en serments de tendresse échangés solennellement à la face radieuse du soleil.

Puis les jeunes gens se séparaient.

Le lendemain, ils se retrouvaient et recommençaient de plus belle ces interminables entretiens dans lesquels les amoureux redisent toujours la même chose, exécutant les mêmes variations sur ce thème si vieux et si peu usé qu'on nomme l'amour.

Musique adorable qui a fait et fera sans cesse palpiter si délicieusement deux cœurs battant à l'unisson.

Rien de chaste et d'attrayant comme ces rendez-vous qui se terminent par un serrement de main.

Jamais un baiser, même sur le front.

Certes, les amis de Louis de Villiers, s'il leur eût été possible d'assister à ces tranquilles entrevues, n'auraient pas reconnu le séduisant coureur de ruelles de Versailles et de Québec.

Ils n'en auraient cru ni leurs yeux ni leurs oreilles.

Et jamais, néanmoins, le jeune homme ne s'était senti si heureux.

Un matin, Angèle ne vint pas.

Le capitaine l'attendit tout le jour...

Ce fut en vain.

La nuit tomba sans que la jeune fille parût.

Louis, impatient d'abord, devint bientôt en proie à une véritable inquiétude. Rameau-d'Or, plus philosophe, eut beau lui donner toutes les raisons et les consolations qu'on trouve en pareil cas, le capitaine ne pouvait se résigner, malgré l'heure avancée, à quitter la place et à retourner au fort Duquesne.

Les raisonnements les plus subtils du brave soldat se brisèrent contre le désespoir de l'officier.

— Si elle n'est pas revenue, s'écria-t-il, c'est qu'il lui est arrivé malheur? Maudite soit la raison qui la force à me cacher sa demeure! Maudit, le père pour qui elle redoute la présence de tout étranger! Je ne la reverrai plus!

— Mais, mon capitaine, vous la reverrez demain matin. Croyez-moi, une jeune personne de ce *calibre-là* n'est point une aiguille qui se perd dans une botte de foin! Une femme se retrouve toujours.

Malgré la rhétorique de Rameau-d'Or, ce fut l'esprit livré aux plus sinistres pressentiments que le comte de Villiers retourna sur ses pas.

Il était tard.

Le soleil se couchait derrière les monts Alleghanys dans des flots de pourpre et d'or.

Une fraîche brise courait sur la surface de la rivière qu'elle faisait moutonner comme les vagues de l'Océan.

L'officier, à demi étendu à l'arrière de la pirogue, s'abandonnait à ses tristes pensées sans songer à admirer le magnifique paysage qui se déroulait devant lui comme un gigantesque kaléidoscope.

Soudain il se releva et prêta l'oreille à un bruit lointain.

Ce bruit s'élevait sur la rive droite de la rivière.

Le soldat avait arrêté la pirogue et, de son côté, il écoutait aussi.

On entendait des clameurs furieuses mêlées à des bruits et à des supplications, le tout entremêlé de rires et de sifflets stridents.

— Que se passe-t-il? demanda le comte à voix basse.

— Il me semble bien qu'on s'égorgille en famille.

— Si nous nous dirigions de ce côté?

— Comme il vous plaira, mon capitaine, mais il se fait tard, et, si nous nous mêlons des affaires des autres, nous manquerons les nôtres; nous arriverons au fort après la fermeture des portes.

— Tu dis vrai, continuons notre route.

— D'autant plus que, dans ce pays-ci, les indigènes ne se gênent pas pour pousser des hurlements pareils à ceux que nous venons d'entendre, pour faire honneur à leurs dieux et à leurs déesses. On croit qu'ils sont en train de se dévorer les uns les autres ; pas du tout, ces messieurs et ces dames sont en train de banqueter et de *faire une noce* à tous crins.

M. de Villiers levait la main pour faire signe à Rameau-d'Or de reprendre sa route, lorsqu'un cri déchirant traversa l'espace ; le jeune homme frissonna.

Une pâleur mortelle couvrit subitement son visage.

Il venait de reconnaître la voix d'Angèle.

— En avant, garçon ! fit-il d'une voix nerveuse.

Le soldat avait compris.

Sans explication plus ample, il se courba sur les rames, fit exécuter un crochet à l'embarcation et se dirigea rapidement vers le rivage.

Les cris devenaient de plus en plus distincts.

Le comte de Villiers bouillait d'impatience et d'inquiétude.

— Plus vite ! plus vite !

Rameau-d'Or lui tendit silencieusement une rame.

Louis la saisit.

La pirogue vola sur l'eau. A peine son avant grinça-t-il sur le sable que les deux hommes s'élancèrent à terre, le fusil à la main.

Ils se glissèrent alors à travers les broussailles qui leur masquaient la vue ; puis pénétrant, dans la forêt, ils marchèrent à grands pas du côté où les cris se faisaient entendre, répétés et perçants.

Leur marche devint une course furieuse.

Cette course à travers les halliers ne fut pas de longue durée.

Bientôt ils atteignirent le bord d'une clairière.

Là, un spectacle terrible s'offrit à leurs regards.

Une vingtaine d'individus, qu'à leur costume il était facile de reconnaître pour des planteurs canadiens, hurlaient, gesticulaient et brandissaient des sabres, des haches, des fusils sur la tête d'un vieillard et d'une jeune fille entourés par eux.

Dans la jeune fille, le comte de Villiers reconnut la jeune Canadienne.

Il ne s'était pas trompé.

Poussant un cri de rage, sans même faire appel à son compagnon, sans calculer le danger auquel il s'exposait, il se précipita d'un bond sur les lâches qui menaçaient les jours de sa bien-aimée.

Il s'ouvrit facilement un passage jusqu'à elle, repoussant, frappant et renversant tous les hommes qui l'en séparaient.

Rameau-d'Or, bien qu'il fût plus calme et murmurât à part lui : « Ils sont beaucoup, ils sont trop !... », suivit son chef, ne voulant pas le laisser s'exposer seul au premier effort de la colère de ces gens dont il venait entraver les projets, que ces projets dussent aboutir à un crime, à un acte de justice ou de vengeance.

C'était bien un acte de vengeance et de justice à la fois que ces hommes grossiers et furieux prétendaient accomplir.

La victime qu'ils avaient choisie n'était rien moins que le père d'Angèle, l'homme mystérieux que le comte maudissait quelques instants auparavant, celui que les planteurs et les colons nommaient le *Proscrit* ou le *Sorcier*, ne sachant son véritable nom ni sa vraie origine.

Voici ce qui s'était passé :

Un certain nombre de planteurs revenaient du fort Duquesne, où ils s'étaient rendus pour faire des achats, des ventes et des échanges.

Sur leur route, dans une sente écartée, ils rencontrèrent le vieillard cheminant côte à côte avec la jeune fille et regagnant paisiblement sa demeure au fond des bois.

Pendant les quelques heures passées au fort à faire leurs marchés, les planteurs ne s'étaient point abstenus de trinquer avec les soldats.

Leurs libations avaient été assez copieuses pour que, sans être complètement ivres, ils se trouvassent sous le coup d'une vive surexcitation.

Le père et la fille s'écartèrent pour les laisser passer.

Ce fut ce qui faillit assurer leur perte.

Si les Canadiens ne s'étaient trouvés que quatre ou cinq, non seulement ils se seraient gardés d'accoster le vieillard, pour lequel ils éprouvaient un respect inexplicable et une terreur instinctive, mais ils auraient encore soigneusement évité sa rencontre et sa vue.

Malheureusement pour l'objet de leur antipathie et de leur haine, ils se comptèrent, ce qui les rendit braves.

S'encourageant les uns les autres, ils commencèrent à lui lancer quelques quolibets auxquels celui-ci dédaigna de répondre.

Ils s'enhardirent et, l'entourant, ils l'insultèrent grossièrement.

Si le vieillard avait été seul, peut-être se serait-il contenu et aurait-il continué sa route, au mépris de leurs insultes et de leurs railleries.

Mais, à bout de patience et craignant pour sa fille, il pensa qu'en faisant acte d'homme il leur imposerait.

S'avançant résolument vers les meneurs de la bande, il saisit le plus insolent et le plus braillard à la gorge, et, sans effort apparent, il le jeta à dix pas.

Cette preuve de vigueur exceptionnelle dans un homme d'un âge avancé étonna les planteurs.

Ils hésitèrent et firent même mine de lui céder la place.

Mais celui qui venait de se voir si rudement étrillé se releva et hors de lui, son couteau à la main, il s'avança vers le père d'Angèle, excitant ses camarades par ses railleries et ses reproches.

— Sus au proscrit ! A mort le sorcier ! hurlait-il... Lâches, n'êtes-vous pas honteux de reculer ainsi devant un seul homme? Laissez-moi passer que je lui plante mon couteau dans la poitrine.

Le père s'était placé devant sa fille, attendant ses adversaires de pied ferme et les armes à la main.

Mais les Canadiens, excités par les railleries de leur camarade et comptant sur leur nombre, se ravisèrent et tous à la fois se ruèrent sur lui.

Il y eut une mêlée horrible.

Le proscrit luttait avec la rage désespérée d'un père qui voit sa fille exposée à devenir la proie de bandits sans foi ni loi.

Les deux plus rapprochés roulèrent sur le sol, l'un le crâne fendu, l'autre une balle dans le cœur.

LA BELLE RIVIÈRE

— Lâches bandits ! continua-t-il ; êtes-vous des bêtes fauves ou des Indiens sauvages.

Les autres se jetèrent sur lui comme une meute sur un sanglier acculé.
Pendant quelques minutes, le terrible vieillard secoua, entraîna, écrasa la grappe humaine qui s'était attachée à ses bras, à ses épaules et à ses jambes.
Ces gens égarés par l'ivresse et par l'odeur du sang n'avaient plus qu'un but : terrasser, garrotter leur ennemi pour le tuer à leur aise.
Que pouvaient les efforts héroïques d'un seul homme contre vingt assassins?

Retarder de quelques instants sa défaite et sa chute.

Le succès des assaillants ne fut pas longtemps douteux.

Accablé par le nombre, le vieillard fut renversé, saisi, porté au centre de la clairière, où, malgré les pleurs et les supplications de sa fille, on l'attacha étroitement au tronc d'un arbre.

On délibéra ensuite sur le châtiment qu'on allait lui infliger.

Ce châtiment, du reste, ne pouvait être autre que la mort; il ne s'agissait plus que de choisir le genre de mort applicable au prisonnier.

En dehors du meurtre de leurs deux compagnons tués par le vieillard en se défendant, les accusations portées contre lui étaient de la plus haute gravité.

Mais la plus terrible de toutes, celle contre laquelle il lui était impossible de se défendre, par la raison toute simple que ses accusateurs ne pouvaient ni la prouver ni même la formuler nettement, était l'accusation de sorcellerie.

Les planteurs étaient convaincus que ce malheureux jetait des sorts pour faire périr leurs troupeaux, détruire leurs moissons, incendier les cases et les plantations.

Peut-être, par un reste de pitié pour la jeune fille qui se roulait à leurs pieds en leur demandant grâce et merci, ils résolurent d'épargner à leur victime toute torture extraordinaire.

Mais leur haine devait être assouvie.

Les cadavres de leurs amis demandaient vengeance.

Le proscrit fut condamné à mourir fusillé et à demeurer pendu à un arbre par les pieds pour servir de pâture aux oiseaux de proie.

Tous ces hommes portaient des fusils; sans plus tarder, ils se mirent en mesure d'exécuter leur sentence.

Angèle, folle de désespoir, s'était élancée sur le corps de son père et s'était attachée à lui comme une chaîne vivante, résolue à ne pas lui survivre, lui jurant de partager son sort.

Les menaces des assassins, les prières et les ordres du condamné qui tour à tour la suppliait et lui ordonnait de l'abandonner et de sauver sa propre vie ne servaient à rien.

— Non, non, répétait-elle d'une voix étranglée par la douleur, ensemble! Père, nous mourrons ensemble!

Quant au proscrit, auquel nous conserverons cette dénomination jusqu'à nouvel ordre, le visage pâle, mais le regard ferme, il semblait défier ses ennemis. Si parfois il s'attendrissait, c'était sur sa fille, dont, lui absent, lui parti, lui mort, l'avenir l'effrayait. Qui la protègerait? Qui la défendrait? Son cœur se déchirait en une horrible agonie et il redoublait de prières et de douces paroles pour forcer la pauvre enfant à le quitter et à fuir ses persécuteurs.

Cependant la délibération était close.

Les planteurs visitaient leurs armes et formaient un demi-cercle autour de leur victime.

Deux ou trois d'entre eux, les plus irrités, les plus féroces, sortirent du groupe et s'approchèrent de l'arbre fatal dans le but de rompre l'étreinte passionnée qui enchaînait l'enfant à son père.

La vaillante créature résista silencieusement aux efforts de ses bourreaux.

— Laisse-moi, va-t'en, chère fille ! criait le vieillard. Au revoir ! Dans le ciel !

L'enfant ne répondait que par ses larmes et ses caresses, et elle résistait, se tordant comme un serpent entre les mains qui le saisissent.

La rage du meurtre impuissant montait au cerveau de ces brutes sanguinaires.

Cette scène déchirante se prolongeait trop au gré de quelques-uns des planteurs plus pressés d'en finir que leurs compagnons.

Ils commencèrent à murmurer.

Les uns se moquaient de ces hommes vaincus par la ténacité et la bravoure d'une faible enfant.

Les autres finirent par dire que puisqu'elle mettait obstacle à leur volonté, puisqu'elle tenait tant à partager le sort du sorcier, il fallait la satisfaire et la tuer, elle aussi.

Le tumulte était à son comble.

L'ivresse et les fumées de l'eau-de-vie se mêlaient aux vapeurs du sang versé.

Peut-être la troupe furieuse, hors d'elle-même, allait-elle se laisser aller à suivre cette épouvantable impulsion, lorsque la venue soudaine des deux militaires changea la face des choses.

Nous l'avons dit plus haut :

M. de Villiers s'était vigoureusement frayé un passage jusqu'au proscrit, et, se plaçant tout à coup devant lui et devant sa fille, il leur fit un rempart de son corps.

Pendant que les planteurs stupéfaits de cette apparition reculaient de quelques pas, Rameau-d'Or s'occupait activement à trancher les liens qui attachaient le proscrit au tronc noueux de l'arbre changé en poteau de supplice.

En apercevant le capitaine, Angèle avait retrouvé la voix et avec cette force que seul peut donner l'amour filial elle s'était précipitée à ses pieds en lui criant à travers ses sanglots :

— Sauvez-le, Louis ! sauvez mon père !

— Ne craignez rien, Angèle ! Je vous réponds de lui, répondit le comte d'une voix ferme.

— Ils se connaissent ! murmura le vieillard, qui dans cette terrible occurrence conservait le calme propre aux âmes fortes.

Cependant l'officier, fixant un regard menaçant sur les planteurs terrifiés et reculant devant la flamme qui jaillissait de ses yeux :

— Lâches bandits ! continua-t-il, êtes-vous des bêtes fauves ou des Indiens sauvages, pour vous acharner ainsi sur un vieillard et une enfant ! Vive Dieu ! je ne sais qui me tient de faire un exemple sur l'heure et de vous infliger la peine méritée par votre couardise et votre cruauté.

Rameau-d'Or, tranquille comme un jour de parade, se tenait au port d'armes, comprenant l'idée de son chef et l'aidant de son superbe sang-froid.

— Bas les armes d'abord ! ordonna le comte de Villiers.

Les planteurs baissèrent la tête sans répondre et plusieurs fusils tombèrent aux pieds de l'audacieux jeune homme.

La vue de l'uniforme français leur inspirait une terreur salutaire.
Les fumées de l'ivresse se dissipaient.
La honte de leur crime, le remords, entraient dans leur cœur.
C'étaient des hommes ignorants, des natures abruptes et superstitieuses, mais ils s'étaient égarés les uns les autres et, la première effervescence de la colère passée, ils comprirent leur faute.
Ils tremblaient à la pensée que la justice française, justice militaire et sommaire, pouvait leur demander un compte sévère de leur indigne action.
Le comte devina les sentiments qui les agitaient.
Il comprit sa victoire et résolut d'en tirer le parti le plus prompt.
— Rameau-d'Or, dit-il à son soldat, immobile à son côté et prêt à exécuter ses ordres quels qu'ils fussent, Rameau-d'Or, ces misérables vont être conduits au fort Duquesne. Fais avancer le détachement.
— Oui, capitaine, répliqua l'ordonnance, faisant un mouvement comme pour obéir, sans donner la moindre marque d'hésitation.
Les planteurs échangèrent des regards désolés.
Les pauvres diables connaissaient la justice expéditive du gouverneur.
Ils se crurent perdus et se mirent à trembler de tous leurs membres.
Mais alors le proscrit intervint; arrêtant Rameau-d'Or du geste, il s'avança à pas lents vers M. de Villiers soutenu par sa fille, tant l'avait brisé la lutte qu'il venait de soutenir.
Sur un signe de son capitaine, Rameau-d'Or était revenu sur ses pas.
Le vieillard s'inclina avec une suprême noblesse devant le jeune homme et lui dit :
— Monsieur, je vous dois la vie. Soyez béni, non pour me l'avoir conservée, j'ai déjà trop vécu, mais pour m'avoir rendu à l'amour de ma fille bien-aimée que ma mort aurait tuée. Pour ce bienfait, je suis éternellement votre obligé ! Mais je vous en supplie, ne soyez pas généreux à demi.
— Parlez, monsieur.
— Accordez-moi une grâce.
— Je n'ai rien à vous refuser.
— Ces hommes étaient égarés ; ils ne savaient ce qu'ils faisaient. Ils se repentent. Pardonnez-leur comme je leur pardonne.
— Ce que vous demandez là..., répondit le capitaine, ayant l'air de ne pouvoir accéder à la prière du vieillard.
— Pardonnez ! murmura la jeune fille à son oreille. Pardonnez, Louis ! je suis si heureuse !
— Je vous en conjure, reprit le proscrit, au nom de ce Dieu tout-puissant qui vous a conduit ici, pour devenir mon sauveur et celui de mon enfant.
En voyant intercéder pour eux celui-là même qu'ils avaient voulu assassiner, les Canadiens éclatèrent en sanglots et tombèrent à genoux devant lui et devant l'officier.
Le comte demeura un instant silencieux.
Les colons attendaient suppliants.
Il leur ordonna enfin de se relever et s'adressant au proscrit :
— Soit, monsieur, fit-il, à votre considération, à votre prière, je consens à

laisser aller ces hommes. Qu'ils s'éloignent donc! Qu'ils partent, mais qu'ils le sachent bien, c'est vous seul qui leur donnez la vie. Puissent-ils conserver le souvenir de votre générosité ! Mais si jamais..., ajouta-t-il avec menace en se tournant vers les colons..., si jamais ils l'oublient, prompte justice serait faite de leur ingratitude.

Les planteurs, heureux d'en être quittes à si bon marché, n'attendirent pas une seconde invitation de partir.

Ils se relevèrent, prirent leurs armes et s'éloignèrent en toute hâte sans même regarder derrière eux, craignant à chaque instant de voir déboucher le terrible détachement que Rameau-d'Or avait été sur le point de requérir.

Les deux soldats, le vieillard et la jeune fille attendirent que le dernier d'entre eux eût disparu.

Alors un joyeux éclat de rire retentit. C'était Rameau-d'Or qui le poussait.

— Compagnons, camarades, soldats, cria-t-il gaîment, déposez les armes !

M. de Villiers allait étouffer cet éclat de rire intempestif, mais le proscrit ne lui en laissa point le temps.

— Merci, monsieur, lui dit-il, en lui tendant la main. Voici ma main. Il y a plus de dix ans que je ne l'ai tendue à une main aussi courageuse et, ajouta-t-il lentement, aussi loyale, je l'espère.

L'officier prit la main du proscrit et la serra.

Le vieillard respira, soulagé d'un soupçon affreux qui l'avait saisi en entendant sa fille l'appeler: Louis, en l'entendant appeler sa fille : Angèle.

Celle-ci remercia son père d'un regard et d'un sourire qui lui payèrent au centuple l'avance faite par lui au jeune homme.

— Partons, père, retournons à la maison, dit-elle doucement.

— Allons.

— Vous êtes trop faible pour regagner seul votre demeure, dit le capitaine après une certaine hésitation.

Le proscrit sourit tristement.

Il n'était p dupe des sentiments qui poussaient l'officier à lui offrir son assistance.

Mais ne voulant pas avoir l'air de comprendre, il lui répondit :

— C'est vrai, mon habitation se trouve loin d'ici, je serai heureux de vous y recevoir.

Angèle était rouge comme une fraise des bois.

Son amant dissimulait à peine sa joie.

Rameau-d'Or se mit à siffler une marche triomphale entre ses dents et la petite troupe s'éloigna lentement de cette clairière, où un meurtre odieux avait failli s'accomplir.

VIII

LA CHAUMIÈRE DU PROSCRIT

Ce fut l'âme débordant de félicité que Louis de Villiers regagna son cantonnement, après avoir accompagné jusqu'au seuil de leur chaumière le proscrit et sa fille qui se trouvaient désormais en sûreté.

Mais une mauvaise nouvelle l'attendait au fort Duquesne.

Le courrier de Québec venait d'arriver; au nombre des lettres apportées par lui, il s'en trouvait une à l'adresse du capitaine de Villiers.

Cette lettre était du baron de Grigny, officier au régiment de Guyenne, l'ami d'enfance de notre héros. Elle lui annonçait que la comtesse de Maleval était parvenue tout récemment à découvrir le stratagème employé par son séducteur pour arriver à se séparer, à se débarrasser d'elle et de son amour.

Furieuse de se voir si lestement abandonnée par l'homme auquel elle avait sacrifié sa renommée et sa vertu; exaspérée de se trouver chaque jour en butte aux ironiques consolations de ses admirateurs évincés, aux sourires de toutes les femmes envers lesquelles elle s'était montrée si sévère jadis, elle avait juré de tirer une vengeance éclatante de ce lâche abandon qu'elle considérait comme une insulte sanglante.

Son amour-propre souffrait autant, plus peut-être, que son amour.

Elle avait fermé sa porte, et vivant seule, dans la retraite la plus absolue, à quelques lieues de Québec, elle mûrissait un projet dont l'exécution ne devait pas se faire attendre.

Depuis ce moment, personne n'avait pu pénétrer auprès d'elle.

Elle s'était confinée dans une de ses terres et se laissait oublier.

Le baron de Grigny recommandait sérieusement au comte de Villiers de se tenir sur ses gardes.

La haine implacable que Mme de Maleval lui avait vouée ne reculera devant rien, lui écrivait-il. En plus d'une circonstance, le caractère de cette femme s'était révélé à ses yeux sous un jour effrayant.

Il ajoutait en terminant sa lettre qu'avant peu il rejoindrait son ami au fort Duquesne, le gouverneur de la Nouvelle-France devant le charger d'une mission pour le commandant du fort.

Il promettait à son ami des renseignements et des détails plus amples lors de son arrivée.

Tout en haussant les épaules à la lecture de cette missive écrite légèrement, quoique sur un fond sérieux, le jeune homme, au lieu d'éprouver un sentiment de crainte ou d'appréhension, respira plus à son aise.

La haine de sa dernière maîtresse le déliait entièrement de tout remords envers le passé.

Que pouvait-il avoir à redouter de la haine d'une femme, au fond des terres, dans une retraite où jamais la comtesse n'aurait l'idée ni la possibilité de mettre le pied?

Avant qu'il retournât à Québec, sa colère aurait cent fois le temps de s'user et de s'éteindre.

— Et puis, se disait-il en souriant, s'il fallait se préoccuper des menaces de toutes les femmes abandonnées qui ne savent point prendre leur abandon en patience, où irait-on?

D'ailleurs, l'image d'Angèle était là, qui se plaçait entre lui et le souvenir de sa vindicative créole.

Après quelques minutes de réflexion, il jeta la lettre du baron de Grigny et il n'y songea plus.

En agissant ainsi, M. de Villiers prouva qu'il ne connaissait pas les femmes, même les femmes dont il s'était fait le cavalier servant.

Mais la passion aveugle, et le comte aimait passionnément la fille du proscrit.

S'il s'était agi d'une autre, il eût vu clair dans le caractère de ces séduisants lutins aux griffes roses, aux regards magnétiques, aux sourires enivrants.

Il eût bien su se mettre en garde contre ces Circés que leur organisation nerveuse, que leur nature exaltée rend si dangereuses, contre ces sirènes extrêmes dans le bien comme dans le mal, qu'une insulte à leur beauté pousse parfois jusqu'au crime.

Cette ignorance, ou pour mieux dire cette insouciance, devait avoir pour lui des conséquences terribles.

Il ne croyait pas à un orage, et surtout à un orage si prochain.

Tout à l'emportement d'un amour qu'il considérait comme le premier de sa vie, M. de Villiers faisait litière à son passé galant, méprisait les menaces de l'avenir et résumait son existence tout entière dans le présent qui lui offrait des jouissances de cœur infinies.

Sans avoir failli au serment que la jeune Canadienne avait exigé de lui, il venait, grâce à un hasard inespéré, d'obtenir l'accomplissement de son désir le plus cher.

Il l'avait vue chez elle sans contrainte, sous les yeux de son père et par le consentement exprès de celui-ci.

En effet, à la suite de leur rencontre providentielle, le vieux planteur et sa fille avaient conduit M. de Villiers et son fidèle Rameau-d'Or jusqu'en vue de sa demeure.

Là, s'inclinant cérémonieusement devant le jeune homme, il avait retenu dans la sienne la main tendue par lui.

Puis, après quelques instants de silence et de réflexion, les yeux fixés sur ses yeux avec une ténacité étrange, il lui avait dit :

— Une dernière grâce, monsieur?

— Je suis tout à votre dévotion, répondit Louis de Villiers, décidé à tout faire pour acquérir la bienveillance et l'amitié du père de celle qu'il adorait.

— Ne partez pas sans me laisser le nom de l'homme à qui je dois plus que la vie, ajouta le vieillard.

— Je me nomme Louis Coulon de Villiers.

Le proscrit tressaillit.

Son interlocuteur continua :

— Je suis capitaine au régiment de Royal-Marine, actuellement en garnison au fort Duquesne.

— Le comte de Villiers ! murmurait le père d'Angèle.

— Comte de Villiers, oui, monsieur, repartit le jeune homme, étonné de voir qu'on lui donnait un titre négligé par lui... Mais vous pleurez, monsieur !

Le proscrit essuyait furtivement deux grosses larmes qui tombèrent de ses yeux levés vers le ciel avec une expression de bonheur indicible.

Mais il se remit promptement et reprit :

— Monsieur le comte, voici ma modeste habitation. Si la réputation qui m'a été infligée par des colons ignorants et injustes ne vous effraie pas, si 'amitié, la reconnaissance d'un homme qui n'a jamais commis un acte de méchanceté ni de forfaiture ne vous semble pas à dédaigner, venez le plus souvent possible vous asseoir à mon foyer. Ma fille et moi, nous nous estimerons toujours très heureux de vous y recevoir.

Le jeune homme s'était incliné à son tour en signe de remerciement et s'était retiré, maîtrisant avec peine la joie qui le mettait hors de lui-même.

Rameau-d'Or l'avait suivi en faisant une réflexion philosophique sur les vicissitudes des choses de ce bas monde, l'aveuglement des pères pour les amoureux de leurs filles, et ils étaient rentrés au fort Duquesne, où la lettre du baron de Grigny attendait le comte de Villiers.

Nous venons de voir l'effet que produisit sur ce dernier la lettre pleine de prévoyance de son ami.

Le lendemain, le jeune officier s'empressa de rendre visite au solitaire.

Les jours suivants, il reparut.

Cordialement reçu par les hôtes de l'habitation isolée, il finit par prendre une telle habitude de ces visites au vieillard et à la jeune fille que ses pas le conduisaient instinctivement à la chaumière, sans le secours de sa volonté.

Rameau-d'Or ne l'accompagnait plus que rarement.

— Il paraît que je gêne mon capitaine, s'était dit le brave garçon, et il ne questionnait même plus de M. de Villiers au sujet du proscrit et d'Angèle.

Du reste, on attendait l'officier chaque jour et on le recevait avec les marques non équivoques d'une joie réelle ; si bien que le jeune homme et la jeune fille, aussi libres en présence du vieillard que quand ils se rencontraient seuls dans la forêt, en étaient venus à ne plus regretter ces heures bénies du ciel.

— Quand vous ne venez pas, Louis, lui disait Angèle, dans son naïf langage, il me semble que le soleil ne se lève pas pour notre maison.

Le proscrit, qui pour la première fois de sa vie, à la connaissance de sa fille, se départait de ses habitudes de sauvagerie et d'isolement, considérait le jeune homme comme s'il eût été de la famille.

Il prêtait les mains à la liaison, aux amours naissantes des deux jeunes gens.

Il leur laissait la plus entière liberté, allant, venant, sans autrement s'inquiéter d'eux, demeurant parfois quatre ou cinq heures en courses dans la

LA BELLE RIVIÈRE

Il apportait un superbe coq de bruyère.

forêt et ne semblant pas autrement étonné ni mécontent de les retrouver causant ensemble comme à l'heure de son départ.

A part le bonheur que le comte de Villiers trouvait dans ces entretiens avec Angèle, pour laquelle son amour augmentait de jour en jour, le jeune homme s'intéressait de plus en plus à ce vieillard mystérieux.

Pour lui comme pour les autres, il s'appelait : *le proscrit*.

Tout en se révoltant contre la stupidité et le préjugé qui l'avaient jeté si brutalement en dehors de la société, qui en avaient fait le but de l'antipathie ou de la terreur générale, il ne pouvait de temps à autre s'empêcher de se demander si ce malheureux n'avait jamais mérité cette antipathie et ce mépris inexplicables par des actes quelconques réprouvés par l'honneur.

Mais, quand ces pensées lui venaient, un regard jeté sur la loyale figure de cet homme, un sourire de son innocente maîtresse, le désarmaient et chassaient ses soupçons involontaires.

Peu à peu, la confiance finit par s'établir entre les deux hommes.

Durant leurs longues causeries, le comte de Villiers avait été à même d'apercevoir et d'apprécier les vastes connaissances, l'esprit cultivé et la rectitude du jugement de ce vieillard haï par tous, sans que jamais, à sa connaissance, il eût causé de préjudice à âme qui vive.

Les ténèbres qui enveloppaient le passé de son hôte piquaient sa curiosité.

Il se sentait attiré, dominé par cette nature forte, énergique, hautaine, qui acceptait, sans courber la tête, un opprobre immérité.

A l'injustice des colons et des planteurs, le proscrit répondait par le silence du dédain.

. Jamais une plainte ni un murmure ne sortaient de sa bouche.

Il n'avait qu'indulgence pour ses persécuteurs et ses grossiers ennemis ; et, si parfois il s'en occupait, c'était pour leur rendre des services dont aucun d'eux ne connaissait jamais l'auteur.

Le comte de Villiers se le disait avec juste raison : cet homme singulier avait vu des temps meilleurs.

Son existence n'avait pas toujours été réduite à la culture de ce coin de terre isolé.

La fréquentation de la haute noblesse se sentait en lui.

Ses manières révélaient malgré lui le grand seigneur.

Soit en Europe, soit en Amérique, il avait dû tenir une large place, occuper une position élevée.

Ces pensées avaient tellement germé et travaillé dans l'esprit du capitaine qu'elles étaient pour lui arrivées à l'état de certitudes.

Aussi plusieurs fois, sans en avoir l'air, avait-il essayé de pénétrer le mystère qui voilait la première vie du père de la jeune Canadienne.

Mais tous ses efforts pour l'amener sur le terrain des confidences furent vains.

Le vieillard, qui parlait d'une façon si originale et si intéressante de toutes choses ne le concernant point, possédait un merveilleux talent pour rompre les chiens dès que le jeune homme mettait la conversation sur ce sujet.

Sans froisser son curieux interlocuteur, il trouvait facilement moyen de le dépister.

C'était à damner un saint.

Aussi l'amant d'Angèle se donnait-il au diable sans avancer d'un pouce dans ses recherches.

Le problème restait insoluble pour lui.

Après un mois d'une fréquentation aussi assidue, il était aussi peu instruit que le premier jour de leur rencontre sur le nom véritable, sur la naissance et sur le passé de son hôte.

Un matin, M. de Villiers arriva à la chaumière de meilleure heure que d'habitude.

Il était venu en chassant à travers la forêt.

Il apportait un superbe coq de bruyères.

Le proscrit, occupé en ce moment à laver et à nettoyer son fusil, le reçut en le remerciant.

— Voilà qui m'évitera la peine d'aller en quête de notre repas du matin, ajouta-t-il, Angèle va accommoder ce gibier dont je ne suppose pas que vous nous refusiez de prendre votre part. A cette heure, vous ne devez pas avoir déjeuné?

— Ai-je déjeuné, Angèle? demanda gaiement le jeune homme.

— Vous ne devez même pas y avoir pensé, répondit la jeune fille sur le même ton.

— C'est vrai.

— Vous acceptez mon offre, alors?

— De grand cœur et de grand appétit.

— Reposez-vous. Dans une demi-heure au plus, nous nous mettrons à table, n'est-ce pas, fillette?

— Oui, père, répondit Angèle, qui vaquait déjà à ses devoirs de bonne ménagère.

— Voulez-vous que je vous aide? fit l'officier en s'approchant de la fille du proscrit qui commençait à plumer le coq de bruyères.

Elle se mit à rire et se retira.

— Avouez que vous méritiez bien cette réponse dédaigneuse, dit son père.

— Tel père, telle fille, repartit finement le comte de Villiers.

Son hôte n'eut pas l'air de comprendre l'épigramme du jeune homme.

— Quoi de nouveau au fort? demanda-t-il.

— Rien que je sache.

— Comment! vous n'avez reçu aucune nouvelle?

— Aucune.

— C'est singulier, fit le chasseur avec une certaine insistance qui étonna l'officier.

— Pourquoi?

— Pour..., pour rien.

— Vous hésitez à me répondre?

Le vieillard avait eu en effet un moment l'air embarrassé. Il répliqua vivement :

— Non pas. Ma question vous étonne bien à tort; mais tout va si mal dans la colonie... que malgré soi on est toujours sur le qui-vive.

— C'est un peu vrai, le mal existe un peu partout, mais qu'y faire?

Le père d'Angèle secoua tristement la tête.

— Depuis combien de temps habitez-vous le fort Duquesne, capitaine?

— Depuis plus de deux mois.

— Vous avez passé quelque temps à Québec?
— Oui.
— Et vous ne savez rien de ce qui se passe ici?
— Pas grand'chose, et je ne demande pas mieux que de compléter mon instruction. Entre nous soit dit, tout ce que j'ai vu m'a paru déplorable.
— Oui, déplorable est le mot, répondit le vieux chasseur avec amertume, et cependant cette contrée est une des plus richement dotées du nouveau monde. Il aurait été facile d'en faire une magnifique colonie.
— A qui la faute, s'il n'en est rien?
— A nous tous, répondit sèchement le vieillard.
— Je ne vous comprends pas.
— C'est juste, mais en quelques mots je vous mettrai au courant. D'ailleurs, il n'est pas mauvais que, devant faire un assez long séjour en ce pays, vous sachiez comment les choses s'y passent.
— Je vous serais obligé de m'instruire à ce sujet. Vous devez d'autant mieux le connaître que probablement depuis longues années vous habitez la colonie.

Un sourire équivoque plissa les lèvres du vieillard à cette question directe.

— Oh! répondit-il avec indifférence, le premier venu pourrait vous renseigner aussi bien que moi; mais n'importe, écoutez-moi, je vous prie.

Le capitaine aurait sans doute préféré causer avec la jeune fille qui venait de rentrer et mettre le couvert, mais comme, somme toute, la question était sérieuse et fort intéressante pour lui, il se résigna assez facilement à prêter attention à ce qu'allait lui dire son interlocuteur.

— Ce que vous me demandez est grave, monsieur, un pauvre malheureux comme moi, mis pour ainsi dire au ban de la société, n'a guère le droit de porter un jugement sur ceux qui l'entourent, reprit-il tristement. Cependant, j'essaierai de vous satisfaire. Pour entrer du premier coup au cœur de la question, prenez en masse la population du Canada, et dans tous les rangs qui la composent vous trouverez le même esprit de démoralisation, la même rapacité, la même bassesse.

— Eh quoi! En est-il donc ainsi, dans ce malheureux pays?

— Monsieur, nous marchons à une ruine certaine, cela est évident. Avant dix ans, cette magnifique colonie, qu'on avait nommée la Nouvelle-France, qui nous a coûté des flots d'un généreux sang, ne nous appartiendra plus et sera tout entière passée entre les mains des Anglais.

— Nos ennemis sont puissants, il est vrai; depuis longtemps déjà ils convoitent nos possessions, et avec l'entêtement particulier à leur race ils essayent continuellement, sans se rebuter jamais, de nous en chasser, mais...

— Oui, les Anglais sont opiniâtres. Chaque tentative qui échoue est immédiatement suivie par une tentative nouvelle; mais, si nous n'avions qu'eux à combattre, jamais ils ne réussiraient à nous vaincre. Nos ennemis les plus redoutables se trouvent au milieu de nous.

— Que voulez-vous dire?

— Quels sont les gens qui nous arrivent d'Europe comme colons? Des hommes perdus de vices, des femmes de mauvaise vie pour la plupart. Les chefs de la colonie, ruinés en Europe par des débordements de toutes sortes, viennent ici pour refaire leur fortune, comme ils disent, et tous les moyens leur sont bons pour obtenir ce résultat : prenant l'argent de toutes les mains, sans se préoccuper de la façon dont ils le prennent, ils sacrifient tout à leur cupidité.

— Le tableau que vous me faites là est bien sombre ; pour l'honneur de l'humanité, je veux croire qu'il est exagéré.

Le proscrit éclata d'un rire railleur.

— Les honnêtes gens se comptent ici, dit-il. Leur nombre ne va pas jusqu'à dix. M. le marquis Duquesne de Menneville est un gentilhomme de grande maison, de haute capacité, d'une honorabilité proverbiale, qui veut sincèrement le bien. Qu'a-t-il fait depuis son arrivée? Rien.

— Comment! Rien?

— Rien, je le répète, monsieur ; ses réformes ne sont qu'à la surface. Il ne pouvait en être autrement, vous le reconnaîtrez bientôt. Pour obtenir un résultat, il faudrait arrêter tous les administrateurs de la colonie, les mettre en jugement et leur faire rendre gorge. Le gouverneur n'en a ni le pouvoir ni la volonté, car il n'ignore pas qu'il se trouve entre les mains de ces administrateurs fort écoutés à Versailles, et qu'un rapport défavorable ruinerait non seulement sa fortune, mais briserait encore sa carrière et anéantirait à tout jamais son crédit à la cour.

Le visage du jeune capitaine s'assombrit.

— Comment se fait-il que vous, dont l'existence s'est écoulée dans les bois, vous sachiez tant de choses que j'ignore, et que vous les sachiez si bien ?

— Ah! fit-il avec ironie, c'est que nous autres, habitants, ces choses nous intéressent au plus haut point, placés que nous sommes, pour ainsi dire, entre l'enclume et le marteau, dépouillés tantôt par les uns, tantôt par les autres sous le plus futile prétexte, et cela sans recours d'aucune sorte contre personne.

— Puisque vous avez si bien commencé à m'instruire, continuez, je vous prie ; vous me rendrez un véritable service en le faisant et peut-être, grâce au crédit personnel dont je jouis auprès du gouverneur, cette révélation ne serait-elle pas inutile aux intérêts des colons.

Le vieillard secoua la tête en souriant avec amertume.

— Il est trop tard, monsieur, reprit-il. Le mal a jeté de trop profondes racines pour qu'il soit possible d'y apporter un remède efficace; cependant, puisque vous le désirez, je continue.

— Je vous remercie de cette obligeance.

— Le mal dont je vous parlais remonte haut, monsieur. Il date de la fondation de la colonie. Voici comment : Lorsque les premiers Français débarquèrent dans cette contrée, ils trouvèrent un pays vierge, habité seulement par des nations indiennes nomades, belliqueuses il est vrai, passionnées pour la liberté, mais avec lesquelles en somme, à part quelques-unes sans importance pour l'intérêt général, on parvint à s'entendre assez facilement. On contracta des alliances qui assurèrent la tranquillité du nouvel établissement. Pour le bien-être commun, il aurait fallu qu'on laissât chaque colon libre de choisir lui-même sa résidence et de s'établir où cela lui plairait ; le terrain ne manquait pas, grâce à Dieu. Eh bien ! au contraire, on exigea que les nouveaux débarqués se fixassent tous sur le même point. En un mot, on fonda une ville avant de songer aux moyens de nourrir les habitants. Puis, après cette ville, une seconde, une troisième, que sais-je ? de façon que tous les métiers prospérèrent, hors le plus utile de tous, celui d'agriculteur, et que les colons mouraient de faim. Ce ne fut pas tout. Le roi divisa la Nouvelle-France inculte encore et presque inhabitée en duchés, comtés et seigneuries dont il distribua généreusement les titres et les brevets à une foule de courtisans qui jamais n'avaient songé à passer la mer et qui expédièrent ici des intendants chargés de veiller à leurs intérêts. Or, ces intendants, pauvres diables toujours sans sou ni maille, n'ont pensé qu'à une chose : s'enrichir ; de sorte que la misère ne fit qu'aller en augmentant et que, malgré les efforts et le dévouement de certains hommes bien intentionnés, elle atteignit enfin, et cela en très peu de temps, le point où nous la voyons aujourd'hui.

— Mais quel moyen employer pour remédier à cet état de choses ? demanda le capitaine, vivement ému par ce tableau si sombre de la situation de la colonie.

— Je vous le répète, il est bien tard, monsieur ; cependant, peut-être y parviendrait-on ; mais il faudrait trancher dans le vif.

— C'est-à-dire ?...

— Délivrer avant tout les colons des intendants ; rendre la terre libre en abolissant les seigneuries et laisser chacun libre d'exploiter à sa guise.

— Hum ! fit le gentilhomme, c'est un moyen extrême.

— Nous ne ferions en cela que suivre l'exemple de nos voisins les Anglais ; de plus, purger le pays des mauvais sujets venus d'Europe, qui ne sont bons à rien qu'à inoculer aux colons les vices dont ils sont infectés.

— C'est plus qu'une réforme que vous demandez là, monsieur, c'est presque une révolution sociale.

— Je le sais, capitaine. Aussi en ai-je depuis longtemps déjà reconnu l'impossibilité.

— Mais il me semble que tous les colons envoyés ici ne sont pas des mauvais sujets ainsi que, vous le prétendez. Est-ce que, après la première paix avec les Iroquois, les officiers et les soldats du régiment de Carignan, tous fort braves et surtout fort honnêtes, n'obtinrent pas leur congé à la condition de se fixer dans la colonie ?

Un nuage passa sur le front du proscrit, dont une pâleur livide envahit subitement le visage.

— En effet, capitaine, reprit-il avec émotion ; on distribua même des seigneuries au plus grand nombre d'entre eux, et, comme la plupart étaient gentilshommes, la Nouvelle-France possède à elle seule à présent plus de noblesse que toutes les autres colonies ensemble.

— Mais que devinrent ces officiers et ces soldats ?

— Ils se dispersèrent, ajouta-t-il d'une voix altérée, et se fixèrent sur toute l'étendue du territoire. Beaucoup d'entre eux s'enfoncèrent dans les forêts vierges, dans lesquelles ils firent des défrichements. Ils épousèrent des

Indiennes, devinrent chasseurs et peu à peu se mêlèrent aux naturels du pays. C'est aux descendants de ces gentishommes qu'on a donné le nom de *Bois-Brûlés*, à cause de la teinte bistrée que le croisement des races a imprimée sur leur peau.

— Peut-être vous-même êtes-vous un *Bois-Brûlé*, mon hôte ?

— Qui sait ? répondit-il avec un sourire contraint.

— Une idée, un souvenir m'a toujours tourmenté, murmura le jeune homme.

— Quel souvenir ?

— Un de nos parents faisait partie de ce régiment de Carignan.

— Ah ! s'écria le vieillard, qui se leva, comme s'il avait été atteint d'une balle en pleine poitrine. Voilà votre repas servi, ajouta-t-il brusquement en détournant la tête.

— Ne le partagerez-vous pas ? demanda M. de Villiers, stupéfait de ce changement singulier dans le ton et les manières de son hôte.

— Non, monsieur le comte, c'est impossible.

L'officier allait insister, mais un regard d'Angèle lui cloua les lèvres.

— Vous m'excuserez, continua le père, je me vois obligé de vous fausser compagnie... Une affaire... Un rendez-vous auquel je ne puis manquer... Des voyageurs à qui j'ai promis de servir de guide.

— Ne vous gênez pas, mon hôte, dit le capitaine, qui n'eut pas l'air de s'apercevoir que le vieux chasseur cherchait un prétexte pour s'éloigner.

— Merci, capitaine. Je vous laisse avec ma fille. Elle vous empêchera de vous apercevoir de mon absence, ajouta-t-il en souriant.

— Je ferai de mon mieux, père, dit-elle ingénûment.

— *Bois-Brûlé*, ou non, capitaine, reprit le proscrit en lui serrant la main, souvenez-vous que je vous suis dévoué corps pour corps.

— Je le sais.

— Si quelque jour vous avez besoin de mon aide, comptez sur moi.

— J'ai foi en vous.

Le vieillard embrassa sa fille et se dirigea vers la porte.

Mais, au moment où il allait sortir, il se ravisa et revenant lentement sur ses pas :

— Monsieur le comte, avez-vous depuis peu reçu des nouvelles de votre frère ? demanda-t-il.

— Non, pourquoi me faites-vous cette question, monsieur ?

— Y a-t-il longtemps que vous l'avez vu ? continua-t-il sans répondre à l'interrogatoire du capitaine.

— Je n'ai pas vu M. de Jumonville depuis mon débarquement en Amérique, dit le comte. Lorsque j'ai quitté Québec, je comptais le trouver au fort Duquesne, mais le matin même de mon arrivée il avait quitté le fort chargé d'une mission par le gouverneur, dont il est aide de camp.

— Une mission auprès des Anglais ?

— Oui. Pauvre frère ! Comme il a dû regretter de ne pas pouvoir retarder son départ de quelques heures afin de m'embrasser avant de se mettre en route.

— Et depuis lors?

— J'attends son retour impatiemment.

— Dans nos forêts, mieux vaut avoir affaire aux Peaux-Rouges et même aux bêtes fauves qu'aux Anglais, dit le proscrit avec une sombre amertume.

— Que voulez-vous dire?

— Courage, monsieur de Villiers, courage! répondit le proscrit d'une voix étouffée.

Tournant brusquement le dos au jeune homme vivement émotionné par ces paroles énigmatiques, il s'éloigna à grands pas de sa demeure.

IX

LES MESSAGERS

Les deux jeunes gens étaient demeurés immobiles.

Ce brusque départ, ces paroles d'encouragement empreintes d'une si grande tristesse, les avaient frappés de stupeur.

Louis de Villiers s'était senti chanceler.

L'approche d'un malheur pesait sur lui; un douloureux pressentiment lui serrait le cœur.

Un moment il eut l'idée de se précipiter à la poursuite du père d'Angèle, de le rejoindre et de lui demander l'explication de son sinistre adieu.

Mais la vue de la jeune fille le retint.

Elle le regardait avec une anxiété touchante.

Elle le sentait souffrir, et elle partageait sa souffrance.

Il fit un effort, et lui dit :

— Angèle, vous ne savez rien, n'est-ce pas?

Elle lui répondit vivement :

— Rien, rien qui doive vous attrister, vous effrayer.

— Votre père m'a mis la mort dans l'âme.

— Pourquoi vous inquiéter ainsi, mon Louis? Mon père ne vous a rien annoncé de positif.

— Peut-être n'a-t-il pas osé être plus explicite sur le malheur qu'il m'a fait pressentir.

— Quel malheur? Pourquoi ces pressentiments? Vous reverrez bientôt votre frère, mon ami.

— Dieu le veuille! Mais les derniers mots prononcés par votre père ont retenti à mon oreille comme un glas funèbre.

— Espérez !

— Espoir, dites-vous, Angèle! Votre père lui, m'a crié : Courage! Pourquoi suis-je sans espérance ?

— Vous l'aimez donc bien, votre frère? interrogea-t-elle avec une légère émotion que le capitaine, tout à ses sombres pensées, ne remarqua point.

— Quel que soit le motif qui vous amène, soyez le bienvenu.

— Comme un autre moi-même, répondit-il.

Et, se laissant aller au sentiment qui le dominait, il ajouta :

— Pauvre Jumonville! si beau, si brave, si loyal! C'était plus qu'un frère, mieux qu'un ami pour moi.

Sans s'en douter, le frère du comte de Jumonville parlait déjà au passé de ce frère bien-aimé et faisait son oraison funèbre.

La jeune fille s'en aperçut et voulant changer le cours de ses réflexions :
— Louis ! lui dit-elle de sa voix la plus caressante.
— Angèle ! répliqua le capitaine, cherchant à secouer sa torpeur et sa tristesse. Qu'avez-vous ? Parlez.
— Est-ce donc cela aimer ?
— Oui, chère enfant, c'est cela. L'amour, qu'il soit fraternel ou passionné, est un composé de joies et de douleurs, de plaisirs et de peines, de désespoirs et d'espérances.
— Malheureux qui n'a pas ces joies et ces souffrances !
— Tu dis vrai, Angèle, fit tendrement l'officier.
— Mon Louis, je t'aime bien alors, puisque je ressens, puisque je partage toutes tes appréhensions ?
— Tu m'aimes donc, Angèle ? s'écria le jeune homme avec passion.
— Vierge Sainte ! voilà la première fois que nous nous disons : tu.
— Je ne m'en étais point aperçu ; je laissais parler mon cœur.
— En vous voyant si triste, si malheureux tout à l'heure, j'ai éprouvé comme une défaillance..., mon cœur a cessé de battre.
— Vraiment ?
— Oui ! J'aurais donné tout au monde pour te..., elle se reprit pendant qu'il lui baisait les mains, pour vous rendre un peu d'espoir. Mon impuissance me désole.
— Cher ange !
Il l'écoutait avec ravissement.
Elle continua :
— N'est-ce pas que mon père est le meilleur des hommes ? N'est-ce pas que les autres sont des méchants de ne pas l'aimer ? S'il nous a laissés seuls, c'est qu'il a compris ton besoin de consolation.
— Ne parle pas ainsi, Angèle, ne me rappelle pas que mon frère court un danger que je soupçonne, que je pressens sans pouvoir le comprendre. Laisse-moi ne voir que toi, laisse-moi lire dans tes yeux toutes les promesses d'un bonheur qui sera nôtre. J'oublierai peut-être des craintes chimériques. Oh ! c'est bien la première fois que j'aime, que j'aime avec mon cœur.
— Moi, c'est la première et dernière fois ! murmura la jeune fille du proscrit en posant ses deux mains réunies sur son cœur. Je voudrais toujours vivre comme je suis là, avec toi, près de toi !
Leur ivresse était pure et chaste.
Aucune pensée coupable ne venait à l'esprit du Lovelace, du Don Juan, du blasé coureur de ruelles de Versailles, aux genoux de cette enfant de la nature.
C'est à peine si, entendant un bruit de pas rapides et croyant au retour du proscrit, il osa s'approcher d'Angèle, lui mettre un baiser au front et lui dire en tremblant :
— Angèle, à partir d'aujourd'hui, nous sommes fiancés. Nos âmes sont sœurs. Tu m'appartiens comme je t'appartiens. Désormais, aucune puissance humaine ne sera assez forte pour nous désunir. Aussitôt ton père revenu, je lui demanderai ta main.

La fille du proscrit jeta un cri de joie folle et s'élança rougissante et le visage inondé de larmes dans une autre pièce attenante à la salle commune.

Le capitaine inquiet fit un mouvement pour la suivre; en ce moment on frappa à la porte de la chaumière.

Il s'arrêta, et après avoir jeté un dernier regard du côté où venait de disparaître la jeune fille :

— Entrez, dit-il.

La porte s'ouvrit. Deux hommes parurent.

Le premier était un chasseur canadien, le second un Peau-Rouge.

Leurs vêtements en désordre, usés, tachés de boue et déchirés en maints endroits indiquaient qu'ils avaient fait une longue route.

— Quel que soit le motif qui vous amène, reprit le capitaine, soyez les bienvenus dans cette chaumière. Si vous êtes fatigués, voici des sièges, si vous avez faim, sur cette table sont des aliments. Si vous avez soif, voici à boire. Donc, asseyez-vous, buvez et mangez.

Le chasseur canadien s'inclina en signe de remerciement et faisant quelques pas dans l'intérieur de la chambre :

— Nous sommes fatigués, répondit-il d'une voix sombre, mais l'heure du repos n'a pas encore sonné pour nous. Si grandes que soient la faim et la soif que nous éprouvons, nous avons fait serment de ne point nous reposer, de ne pas boire et de ne pas manger avant d'avoir accompli la mission dont nous nous sommes chargés.

— Faites à votre guise, vous êtes les hôtes de cette demeure. Je n'ai le droit de vous contredire en rien; s'il vous plaît de garder le silence, je ne vous interrogerai pas.

— Interrogez, au contraire, monsieur, et nous répondrons, car c'est vous que nous cherchons.

— Moi! fit-il avec surprise.

— Vous-même.

— Vous ne me connaissez pas.

— Peut-être, monsieur. Mais, je vous le répète, c'est vous que nous cherchons. C'est à vous seul que nous avons affaire.

— Voilà qui est étrange, murmura le capitaine. Qui donc êtes-vous, vous-mêmes, pour être aussi sûrs de votre fait?

— J'ai l'honneur, n'est-ce pas, de parler au comte Louis Coulon de Villiers? reprit froidement le Canadien, sans répondre autrement à la question qui lui était adressée.

— Je suis en effet le comte Louis Coulon de Villiers, fit le jeune homme, mais raison de plus, puisque vous savez qui je suis, pour que je sache qui vous êtes.

— Qu'à cela ne tienne, capitaine.

— J'attends, monsieur, dit l'officier avec impatience.

— Moi, je suis Pierre-Jean-Baptiste Berger, répliqua le chasseur. Celui-ci est Kouha-Handè, le chef des Loups-Hurons. Tous deux, nous accompagnions M. de Jumonville.

— Mon frère! s'écria le jeune homme,

— Oui, monsieur le comte, votre frère, dit le chasseur en baissant tristement la tête.

— Enfin, reprit le comte avec joie, je vais donc apprendre des nouvelles de mon frère ! Soyez les bienvenus, braves gens, parlez, je vous écoute.

— Les nouvelles dont nous sommes porteurs, reprit le Canadien, ce n'est pas ici que vous devez les apprendre.

— Où donc, alors ?

— Venez, capitaine, vous le saurez.

— Où voulez-vous me conduire ?

— Auprès de votre frère !

— Pourquoi ne vous a-t-il pas accompagnés ? Qui peut le retenir ?

— Je ne puis vous répondre en ce moment. Suivez-moi.

— Certes, je vous suivrai, car maintenant je me souviens avoir entendu parler de vous par mon frère comme d'un ami dévoué.

— Dévoué jusqu'à la mort, oui, capitaine, dit le Canadien d'un ton lugubre.

Le jeune homme tressaillit.

— Vous m'effrayez, dit-il. Parlez. Vive Dieu ! je suis un homme ; j'ai du courage ! Mon frère serait-il blessé ?...

— Vous le verrez dans quelques instants, capitaine. Alors vous saurez la vérité.

— Je ne vous demande qu'une minute pour prendre congé de la maîtresse de cette habitation.

— Faites, mais faites vite.

— Je vais...

Mais, avant que le comte de Villiers eût achevé sa phrase, la porte de la chambre dans laquelle s'était réfugiée la jeune fille s'entr'ouvrit et une voix douce lui dit :

— Suivez ces hommes, mon bien-aimé Louis.

— Vous m'attendrez ?

— Oui, et en vous attendant je prierai pour vous.

— Jeune fille, dit lentement le chasseur canadien, après que vous aurez prié pour les vivants, n'oubliez pas de prier pour les morts.

— Pour les morts ? s'écria-t-elle avec effroi.

— Oui.

— Que signifie ? demanda le comte de Villiers en se tournant vers Berger qui venait de parler.

Berger ne répondit pas.

Angèle lui évita une violente apostrophe de l'officier, en répétant à ce dernier :

— Allez ! allez !

— Soit, fit-il, marchons, compagnons, je vous suis.

Et se retournant du côté de la porte toujours entr'ouverte, il cria à la jeune fille :

— Merci, Angèle, merci, ma bien-aimée ! Adieu ! Bientôt, dans peu, je serai de retour avec lui, avec mon frère qui va devenir le tien.

Un soupir lui répondit et la porte se referma.

X

LES DEUX FRÈRES

Les trois hommes perdirent bientôt de vue la chaumière du proscrit.
Une pirogue était amarrée dans le petit port.
— Voilà notre chemin, dit le chasseur en montrant la rivière.
— Celui-là ou un autre, peu m'importe, répliqua le capitaine, pourvu que nous arrivions promptement.
— Nous arriverons toujours à temps, fit Berger en détournant les yeux.
— Vous êtes sûrs que mon frère nous attendra?
— Oui. Il nous attendra.
— Dans combien de temps serons-nous arrivés?
— En moins d'une heure.
— Soit, partons.

Il monta dans la pirogue. Les deux hommes le suivirent, saisirent les rames et la légère embarcation commença à descendre rapidement le courant.

En moins de vingt minutes, elle se trouva dans l'Alleghany; sa course redoubla de vitesse.

Le capitaine était silencieux, les bras croisés sur sa poitrine, la tête baissée, il réfléchissait profondément. Il se sentait peu à peu envahir par une inexprimable tristesse; les façons des deux hommes qui l'accompagnaient lui semblaient étranges; leurs réticences obstinées, inexplicables; il ne comprenait rien à leur conduite et cherchait vainement dans son esprit les motifs qui pouvaient les engager à agir à son égard ainsi qu'ils le faisaient.

Pourquoi, si son frère était malade ou blessé, ne pas le lui avoir dit tout de suite au lieu de le laisser dans une ignorance qui accroissait son inquiétude au lieu de la calmer? Deux ou trois fois, il avait essayé de les interroger, mais ils s'étaient bornés à détourner tristement la tête sans rompre le silence auquel ils s'étaient voués.

Bien que Berger eût répondu au comte de Villiers qu'en moins d'une heure il serait rendu auprès de son frère, un plus long temps s'écoula avant que leur pirogue abordât.

Une seule fois, l'officier, incapable de maîtriser plus longtemps son impatience et son inquiétude, leur demanda s'ils étaient encore loin du terme de leur course.

Kouha-Handé n'était point sorti de son mutisme.

Roger lui avait répondu un :
— Nous arrivons, hélas !

Qui lui avait fait froid au cœur.

Enfin la pirogue dévia de la ligne droite, se rapprocha du bord de la rivière, et bientôt son avant grinça sur le sable de la plage; les trois hommes sautèrent vivement à terre.

Le chef indien tira l'embarcation hors de l'eau et il la cacha dans le tronc creux d'un arbre mort, mais encore debout.

— Venez, dit Berger.

Ils s'enfoncèrent dans la forêt.

Leur marche fut pénible et longue.

Les deux chasseurs marchaient lentement et comme à regret.

Le jeune homme se contraignait, afin de ne pas leur crier :

— Plus vite !

Enfin, ils débouchèrent dans une vaste clairière. On s'arrêta.

— C'est ici, dit Berger en se découvrant.

— Ici, répondit le capitaine en regardant autour de lui avec surprise.

— Oui, reprit le chasseur, dans cette clairière.

— Mais, fit le jeune homme avec hésitation, je ne vois personne autre que nous?

— Parce que, capitaine, reprit le Canadien avec une ironie douloureuse, vous regardez sur la terre au lieu de regarder dessous.

— Ciel! s'écria le comte en chancelant, mon frère !...

— C'est dans ce lieu qu'il a été tué.

— Oh! malheur à moi! s'écria le jeune homme en cachant sa tête dans ses mains et en éclatant en sanglots.

Quelques minutes s'écoulèrent.

Les deux coureurs des bois se tenaient silencieux et mornes auprès de cet homme si fort et si brave, que la douleur avait terrassé et qui pleurait comme une faible femme, comme un enfant.

Soudain, il releva la tête, et, le visage pâle, les yeux éticelants, le regard fixe, il se dirigea vers une légère éminence qui se trouvait au centre de la clairière.

— C'est là que vous l'avez mis, n'est-ce pas ? dit-il.

— Oui, répondit sourdement le chasseur.

Le capitaine tomba sur les genoux et pria.

Cette prière fut longue, entrecoupée de sanglots déchirants.

Berger, agenouillé près de lui, priait aussi.

Le chef indien, malgré l'impassibilité qui caractérise sa race, debout derrière les deux hommes, courbait tristement la tête et les contemplait avec une expression de sympathie et de pitié aussi touchante que leur propre douleur.

Enfin le capitaine se releva. Il essuya ses larmes, et, serrant avec force le bras du Canadien :

— Maintenant, fit-il d'une voix brève et hachée par le désespoir; maintenant, vous qui l'avez vu mourir, dites-moi comment il a été frappé, pour que je connaisse ses assassins et que je puisse le venger.

— Vous avez dit vrai, capitaine, répondit le chasseur. Votre frère a bien réellement été assassiné, et cela dans un lâche, dans un odieux guet-apens.

— Parlez, mon ami, parlez, je vous écoute, car, j'en suis certain, si vous m'avez conduit ici, c'est que vous avez compris que sur sa tombe seule devait m'être fait le récit de sa mort. Dites-moi bien tout. Je veux connaître jusque dans ses plus infimes détails le crime dont il a été victime.

— Écoutez-moi donc, capitaine, et je vous dirai comment les choses se sont passées.

— Asseyons-nous près de cette tombe, reprit le capitaine. Mon frère assistera invisible à ce récit et Dieu permettra que son esprit m'inspire la conduite que je devrai tenir pour tirer de ses assassins une éclatante vengeance.

Berger prit alors la parole et rapporta dans les plus minutieux détails les faits tels qu'ils s'étaient passés.

Le récit fut long et souvent interrompu par les larmes du jeune homme et ses exclamations de colère et de douleur.

Depuis plusieurs heures déjà le soleil était couché. Une nuit profonde couvrit la terre, aucun des trois hommes ne semblait s'en apercevoir. Berger parlait toujours et ses auditeurs l'écoutaient avec un intérêt sans cesse croissant.

Enfin, il s'arrêta.

— Merci, dit le jeune homme en pressant la main du chasseur, merci de m'avoir instruit aussi bien ; je n'aurai garde d'oublier les noms des deux assassins. Ils sont à jamais gravés dans ma mémoire ; les soldats obéissent, seuls les chefs sont coupables. Ward, Georges Washington... Un jour, nous nous trouverons en présence, et alors...

Il n'acheva pas sa pensée et redevint silencieux.

— Capitaine, dit Berger au bout d'un instant, j'étais dévoué à votre frère, disposez de moi.

— Merci, j'accepte, répondit-il, je sais combien il vous aimait. J'essayerai de le remplacer auprès de vous.

Il y eut un nouveau silence.

Ce fut encore Berger qui le rompit. Le comte de Villiers, perdu dans ses pensées, semblait ne plus avoir conscience ni de l'endroit où il se trouvait, ni de ce qui se passait autour de lui.

— Capitaine, dit doucement le chasseur, il serait temps, je crois, de songer à nous retirer.

— Pourquoi donc ? répondit-il en le regardant avec étonnement.

— La nuit s'avance, monsieur, et nous sommes dans un désert.

— Qu'importe ? reprit le jeune homme.

Puis, après un moment de réflexion :

— Je saurai retrouver mon chemin, dit-il, laissez-moi seul, j'ai besoin de demeurer quelques heures encore auprès de la tombe de mon frère. Qui sait s'il me sera permis d'y revenir jamais ?

— C'est bien, je n'insiste pas, capitaine.

— Vous partez ? Adieu, mon ami.

— Non, je reste. Ne vous ai-je pas dit que j'étais à vous ? Je ne vous abandonnerai pas seul ici.

— Qu'ai-je à redouter ?

— Rien, probablement, mais, comme cela m'est parfaitement égal de passer la nuit ici ou ailleurs, je bivouaquerai auprès de vous.

— A votre aise et merci.

— J'ai l'honneur de vous faire observer, monsieur le comte, que votre frère, qui m'aimait, me tutoyait. Si, ainsi que vous me l'avez promis, vous consentez, monsieur, à m'aimer un peu, soyez donc assez bon pour ne plus me dire *vous*. Cela me rendra bien heureux, je vous assure.

— Soit, mon ami, répondit le jeune homme avec un triste sourire, tout en lui tendant la main, je te dirai *tu*.

— Merci, oh! merci, monsieur le comte! s'écria le chasseur avec émotion.

Le jeune homme se replongea dans ses méditations.

Le chasseur et le chef indien allumèrent du feu et bivouaquèrent sur la lisière de la clairière.

La nuit s'écoula sans que le capitaine fît un mouvement, sans que le sommeil vînt une seule fois clore ses paupières.

Berger ne dormit pas non plus; jusqu'au matin, il surveilla le jeune homme.

Au lever du soleil, celui-ci se leva.

Son visage était pâle, mais ses traits avaient repris leur calme. Il s'approcha lentement de ses compagnons et leur tendant affectueusement la main :

— J'ai lutté corps à corps contre la douleur et je l'ai vaincue, leur dit-il; puis, se penchant sur la tombe : Au revoir, mon frère, murmura-t-il, je te quitte, mais c'est pour te venger!

Et, après avoir jeté un long et dernier regard sur la tombe de celui qu'il ne devait plus jamais revoir, il ajouta, en s'adressant à Berger qui, en le voyant debout, s'était hâté, ainsi que l'Indien, de se lever :

— Partons!

— Où allons-nous? répondit le chasseur.

— Au fort Duquesne. En sommes-nous bien éloignés?

— Par eau, nous y serons avant midi, c'est-à-dire en moins de sept heures. La pirogue nous attend.

— Bon, hâtons-nous; je suis pressé.

Quelques minutes plus tard, le capitaine et ses deux compagnons avaient disparu dans la forêt.

La clairière était redevenue solitaire.

Seuls, les morts lui demeuraient.

Le capitaine tomba sur les genoux et pria.

XI

AU FORT DUQUESNE

Depuis le commencement des hostilités avec la France, le but des Anglais avait été de s'établir solidement dans la vallée de l'Ohio, au sud du lac Érié, à proximité du Mississipi.

De la sorte, ils coupaient toute communication entre la Louisiane et le Canada.

Sous le prétexte, assez peu plausible, du reste, de porter secours aux Indiens qu'ils avaient armés et soulevés contre les colons, les planteurs et les chasseurs canadiens, ils faisaient sourdement de grands préparatifs. Mais personne ne s'y trompait. Chacun se doutait qu'ils se préparaient à nous attaquer à l'improviste de ce côté.

M. le marquis Duquesne de Menneville, nommé gouverneur de la Nouvelle-France en remplacement de M. de Longueil, avait trouvé la colonie dans un état de démoralisation et de désorganisation presque complète. Homme probe, énergique et bien intentionné, il avait accepté la mission ardue de rétablir l'ordre dans l'administration, de raffermir la discipline presque perdue, et de mettre la colonie en situation de résister à la guerre dont elle était menacée.

Cette tâche difficile, il l'avait accomplie, non sans peine, grâce à de salutaires exemples et à une sévérité qui ne transigeait pas.

Ses espions l'avaient averti des intentions encore secrètes des Anglais. Le gouverneur, avec ce coup d'œil infaillible que possèdent certains hommes de guerre, visita la vallée de l'Ohio, reconnut le point précis formant la clef du pays que les Anglais prétendaient lui enlever, et il résolut de s'y établir solidement.

Les mesures furent prises en conséquence.

Un détachement de soldats d'élite, placés sous le commandement du capitaine Marin, officier brave et expérimenté, reçut l'ordre d'élever un fort, au confluent des deux rivières Alleghany et Manangahela qui, par leur union, forment l'Ohio ou Belle-Rivière.

Le capitaine Marin, comprenant toute l'importance de la mission qui lui était confiée, se mit aussitôt à l'œuvre, et cela avec une ardeur telle qu'il succomba à ses fatigues avant même que le fort se trouvât en état de défense.

L'érection de fort remplit le gouverneur anglais de la Virginie d'une inexprimable colère. Les Français avaient deviné ses intentions et les avaient déjouées.

En effet, quelque temps auparavant, ce gouverneur venait d'envoyer dans la vallée de l'Ohio, afin d'y reconnaître et d'y prendre position en élevant un fort dans la situation la plus convenable, un jeune officier de beaucoup d'avenir, âgé de vingt et un ans, nommé Georges Washington et major dans les milices virginiennes.

Washington était venu en qualité de commissaire, sous le prétexte de parlementer avec les Français, mais en réalité afin d'étudier les localités, d'observer les forces, d'entamer des intelligences parmi les nations indiennes alliées à la France et de reconnaître l'endroit le plus propice pour élever un fort; bref, il était à la fois espion et ambassadeur.

L'excellente position de la *Belle-Rivière* n'avait pas échappé aux regards clairvoyants du jeune major qui, à son retour en Virginie, l'avait indiquée au gouverneur anglais.

Malheureusement, malgré l'empressement que mit celui-ci à s'emparer de ce point, la diligence des Français fut plus grande, et lorsque les Anglais arrivèrent sur l'Ohio, ils trouvèrent le fort construit, armé d'une façon formidable et défendu par une garnison nombreuse et bien disciplinée.

Le major Washington, contraint de se retirer devant des forces supérieures, voulut cependant accomplir autant que faire se pourrait la mission qui lui était confiée ; il donna l'ordre à l'enseigne Ward, commandant son avant-garde, d'élever sur l'Ohio une forteresse rivale de celle des Français, qui en avait retenu la garnison prisonnière.

C'était à la suite de cette inqualifiable invasion de notre territoire en temps de paix et à la suite du châtiment mérité infligé par nos troupes au détachement anglais, que M. Villiers de Jumonville avait été lâchement assassiné.

Meurtre commis par un bas sentiment de vengeanc impuissante qui ne pouvait imprimer qu'un caractère plus férore à la guerre, sans donner sur nous aucun avantage aux assassins.

Si nous avons autant insisté sur tous ces détails, c'est qu'à notre avis, la vérité, toute cruelle qu'elle soit, est due aux morts, si grands qu'ils aient été de leur vivant. Il est bon que la postérité sache que le Cincinnatus américain, cet homme d'un caractère antique qui, pendant le cours de ses deux présidences, se promenait dans les rues de New-York dans un char traîné par quatre chevaux blancs et entouré d'une garde nombreuse galopant à ses côtés, tout comme n'importe quel roi de droit divin de l'ancien monde, avait marqué le commencement de sa carrière par une tache de sang et préludé par un inqualifiable assassinat à ses hautes destinées futures. De plus, nous tenons à le constater une fois pour toutes, du premier jour au dernier, pendant la lutte glorieuse soutenue si vaillamment par nous au Canada, la justice et loyauté furent toujours de notre côté, tandis qu'au contraire la trahison et la duplicité furent constamment de celui de nos adversaires.

La garnison du fort Duquesne se composait des régiments de Royal-Marine et de Guyenne, d'un détachement d'artillerie et de deux compagnies de pontonniers, le tout formant un effectif de plus de trois mille hommes, sans compter quelques centaines de chasseurs canadiens, engagés pour un laps de temps plus ou moins long au service du gouvernement colonial et remplissant surtout les fonctions d'éclaireurs ou de batteurs d'estrade.

Sur le bord de la Belle-Rivière se trouvait un village indien, village improvisé, bien entendu, village placé sous la protection des canons du fort, et dont les cabanes, construites par les Français, étaient destinées à recevoir les naturels qui venaient trafiquer avec les *habitants*, c'est-à-dire avec les colons libres. Ce village était en ce moment inhabité. Ses derniers hôtes l'avaient quitté quelques jours auparavant pour regagner leurs forêts.

Le capitaine Louis de Villiers et le Canadien Berger, après s'être séparés du chef indien, sur la lisière de la forêt dont les derniers arbres s'élevaient à environ deux portées de canon du fort, se présentèrent vers midi à une poterne qui leur fut immédiatement ouverte.

Après avoir traversé sans s'arrêter plusieurs passages aboutissant à des cours dans lesquelles en ce moment des soldats de la garnison étaient occupés à faire l'exercice, ils s'arrêtèrent devant une large porte sur le seuil de laquelle se tenait en faction un grenadier du régiment de Guyenne.

Ce grenadier était connu du capitaine.

A sa vue, il porta vivement l'arme avec une précision indiquant un vieux soldat et s'effaça, afin de laisser le passage libre aux arrivants.

Mais avant de pénétrer dans l'intérieur du bâtiment, le capitaine, après le salut rendu, s'avança devant le soldat et lui demanda :

— Risquetout, depuis quand ta compagnie est-elle arrivée au fort ?

— Depuis hier soir, mon capitaine, répondit le grenadier flatté d'être interpellé et reconnu par le comte de Villiers.

— Quand avez-vous pris la garde ?

— Ce matin, moi et quinze camarades.

— Bien. Dis-moi, ta compagnie est arrivée à Québec avec son cadre d'officiers ?

— Oui, mon capitaine.

— Au complet ?

— Au complet...

— Ainsi M. de Grigny est ici ?

— Oui, mon capitaine ; à preuve que dès notre arrivée, il m'a envoyé l'annoncer chez vous.

— Ah !

— Mais vous n'étiez pas dans le fort, et ce matin quand je suis retourné prendre de vos nouvelles, Rameau-d'Or m'a annoncé d'un air assez inquiet que vous n'étiez pas encore rentré.

— Ce cher baron ! je serai heureux de l'embrasser, fit M. de Villiers. J'entre chez le commandant. Fais par un de tes camarades prévenir M. de Grigny que je suis de retour.

— Ce sera fait, mon capitaine, mais...

— Mais quoi ?

— Ce sera bien inutile, allez !

— Explique-toi.

— M. le baron s'est installé chez vous.

— Chez moi ?

— Dans votre appartement même, en disant : Il faudra bien que de Villiers... pardon, mon capitaine, c'est monsieur le baron qui parle ; il faudra bien que de Villiers rentre un jour ou l'autre. Je ne sortirai d'ici qu'après l'avoir embrassé.

— Je le reconnais bien là, dit l'officier en souriant malgré lui. Qu'il m'attende. Je ne tarderai pas à le rejoindre.

Et, après un geste amical au grenadier, il franchit le seuil de la porte, suivi pas à pas par le chasseur canadien.

Un planton l'annonça au commandant, qui donna l'ordre de l'introduire immédiatement.

M. de Contrecœur, commandant en chef le fort Duquesne, était à cette époque un homme de quarante-cinq ans environ, aux traits sévères, durs même, mais empreints d'une rare distinction.

Il était colonel du régiment de Guyenne.

Depuis quinze mois, il habitait la colonie où il était arrivé capitaine.

Esprit d'un grand sens, brave à toute épreuve, résolu, énergique, il cachait une exquise sensibilité de cœur sous des apparences austères, sous une feinte dureté.

Le marquis Duquesne de Menneville, plusieurs fois mis à même d'apprécier ses brillantes qualités, faisait de lui le plus grand cas.

Il l'avait choisi pour remplacer le capitaine Marin, qui ne manquait pas de le consulter dans les circonstances les plus graves et, souvent il agissait d'après ses conseils et ses inspirations.

A l'arrivée du Royal-Marine, il se tenait assis auprès d'une table recouverte d'un tapis vert et soutenant une foule de plans et de cartes déployées.

La lecture d'un volumineux manuscrit ouvert devant lui absorbait toute son attention.

En entendant le nom du comte de Villiers, annoncé par le planton, il releva la tête et tendant la main au jeune homme :

— Eh! arrivez donc, déserteur, lui dit-il du ton le plus amical; je commençais à désespérer de vous... sur mon honneur, j'étais inquiet et j'allais envoyer à votre recherche, si vous aviez tardé quelques heures de plus.

— Me voici à vos ordres, commandant.

— Asseyez-vous près de moi; là, très bien. Nous avons à causer sérieusement ensemble; et jetant un regard interrogateur sur le Canadien modestement demeuré debout et appuyé sur son fusil près de la porte : Quel garde de corps amenez-vous à votre suite? ajouta-t-il. N'est-ce pas un chasseur Bois-Brûlé?

— Oui, commandant.

— Et vous répondez de lui?

— Comme de moi-même.

— La caution est bonne et je l'accepte. Vous pensez qu'il nous sera utile ?

— Je l'espère. M. Berger était dévoué à mon pauvre frère qu'il a vu mourir.

— Quoi! vous savez? reprit le colonel dont le visage se rembrunit subitement.

— Oui, monsieur, grâce à ce brave homme, répondit tristement le jeune homme, j'ai vu la place où mon pauvre frère a été si lâchement assassiné et j'ai pu pleurer sur sa tombe. Voilà la cause de ma longue absence.

M. de Contrecœur lui tendit la main de nouveau.

— Nous le vengerons, mon ami, dit-il avec émotion.

— Merci, monsieur, répliqua le capitaine, et faisant un effort sur lui-même pour maîtriser sa douleur ravivée par ces paroles, il reprit d'une voix ferme : Mon frère est mort à son poste, en soldat; je prie Dieu qu'il nous réserve à tous une fin aussi belle. Revenons, je vous prie, à ce brave chasseur; il m'est dévoué comme il l'était à mon pauvre frère; je lui ai dit que j'avais besoin de lui. Vous voyez, commandant, que cela était suffisant, puisque le voilà.

— C'est juste, mais ne l'avez-vous pas nommé Berger?

— En effet, monsieur, je l'ai nommé ainsi.

— Est-ce donc le fameux chasseur si redouté des Anglais et des Indiens de leur parti, auquel les Peaux-Rouges ont donné le nom de...

— Sans-Piste, interrompit le Canadien en souriant, oui, mon colonel, c'est moi.

M. de Contrecœur l'examina un instant avec un mélange d'intérêt et de curiosité.

— Soyez le bienvenu, mon brave, lui dit-il, depuis longtemps je désirais vous connaître, car j'ai bien souvent entendu parler de vos exploits; je remercie M. de Villiers de vous avoir amené. C'est une bonne fortune pour moi en ce moment surtout où j'ai grandement besoin de vous.

— Eh bien! me voilà, mon colonel, répondit-il gaîment, prêt à vous obéir en tout ce qu'il vous plaira de m'ordonner.

— Merci, mon ami, je ne tarderai pas à mettre votre bonne volonté à l'épreuve.

— Faites, colonel; maintenant, comme vous avez sans doute à vous entretenir avec M. de Villiers de choses qui vous regardent seuls, je vous demanderai la permission de me retirer.

— Non pas, s'il vous plaît, diable! Je ne vous lâche pas ainsi; demeurez au contraire; je n'ai rien à dire à M. de Villiers que vous ne puissiez entendre : j'ai à vous demander d'ailleurs certains renseignements.

Le Canadien salua respectueusement, s'assit sur un tabouret, plaça son fusil entre ses jambes et se tint prêt à répondre aux questions qui lui seraient adressées.

— Mon cher de Villiers, continua M. de Contrecœur en se tournant vers le capitaine, j'ai à vous annoncer une bonne nouvelle: le baron Armand de Grigny, pour lequel vous professez une si chaude amitié, est ici.

— Je l'ai appris à l'instant, monsieur, par le factionnaire placé à votre porte.

— Ce diable de Risque-Tout est bavard comme une pie; il lui est impossible de retenir sa langue. Vous n'avez pas vu votre ami, alors?

— Pas encore, monsieur. Je sais seulement qu'il m'attend dans mon appartement. Vous avez donc demandé des renforts à M. de Menneville?

— Ma foi, non. La compagnie de Grigny m'est arrivée sans que je l'attendisse; je n'ai pas besoin de vous dire qu'elle n'en est pas moins la bienvenue, surtout en ce moment. Le baron était porteur de dépêches du gouverneur.

— Ah! et ces dépêches sont importantes?

— Jusqu'à un certain point. Elles m'annoncent que nos voisins les Anglais se remuent beaucoup, qu'ils font de grands préparatifs, en un mot qu'ils se mettent en mesure de nous tailler de la besogne.

— Tant mieux, monsieur. Ces nouvelles me semblent bonnes à moi; car nous avons une rude revanche à prendre.

— Et nous la prendrons, soyez tranquille; malheureusement nos projets se trouvent ajournés.

— Ajournés! s'écria le jeune homme avec dépit.

— Oh! rassurez-vous. Pour quelques jours seulement.

— Dieu soit loué! Vous m'aviez effrayé, colonel.

— Il ne s'agit que d'un retard de quinze jours, un mois au plus.

— C'est bien long, monsieur. Et pendant ce temps-là, les assassins de mon frère échapperont sans doute.

— Ils n'auront garde. Au contraire, ils se préparent à nous assiéger. Ils comptent nous prendre sans vert.

— Une telle audace me confond.

— La jeunesse est présomptueuse, répondit en riant le colonel, mais nous ne laisserons pas le temps à ce bouillant major de mettre ses beaux projets à exécution.

— Dieu le veuille, monsieur.

— Vous avez ma parole, mon cher de Villiers.

— Je n'insiste pas, monsieur. D'ailleurs, je sais l'amitié qui vous liait à mon brave et regretté Jumonville. Maintenant, de quoi s'agit-il ?

— Tout simplement de leur rendre ce qu'ils veulent nous faire, pas autre chose. Voici, en deux mots, ce que le gouverneur attend de nous : Vous savez que les Anglais, qui tentent de nous supplanter partout, ont fondé, en 1668, il y a environ quatre-vingts ans, sur la baie d'Hudson, découverte par eux, le fort Rupert?

— Oui, monsieur, je sais cela.

— Eh bien, vous savez sans doute aussi, qu'un an après, une compagnie fut formée pour l'exploitation exclusive des contrées avoisinant la baie d'Hudson, c'est-à-dire pour faire en grand le commerce des pelleteries. Or, soit incurie, soit par un vice inhérent à l'organisation de cette société, malgré le vif désir qu'elle en a, jamais elle n'a pu réussir à nous faire une concurrence sérieuse. Toujours nous avons eu une supériorité incontestable et incontestée sur nos rivaux. A quoi cela tient-il ? Je ne saurais le dire.

— Je vous le dirai, moi, monsieur, si vous le désirez, fit le Canadien en s'inclinant.

— Certes, je ne demande pas mieux.

— Cela tient simplement, colonel, à ce que nos agents sont plus alertes, plus intrépides que les Anglais ; qu'ils poussent sans hésiter leurs aventureuses excursions à des distances considérables dans le Nord, découvrant sans cesse de nouvelles régions d'animaux à fourrures ; qu'ils se plient avec une facilité extrême aux usages, au genre de vie et jusqu'au langage des Indiens avec lesquels ils se mêlent ; que par leur gaieté, leur insouciant courage et leur loyauté, ils se font des amis et des auxiliaires des Peaux-Rouges, épousant des femmes indiennes, se faisant adopter dans les tribus, et oubliant pour ainsi dire la civilisation européenne au milieu des hôtes sauvages qui leur ouvrent leurs cabanes. Voilà, mon colonel, les seules causes de cette supériorité.

— En effet, cela pourrait bien être. Vos observations me paraissent d'une grande justesse.

— S'agirait-il de surprendre le fort Rupert? demanda le capitaine.

— Non, pas tout à fait, répondit M. de Contrecœur. Le gouvernement a appris que la compagnie de la baie d'Hudson vient d'expédier, il y a environ un mois, un convoi considérable à destination d'un des ports de la Virginie ; lequel? voilà jusqu'à présent ce qu'il a été impossible de découvrir. Mais ce détail est, quant à présent, de peu d'importance. Le gouverneur m'a donné l'ordre d'enlever ce convoi. L'expédition est des plus difficiles, car elle ne peut être confiée qu'à des hommes, non seulement d'un courage éprouvé, mais connaissant à fond le pays. Il faut entrer sur le territoire anglais, s'y engager peut-être à une distance de soixante ou quatre-vingts lieues. Le gouverneur pense, et je partage son avis, que l'enlèvement de ce convoi sera d'autant plus sensible à nos implacables ennemis, qu'il les blessera dans leur amour-propre national. Malheureusement, je vous le répète, l'expédition est des plus périlleuses et n'a que très peu de chances de succès.

— C'est possible, monsieur, mais n'en aurait-elle qu'une seule, cela nous suffirait, je crois, pour la tenter.

— Je le sais bien. Ce qui m'embarrasse, ce n'est pas d'expédier un détachement, mais de le faire assez secrètement pour que nos ennemis n'en aient pas connaissance. Nous sommes entourés d'espions.

— Pourquoi préparer l'expédition ici? Je n'en vois nullement la nécessité. Berger nous servira de guide, n'est-ce pas? Je dis nous, monsieur, parce que je suppose que c'est moi que vous avez choisi pour commander le détachement. S'il devait en être autrement, vous ne m'auriez pas entretenu de cette affaire.

— J'ai pensé vous être agréable en vous confiant cette corvée périlleuse.

— Je vous remercie sincèrement, monsieur. Puisqu'il en est ainsi, faites-moi la grâce, je vous prie, de me laisser régler tout cela avec Berger. Je vous en donne ma parole de gentilhomme et d'officier français, si fins que soient les Anglais, nous leur mettrons un bandeau tellement épais sur les yeux, qu'ils n'y verront goutte.

— Je vous donne carte blanche, mon cher de Villiers; agissez à votre guise. Dès ce moment l'organisation de l'expédition vous concerne seul.

— Mille grâces, mon colonel, je ne demande qu'un mois.

— Prenez tout le temps nécessaire, mon ami.

— Dans un mois, j'aurai réussi ou je serai mort.

— Ou nous serons morts, ajouta Berger avec sa placidité ordinaire, morts tous les deux.

— Vive Dieu! voilà qui est parler, s'écria M. de Contrecœur.

Il allait continuer, mais une voix reprit à leur grande surprise :

— Morts tous les trois, s'il vous plaît.

M. de Contrecœur, le comte de Villiers et le Canadien se retournèrent vivement.

Un officier du régiment de Guyenne se tenait devant ou derrière eux, comme il vous plaira.

Cet officier n'était autre que le baron de Grigny, l'ami de M. de Villiers, l'enfant gâté du colonel commandant le fort Duquesne.

La lecture d'un volumineux manuscrit ouvert devant lui absorbait toute son attention.

XII

PLAN DE CAMPAGNE

Tout d'abord le colonel avait fait un geste de menace et froncé le sourcil avec colère, se promettant de tancer d'importance, de punir même sévèrement l'indiscret qui se permettait de pénétrer ainsi dans la salle du conseil.

Mais en voyant les deux jeunes gens se précipiter dans les bras l'un de l'autre, l'expression de sévérité qui envahissait son visage disparut et ce fut le sourire aux lèvres qu'il regarda l'écervelé gentilhomme.

Pendant que les deux amis s'embrassaient, M. de Contrecœur ne put s'empêcher de dire gaîment au chasseur canadien immobile et impassible sur son tabouret :

— Ne croyez pas au moins, mon brave, qu'on manque toujours de la sorte à toutes les convenances, au fort Duquesne.

— La jeunesse est la jeunesse ! grommela le chasseur. Laissez-les faire ; c'est une folie qui se corrige tous les jours.

— Passe pour cette fois ! L'étourdi ! ajouta le commandant en désignant le baron de Grigny. Voyez seulement s'il se doute qu'il est devant son chef !

— Attendez, monsieur, votre tour viendra, repartit Berger, en riant doucement.

— J'y compte, fit le colonel sur le même ton.

Cependant l'officier de Guyenne disait au capitaine de Royal-Marine :

— Par tous les saints, je te tiens donc ! Te voilà, c'est bien toi ! Il faut que je vienne te relancer jusqu'ici pour mettre la main sur toi.

— Pardonne-moi, mon cher Armand. La faute n'est point à moi. Un malheur si grand m'a frappé !

— Un malheur ? demanda le baron qui ne connaissait pas la nouvelle de la mort de M. de Jumonville.

— Plus tard tu sauras tout. Averti depuis quelques minutes à peine de ton arrivée au fort Duquesne, j'allais en quittant M. de Contrecœur m'empresser de me rendre auprès de toi.

Le baron de Grigny, se tournant alors vers le colonel, auquel il daigna faire attention, le salua respectueusement.

— Veuillez, je vous prie, monsieur le comte, dit-il, agréer toutes mes excuses pour la façon brusque et... et déplacée avec laquelle je me suis permis de pénétrer céans.

— Vous avez eu deux torts, repartit M. de Contrecœur, voulant essayer de garder son sérieux ; deux torts graves, capitaine.

— Lesquels, mon commandant ?

— Le premier de ne pas venir au commencement de notre entretien, continua-t-il gracieusement, et en changeant de ton. Le second, de m'adresser des excuses. J'allais vous prier de passer au gouvernement.

— Décidément, vous êtes un brave homme, fit Berger, ne résistant pas au désir qu'il ressentait de témoigner toute sa sympathie à ce chef si intelligent et si affable.

— Merci, Berger ; mon cher de Villiers, vous serez assez aimable, n'est-ce pas, pour mettre votre ami au courant de notre conversation.

— Oui, mon colonel.

— Ses conseils ne peuvent que nous être utiles.

— Les conseillers ne sont pas les payeurs, fit sentencieusement le chasseur, qui peu à peu devenait aussi familier avec M. de Contrecœur qu'il l'était avec le frère de feu M. de Jumonville.

— Que voulez-vous dire, mon garçon?

— Je veux dire que M. le baron de Grigny est trop généreux pour se contenter de nous donner des conseils.

Cependant, pour obéir aux ordres qui venaient de lui être donnés, M. de Villiers s'inclina devant le colonel, indiqua un siège à son ami et lui apprit en deux mots ce qui avait été convenu entre lui et M. de Contrecœur. Le gentilhomme prêta la plus sérieuse attention à ce récit succinct.

— Vous comprenez, baron, ajouta le colonel, que pendant l'absence de votre ami c'est vous qui le remplacerez ici.

M. de Grigny hocha la tête à plusieurs reprises.

— Pardon, monsieur, fit-il, ne dites-vous pas que je remplacerai M. de Villiers ici pendant son expédition?

— Certes, je le dis, répondit le colonel. En quoi cela vous étonne-t-il, s'il vous plaît, monsieur le baron? N'êtes-vous pas, après M. de Villiers, l'officier le plus ancien de grade?

— En effet, monsieur; aussi ce que vous me faites l'honneur de me dire ne m'étonne pas.

— Eh bien, monsieur?

— Cela m'afflige, monsieur. Je vous avoue en toute humilité que je n'ai demandé à tenir garnison au fort Duquesne que dans le but d'être auprès de mon ami, dont j'ai trop longtemps été séparé, de partager ses périls, de vivre enfin de sa vie... Me permettrez-vous d'implorer de votre bienveillance...?

— Diable! interrompit en souriant le colonel, pendant que les jeunes gens échangeaient un serrement de mains, c'est de la plus pure mythologie cela, mon cher baron : vous renouvelez tout simplement Nysus et Euryale, Oreste et Pylade et tous les amis célèbres des temps héroïques.

— C'est ainsi, monsieur, répondit le baron en saluant, vous m'affligeriez réellement en nous condamnant à une nouvelle séparation.

Le colonel se pencha vers M. de Villiers.

— Que pensez-vous de cela? lui dit-il. C'est vous que cette affaire regarde, puisque vous êtes le chef de l'expédition.

— Oh! merci, monsieur, s'écrièrent ensemble les deux jeunes gens. Ainsi vous consentez?

— Pardieu, mais à une condition.

— Laquelle? demanda le baron.

— C'est que vous ne vous ferez tuer ni l'un ni l'autre. Les officiers comme vous sont rares et j'y tiens.

— Nous tâcherons, monsieur, répondit en riant le baron. Seulement nous ne pouvons vous l'assurer, malgré notre désir de vous satisfaire.

— Maintenant je vous rends votre liberté, reprit le colonel. Vous devez avoir mille choses à vous dire. Vous ne quitterez point le fort sans me prévenir, n'est-ce pas?

— Nous aurons l'honneur de prendre vos ordres et de vous faire nos adieux, colonel.

— Allez donc, messieurs, et à bientôt.

Les jeunes gens se retirèrent, accompagnés de Berger, auquel M. de Villiers avait fait signe de les suivre et que M. de Contrecœur avait congédié d'un signe amical.

Au lieu de rentrer dans ses appartements, le comte passa son bras sous celui de son ami et, toujours accompagné du Canadien, il se dirigea vers une des poternes du fort.

— Les murs ont des oreilles, dit-il en souriant ; la place est bourrée d'espions anglais, et, pour ce que nous avons à nous dire, mieux vaut le grand air et l'espace sous l'œil de Dieu.

— Bien, murmura Berger avec satisfaction, voilà de la véritable prudence.

Et il prit les devants pour leur servir de guide.

Au bout d'une vingtaine de minutes, les trois hommes se trouvèrent en rase campagne, au sommet d'un léger monticule entièrement dépouillé d'arbres et que dominait le cours de la rivière.

— Maintenant, dit M. de Villiers, après avoir jeté un regard satisfait autour de lui, nous ne risquons plus d'être entendus ; asseyons-nous sur l'herbe et causons.

Avant de continuer notre récit, nous présenterons plus intimement au lecteur le baron Armand de Grigny destiné à jouer un rôle important dans la suite de cette histoire.

Au physique, le baron Armand de Grigny était un grand et beau jeune homme de vingt-cinq ans au plus, au front vaste, à l'œil perçant, aux traits réguliers, à la physionomie loyale, à la poitrine large, à la taille hardiment cambrée, aux manières élégantes et dont toute la personne respirait un indicible parfum de noblesse et de distinction.

Le baron, issu d'une de ces vieilles races normandes dont la généalogie remontait à Rollon, possédait une fortune considérable, jouissait d'un crédit solide à la cour et se trouvait en passe de parvenir aux plus hautes dignités du royaume. Tout à coup, sans que rien motivât une semblable détermination de la part d'un homme si heureux en apparence, M. de Grigny acheta une compagnie au régiment de Guyenne ; il donna sa démission de toutes ses charges, puis, après avoir brusquement pris congé de ses amis, il quitta Paris et il alla s'embarquer à Dieppe pour la Nouvelle-France. Il donnait pour prétexte à cette étrange résolution l'amitié fraternelle qui le liait à M. de Villiers, avec lequel il avait été élevé, et un désir irrésistible de voir ces mystérieuses contrées d'outre-mer sur lesquelles on faisait en Europe de si émouvants récits.

Ses amis n'avaient accepté qu'avec des sourires d'incrédulité les raisons plus ou moins plausibles mises en avant par le jeune homme afin de justifier son départ à leurs yeux, mais ce fut vainement qu'ils essayèrent de découvrir les motifs réels de l'espèce d'exil volontaire que s'imposait le baron ; si ces motifs existaient véritablement, le secret en était si bien gardé que rien n'en avait transpiré au dehors et malgré les plus minutieuses recherches la curiosité générale demeura inassouvie.

La première personne rencontrée par lui en débarquant était précisément cet ami qu'il venait chercher si loin.

A son arrivée dans la colonie, le jeune gentilhomme avait été reçu ainsi que devait l'être un personnage de son nom et de son rang, c'est-à-dire avec la plus vive sympathie; et, s'il l'avait voulu, rien ne lui aurait été plus facile que de passer, soit à Québec, soit à Montréal une existence toute de fêtes et de plaisirs.

Mais telle n'était pas l'intention du jeune homme. A peine arrivé, il prit le commandement de sa compagnie, s'occupa sérieusement de ses devoirs militaires, qu'il semblait prendre à cœur de remplir avec la plus scrupuleuse exactitude.

Il ne profita de l'influence que lui donnait son nom que pour réclamer à chaque occasion les postes les plus dangereux et les missions les plus périlleuses.

Une conduite aussi extraordinaire de la part d'un homme que nul motif d'ambition ou de fortune ne pouvait diriger, en appelant l'attention sur lui, lui attira la bienveillance et l'estime générales. Tout en le faisant passer aux yeux de ses camarades pour un homme d'un caractère singulier et incompréhensible, elle le posait sur un piédestal glorieux.

Seul, M. de Villiers, son ami, s'étonnait, sans cependant lui en faire l'observation, de sa conduite bizarre. Il s'affligeait de le voir jouer chaque jour avec une insouciance railleuse sa vie dans des rencontres obscures et sans gloire, soupçonnant peut-être avec raison que l'humeur belliqueuse du baron et la gaieté souvent forcée qu'il affectait en public cachaient une blessure secrète et toujours saignante. Il aimait trop réellement le fier jeune homme pour essayer mal à propos de provoquer sa confiance et de pénétrer malgré lui dans le secret de ses douleurs. Ecartant au contraire avec soin tout prétexte d'explication entre le baron et lui, le comte feignait de ne pas remarquer le changement qui s'était opéré dans le caractère autrefois si calme et si réservé de son ami et d'accepter comme vraie son insouciance et sa gaieté dont les éclats dégénéraient si souvent en sanglots étranglés. Il attendait patiemment que l'occasion s'offrît de déchirer le voile que celui-ci avait vainement essayé d'épaissir autour de sa personne.

Nous ne nous appesantirons pas davantage sur le baron de Grigny dont le caractère se développera aux yeux du lecteur au fur et à mesure que nous avancerons dans cette histoire, et nous reprendrons notre récit trop longtemps interrompu.

Ce fut M. de Villiers qui au bout d'un instant entama l'entretien.

— Ainsi, mon cher Armand, dit-il d'une voix affectueuse au baron, ce n'est pas une plaisanterie, vous êtes bien réellement dans l'intention de nous accompagner?

— Pardieu, mon cher Louis, répondit en riant le jeune homme, je trouve votre question précieuse. Ne me suis-je pas offert de mon plein gré? suis-je de Bordeaux ou de Versailles?

— Vous vous êtes offert en effet, mon ami, cependant, pardonnez-moi si j'insiste, je n'ai pas pris cette offre au sérieux.

— Et vous avez eu tort, mon cher Louis, rien n'est plus sérieux.

— Réfléchissez, je vous prie, que cette expédition sort complètement des règles ordinaires.

— C'est justement ce qui m'enchante. Nouveau venu en ce pays dont je connais à peine le littoral, je serais charmé de faire en votre compagnie surtout une tournée d'exploration dans l'intérieur. Ainsi, brisons là, si vous tenez à m'être agréables ; ma détermination est prise irrévocablement, et à moins d'un refus catégorique de votre part...

— Refus que vous n'avez pas à redouter, mon ami, interrompit vivement le capitaine ; votre présence m'est trop précieuse, vous le savez, pour que j'essaie de m'en priver. J'ai cherché à vous faire comprendre que l'expédition que nous entreprenons, fort périlleuse en elle-même, n'offre aucune compensation de gloire ou de profit ; vous insistez, c'est bien, n'en parlons plus, vous serez des nôtres.

— Merci, Louis, merci du fond du cœur. Vous n'imaginez pas le plaisir que vous me faites en me parlant ainsi. Donc, voilà qui est convenu.

— Oui, fit M. de Villiers avec un soupir étouffé. Vous avez ma parole, maintenant occupons-nous de notre affaire, arrêtons notre plan de campagne.

— Quant à cela, cher ami, je décline toute responsabilité, moi, je suis trop neuf dans cette guerre pour émettre un avis quel qu'il soit.

— Voyons, Berger, puisqu'il en est ainsi, c'est à toi de parler, mon camarade, reprit-il en s'adressant au Canadien qui, assis à quelques pas, avait semblé n'attacher qu'un médiocre intérêt à la conversation des deux jeunes gens.

En s'entendant interpeller ainsi, le chasseur releva la tête comme un cheval de guerre aux premiers sons de la trompette sonnant la charge, et se tournant vers le capitaine :

— Je suis à vos ordres, monsieur Louis, dit-il, que désirez-vous savoir ?

— Mon ami, tu es un vieux coureur des bois. M. de Grigny et moi nous sommes au contraire des Français ignorants. Instruis-nous donc de quelle manière il nous faut procéder, afin de mener à bien l'expédition dont nous sommes chargés.

— Hum ! dit-il, ce n'est pas facile, à vous parler franchement, monsieur Louis ; nous ne sommes point en France où les routes sont toutes tracées et où par conséquent on n'a qu'à les suivre, sans compter que nous devons nous attendre à trouver sur notre passage des ennemis de toutes couleurs, blancs ou rouges, hommes féroces et bêtes fauves.

— Très bien. Maintenant supposons qu'au lieu de me donner la direction de cette expédition, M. de Contrecœur l'eût donnée à toi, comment aurais-tu manœuvré pour réussir ? En un mot, quelles eussent été tes dispositions ?

— Eh ! eh ! fit-il entre ses dents, on ne sait pas trop.

— Parle hardiment, mon ami, tu es homme de bon conseil, nous faisons le plus grand cas de ton expérience.

— Ma foi, monsieur Louis, répondit avec une bonhomie enjouée le Canadien, puisqu'il en est ainsi, je serai franc avec vous et je vous dirai ma façon de penser sans tergiverser. Vous en ferez ce que vous voudrez, après tout.

— C'est ce que je désire, mon ami... Parle.

— Pour lors, voici ce que je ferais, moi ; les contrées que nous avons à traverser sont pour la plupart des déserts parcourus seulement par des

Indiens nomades; nous ne devons espérer de rencontrer ni routes, ni villages. Plus nous avancerons vers le nord, plus il nous faut attendre à trouver d'obstacles, de difficultés et d'ennemis à combattre. Me comprenez-vous bien, monsieur Louis?

— Parfaitement, mon ami, continue.

— Ce n'est donc pas une expédition militaire que nous faisons, nous ne sommes plus des soldats, mais des chasseurs.

— Fort bien. Après?

— Donc si nous prenons avec nous des soldats de Guyenne ou de Royal-Marine, marchant au pas avec leurs fifres et leurs tambours, nous devons nous attendre, malgré leur courage et leur discipline, à ne pas cheminer un jour entier sans donner dans une embuscade où nous laisserons nos chevelures. Les Indiens, avertis de notre arrivée, nous guetteront et nous massacreront sans que nous ayons seulement le temps de songer à nous défendre.

— Ce raisonnement est fort judicieux. Alors, à ton avis?

— A mon avis, monsieur Louis, il vaut mieux laisser les soldats au fort Duquesne où ils sont très utiles, et prendre avec nous des chasseurs du pays, habitués à suivre les sentes des forêts, connaissant à fond les ruses indiennes et, par conséquent, seuls capables de nous conduire où nous voulons aller.

— Bien. Rien n'est plus facile; justement, il y a en ce moment au fort des Canadiens qui, j'en suis convaincu, ne demanderont pas mieux que de nous accompagner, en leur donnant une bonne solde, bien entendu.

— Ce n'est pas cela, sauf votre respect, monsieur Louis, dit le chasseur. Les Canadiens qui sont dans le fort ne peuvent y convenir, voici pourquoi. Nous sommes entourés d'espions, ici, vous le savez; aussi vous n'aurez pas plutôt essayé d'enrôler des hommes que déjà ils auront deviné dans quel but vous le faites. Les Anglais seront prévenus, ils se tiendront sur leurs gardes et tout sera manqué.

— C'est vrai, mais que faire alors? le cas est difficile, tu en conviendras.

— Nullement, monsieur Louis, rien n'est plus simple au contraire.

— Ah! par exemple, si tu peux me prouver cela?

— Vous allez voir. Je vous quitte, vous et votre ami. Vous rentrez dans le fort. En vous promenant, vous avez soin de dire assez haut pour qu'on vous entende que les frontières étant tranquilles, M. de Contrecœur vous a permis de vous absenter pour aller pendant quelques jours à la chasse. Vous quittez ce soir vos uniformes pour prendre le costume du pays. Vous vous faites suivre chacun par un homme résolu dans lequel vous aurez toute confiance; et après avoir salué le commandant vous partez du fort.

— Très bien, mais après?

— Après, je vous attends dans ma pirogue à la baie des Marmousets; vous vous embarquez et je vous conduis n'importe où, à ma plantation par exemple. Une fois là, vous chassez sans vous occuper d'autre chose. Pendant ce temps-là, moi à qui naturellement on ne fait pas attention, et qui par conséquent suis libre de mes mouvements, je réunis une troupe de chasseurs, tous hommes d'élite, connus par moi, des *bois-brûlés*, pour lesquels le désert n'a conservé aucun secret.

« C'est l'affaire de deux ou trois jour au plus. Je m'adjoins quelques éclaireurs indiens Hurons ou Algonquins fidèles pour battre l'estrade, puis, lorsque tout est prêt, je vous rencontre par hasard pendant une de vos parties de chasse, vous prenez le commandement du détachement ; nous partons et à la grâce de Dieu !

« Voilà mon plan, monsieur Louis, il est simple, comme vous voyez, mais je le crois bon. Si vous en avez un meilleur à me proposer, je ne demande pas mieux que de l'accepter.

— C'est inutile, mon ami ; ton plan est excellent. Je le suivrai de grand cœur. Il offre, à mon avis, toutes les conditions de succès désirables. Qu'en pensez-vous, Armand ?

— Moi, répondit le jeune homme, tressaillant comme s'il se fût éveillé en sursaut, je pense, mon cher Louis, qu'il nous serait impossible de trouver mieux et que par conséquent nous ferons bien de nous en tenir là, sans nous rompre la tête à chercher davantage.

— Bien dit, sur mon âme ! Ainsi, voilà qui est convenu, mon vieux Berger, sauf une légère modification, toutefois.

— Laquelle, monsieur Louis ?

— C'est que pour certaines raisons à moi connues, le départ ne peut avoir lieu aujourd'hui.

— Bon et quel jour voulez-vous partir alors ?

— Demain, si cela t'est égal.

— A moi, parfaitement, monsieur Louis.

— C'est entendu, mais à quelle heure alors ?

— Au coucher du soleil, s'il vous plaît ; c'est l'heure où d'ordinaire les chasseurs vont se mettre à l'affût. Votre sortie du fort n'étonnera personne.

— C'est vrai ! tu n'oublies rien. Ainsi à demain soir.

— A demain soir, répondit-il en se levant.

— Parfait ! et toi, que vas-tu faire d'ici là ?

— Tout préparer pour le voyage. Au revoir, monsieur Louis et la compagnie.

— Au revoir, mon ami.

— Bonne chance, mon brave, dit le baron.

Le Canadien jeta son fusil sous son bras, descendit le monticule et s'enfonça dans les bois qui bordaient la rivière, de ce pas gymnastique et cadencé particulier aux Indiens et aux chasseurs.

— Je crois qu'il est temps de rentrer, fit observer le comte.

— Bah ! pourquoi cela ? répondit son ami, nous avons le temps, d'ailleurs nous sommes très bien ici.

M. de Villiers regarda fixement le jeune homme :

— Vous avez à me parler, Armand ? lui dit-il.

— En effet, répondit celui-ci, mais je n'ai que deux mots à vous dire.

— Est-il donc nécessaire que vous me les disiez ici ?

— Je ne sais ; pourtant je vous rappelerai vos paroles : les murs ont des oreilles.

— C'est donc un secret ?

LA BELLE RIVIERE

Le Canadien jeta son fusil sous son bras, descendit le monticule..

— Non, c'est un avertissement.
— Hein ! un avertissement. Vous savez que je ne vous comprends pas du tout, mon ami.
— C'est probable, mais en deux mots vous serez au fait.
— Parlez alors, je vous écoute.
— Mon cher Louis, vous avez dû recevoir une lettre de moi, il y a quelques jours.

— Effectivement, j'en ai reçu une.
— Bon ! Vous rappelez-vous ce qu'elle contenait?
— Je vous avoue que je n'en ai gardé qu'un vague souvenir.
— Je m'en doutais. Permettez-moi, puisqu'il en est ainsi, de vous rappeler que je vous parlais assez longuement d'une certaine dame connue et méconnue par vous, mon cher Louis.
— La comtesse de Maleval?
— C'est cela même. Vous souvenez-vous de ce que je vous disais à son sujet?
— A peu près, mais je vous avoue que cela ne m'a que très médiocrement intéressé.
— C'est un malheur, car c'est fort intéressant pour vous.
— Que voulez-vous dire, mon ami?
— Je veux dire que si la comtesse vous a voué une haine implacable, si elle a juré de tirer de vous une vengeance terrible, entre un homme perdu et vous la différence n'est pas grande.
Le comte haussa les épaules.
— Que m'importe? dit-il avec dédain, haine de femme est un feu de paille qui s'éteint aussi vite qu'il s'allume.
— Dieu vous garde, mon ami, répondit le baron d'une voix altérée, d'être en butte à une de ces haines que vous méprisez tant. Elles sont à craindre, croyez-moi.
— Mais ne le suis-je pas, d'après votre dire, cher Armand? reprit Louis de Villiers avec insouciance.
— Il se peut que je me trompe; j'espère que cela est, je le désire surtout.
— Alors, à quoi bon nous inquiéter?
— Écoutez, Armand, j'espère que je m'abuse et que mes craintes sont exagérées. Le Créateur n'aura pas sans doute voulu mettre à la fois sur la terre deux créatures aussi implacables.
— Hein ! de qui parlez-vous donc là, baron?
— Rien, rien, mon ami, reprit vivement le jeune homme. Ne faites pas attention à des paroles vides de sens et qui ne se rapportent en aucune façon au sujet que nous traitons.
— Soit, continuez, mon ami.
— Je vous disais donc qu'il est possible que je me trompe; pourtant j'ai comme un pressentiment d'avoir deviné le caractère de cette femme, ajouta-t-il avec un soupir.
— Eh bien ! répondit le comte avec étonnement, où voulez-vous en venir?
— A ceci : elle a disparu de Québec sans que personne sache ce qu'elle est devenue.
— Bah ! peut-être est-elle partie pour la France?
— Non, repartit le jeune homme. Elle n'est point femme à quitter ainsi la partie.
— Que soupçonnez-vous?
— Je la soupçonne de s'être enfoncée dans l'intérieur des terres.
— De notre côté?

— Oui.

— Ah! ah! fit le comte en souriant. Ce serait alors une idée fixe, une résolution bien arrêtée chez elle de me faire disparaître de la surface de ce monde misérable.

— D'autant plus que la comtesse a entraîné à sa suite une douzaine de bandits, des coupe-jarrets de la pire espèce.

— Quel sérail!

— Vous riez, Louis, vous raillez... Vous avez tort. Je vous jure que vous jouez avec le feu.

— Êtes-vous plus prudent que moi, Armand? fit sérieusement le comte de Villiers en regardant ce dernier bien en face.

Le baron de Grigny détourna les yeux et, cherchant à faire bifurquer la conversation, il reprit :

— La nouvelle du départ de la comtesse de Maleval m'a effrayé pour vous, mon cher et seul ami. Je vous ai écrit et j'ai suivi ma lettre de près, comme vous le voyez. A deux, nous conjurerons plus facilement ce danger peut-être imaginaire.

— Je vous remercie de votre venue, Armand, mais pourquoi prendre tant de précautions pour chercher à me faire comprendre que la situation est tendue et peut-être périlleuse? De deux choses l'une : ou, comme vous l'insinuez en hésitant, le danger est imaginaire, et alors vous ne vous seriez pas mis en quatre pour venir me rejoindre...

— Mais, mon affection pour vous?

— Laissez-moi finir... Ou le danger existe et je suis, ou plutôt nous sommes assez braves pour nous en soucier comme d'un nuage qui passe.

— D'accord. Cependant cette femme...

— Je la connais... un peu, mon ami, ajouta le comte de Villiers souriant. Quoi qu'il en soit, elle me tuerait volontiers le lundi, quitte à me pleurer le mardi.

— C'est cela.

— Mais à quoi bon nous préoccuper d'elle et de ses désirs de vengeance au moment où nous partons pour une expédition dont ni vous ni moi ne reviendrons peut-être pas?

— Vous avez raison. Quand partons-nous?

— Demain.

— J'eusse préféré partir ce soir.

— Enfant!

— Louis! Louis! Notez ces paroles dans votre mémoire.

— J'écoute.

— La haine d'une femme est plus à craindre que celle de dix hommes.

— Baste !

— Ne vous récriez pas..., je suis une preuve vivante de..., mais ne m'interrogez pas... Vous me regardez avec surprise... Oui, Louis, oui..., moi aussi j'ai passé par là; et quand ces souvenirs se réveillent, je me reprends à trembler doublement pour vous et pour moi.

— Mon cher Armand, pourquoi ne m'avoir jamais confié...?

— Un secret qui vous pèserait autant qu'à moi... non... l'heure n'est point arrivée de cette confidence.

Et le jeune homme, rendu sombre malgré tous ses efforts, ne chercha point à lutter plus longtemps contre ses idées noires.

Il dit au comte de Villiers :

— L'heure passe, rentrons.

Et revenant sur ses pas, il reprit le chemin du fort Duquesne ; le comte suivit son ami, devenu pensif par ces dernières paroles.

Ils rentrèrent au fort, sans avoir échangé un mot de plus.

XIII

UNE SILHOUETTE DE COUPE-JARRETS

Il était à peine sept heures du matin.

Après avoir jeté un manteau sur son uniforme, le comte sortit avec précaution de son appartement.

Il craignait de troubler le sommeil profond de son ami.

Le baron de Grigny, brisé par les fatigues de la longue route qu'il avait faite, ne devait pas se réveiller avant quelques heures.

Ce sommeil faisait parfaitement le compte de M. de Villiers.

Il appela Rameau-d'Or.

Celui-ci se trouvait déjà à son poste, dans l'antichambre. Il s'empressa d'accourir.

Son jeune chef lui enjoignit de dire au baron de Grigny qu'il allait inspecter les glacis de la forteresse et qu'il ne tarderait pas à rentrer.

Cela fait, il se dirigea vers une poterne que la sentinelle lui ouvrit et il se trouva dans la campagne.

Le comte, en refusant de partir le soir précédent, et en remettant à vingt-quatre heures le départ de l'expédition, n'avait pas voulu faire connaître à son ami le motif de ce retard. Ce motif tenait au secret le plus cher de son cœur, à son amour pour Angèle.

Si grande que fût l'amitié que le comte professait pour son ami, avec cette pudeur des âmes bien éprises, surtout des âmes éprises pour la première fois, il avait tenu à conserver pour lui seul le secret de son amour ; il aurait cru le profaner en le révélant à un tiers, bien que ce tiers fût son meilleur ami.

Le jeune homme ne s'était pas cependant senti le courage de quitter celle qu'il aimait pour entreprendre une expédition périlleuse dont peut-être il ne reviendrait pas, sans la revoir une fois encore, lui dire adieu et puiser dans ses regards le courage nécessaire à une si cruelle séparation ; aussi, profitant du sommeil de son ami, il était sorti doucement, dans le but de se rendre par le plus court chemin à la chaumière du proscrit.

Enveloppé jusqu'aux yeux dans son manteau, pour éviter d'être reconnu, le comte traversa d'un pas pressé les rues à peine tracées de l'espèce de ville que les colons et les aventuriers de toutes sortes élevaient à l'abri du canon du fort, attirés qu'ils étaient, comme des oiseaux de proie, par l'espérance d'un gain toujours facile dans les nouveaux établissements.

Les portes commençaient à s'ouvrir à peine. La population dormait encore.

Le comte passa donc inaperçu, ou du moins il le crut ainsi; il s'enfonça dans la forêt, convaincu que nul n'avait remarqué la direction prise par lui.

Depuis que le comte avait contracté la douce habitude de se rendre chaque jour à la chaumière, il avait cherché à abréger le trajet afin de rester plus longtemps auprès de celle qu'il aimait. Son premier soin avait été de renoncer à la pirogue et de chercher à se faire un chemin à travers la forêt.

Cela ne lui avait pas été difficile, par la raison toute simple que ce chemin existait réellement; la seconde fois qu'il se rendit à la demeure d'Angèle, la jeune fille le lui indiqua elle-même.

Ce chemin était une sente, à peine tracée dans l'herbe, serpentant à travers la forêt. En moins de trois quarts d'heure, il mettait le jeune homme à l'entrée même du clos dont la chaumière était entourée.

Cette fois, lorsqu'il atteignit la clôture, le comte vit Angèle debout contre la porte, ce qu'elle ne faisait jamais; elle guettait son arrivée, penchée à la fenêtre. Un vif incarnat colora le visage de la jeune fille en l'apercevant.

— Je vous attendais, Louis, dit-elle en penchant vers lui son front, sur lequel il posa respectueusement ses lèvres.

Baiser de fiancé, ressemblant à un baiser de frère.

— Vous m'attendiez? répondit-il avec étonnement. A cette heure matinale? Comment donc avez-vous deviné que je devais me rendre auprès de vous?

— Je ne l'ai pas deviné, fit-elle avec un charmant sourire, en rougissant encore davantage; mon cœur m'avait avertie. Voilà pourquoi vous m'avez trouvée là, près de la porte; j'étais sûre de votre visite, et je voulais vous voir plus vite.

— Merci, ma bien-aimée, j'avais hâte d'être près de vous. C'est seulement lorsque je vous vois que je me sens vivre et que je suis heureux.

— Venez, mon ami, vous avez besoin de vous reposer, la sueur inonde votre front... Venez...

Ils se dirigèrent vers la chaumière en se tenant la main. Près de cette fille tendre et pure, le comte n'avait pas vingt ans.

— Et votre père! demanda le jeune homme, je le verrai sans doute ce matin?

— Non, il est sorti au point du jour.

— C'est fâcheux, j'aurais été heureux de causer avec lui.

— Nous allons déjeuner, voulez-vous? dit la jeune fille.

— Je ne demande pas mieux; la marche m'a donné un appétit d'enfer, d'ailleurs ce me sera un prétexte pour rester plus longtemps auprès de vous.

— Avez-vous donc besoin de prétexte, Louis? Est-ce que c'est moi jamais qui vous engage à vous retirer? dit-elle avec une gentille petite moue.

— J'ai tort, je ne sais ce que je dis, répliqua-t-il en saisissant une de ses mains au passage et la baisant avec passion. Mais, voyez-vous..., il ne faut pas m'en vouloir... ce matin, je ne suis maître ni de mes pensées ni de mes paroles.

Cependant la jeune fille avait placé la table au milieu de la chambre ; en quelques minutes, un déjeuner composé de fruits et de laitage était servi.

Malgré l'appétit dont le comte avait fait parade, il ne mangeait que difficilement, son assiette demeurait pleine. Angèle en fit la remarque, elle le railla doucement.

— Je suis triste, répondit-il.

Elle fixa sur lui ses grands yeux bleus d'un air interrogateur.

— Oui, reprit-il en la regardant avec amour, j'espérais que votre vue me rendrait le courage... il n'en est rien... depuis mon arrivée, je sens mon cœur qui se brise... et ma douleur redouble !

— Qu'avez-vous donc, mon ami? vous m'inquiétez... Je ne vous ai jamais vu ainsi; parlez, parlez !

— Angèle, ne vous est-il pas venu quelquefois dans la pensée qu'un jour peut-être nous serions séparés?

— Oh ! souvent, s'écria-t-elle avec un frissonnement de terreur. Sommes-nous donc menacés d'une séparation?

— Hélas ! oui.

— Expliquez-vous, mon ami; vous me faites mourir, reprit-elle avec agitation.

— Oui, fit le jeune homme en prenant sa résolution à deux mains, il vaut mieux tout vous dire, je suis venu exprès pour cela..., et vous êtes une fille courageuse !

— Je vous écoute, parlez, au nom du ciel ! je vous en supplie... Vous pouvez être sûr de moi.

Le comte enferma les mains de la jeune fille dans les siennes, la contempla pendant quelques minutes avec passion, et se décida enfin à prendre la parole, sur une dernière prière de la charmante enfant.

— Angèle, dit-il, vous le savez, je suis soldat. J'ai prêté au roi serment de fidélité et je dois obéissance aux chefs sous les ordres desquels je suis placé,

— Je sais cela, mon ami, continuez:

— Oui, mais ce que vous ignorez, chère enfant, c'est que le commandant du fort Duquesne prépare une expédition.

Elle le regarda en souriant.

— Vous vous trompez, Louis, dit-elle, je le sais. Je sais même que c'est à vous que le commandement de cette expédition très périlleuse a été confié.

— Vous ! vous savez cela? s'écria-t-il avec une surprise qui le fit bondir sur sa chaise. Par qui donc avez-vous été si bien instruite?

— Par mon père, Louis, par mon père, pour lequel il n'existe point de secrets, et qui est tout à vous, n'en doutez point.

— C'est étrange ! murmura le jeune homme.

— Non, c'est très naturel au contraire; lorsque vous connaîtrez mieux mon père, vous comprendrez cela.

— Mais comment se fait-il qu'il puisse se trouver au courant?...

— Je ne puis rien vous dire, interrompit-elle en mettant un doigt mignon sur ses lèvres rosées. Les secrets de mon père ne m'appartiennent pas ; je n'ai point le droit de les divulger, même à vous, mon ami, sans son autorisation.

— C'est juste, je suis fou ! pardonnez-moi, Angèle.

— Je vous pardonne, mon ami, et cela de grand cœur ; mais continuez, vous ne m'avez pas appris l'époque de votre départ. C'est le seul détail que j'ignore.

— Hélas ! chère enfant, cette époque est plus prochaine que vous ne le supposez ; je pars aujourd'hui même, au coucher du soleil.

La jeune fille tressaillit et devint pâle comme si elle allait mourir ; mais, par un effort suprême, rendue forte par son amour, elle dompta sa douleur et reprit en souriant :

— Vous m'aviez effrayée tout à l'heure, Louis ; maintenant je suis rassurée..., oh ! mais rassurée tout à fait.

— Je ne vous comprends pas, Angèle.

— Ne m'aviez-vous parlé de séparation..., d'adieux ?

— En effet, cette expédition, ce départ, n'entraînent-ils pas ?...

— Eh bien, quoi ? mon ami, ce n'est qu'une absence... ; voilà tout ; absence cruelle, bien cruelle même, pour vous et pour moi, mais que notre amour nous donnera la force de supporter et après laquelle nous nous retrouverons avec un bonheur plus grand.

— Ah ! fit-il avec tristesse, vous ne m'aimez pas comme je vous aime, Angèle, car vous vous consolez bien facilement de cette séparation qui me désespère, moi !

— Ingrat ! s'écria-t-elle avec animation, ingrat et injuste ! qui voit ce que je souffre, la violence que je me fais pour lui donner le courage d'accomplir noblement son devoir, et qui, au lieu de me remercier, m'adresse des reproches.

— Oh ! je suis fou, chère Angèle adorée ! fit-il en tombant à ses genoux et couvrant ses mains de baisers ardents ; pardonnez-moi, je ne sais ce que je dis, la douleur m'accable. Oh ! maintenant, quelque grande que soit cette douleur, je partirai ; malgré mon amour, mon vœu le plus cher est de partir au plus tôt afin de vous revoir plus vite.

— Soyez homme, mon cher Louis, répondit-elle à travers ses larmes ; ayez foi en la Vierge, qui protège notre amour. Qui sait, sa bonté est si grande ! Peut-être nous nous reverrons plus tôt que vous ne le supposez, vous, plus tôt que je ne l'espère moi-même.

— Que voulez-vous dire ?

— Rien, mon ami ; un de ces pressentiments comme j'en ai quelquefois, voilà tout, pressentiments qui viennent du cœur et qui ne trompent jamais, car c'est Dieu qui les envoie pour consoler et soutenir ceux qui souffrent.

— Oh ! le ciel puisse-t-il vous entendre ! fit le jeune homme.

— Je ne sais pourquoi, mais il me semble que si notre séparation devait être aussi longue que nous le craignons, bien que la douleur que j'éprouve soit grande, je souffrirais davantage encore. Oui, je crois et j'espère.

Soudain, elle se leva, bondit comme une jeune chevrette, et s'élança hors de la chambre, mais presque aussitôt elle reparut, tenant dans sa main une fine chaîne d'or à laquelle était suspendu un scapulaire en drap rouge.

— Il faut nous quitter, Louis, dit-elle; votre présence est nécessaire au fort Duquesne pour terminer vos préparatifs de départ. Je ne veux pas vous retarder. Quel que soit mon désir de vous garder près de moi, je ne chercherai jamais à vous faire oublier vos devoirs.

— Il n'est pas encore l'heure, dit l'officier, qui ne pouvait se résoudre à cette séparation, peut-être éternelle! J'ai le temps : il n'est point tard encore.

— Déjà midi, mon ami, regardez le soleil.

— J'aime mieux regarder vos yeux, chère et bien-aimée Angèle, dit-il en souriant : ce sont pour moi des soleils autrement brillants que celui qui nous éclaire là-haut. Ah! vous aurez beau faire, mon Angèle, ils ne parviendront jamais à me dire : Louis, allez-vous-en, c'est l'heure des adieux.

— Taisez-vous, monsieur! murmura la pauvre enfant qui faisait les plus héroïques efforts pour empêcher ses larmes de couler le long de ses joues, pâlies par la douleur.

— J'obéis, mademoiselle! répondit Louis de Villiers, plus ému qu'il ne voulait le paraître.

— Écoutez-moi.

— Parlez.

— Voyez-vous ceci!

Et elle lui tendait la chaîne et le scapulaire.

— Je le vois.

— C'est une relique bénie.

— Ah! fit le jeune homme, naturellement assez incrédule et fortement imbu, comme tous les gentilshommes de cette époque, d'idées philosophiques.

Un regard sévère d'Angèle le rappela subitement à lui-même.

— Ne riez pas, Louis. C'est le dernier souvenir de ma mère; je vous le donne.

— Chère Angèle, je ne vous enlèverai pas cette relique sacrée, dit-il avec émotion... Gardez, gardez-la; je le veux.

— Et moi, je veux que vous la placiez sur votre cœur, mon Louis. Nous sommes superstitieuses, nous autres filles des forêts. Je m'étais juré de ne jamais me séparer de cette chaîne et de ce scapulaire.

— Eh bien?

— En vous le confiant, Louis, je ne fausse pas mon serment. Nos âmes sont sœurs; vous et moi nous ne faisons qu'un. Souvenez-vous bien de mes paroles, mon ami, et ne riez pas, je suis sûre de ce que je vous dis : Tant que vous porterez ce talisman révéré, vous passerez impunément à travers tous les dangers.

— Vraiment? ne put s'empêcher de dire le jeune homme en souriant malgré lui de cette gracieuse et naïve croyance.

— Je vous le jure sur mon salut et par la mémoire de ma mère! — dit elle avec des larmes dans la voix.

Le jeune officier chassa tout sourire de ses lèvres.

LA BELLE RIVIERE 109

Ce personnage était un grand drôle d'une cinquantaine d'années.

Il comprit que la jeune Canadienne prenait sa touchante superstition au sérieux.

Il prit donc la chaîne et le scapulaire et se les passa autour du cou.

La fille du proscrit rougit de plaisir et de joie.

— Vous me promettez, mon Louis, lui dit-elle en souriant, que de temps à autre vous jetterez les yeux sur cette relique?

— Souvent, chère Angèle.
— Toutes les fois que vous penserez à moi.
— Je vous le jure.
— Bien, cela! Vous me rendez bien heureuse; je suis à présent tranquille sur votre sort. Nous nous reverrons, mon Louis; soyez sûr que nous nous reverrons avant peu.
— Dieu le veuille!
— Et maintenant, partez!
— Vous me chassez, Angèle?
— Il le faut.
— Pourquoi? demanda le jeune homme, étonné de son ton un peu bref.
— Parce que, si vous restiez, Louis, je n'aurais plus le courage de vous laisser aller; parce que je suis à bout de forces, et que, si vous restez quelques minutes seulement encore auprès de moi, toute ma résolution tombera, tout mon courage disparaîtra.
— Chère enfant! s'écria Louis avec passion. Que je vous aime!
— Est-ce cela que vous voulez, mon ami? Restez... Vous serez témoin de ma faiblesse et de mes larmes.

Le jeune homme sentit qu'elle disait vrai.

Il ouvrit la bouche pour lui répondre; mais, voyant un sanglot qui montait du cœur aux lèvres de sa bien-aimée, il la prit dans ses bras, l'embrassa avec passion, murmura un adieu étouffé, et, bondissant au dehors, il s'enfuit à toutes jambes, sans même retourner la tête.

Bien lui en prit d'agir ainsi.

S'il s'était retourné, il serait revenu sur ses pas.

Qui sait même?

Il ne serait pas parti.

A son adieu passionné, la fille du proscrit avait tout d'abord senti un feu brûlant couler dans ses veines, puis un froid glacial lui succéder.

Elle s'était affaissée sur elle-même.

La force factice qui l'avait soutenue jusque-là venait de l'abandonner.

Elle sentit tout tourbillonner autour d'elle.

Et, poussant un cri d'oiseau blessé mortellement, elle tomba sur ses genoux, hors d'elle-même, sanglotant et priant.

Cependant le comte, affolé par la douleur, s'enfuyait à travers la forêt, sans suivre de route tracée, frayée.

Il marchait au hasard, n'ayant qu'un but : fuir, s'éloigner de cette demeure solitaire, dans laquelle il laissait tout ce qui lui était cher en ce monde.

Il ne songeait nullement à s'orienter.

Mais le hasard le servit.

Au bout d'une heure de cette marche, de cette course effrénée à travers les halliers et les taillis, il reconnut avec étonnement qu'il venait d'atteindre la lisière de la forêt.

A peine lui restait-il quelques pas à faire pour émerger dans la plaine.

La fatigue physique avait sinon étouffé, du moins amorti en lui les premières atteintes de son désespoir, de sa souffrance morale.

Une tristesse invincible l'accablait.

Pourtant la rapidité de sa course avait rafraîchi son front brûlant.

Le calme revenait peu à peu dans son esprit, un certain équilibre se faisait dans ses pensées.

Il s'arrêta un moment, jetant autour de lui un regard investigateur. Rien de suspect, aucun indice de danger pour lui.

Il se reconnut.

Après avoir repris haleine un moment, il continua sa route vers le fort Duquesne, dont il ne se trouvait éloigné que d'une lieue à peine.

En ce moment, deux coups de feu presque simultanés retentirent à ses oreilles.

Il fit un bond de côté.

Un troisième coup fut tiré sur lui, et son chapeau roula sur le sol, percé d'outre en outre par une balle.

Le comte de Villiers mit l'épée à la main et s'élança vers le taillis d'où les coups de feu étaient partis.

— Vive Dieu! s'écria-t-il, on assassine ici!... mais on assassine mal! Ah! messieurs les chasseurs à l'affût, gare à vous!... Le sanglier revient et vous fait tête.

Des pas rapides, des exclamations assourdies de colère, des imprécations furieuses lui répondirent : ce fut tout.

Au moment où il atteignait le taillis qui abritait les assassins, ceux-ci étaient déjà loin.

L'officier ne trouva personne.

Il pestait contre sa mauvaise étoile qui ne lui permettait pas d'atteindre un des bandits placés en embuscade à son intention.

Mais, tout en pestant, il continuait sa poursuite acharnée.

Il s'arrêta tout à coup.

Trébucher, faillir de tomber, et se retenir aux branches du premier arbre venu, ce fut pour lui l'affaire d'un instant.

Il baissa les yeux, pour voir quel était l'obstacle qui se mettait en travers de son chemin.

Cet obstacle n'était autre chose que les jambes d'un homme tranquillement assis au pied du susdit arbre.

Cet homme lisait ou feignait de lire.

A la vue, à l'arrivée du comte, qui venait de donner, de s'embarrasser à l'aveuglette dans ses mollets, l'individu, le philosophe, sur qui les coups de fusil qu'il devait avoir entendus ne produisait sans doute pas une grande impression, ferma son livre et se leva prestement.

— Holà! fit-il d'une voix qui ressemblait vaguement au bruit que produit une porte mal graissée, holà! qui que vous soyez, homme ou femme, ange ou diable, halte!

L'officier s'arrêta, non point qu'il éprouvât le moindre désir d'obéir à un ordre donné si harmonieusement, mais pour examiner de plus près et plus à son aise l'individu qui l'interpellait de cette façon singulière.

Ce personnage était un grand drôle d'une cinquantaine d'années.

Il avait cinq pieds dix pouces au moins.

Maigre comme un clou, fendu comme un compas, il montrait orgueilleusement une face patibulaire, ornée d'une paire d'énormes moustaches cirées à la Henri III et poignardant le ciel.

Ses os saillants, formant excroissance à tous les angles de son visage, faisaient un jeu d'échecs de ce dernier.

Son costume fané, fripé, râpé, attestait la plus grande misère ou, tout au moins, le plus profond détachement des choses de ce monde.

Des nœuds de rubans qui avaient dû être jaunes quelques années auparavant, pendaient tristement, suspendus à chacune de ses épaules, et la plume effiloquée de son feutre bosselé tombait et retombait sur son nez, en tout semblable au bec d'un oiseau de proie.

En somme, le possesseur de ce visage disgracieux, orgueilleusement drapé dans ce ramassis de loques, ne paraissait être rien moins qu'un de ces compagnons assez désagréables à rencontrer au coin d'un bois.

Voyant que le comte de Villiers s'arrêtait, ce singulier personnage mit son chapeau à la main, opération qui nécessita plusieurs tentatives infructueuses de sa part, les rebords de son couvre-chef étant plus usés que la semelle trouée de ses bottes.

Cela fait, il salua le plus courtoisement qu'il lui fut possible.

L'officier reconnut au premier coup d'œil la nature et l'espèce de son bizarre interlocuteur; il ne se donna donc pas la peine de répondre à cette politesse exagérée, et sans plus de cérémonies il lui dit vivement :

— Vous n'avez donc pas entendu les coups de feu qu'on vient de tirer sur moi, monsieur ?

— Quels coups de feu, s'il vous plaît ? répondit l'autre d'un air béat.

— Trois coups de fusil, pardieu !

Tout en parlant, Louis de Villiers regardait s'il ne se trouvait pas une de ces armes à la portée de la main de son adversaire, car dès l'abord il avait reconnu en lui un adversaire.

— Je n'ai pas plus entendu siffler les balles dont vous parlez, mon gentilhomme, répondit l'inconnu avec rudesse, que je n'ai vu la couleur du salut que vous n'avez pas jugé à propos de me rendre.

Le comte se mordit les lèvres, il fut sur le point de lever la main sur ce drôle qui lui parlait aussi légèrement, il réfléchit et il s'arrêta.

Désirant savoir s'il ne s'était pas trompé, voulant s'assurer si ce personnage famélique faisait partie des bravi payés pour l'assassiner, il se rendit à ses désirs, et le saluant à son tour :

— Mille pardons, monsieur, lui dit-il de sa plus douce voix ; c'est un oubli de toutes les convenances que je déplore et que je m'empresse de réparer, comme vous le voyez.

— Il suffit, répliqua l'autre d'un ton d'importance qui n'eût pas déparé un grand d'Espagne du temps de Charles-Quint.

— Non, il ne suffit point.

— Ah !

— Oui.

— Et que désirez-vous, mon maître ?

— Je désire savoir pourquoi vous ne vous êtes pas dérangé en voyant qu'on tirait sur un chrétien comme sur une bête fauve.

— Je pourrais vous répondre, fit-il en ricanant, que je suis mahométan, et que par conséquent l'existence d'un chien de chrétien m'importe peu, mais je sortirais de la réalité ; et, quoique, entre nous, je ne sache pas bien à quelle religion j'appartiens, je ne farderai pas la vérité.

— C'est-à-dire que vous avez l'intention de ne pas mentir ?

— Précisément, fit l'individu en question avec un aplomb qui ne devait pas dater de la veille.

— Je vous écoute. Expliquez-vous.

— Mon gentilhomme, la seule, la meilleure raison que j'aie à vous donner de mon abstention...

— Et de votre lâcheté ! interrompit tranquillement le comte.

— Non pas, repartit son interlocuteur non moins tranquille. Je lisais, monsieur.

— Ah ! vous lisez ?... Vous savez donc lire ?

— Grâce à la belle éducation que mes nobles parents — Dieu ait leur âme ! — daignèrent me faire donner dans ma tendre enfance.

L'officier avait envie d'éclater de rire au nez de cet étrange personnage, qu'il avait insulté deux fois de suite et qui lui répondait, le sourire aux lèvres, comme si de rien n'était.

Mais il était résolu à aller jusqu'au bout, à tirer la chose au clair.

Il continua donc sérieusement l'entretien :

— Que lisiez-vous donc de si attachant ?

— Ceci, monsieur, fit-il en lui présentant complaisamment le volume qu'il tenait à la main.

— Les *Principes de philosophie* ?

— De Descartes.

— Vous vous occupez de philosophie ?

— Un peu.

— Pas du tout, ajouta l'officier en riant.

Louis de Villiers commençait à croire qu'il avait affaire à un fou.

— Voilà qui vous expliquera, monsieur, reprit l'autre, comment il se fait que je n'ai rien entendu, et qu'il a fallu, pour que j'interrompe une lecture aussi attachante, que l'on m'écrase, délicatement, j'en conviens, le bout du pied, comme vous venez de me l'écraser tout à l'heure.

— Allons donc ! pensa l'officier, une querelle ? Nous y arrivons. Franchement, mon démenti suffisait : pourquoi a-t-il attendu si longtemps ? Et tout haut : — Cher monsieur, fit-il avec aménité, vous me voyez au désespoir.

— De quoi ?

— De cette maladresse.

L'autre, qui caressait la poignée d'une énorme rapière lui battant les mollets, regarda le comte avec un certain étonnement.

Il ne s'attendait pas à tant de gracieuseté et de patience de la part du fougueux officier.

Pour s'édifier complètement, il demanda :
— Ainsi, mon gentilhomme, vous me faites des excuses?
— Dame!
— Dame! oui... ou dame! non!
— Dame! oui.
— Les excuses les plus significatives?
— Les plus franches..., répondit Louis de Villiers, résolu à aller jusqu'aux dernières limites de cette pasquinade, quelle que fût son impatience.
— Ah!
— C'est ainsi.

Le lecteur assidu de Descartes ne laissa pas d'être tant soit peu désorienté. Tant de longanimité l'ahurissait.

Il sortit de son ahurissement par un long éclat de rire.

Le comte attendait, sur ses gardes.

— Pardieu! s'écria le bravo d'un air majestueux, monsieur, vous voulez vous moquer de moi.
— En aucune façon, monsieur.
— Je vous jure que si.
— Je vous jure que non.
— Vous me donnez un démenti? Sang de bœuf! c'est la première fois que le fils de mon père en reçoit un, savez-vous, monsieur!
— Allons donc, grommela l'officier, nous en arrivons donc à nos fins!
— Monsieur, reprit le bravo en se campant fièrement sur la hanche, savez-vous que je m'appelle don Palamède?...
— Beau nom!
— Bernardo de Bivar y Carpio.
— Vous remontez au Cid? fit le comte en s'inclinant d'un air railleur.
— Hidalgo depuis la plante des pieds jusqu'à la racine des cheveux.
— Je n'en doute pas, diantre!
— Et, pour le moment, capitaine en disponibilité.
— Dans quel régiment, s'il vous plaît?
— Dans le régiment de... Au fait, s'interrompit-il en frisant sa moustache, vous me semblez bien curieux!
— Curieux, moi? Oh!
— Certes, voilà une heure que vous m'adressez un tas de questions plus biscornues les unes que les autres.
— Moi?
— Vous-même!
— Permettez, don Palamède... Vous me dispensez de répéter tous les autres noms qui suivent, n'est-ce pas?
— Allez toujours! fit-il d'un air superbe, je les sais par cœur!
— Tant mieux. Alors permettez-moi de vous faire observer...
— Je n'ai pas besoin de vos observations.
— Pourtant, señor, il faudra bien que vous m'entendiez; je vous ai bien écouté jusqu'au bout, moi!
— Vous, cela vous amusait; moi, cela m'ennuiera.

— Misérable drôle! murmura le comte, qui faisait d'incroyables efforts pour conserver son sang-froid.

— Vous dites?

— Je dis que vous avez des reparties excessivement drôles.

— Drôles... dans le sens de spirituelles?

— Sans doute... Voyons, terminons-en. J'ai, sans le vouloir, interrompu votre lecture un peu brusquement; vous vous êtes formalisé.

— Cela vous étonne-t-il? demanda superbement l'hidalgo.

— Pas le moins du monde; seulement ne perdez pas de vue que je vous ai adressé des excuses. Qu'exigez-vous de plus d'un gentilhomme, ainsi que j'ai la prétention de l'être?

— Corne-bœuf! mon gentilhomme, puisque vous vous donnez ce titre, fit-il avec un ricanement railleur, je prétends que vous me rendiez raison de vos paroles, de vos faits et de vos gestes.

— Eh bien! soit, et finissons-en tout de suite!

— Bravo! voilà qui est parler, dit l'hidalgo en ôtant son habit, qu'il plia soigneusement et sur lequel il posa son chapeau, le tout avec une célérité remarquable.

— Ma foi! je passerai au moins ma colère sur quelqu'un, grommela le comte en dégainant son épée.

Mais au moment de se mettre en garde, il se frappa le front, et, piquant son épée en terre, au grand étonnement de son nobilissime adversaire :

— Un mot, monsieur? fit-il.

— Bon! que voulez-vous encore me demander?

— *Encore* n'est pas poli. Je vous le ferai observer à mon tour, je ne vous ai encore rien demandé.

— C'est bien, parlez!... Mais hâtez-vous. *Ravageuse* a soif!

— Qu'est-ce que cela *Ravageuse?*

— C'est mon épée, pour vous servir. Une lame qui descend en droite ligne de *Tisona*, l'épée du Cid.

— Merci, elle a beau nom. Eh bien! elle attendra.

— Pas longtemps?

— Je l'espère bien. Ecoutez-moi donc. Vous ne me croyez pas assez niais, n'est-ce pas, pour supposer que c'est sérieusement que vous vous êtes considéré comme offensé par moi?

— Hein? fit-il avec hauteur.

— Avouez plutôt, continua le comte avec un dédaigneux haussement d'épaules, que vous êtes de connivence avec les bandits qui ont tiré sur moi, du milieu des taillis, et que vous vous êtes posté ici, tout exprès pour m'achever au passage, au cas où ils me manqueraient?

— Monsieur, fit l'hidalgo avec hauteur, sachez que le capitaine don Palamède Bernardo de Bivar y Carpio ne travaille pas ainsi : il tue souvent, il n'assassine jamais. Vous n'y êtes point. Cherchez, monsieur, cherchez mieux.

— J'admets cela à la grande rigueur, dit le comte pensif; alors je changerai la forme de ma question.

— Faites, mais dépêchez-vous; nous perdons le temps en paroles.

— On vous a payé pour me chercher querelle, n'est-ce pas? et pour m'envoyer si faire se peut dans un monde meilleur?

Un rire sinistre plissa les lèvres de l'aventurier.

— Cette fois vous brûlez, dit-il en saluant avec une grâce sans seconde.

— Et la somme est ronde sans doute?

— Monsieur, répondit le drôle avec une dignité narquoise, ces questions ne sont pas de celles qu'on adresse à un gentilhomme de ma sorte. Passons outre, je vous prie.

— Parfaitement répliqué, dit le comte en riant. Puis-je vous demander sans indiscrétion quelle est la personne qui s'intéresse assez à moi, pour désirer me délivrer des misères d'ici-bas?

L'aventurier ricana en frisant sa moustache.

— Voilà ce que c'est que d'être beau! grommela-t-il.

— Bon! je vous comprends, merci. Je sais ce que je tenais à savoir.

— Peut-être. Je n'ai rien dit. Vous plaît-il que nous commencions?

Et don Palamède prit sa garde la plus élégante.

— Quand vous voudrez. Vous avez donc soif de mon sang, señor de Bivar y Carpio, etc.? dit-il en riant.

— Moi?... Pas le moins du monde. J'ai seulement hâte d'en finir avec vous. J'ai un rendez-vous pressé quelque part, dans les alentours.

— Hum! vous pourriez bien le manquer, mon beau capitaine!

— Allons! en garde, sans plus de paroles, et tenez-vous bien. Je tire assez proprement.

— Moi aussi, à vos ordres.

Le comte croisa le fer en riant, toujours; cette aventure lui avait rendu toute sa folle gaieté d'autrefois.

L'hidalgo ne tarda, malgré sa magnifique effronterie, pas à s'apercevoir qu'il avait affaire à forte partie, et il serra son jeu.

Le comte était d'une adresse remarquable aux armes; il maniait son épée en riant et narguait son adversaire, que la résistance qu'il éprouvait, et à laquelle il ne s'attendait pas, avait subitement rendu sérieux.

— Vous ne parlez plus, cher seigneur? fit le comte, tout en ferraillant. Seriez-vous inquiet par hasard pour votre rendez-vous?

— Parez celle-là, tonnerre! hurla le spadassin en poussant une botte désespérée.

— Voilà! répondit froidement le comte. Vous jouez l'ancien jeu. Vous avez tort. Tenez, à vous!

Il se fendit et piqua légèrement l'hidalgo en pleine poitrine.

— Massacre! cria celui-ci, en rompant de deux pas.

— J'aurais pu vous tuer, je ne l'ai pas voulu. Soyez tranquille, vous ne perdrez rien pour attendre; je vous montrerai bientôt un coup qui, si vous en réchappez, vous sera très utile plus tard. Malheureusement je doute que vous puissiez en faire votre profit. Étudiez-le: je vais vous le détailler mathématiquement.

Tout en parlant ainsi, le comte avait tout doucement déplacé son adver-

— Je suis mort ! hurla le spadassin en se roulant à terre.

saire, qui maintenant avait le soleil dans les yeux. Don Palamède rugissait de rage impuissante.

— Là ! dit le comte, vous êtes juste où je voulais vous mettre. Faites bien attention, voici le coup promis : une... deux... et trois !

Il se fendit à deux reprises avec une rapidité foudroyante, fit un dégagé brillant, et lia l'épée du bravo.

Avant que celui-ci eût eu le temps de se reconnaître dans cette tempête de dégagements, de coups droits et de feintes brillantes, il roula sur le sol, le corps traversé de part en part, en poussant un hurlement de rage et de douleur.

— Voilà qui est fait! dit paisiblement le comte tout en plongeant deux ou trois fois son arme dans le gazon avant de la remettre au fourreau.

— Je suis mort! hurla le spadassin en se roulant à terre, humide de son sang, qui coulait à flots.

— Hum! je le crois. D'ailleurs, je dois vous avouer que j'ai tout fait pour cela. Je devrais peut-être vous achever, mais bah! c'est inutile... pour le moment.

— Ah! tonnerre!... si j'en reviens!... dit don Palamède avec un geste de terrible menace.

— Oui, mais vous n'en reviendrez pas, reprit le comte en haussant les épaules. Quel dommage que vous ne puissiez profiter du coup que je vous ai enseigné là!

— Demain!... grommela l'autre en se tordant comme un serpent.

Mais il réfléchit au milieu de ses douleurs et il se tut pour ne pas exaspérer son adversaire triomphant.

— A propos, à présent que vous n'avez plus aucune raison pour garder le silence, voulez-vous m'apprendre le nom de la personne en question? Dites-le, señor don Palamède, et je ferai réciter deux messes pour le salut de votre âme!

— Allez au diable! s'écria-t-il en roulant des yeux furibonds.

— Doucement, señor de Carpio, reprit le comte d'une voix railleuse; parlez avec plus de respect d'un personnage devant lequel vous comparaîtrez bientôt. Croyez-moi, ne vous brouillez point avec lui... Vous ne voulez pas parler?... Alors, adieu!

Il lui tourna le dos et s'éloigna sans s'occuper de lui davantage.

— Massacre! hurla le spadassin lorsqu'il fut seul, être tué ainsi! Embroché comme un oison, moi! Oh! c'est à en devenir fou, si je n'en crève pas!... C'est égal, murmura-t-il après un instant, le coup est joli!... Démon! que je souffre!

Il se tordit avec d'épouvantables grimaces et contorsions.

— Ahan!... Oh! c'est fini! reprit-il d'une voix de plus en plus faible, au diable!... Massacre!... je suis mort... Bonsoir!

Il se laissa retomber en arrière, eut encore deux ou trois convulsions, ferma les yeux et ne bougea plus.

Il avait perdu connaissance.

XIV

LE DÉPART

Le comte de Villiers sortit de la forêt sans se préoccuper davantage du misérable aventurier si agréablement accommodé par lui.

Il reprit la route du fort Duquesne.

Cependant, sans s'en rendre compte, tout en cheminant, il jetait des regards inquiets à droite et à gauche, sur les buissons et sur les fourrés.

Il tenait la main sur la poignée de son épée, prêt à dégaîner à la moindre alerte.

La double attaque dont il avait failli devenir la victime lui donnait fort à réfléchir.

Tout était bien clair pour lui : l'aventurier l'attendait pour lui chercher une mauvaise querelle et le tuer roide. Les individus dont les balles avaient troué son chapeau à un pouce de sa tête étaient non pas des chasseurs maladroits, mais bien des bravi embusqués sur son passage pour l'assassiner.

Mais qui pouvait avoir un si grand intérêt à sa mort?

Il ne se connaissait point d'ennemis, n'ayant jamais, à sa souvenance du moins, fait de mal à personne; de plus, il était trop nouveau dans la colonie pour avoir excité contre lui une si grande haine.

Le souvenir de la comtesse de Maleval traversa sa pensée, mais il repoussa bien loin l'idée que cette femme qu'il avait aimée, qui appartenait au meilleur monde, et dont rien dans la vie passée ne justifiait un pareil soupçon, eût ainsi, de sang-froid, par dépit d'amour, comploté sa mort.

C'eut été pousser loin le désir de se venger d'un abandon qui, à son compte à lui, l'homme aux nombreuses bonnes fortunes, n'avait rien que de très naturel.

Ce n'était point admissible.

Quel était donc cet ennemi implacable?

Était-ce une haine indigène?

Le coup venait-il des Anglais?

Le comte de Villiers s'arrêta plus volontiers à cette dernière idée.

Les Anglais, qui quelques jours auparavant, avaient fait tomber son frère, M. de Jumonville, dans un si odieux guet-apens, pouvaient bien avoir intérêt à se débarrasser de lui, son vengeur présumé.

Mais, toutes réflexions faites, il reconnut l'inanité de cette supposition.

Il finit par en rire.

Les Anglais savaient-ils seulement si le comte de Jumonville laissait un frère ?

La position secondaire du comte de Villiers, sa toute récente venue dans la colonie, ne lui donnaient pas, malgré sa bravoure et sa témérité, une importance telle que les représentants du gouvernement britannique dussent en venir à de semblables extrémités contre lui.

Le jeune homme se creusait vainement le cerveau à chercher la solution de ce problème.

Aucune lueur n'éclairait les ténèbres qui entouraient l'audacieux attentat dont il avait failli être victime.

Par moments, il se prenait à douter de la réalité des coups de feu qu'il avait essuyés ; mais les trous de son chapeau étaient là.

De guerre lasse, il finit par renoncer à chercher plus longtemps à percer ce mystère.

Il résolut de laisser aller les événements et de s'en fier au temps, ce grand découvreur des choses cachées, qui probablement, lorsqu'il y songerait le moins, lui révélerait la vérité.

Il en était là de ses réflexions lorsqu'il atteignit les glacis de la forteresse et qu'il rencontra son ami Armand de Grigny.

Le baron venait au-devant de lui.

Les deux jeunes gens se joignirent à quelques pas seulement de la poterne.

— Pardieu ! dit le baron en serrant la main du comte, c'est affaire à vous, mon cher ami, de vous échapper ainsi, sans rien dire à personne, que diantre !...

— Ma foi, vous dormiez de si bon cœur ce matin, répondit en riant M. de Villiers, que je me suis fait scrupule de troubler votre sommeil.

— Vous avez eu mille fois tort. Moi qui ne suis ici que depuis vingt-quatre heures, et qui, par conséquent, ne connais pas les environs, j'aurais été charmé de faire, en votre compagnie, un tour dans la campagne, que l'on dit fort belle, et cela d'autant plus que devant partir ce soir même, l'occasion ne se retrouvera pas de si tôt pour moi d'admirer les points de vue accidentés de la Belle Rivière. Vous êtes un égoïste, comte.

— Je l'avoue ; du reste, j'ai failli payer cher cet égoïsme.

— Que voulez-vous dire ? auriez-vous couru un danger ? Je vous en voudrais de ne pas m'y avoir mis de moitié. Vous savez toute mon affection pour vous.

— Oui, mon ami, j'ai couru un danger, deux même. Mais ne vous hâtez pas de me blâmer ; j'ignorais complètement, en sortant ce matin, à quoi je m'exposais. Ma promenade était toute pacifique. Je ne m'attendais pas au dénoûment qu'elle a eu.

— Vous m'inquiétez : que vous est-il donc arrivé ?

— Tout simplement ceci, mon ami, que d'abord on a tiré sur moi comme à la cible, si bel et bien que... voyez ! voilà les trous des balles qui ont traversé mon chapeau.

— Diable ! c'est sérieux, cela, et sans doute vous avez un peu massacré les assassins ?

— Pas le moins du monde ! Je ne les ai seulement pas aperçus ; mais, à leur place et en courant après eux, j'ai donné du pied sur un grand escogriffe à face patibulaire, lisant assis au pied d'un arbre. Ce monsieur m'attendait là sans doute dans la louable intention de m'achever, au cas où je n'aurais été que blessé par ses acolytes. Je l'ai échappé belle !

— Mais c'est toute une tragédie que vous me contez là ! Vous êtes sauf au moins ?

— Je n'ai pas une égratignure.

— Dieu soit loué ! Qu'est-il arrivé ensuite ?

— Il est arrivé que l'escogriffe susdit s'est levé comme un furieux, a dégaîné une colichemarde démesurément longue et m'a demandé satisfaction.

— Satisfaction de quoi ?

— De toutes les insultes que j'aurais pu lui faire, répondit le comte en riant.

— Bien. Et alors ?

— Alors, nous nous sommes battus.

— Et ?...

— Et, ma foi, je crois que je lui ai passé mon épée à travers le corps.

— *Vous croyez* est charmant. Est-il mort ?

— Il doit être pour le moins en fort mauvais état.

Tout en causant ainsi, les deux jeunes gens avaient traversé les cours de la forteresse et se trouvaient à la porte de leur appartement.

Le front du jeune baron s'était assombri.

— Hum ! dit-il, savez-vous, cher ami, que tout cela me semble constituer un très joli guet-apens.

— C'est assez mon avis.

— Et, pardon si j'insiste sur ce sujet, qu'avez-vous fait de l'escogriffe en question ?

— Que diable vouliez-vous que j'en fisse ? Je l'ai laissé là, râlant, sacrant, et recommandant son âme à mons Satanas, qui se sera bien gardé de laisser échapper l'occasion de s'en emparer. Si je sais à quoi elle lui servira, par exemple !...

— Mais vous ne l'avez pas ainsi tué sans lui demander un peu ses noms et qualités ?

— Je n'ai pas eu à prendre ce soin ; avant de dégaîner, il m'a défilé une kyrielle de noms plus barbares les uns que les autres. C'est un hidalgo qui descend de Pélage ; il se nomme don Palamède Bernardo de Bivar y Carpio, il se donne le titre de capitaine.

— Et quel homme est-ce ? Ne pourriez-vous pas me faire son portrait ?

— Rien de plus facile. Grand, noir, sec comme un parchemin, des jambes et des bras de faucheux, des yeux ronds, un nez de perroquet, un menton de galoche, une bouche fendue jusqu'aux oreilles, et des moustaches hérissées jusqu'aux sourcils : un accent circonflexe retourné ! Avec cela, la mine et la tournure d'un grand d'Espagne en goguettes.

— Cordieu ! s'écria le baron en se frappant le front, il serait curieux que ce drôle fût mon homme !

— Quel homme ?

— Un assez ténébreux coquin, cousu de mauvaises affaires, escroc, brelandier et spadassin, que j'ai eu occasion de rencontrer deux ou trois fois à Québec.

— En supposant que ce fût le même, que ferait cela ?

— Pardon, ce doit être le même, insista M. de Grigny.

— Je l'accorde. Après ?

— Après ?... Savez-vous où je l'ai rencontré pour la dernière fois, mon cher comte ?

— J'attends que vous me le disiez.

— Sortant de la maison de la comtesse de Maleval, entre dix et onze heures du soir, il se cachait de son mieux.

— Corbœuf !

— Vous comprenez, n'est-ce pas ?

— Oui, parfaitement, d'autant plus que je me remémore à présent certaines plaisanteries de ce drôle, ce doit être le même. Voilà ce que c'est, m'a-t-il dit, que d'être trop aimé.

— C'est le même, je le jurerais.

— Alors votre opinion est...

— Pardieu ! que le coup vient de la comtesse ; la chère âme a tout simplement voulu vous *égorgeter*, comme disait le bon petit roi Charles IX.

— Mais c'est affreux, cela ! si affreux que je ne le crois pas encore.

— Ne vous ai-je pas averti ?

Le comte se détourna et marcha rapidement vers une des sorties du fort.

— Où allez-vous donc ? s'écria le baron en le suivant de son mieux.

— Trouver le drôle, et, s'il n'est pas mort, le confesser si bien qu'il avouera tout.

— L'idée est bonne, seulement vous n'irez pas seul.

— Soit ! allons-y ensemble.

— Un moment, prenons des pistolets, on ne sait pas ce qui peut arriver ; rien ne nous prouve que les bandits qui ont déjà tiré sur vous n'aient pas regagné leur embuscade.

— Vous avez raison ; armons-nous donc, mais faisons vite.

— Patience, mon ami, dit le baron; n'agissons pas à la légère, s'il vous plaît. Cette affaire est beaucoup plus sérieuse que vous ne le supposez, et avec des ennemis qui précèdent aussi brutalement, on ne saurait user de trop de prudence. Venez!

Les deux jeunes gens entrèrent dans l'appartement, où ils trouvèrent Rameau-d'Or et Risque-Tout occupés à jouer à la prime.

Les soldats se levèrent en apercevant leurs maîtres, et ils attendirent respectueusement leurs ordres.

— Pendant que vous allez vous rendre chez le colonel de Contrecœur, dont vous prendrez congé en votre nom et au mien, fit le baron, Rameau-d'Or vous préparera vos vêtements de chasse. Il est inutile qu'au retour de notre promenade, nous rentrions dans le fort; mieux vaudra, à mon avis, nous rendre tout de suite au lieu désigné pour l'embarquement. Qu'en pensez-vous?

— Je vous comprends et je suis votre conseil, dans quelques minutes je serai de retour.

Et il sortit.

— Maintenant, mes enfants, dit le baron aux soldats, alerte, vous autres ; il s'agit de ne pas perdre de temps. Vous êtes de braves garçons dont le comte et moi nous connaissons le dévouement ; vous nous accompagnerez dans une expédition que nous allons faire. Quittez vos uniformes, préparez et fourbissez vos armes, et ce soir, à six heures, trouvez-vous tous deux avec nos bagages, à l'anse des Marigots, où sera le Canadien Berger, avec une pirogue. Vous le connaissez, Berger, n'est-ce pas, Rameau-d'Or ?

— Oui, capitaine, répondit celui-ci ; c'est un rude homme.

— Très bien, vous attendrez notre arrivée.

— C'est entendu, dirent ensemble les deux grenadiers.

— Ah çà ! je ne veux pas vous tromper, mes enfants ; le danger sera grand là où nous allons ! Pouvons-nous compter entièrement sur vous ?

— A la vie et à la mort, capitaine !

— Bien ! tout est dit. Ah ! une dernière recommandation ; tâchez, autant que possible, que votre départ ne soit pas remarqué. Ceci est de la plus haute importance. Peut-être ferez-vous mieux de vous donner rendez-vous au dehors et de ne sortir que l'un après l'autre.

— Soyez calme, capitaine, répondit Risque-Tout, nous sommes de trop vieux soldats pour nous laisser surprendre ou deviner.

— Donc, plus un mot, et à ce soir !

Tout en parlant ainsi, M. de Grigny avait quitté son uniforme ; il venait d'endosser un costume de fantaisie, ressemblant assez à celui adopté par les chasseurs canadiens. Il passait ses pistolets à sa ceinture après en avoir visité les amorces, lorsque la porte s'ouvrit. M. de Villiers entra.

— Eh bien ? demanda le baron.

— Tout est terminé, répliqua le comte ; M. de Contrecœur a reçu notre congé, il m'a remis mes instructions et il nous souhaite une bonne réussite.

— Alors tout est pour le mieux.

— Oui, et nous pouvons partir quand nous voudrons.

— J'attends que vous soyez prêt.

— C'est l'affaire de quelques minutes.

En effet M. de Villiers changea de costume avec une rapidité qui témoignait de son désir de partir au plus vite, si bien qu'il fut prêt au bout de cinq minutes.

Les soldats attendaient.

— Vous avez compris, n'est-ce pas, vous autres ? leur dit le baron.

— Soyez calme, capitaine, répondit avec un sourire narquois Risque-Tout, qui affectionnait particulièrement cette phrase d'un laconisme expressif.

— Alors, à ce soir, à l'anse aux Marigots.

Les deux officiers prirent leurs fusils de chasse et sortirent.

Ils se retrouvèrent bientôt dans la campagne, et ils commencèrent à marcher à grands pas, afin de rattraper autant que possible le temps que leur avaient fait perdre leurs préparatifs.

Les deux jeunes gens, si gais et si insouciants d'ordinaire, étaient sérieux, presque sombres ; non pas qu'ils éprouvassent la plus légère crainte, mais ils savaient que leur vie servait d'enjeu dans la partie qu'ils entamaient.

Cette considération, fort grave, suffisait pour les faire réfléchir et les engager à agir avec la plus grande prudence. La réussite de leur mission les préoccupait plus que leur vie.

— Il doit être mort maintenant, dit le comte au bout d'un instant, ne cessant de penser à don Palamède.

— Qui sait? repartit le baron. Les drôles de cette espèce ont la vie dure. Dans tous les cas, nous saurons bientôt à quoi nous en tenir. Vous rappelez-vous bien l'endroit où vous vous êtes battus? Ce ne doit pas être difficile à retrouver.

— Au besoin, je m'y rendrais les yeux fermés.

En causant ainsi, ils marchaient d'un bon pas, de sorte qu'il ne leur fallut qu'une demi-heure pour atteindre la lisière de la forêt.

— Voici le chemin qu'il nous faut suivre, dit le comte en indiquant du doigt un étroit sentier qui se trouvait un peu à leur droite.

— Bon! je le vois; attendez un instant pour respirer d'abord et prendre nos précautions ensuite. Armez votre fusil et surveillez les buissons, il ne s'agit pas ici de nous faire tuer comme des coqs de bruyère. Au moindre mouvement suspect dans les taillis : feu !

— Ne craignez rien : ce sera fait.

Ils s'engagèrent dans la forêt.

Elle était calme et silencieuse, les oiseaux eux-mêmes se taisaient, et, blottis sous la feuillée, dormaient la tête sous l'aile. On était à l'heure la plus chaude de la journée.

Après quelques détours, ils atteignirent une place assez vaste, complètement dépourvue d'arbres et formant une espèce de clairière.

— C'est ici, dit le comte.

— Il n'y a personne, répondit le baron en jetant un regard scrutateur autour de lui... ni mort ni vivant !

En effet, la clairière était déserte.

Cependant, les traces du combat qui, deux heures auparavant, s'était livré en cet endroit, étaient clairement indiquées, et une large flaque de sang marquait la place où était tombé l'aventurier.

— Qu'est-ce que cela signifie? murmura le comte.

— Pardieu ! reprit son ami en haussant les épaules, cela signifie que les complices de ce digne gentilhomme l'ont enlevé, voilà tout. Maintenant, est-il mort? est-il vivant? c'est ce que je ne saurais vous dire. Corbleu ! c'est avoir du guignon et jouer de malheur ; nous ne pourrons rien apprendre aujourd'hui.

Pendant que M. de Grigny se livrait à ces réflexions peu encourageantes, le comte se baissait vivement et se relevait presque aussitôt en poussant un cri de joie.

— Au contraire, s'écria-t-il en montrant à son ami un objet qu'il tenait dans sa main, nous savons tout ! Regardez ce bijou.

— Le cachet de la comtesse de Maleval ! dit le jeune homme avec stupeur ; je la croyais moins imprudente.

— Le cachet de la comtesse de Maleval! dit le jeune homme avec stupeur.

— Vous aviez raison, Armand; tous nos doutes sont levés. C'est bien la comtesse qui a voulu me faire assassiner.
— A la bonne heure ! nous savons au moins à quoi nous en tenir. Maintenant, que comptez-vous faire ?
— Rien, mon ami. Se venge-t-on d'une femme qu'on a aimée... et qui vous aime encore assez pour vous haïr ?

— Bah! bah! reprit le baron, billevesées que cela! L'héroïsme est une duperie en cette circonstance; la comtesse n'est plus une femme pour vous, prenez-y garde. C'est une ennemie acharnée, qui, si vous ne la tuez pas, vous tuera sans le moindre ménagement.

— Il en sera ce qu'il plaira à Dieu, mon ami; mais jamais je n'aurai le courage d'armer mon bras contre une femme, si coupable qu'elle soit envers moi.

— C'est bon, je n'insiste pas, répondit rudement le jeune homme. Je me plais à croire que vous réfléchirez.

— Ma résolution est immuable, reprit le comte tristement.

— C'est bon! vous dis-je, n'en parlons plus. Reprenez ce bijou, qui nous servira un jour ou l'autre.

— Espérons que non.

— Ah! vous pensez que cette belle dame s'en tiendra là? demanda ironiquement le baron.

— Oui.

— Louis, mon cher Louis, vous eussiez mieux fait de ne jamais quitter les boudoirs et les ruelles de Versailles.

— Pourquoi?

— Au moins, là-bas, si les femmes ne sont pas des tigresses de vertu, elles ne deviennent pas des hyènes altérées de sang et de vengeance.

— Mme de Maleval ne recommencera pas cette tentative avortée, qui a déjà fait couler le sang d'un homme.

— D'un homme! vous êtes bien bon, comte. Je vous parle sérieusement, et ce que j'en dis, je le dis aussi bien pour vous que pour moi : soyons sur nos gardes, ne nous fions qu'à nous-mêmes, et voyons des ennemis dans toutes les nouvelles connaissances que le hasard nous fera rencontrer.

— Charmante existence que vous nous préparez là, mon cher Armand! fit le comte avec un sourire contraint.

— La mort de votre frère et l'embuscade à laquelle vous venez d'échapper sont des arguments assez péremptoires pour que je ne me donne pas la peine de soutenir pareille thèse plus longuement. Nous n'avons plus rien à faire ici, partons!

— Soit!

Ils quittèrent alors la clairière et se dirigèrent vers l'anse aux Marigots.

Ne voulant pas continuer à s'entretenir des événements qui venaient de se passer, événements sur lesquels ils avaient chacun leur manière de voir, les deux officiers se mirent à causer de la pluie et du beau temps.

Ils atteignirent le lieu du rendez-vous à l'heure fixée pour le départ.

Berger et Kouha-Handé attendaient dans une pirogue.

Les deux soldats, vêtus en paysans canadiens et bien armés, fumaient leurs pipes, admirant philosophiquement un de ces merveilleux couchers de soleil comme on n'est jamais à même d'en admirer dans le vieux monde.

Après un court entretien, les six hommes prirent place dans l'embarcation.

La nuit tombait.

Au moment où parut la première étoile, la pirogue quitta la rive.

XV

AU CHATEAU DE MALEVAL

Nos lecteurs nous permettront de retourner sur nos pas, afin de leur présenter un nouveau et important personnage de ce récit.

Ce que nous allons leur raconter se passait peu de temps avant le départ du fort Duquesne des six aventuriers envoyés en mission par M. de Contrecœur.

Il voudront bien perdre de vue, pour un moment, les environs du fort Duquesne, et nous suivre sur les bords du fleuve Saint-Laurent.

Le Saint-Laurent fut ainsi nommé par Jacques Cartier, qui le remonta le premie en 1535. Ce fleuve est l'un des plus majestueux de l'univers, son cours dépasse trois mille kilomètres.

A l'endroit où il se jette dans le golfe qui porte son nom, à l'ouest de l'île Anticosti, entre le cap du Chat et le cap des Monts-Pelés, sa largeur moyenne est de quarante kilomètres. Au cap Rosier, où il se confond avec l'océan Atlantique, ses deux rives sont à cent vingt kilomètres l'une de l'autre.

Dans les deux tiers de son cours, il est navigable pour les bâtiments de haut bord.

Aucune description ne saurait donner une idée complètement exacte de la magnificence de ce fleuve, dont les rives offrent les sites les plus pittoresques aux regards charmés des voyageurs.

Accidenté par une multitude d'îles et de rochers, coupé par des cataractes imposantes, traversant une chaîne de lacs, profondes masses d'eau, vastes comme des mers intérieures, le Saint-Laurent change plusieurs fois d'aspect dans son cours immense.

Du sommet des hauteurs qui bordent ce fleuve, on découvre une infinité de baies aux sinueux contours, de caps qui s'avancent fièrement et de larges rivières dont les unes coulent, silencieuses, jusqu'à lui, tandis que d'autres s'y précipitent furieuses et mugissantes.

Puis ce sont des forêts vierges, sombres et mystérieuses, se déroulant à l'infini ; des prairies dont les hautes herbes ondulent au moindre souffle de la brise; des villes, des villages, épars çà et là, semblant surgir du fouillis de verdure qui les enserre de toutes parts.

Aujourd'hui, les rives du Saint-Laurent, frangées de riches plantations, de cités magnifiques, ont presque changé d'aspect.

Mais, à l'époque où se passe notre histoire, ses eaux n'étaient encore sillonnées que par de rares bâtiments de guerre et des pirogues indiennes.

L'empreinte sublime du doigt tout-puissant du Créateur était visiblement marquée sur cette nature majestueusement sauvage.

Ce paysage empruntait une étrangeté grandiose à cette privation d'industrie et de mouvement commercial qui, aujourd'hui, l'a complètement transformé, ou, pour être plus juste, déformé en le rapetissant.

Parmi les nombreux affluents du Saint-Laurent, se trouve la rivière de Montmorency.

Cette rivière, fort peu importante par elle-même, possède un cours très irrégulier qui traverse un pays boisé, sur un lit de rochers aigus.

Les eaux arrivent enfin à un précipice, et là, ne rencontrant aucun obstacle, elles s'élancent d'une hauteur de deux cent cinquante pieds, formant cette magnifique chute du Montmorency, à laquelle la chute du Niagara elle-même ne saurait être comparée.

Au sommet de la cataracte, la largeur de la rivière ne dépasse pas cinquante pieds.

Au-dessous, les eaux sont retenues dans un bassin formé dans un rocher, monolithe gigantesque occupant la largeur entière de la cataracte.

De ce bassin, elles s'échappent et coulent doucement dans le fleuve Saint-Laurent.

Soit qu'on remonte, soit qu'on descende le fleuve, le spectacle qui s'offre aux regards de tout voyageur arrivé en face de la cataracte est d'une majesté sublime.

Dans la saison des débordements, la chute d'eau est grandiose.

Cela est facile à comprendre.

Mais, même dans les saisons ordinaires, où le volume de la rivière est peu considérable, la masse liquide se trouve considérablement accrue par l'écume résultant d'un frottement incessant.

Alors se produit une nappe d'eau ressemblant, à s'y méprendre, à une nappe de neige.

Joignez à cela la vapeur qui s'élève lentement et toujours du gouffre, ajoutez l'auréole dont l'entourent les rayonnements du soleil, et vous aurez une vague idée de ce prisme aux mille couleurs.

Sur les bords de la rivière, à pic en plusieurs endroits, s'élèvent des pins séculaires dont les cimes penchent vers l'abîme.

Spectacle sauvage, poétique, étrange, qui porterait l'âme la plus prosaïque à la rêverie et à la contemplation.

A l'époque de notre récit, en face même de la chute de Montmorency, au centre d'une verte prairie, était bâti un château de forte et belle apparence.

Un large fossé en défendait les approches.

Cette demeure quasi-féodale portait le nom du comte de Maleval, qui l'avait construite une vingtaine d'années auparavant.

Par lettres-patentes du roi, M. de Maleval l'avait érigée en seigneurie.

Elle avait été choisie comme lieu de retraite par la comtesse lors de l'abandon de M. de Villiers.

La courte distance existant entre le château de Maleval et Québec permettait à Mme de Maleval de se rendre à la ville aussi souvent que ses affaires ou ses plaisirs le lui demandaient.

Du reste, elle ne profitait guère de cette facilité de communication, le désir de vivre dans la solitude la plus absolue étant le seul qu'elle éprouvât.

De la sorte, elle s'était délivrée de l'incessante curiosité, de l'espionnage malveillant des oisifs et des jaloux.

C'est dans cette demeure que nous conduirons le lecteur huit jours après le départ précipité du comte Louis Coulon de Villiers pour le fort Duquesne.

Bien que la saison fût peu avancée, ce jour-là le soleil s'était levé voilé de nuages.

A peine, par éclaircies, laissait-il tomber sur la terre quelques rayons pâles et sans chaleur.

Vers le soir, le vent avait commencé à souffler violemment à travers les arbres, dont les branches s'entre-choquaient avec de lugubres murmures semblables à des plaintes humaines.

Tout présageait un orage terrible, imminent, devant crever vers le milieu de la nuit.

Dans une chambre servant de boudoir, meublée avec un luxe rococo, c'est-à-dire coquet et maniéré, une femme se tenait sur un lit de repos.

En face du lit, dans une vaste cheminée, flambait un feu clair et répandant une douce chaleur dans ce délicieux réduit.

Dans cette femme, nous retrouvons la comtesse de Maleval.

Sa tête pensive, appuyée dans sa main, avait une expression de tristesse morne et concentrée.

Les longues et soyeuses tresses de ses cheveux noirs, flottant en désordre autour de son visage, en faisaient ressortir la pâleur mate.

Ses yeux cerclés de bistre, brillaient d'une flamme sombre.

A chaque instant, ils se fixaient avec une impatience fébrile sur le cadran d'une pendule en marqueterie posée au-dessus de la cheminée, entre deux merveilleuses glaces de Venise.

Un roman nouveau, que la jeune femme venait de commencer, gisait sur le tapis qui se trouvait au pied de son lit de repos, ne courant guère le risque de se voir achevé par la belle dédaigneuse.

Le bruit sec, produit par l'échappement du timbre, se fit entendre, et la demie après neuf heures sonna.

La comtesse se redressa comme si elle avait reçu une commotion électrique.

Elle s'approcha de la cheminée et s'occupa activement à réparer le désordre de sa toilette.

Un pas léger résonna dans une pièce voisine, la portière fut soulevée, et une jeune servante parut.

— Eh bien ? demanda la comtesse sans se retourner et en continuant à se regarder dans la glace qui se trouvait le plus près d'elle.

— Il est là, répondit la suivante.

— Seul ?

— Oui et non, madame.

— Comment... que voulez-vous dire ? s'écria-t-elle en se retournant brusquement.

— Je veux dire, madame, qu'il est venu seul, à la vérité ; mais il paraît qu'à la porte il s'est rencontré avec une autre personne et que cette personne est rentrée avec lui.

— Comment le service est-il donc fait chez moi ? dit-elle avec colère. Chacun peut-il ainsi, malgré ma volonté, s'y introduire ? Prévenez Jean que je le chasse.

— Pardonnez au pauvre Jean, madame, reprit humblement la suivante : s'il a péché en cette circonstance, c'est par excès de zèle.

— Par excès de zèle... que signifie cette énigme ?

— Il paraît, madame, que la personne a insisté pour qu'on lui livrât passage, prenant toute la faute sur elle, et répondant à Jean que, dès que madame connaîtrait son nom, au lieu de reproches, ce seraient des compliments et des remerciements que madame lui adresserait.

— Que me chantez-vous là, petite ? vous vous moquez sans doute... Quelque fat ! quelque sot !...

— Oh ! madame peut-elle supposer que j'ose...

— C'est bien, assez ! interrompit-elle avec violence. Voyons, dites-moi ce nom qui doit produire un si grand prodige.

— Je l'ignore, madame, mais il paraît qu'il est écrit sur ces tablettes.

— Donnez-les donc, au lieu de tant bavarder !

La jeune fille présenta alors en tremblant un charmant carnet à coins d'or à la comtesse. Celle-ci le lui arracha presque des mains et 'ouvrit avec un geste d'impatience.

Tout à coup elle poussa un cri étouffé de surprise, et, refermant les tablettes :

— Julie, dit-elle d'une voix dont elle essayait vainement de dissimuler le tremblement, faites entrer cette personne !

— Oui, madame. Et Jean ?

— Eh bien ! quoi... Jean ?

— Madame lui pardonne ?

La comtesse sourit.

— Oui, répondit-elle, Jean est un bon serviteur, intelligent et dévoué ; il a eu raison d'agir ainsi qu'il l'a fait.

— Oh ! que vous êtes bonne, madame ! dit Julie avec un visage radieux.

Mlle Julie s'intéressait profondément à M. Jean.

Elle fit quelques pas pour sortir, puis :

— Ah ! s'écria-t-elle en s'arrêtant sur le seuil.

— Quoi encore ? repartit la comtesse.

— Et la personne que madame attendait et qui est là, que lui dirai-je ?

— Qu'elle attende !

La suivante sortit, réfléchissant sans doute sur les caprices de sa maîtresse.

— Qui peut l'amener en ce pays ? murmura la comtesse lorsqu'elle fut seule. Est-ce un ami ou un ennemi que le hasard m'envoie si à l'improviste ? Avant dix minutes, je le saurai, il le faut !

La portière fut de nouveau soulevée, et la personne annoncée par la jeune fille entra dans le boudoir. Un chapeau à larges ailes était enfoncé sur son front, et les plis d'un épais manteau l'enveloppaient jusqu'aux yeux.

Cette personne s'inclina en silence devant la comtesse, mais demeura immobile à la place où elle se trouvait jusqu'à ce que, sur un geste de sa maîtresse, la servante se fût retirée, eût laissé retomber la portière et refermé la porte derrière elle.

Alors l'inconnu se débarrassa vivement de son manteau, jeta au loin son chapeau, et s'élança vers la comtesse, qui lui tendit les bras et le tint un instant pressé sur son cœur.

Le chapeau, en tombant, avait découvert un délicieux visage de femme de vingt-deux ans au plus, encadré dans de magnifiques cheveux blonds qui s'échappèrent en touffes soyeuses et s'éparpillèrent sur ses épaules.

Grande, svelte, admirablement faite, cette personne portait avec une aisance remarquable et une désinvolture singulière le costume de cavalier qu'il lui avait plu d'endosser ; et n'eût été la délicatesse et la régularité de ses traits, la finesse de sa peau et la grâce toute féminine de ses mouvements, sa tournure aurait pu passer complètement pour celle d'un jeune garçon de dix-sept à dix-huit ans.

L'embrassement des deux jeunes femmes fut long, affectueux, et renouvelé à plusieurs reprises, avant qu'une seule parole eût été échangée entre elles.

Enfin, la comtesse se dégagea de l'étreinte passionnée de son amie, et la faisant asseoir à ses côtés sur le lit de repos :

— Réchauffe-toi d'abord, lui dit-elle ; tu dois avoir un froid d'enfer. As-tu besoin de quelque chose ? as-tu faim ? as-tu soif ?

— Tout ce que tu voudras ; je suis gelée, rompue de fatigue, et je meurs de faim. Laisse-moi passer ma soif sous silence.

La comtesse fit un mouvement pour se lever ; son amie l'arrêta.

— Où vas-tu ? lui demanda-t-elle.

— Sonner, pour qu'on te serve ; nous souperons de compagnie. Depuis que tu es près de moi, je m'aperçois que j'ai oublié de dîner et que j'ai grand appétit.

— Un instant ! es-tu sûre de tes gens ?

— Pourquoi cette question ?

— Parce qu'il faut que ma présence ici soit ignorée.

— Ce que tu me demandes est assez difficile ; plusieurs d'entre eux t'ont vue entrer.

— Pardon, mon amie, ils ont vu entrer un cavalier, un homme quelconque ; mais ils ignorent que cet homme est la marquise Léona de Bois-Tracy.

— C'est juste. Tu désires qu'on te garde le secret !

— Oui. Il est de la plus haute importance pour moi que ma présence en ce pays ne soit connue de personne.

— Sois tranquille ; mes gens me sont dévoués, non peut-être par affection, mais par intérêt, par amour des bénéfices qu'ils trouvent à mon service. Quant à Julie, ma suivante, c'est la fille de ma nourrice ; je réponds d'elle.

— Voilà qui me rassure. Sonne maintenant.

— Qu'y a-t-il donc ? demanda curieusement la comtesse.

— Tu les auras avant peu ; je suis venue pour tout te dire.

— Mais depuis quand es-tu donc à Québec ?

— Depuis aujourd'hui à midi. Tu vois que je n'ai pas perdu de temps. A peine débarquée, j'ai fait porter mes bagages dans une auberge borgne de la basse ville, je me suis adroitement informée de ta demeure; on m'a appris que tu vivais retirée, seule, en ce château. Alors, sans m'arrêter, j'ai pris un guide, et je suis venue.

— Mais ce guide, qu'en as-tu fait? Quel est-il?

— C'est une espèce de grand sacripant à trogne rouge et à mine patibulaire, affectant des façons de gentilhomme, mais qui doit être un affreux coupe-jarret. Il se trouvait en même temps que moi dans l'auberge; il a manifesté l'intention de se rendre ici. Je lui ai proposé de m'accompagner, moyennant finances, bien entendu; il a accepté et nous sommes venus de compagnie. Voilà tout! Seulement je ne suis pas bien sûre qu'il ne m'ait pas reconnue, malgré mon déguisement. Il m'a lancé deux ou trois plaisanteries...

— Bon! je connais l'homme : c'est le capitaine Palamède; il est à mon service. C'est un pauvre hère qui a fait tous les métiers, excepté, je crois, celui d'honnête homme; un drôle à pendre et à dépendre, auquel j'avais effectivement donné l'ordre de se rendre ici ce soir.

— Il est là.

— Je le sais. Peu importe qu'il te connaisse ou non. Pour de l'argent il sera muet comme un poisson.

— Alors tout est pour le mieux; tu peux appeler ta camériste.

La comtesse sonna.

La suivante parut presque aussitôt.

Elle ne put réprimer un geste de surprise en reconnaissant que l'homme qu'elle avait introduit auprès de sa maîtresse était une femme.

— Julie, lui dit Mme de Maleval, je vous ai élevée près de moi, toujours j'ai pris grand soin de vous; je crois que vous m'êtes dévouée.

— Oh! madame, en doutez-vous? répondit la jeune fille avec émotion.

— Non, mon enfant; aussi je veux vous donner une grande preuve de confiance. La présence de madame doit être ignorée de la livrée; pour tous mes gens, pour tous, vous me comprenez bien, la personne arrivée ce soir ici est le vicomte Léon de Rostaing, mon neveu. Ceci semblera d'autant plus naturel, ajouta la comtesse en se tournant vers son amie, que j'attendais, en effet, mon neveu; mais une indisposition sérieuse le retiendra un mois encore à Montréal. J'en ai été informée aujourd'hui même par une lettre.

— C'est parfait! dit la marquise en souriant. Dans un mois, nous lui permettrons de revenir à la santé.

— Vous entendez bien, petite, n'est-ce pas? reprit la comtesse. Il nous faut la discrétion la plus absolue.

— Oh! ne craignez rien, madame; on me tuera plutôt que de me faire parler.

— Maintenant servez-nous à souper ici le plus promptement possible.

— Oui, madame, mais... il y a une autre personne qui attend les ordres et le bon plaisir de madame la comtesse.

— C'est vrai, je l'avais oubliée. Dites-lui que je ne puis la recevoir ce soir,

Je me sentis rougir à cette question.

Qu'on lui donne à boire et à manger, si elle le désire, et qu'on mette une chambre à sa disposition. Demain matin, je la ferai demander.

— Cela sera fait, madame.

— A propos, vous dresserez un lit dans ma chambre pour madame ! Allez, Julie.

La suivante sortit pour exécuter les différents ordres que lui avait donnés sa maîtresse.

XVI

LE RÉCIT DE LÉONA

Grâce à l'activité de la suivante de Mme de Maleval, peu de minutes après, un en-cas des plus fins fut dressé sur un guéridon et placé devant la cheminée.

Les deux amies s'assirent en face l'une de l'autre et commencèrent à souper de bon appétit.

Julie les servait si adroitement qu'on ne s'apercevait pas pour ainsi dire de sa présence.

Tout en mangeant, la nouvelle venue et la châtelaine de Maleval causaient, mais elles ne causaient que de choses indifférentes.

On ne se défiait pas de Julie, mais on ne tenait pas à lui en trop apprendre.

Sans avoir l'air d'y attacher grande importance, la comtesse demanda comment le capitaine avait pris le retard qu'on venait de lui signifier.

— A merveille, madame, répondit la camériste, on a conduit le señor capitaine dans une chambre où se trouvaient bon lit et bonne table; il a fait une grimace de plaisir au lit, et à la table son salut le plus respectueux.

— Bien, mais ensuite?

— Ensuite, Sa Seigneurie, buvant comme une éponge et mangeant plus qu'un ogre, s'est déclarée le très humble serviteur de Mme la comtesse.

— C'est quelque chose.

— Ajoutant, continua Julie, que, si on doit le traiter toujours ainsi, il n'est pas nécessaire que madame la comtesse se gêne en rien pour lui. Il saura attendre patiemment son bon plaisir et ses ordres, même les plus éloignés.

Les deux dames rirent quelque peu de la résignation du digne aventurier.

Le souper tirait à sa fin.

Dans l'impatience où elles étaient de se retrouver seules, la comtesse donna l'ordre de desservir à Julie, qui, malgré tout son désir d'entendre le récit de l'amie de sa maîtresse, enleva le guéridon et se retira discrètement.

Mme de Maleval et son amie demeurèrent en tête à tête.

Il était onze heures du soir.

Au dehors, depuis quelques moments, le vent soufflait avec violence, la pluie fouettait les vitres; les bruits de l'ouragan se mêlaient avec des plaintes sinistres à la basse continue de la chute du Montmorency.

Les deux dames se pelotonnèrent dans des fauteuils capitonnés, placés à chaque angle de la cheminée, dont le feu avait été renouvelé; alors, certaines de ne pas être dérangées, elles redevinrent graves et semblèrent, pendant quelques minutes, s'abîmer dans leurs pensées.

La comtesse releva enfin la tête, et, s'adressant à son amie:

— Maintenant que nous sommes seules, ma chère Léona, dit-elle d'une voix douce, je suis prête à entendre la confidence que tu m'as promise.

— Ma chère Camille, répondit celle qu'on venait de nommer Léona, en fixant avec tristesse un regard pensif sur Mme de Maleval, cette confidence sera longue. Je dois te raconter ma vie entière, afin que tu comprennes bien les motifs de l'étrange détermination que j'ai prise en quittant la France et en abandonnant la cour pour venir en ce pays; je ne doute pas de ton amitié, mais je ne suis pas sûre de ta patience. Auras-tu le courage d'écouter jusqu'au bout le long et douloureux récit que je désire te faire?

— Peux-tu me dire de pareilles choses, Léona, toi, mon amie la plus chère, la compagne de mon enfance, que j'aime comme ma sœur? répondit la comtesse d'un ton de doux reproche.

— Pardonne-moi, ma chère Camille, j'ai tort, en effet; mais si tu savais ce que j'ai souffert, ce que je souffre encore !...

— Parle, je t'écoute. La nuit commence à peine, nul ne viendra nous interrompre; et puisque cette confidence pèse si fort sur ton cœur, mieux vaut en finir tout de suite avec elle. Nous serons deux à nous en partager le faix.

— C'est mon plus vif désir, et si, dès mon arrivée à Québec, j'ai cherché à te rejoindre immédiatement, c'est que je voulais épancher mes douleurs dans ton sein, et te demander certains conseils, que, j'en suis convaincue, tu ne refuseras pas de me donner.

— Je suis à ton entière discrétion pour tout ce que tu exigeras de moi, ma chère Léona; moi aussi je souffre plus que je ne saurais dire, et j'ai besoin d'un cœur ami, qui me console et me donne le courage dont parfois je manque, hélas! murmura la comtesse en étouffant un soupir.

Léona regarda son amie avec étonnement.

— Tu es malheureuse, toi, Camille? s'écria-t-elle. Oh! c'est impossible!

— Et pourquoi donc? dit Camille avec un sourire triste.

— Comment! tu es jeune, tu es belle, tu es libre, et tu...

— Oui, interrompit-elle d'une voix nerveuse, moi, oui, je suis tout cela, et, de plus, je suis malheureuse, je te le répète, mais ce n'est pas de moi qu'il s'agit en ce moment, c'est de toi seule. Mon histoire viendra en son temps, car il faut que tu la connaisses; alors tu jugeras si j'ai tort de me dire malheureuse plus que toi peut-être, pauvre chère, qui as aussi la beauté, la jeunesse et... Mais parle d'abord; j'ai hâte de te consoler si cela m'est possible.

— Merci, écoute-moi donc. Tu as raison, mieux vaut en finir tout de suite. Je ne te parlerai que peu de ma famille, dont l'ancienneté et l'illustration te sont d'autant mieux connues que nous sommes parentes. Il me suffira de constater que c'est une des plus nobles et des plus puissantes du Poitou. Mon père, le duc de Beauregard, ne vit que les dernières années du règne du grand roi : il passa pour un des gentilshommes les plus élégants de cette époque. A la mort de Louis XIV il quitta la cour et se retira dans ses terres, pour mettre, s'il était possible, un peu d'ordre dans sa fortune, fort dérangée par le luxe que son séjour à Versailles l'obligeait à afficher. A cette époque, mon père était jeune encore, il avait à peine trente ans. Il ne passa que quelques semaines à Beauregard. Après avoir tiré le plus d'argent possible de ses tenanciers, et s'être entendu avec son intendant, afin que celui-ci ne l'en laissât pas manquer, il repartit pour Paris où le régent le mandait. Plusieurs années s'écoulèrent ; le duc d'Orléans mourut, et fut remplacé au ministère par le duc de Bourbon. Un jour, les vassaux de Beauregard, qui, depuis longtemps déjà, n'attendaient plus leur seigneur, furent tout étonnés en apprenant que non seulement il était de retour dans son château, mais encore que ce retour était définitif ; le duc venait de déclarer que désormais il vivrait dans ses terres. Le duc amenait avec lui une charmante femme de dix-neuf ans au plus, fille du comte de Commercy, qu'il avait épousée un an auparavant, à Paris. La duchesse était enceinte ; un mois après son arrivée au château, elle accoucha d'un fils qui fut nommé Philippe-Gaston.

— Ton frère aîné ? dit la comtesse.
— Oui, répondit son amie ; tu te le rappelles ?
— Pauvre Gaston ! fit la comtesse avec un soupir ; quelle mort cruelle !
— Plus cruelle que tu ne le supposes. Jamais les circonstances qui ont amené cette mort n'ont été bien connues ; notre famille étouffa cette affaire. Bientôt tu sauras comment les choses se sont réellement passées, nul ne connut jamais la vérité.
— Que veux-tu dire ?
— Laisse-moi continuer, je t'en prie. Si tu m'interromps, je ne sais si j'aurai la force d'aller jusqu'au bout de mon récit.

La comtesse s'inclina silencieusement.
La narratrice reprit après quelques secondes :
— La naissance de mon frère combla mon père de joie. Il avait enfin un héritier de son nom. Le cardinal de Fleury venait d'être nommé premier ministre à la place du duc de Bourbon, en 1727. Le cardinal félicita mon père au nom du roi et lui envoya, pour son fils, un brevet de colonel. Le duc était complètement heureux, tout lui souriait. Grâce à son mariage, il avait rétabli dans son ancienne splendeur sa fortune si sérieusement compromise par les débordements d'une jeunesse orageuse. Cela t'étonne de m'entendre parler ainsi de mon père, mais je ne suis que l'écho de tout ce qui se disait devant moi lorsque j'étais enfant. On croyait que certaines paroles n'avaient pour moi aucune importance, aucune signification. Donc, mon père, assuré de la faveur du roi et de l'appui tout-puissant du premier ministre, comptait que l'avenir ne lui réservait que des jours exempts de nuages. Le fils du duc entrait dans sa septième année ; il était passé des mains des femmes dans celles d'un gouverneur, pour commencer ses exercices, lorsque, au grand dépit de mon père, la duchesse se trouva enceinte une seconde fois. L'accouchement fut laborieux. Elle donna le jour à une fille si chétive et si malingre, que les médecins la déclarèrent non viable.

— Oh ! les médecins ! fit en souriant ironiquement Mme de Maleval.
— On se hâta, continua Léona, de la faire baptiser sous les noms de Léona-Adèle-Lucie.
— Et tu es là pour donner un démenti vivant à leur triste prédiction.
— En effet, chère Camille ; c'était moi qu'on venait de chasser si légèrement de cette vallée de misères.

« Quinze jours après ma naissance, ma mère mourut par suite d'une imprudence commise pendant sa fièvre de lait.

« Sa mort fut ma condamnation à la plus triste des existences.

« Le duc adorait sa femme.

« Sa douleur fut immense, son désespoir profond.

« Deux mois durant, il demeura enfermé dans ses appartements, triste, morose, désolé, refusant de recevoir même ses amis les plus intimes.

— Je comprends cela, fit Camille ; à certaines douleurs, la solitude apporte un soulagement. Continue.

— Quant à moi, cause innocente de la mort de ma mère, j'étais destinée à supporter toutes les conséquences de ce crime involontaire.

« Je devins un objet de haine pour le duc.

« Par son ordre, non seulement on m'éloigna du château de Beauregard, mais on en vint jusqu'à me reléguer dans la misérable cabane habitée par la paysanne chargée de me nourrir. Je fus élevée ainsi, loin des yeux de mon père, sans qu'il se souciât de moi le moins du monde ou parût se souvenir de mon existence.

« L'abandon dans lequel me laissait ma famille n'avait, je dois l'avouer, rien de désagréable pour moi. Chérie des pauvres paysans qui m'élevaient, faisant toutes mes volontés, j'étais en réalité une enfant très heureuse; toujours à courir par monts et par vaux, j'étais devenue forte et hardie. Bref, je vivais comme les oiseaux, sans souci de l'avenir, et jouissant du présent, qui me semblait beau et joyeux. J'atteignis ainsi ma huitième année, sans avoir été victime, grâce à la vie que je menais, d'une seule de ces maladies qui affligent la première enfance; pour me servir d'une expression un peu triviale de ma bonne nourrice, « je poussais comme un vrai champignon, » je chantais comme une alouette, et bataillais comme un véritable garçon.

« Un jour, un vieil abbé, que je n'avais jamais vu, entra dans la chaumière et me demanda ; j'étais, en ce moment, occupée à jouer avec d'autres enfants de mon âge, que j'aimais beaucoup. Ma nourrice m'appela, et, après m'avoir débarbouillée, elle me présenta à l'abbé Colmans, — ainsi se nommait ce personnage. Il m'annonça qu'il était chargé par mon père de m'apprendre à lire, à écrire, etc. Les leçons commencèrent le jour même. Tous les matins, l'abbé venait, me donnait une leçon d'une heure ; puis il se retirait pour reparaître le lendemain. Quelques mois plus tard, un nouveau professeur lui fut adjoint : c'était une femme d'un certain âge, d'une figure douce et intelligente, pour laquelle je me sentis tout de suite prise d'une vive amitié. Sa mission consistait à m'enseigner à coudre, à broder, à dessiner et à faire de la tapisserie.

« Peu à peu, grâce à l'argent que mon père donnait aux paysans qui m'élevaient, ceux-ci avaient agrandi leur chaumière, acheté de la terre, des bestiaux, et de misérables qu'ils étaient, ils avaient senti un certain bien-être entrer chez eux. Les pauvres paysans s'étaient insensiblement métamorphosés en fermiers aisés, leurs enfants avaient profité des leçons que je recevais, et qui leur étaient données gratuitement. Le bonheur était donc entré avec moi dans cette famille, dont tous les membres se feraient tuer sur un de mes gestes.

« Ils me considéraient et, je puis ajouter qu'ils me considèrent encore comme leur bon génie. Aujourd'hui Pierre, le fils aîné, est un des gros cultivateurs du pays; Jeanne, ma sœur de lait, est mariée à un riche fermier, et André, le plus jeune, n'a jamais voulu me quitter. Lorsque je lui ai fait part de mon projet de me rendre à la Nouvelle-France, il a tout abandonné pour me suivre, malgré mes observations et mes remontrances. Je te dis tout cela, parce que, je ne sais pourquoi, j'éprouve une joie douce et pure à revenir à cette époque bienheureuse de mon enfance, où, excepté ma famille, tout ce qui m'entourait me chérissait; je te demande pardon pour ces détails, qui doivent te sembler bien futiles, mais...

— Au contraire, mon amie, ce sont de doux et calmes souvenirs ; je comprends combien ils sont chers à ton cœur, aujourd'hui que le malheur est venu fondre sur toi.

— Tu es bonne, ma chère Camille, merci, répondit Léona en l'embrassant avec effusion.

La comtesse lui rendit son étreinte. Son amie continua :

— Tu le vois, ma chérie, excepté de sa tendresse, mon père ne me laissait manquer de rien. Il veillait avec sollicitude à mon bien-être matériel; cependant il s'obstinait à me tenir loin de lui, et, depuis ma naissance, je n'avais vu ni lui, ni mon frère aîné, ni personne de notre famille.

« J'atteignis ainsi ma treizième année. J'étais grande, bien faite, ma santé était admirable. J'avais conservé l'habitude de vivre comme mes frères de lait, de courir la campagne, soit seule, soit avec eux, pour surveiller les troupeaux et visiter les champs, surtout lorsque approchait l'époque de la moisson et de la rentrée des foins.

« Un jour, il était environ trois heures de l'après-midi, je retournais à la maison; ce matin-là, j'étais allée visiter une pauvre femme malade, dont la chaumière se trouvait à deux lieues à peu près de la ferme, et à laquelle je portais quelques secours. Je suivais un sentier encaissé entre deux haies hautes et touffues, comme il s'en trouve beaucoup dans notre pays. Je n'étais plus qu'à quelques centaines de pas de la maison, lorsque j'entendis derrière moi le trot d'un cheval. Je me retournai machinalement pour voir quelle était la personne qui suivait la même route que moi, supposant que c'était un métayer de mon père nourricier. Je me trompais: le cavalier qui se rapprochait rapidement était un beau jeune homme de dix-huit à dix-neuf ans, vêtu d'un costume de chasse, et monté sur un superbe alezan, qu'il conduisait avec une grâce inimitable.

« Tout en trottant, il s'amusait avec un fouet garni d'argent à abattre les feuilles des arbres, et regardait autour de lui d'un air qui, sans être positivement inquiet, témoignait d'un certain embarras.

« Et, m'apercevant, il poussa un cri de joie et se dirigea vers moi en pressant l'allure de son cheval.

« Voyant qu'il me voulait parler, je m'étais arrêtée pour l'attendre. En effet, bientôt il fut près de moi et retint la bride de sa monture.

« — Ma belle enfant, me dit-il d'un air dégagé, en portant légèrement la main à son chapeau, vous êtes de ce pays, sans doute ?

« Je me sentis rougir à cette question, cependant bien simple.

« — Oui, monsieur, répondis-je en baissant les yeux.

« Le regard du jeune homme pesait sur moi et me remplissait de trouble.

« — Vive Dieu ! s'écria-t-il joyeusement, la délicieuse créature ! J'en ferai mes compliments à mon ami le marquis de Beauregard. Si toutes ses vassales ressemblent à celle-ci, sur ma foi de gentilhomme ! c'est un heureux seigneur.

« Bien que ces paroles eussent été prononcées comme en aparté, il me fut impossible de ne pas les entendre. Elles me froissèrent. L'inconnu, trompé par mon costume, me prenait pour une paysanne. Je souris doucement, et je résolus de me venger de cette irrévérence en me moquant de lui de mon mieux.

« — Que désirez-vous, monsieur ? lui répondis-je en prenant un air gauche propre à le maintenir dans son erreur.

« — Un simple renseignement, ma belle fille, me répliqua-t-il gaiement..., faute de mieux !

« — Lequel ?

« — Je suis étranger en ce pays. Invité par le marquis de Beauregard à une grande chasse à courre qui doit avoir lieu demain, j'ai eu la maladresse d'oublier les indications qui m'ont été données sur la route à suivre pour arriver à Beauregard, de sorte que je suis égaré. Parti ce matin de mon château, éloigné de cinq ou six lieues au plus de celui de mon ami, je crois que, si vous ne me venez pas en aide, jamais je n'arriverai où je suis attendu.

« Cette confession fut faite d'un ton tragi-comique si drôle que je me sentis prise d'une folle envie de répondre sur le même ton, envie à laquelle je ne pus résister, et, ma foi ! j'éclatai d'un joyeux éclat de rire au nez du jeune homme.

« Celui-ci prit gaiement son parti et m'imita franchement. Il faut le dire à sa louange, il ne se fâcha pas un instant.

« — Pardieu ! ma toute belle, me dit-il dès qu'il eut repris son sérieux, il faut avouer que vous n'êtes guère charitable ! Je vous conte une lamentable histoire, et, au lieu de me plaindre comme je l'espérais, vous vous moquez de moi !

« — J'ai tort, monsieur, répondis-je avec une révérence, mais le mal n'est pas aussi grand que vous le craignez, et, si vous voulez me suivre pendant cinq minutes, j'espère vous mettre hors de péril.

« — Du persiflage, reprit-il en riant; allons ! de mieux en mieux. Marchons ! petit lutin ; foi de gentilhomme ! je vous suivrai, fût-ce en enfer !

« — Je ne vous conduirai pas aussi loin, repartis-je sur le même ton.

« Et je me remis à marcher.

« Il me suivit.

« Notre conversation continua ainsi, à bâtons rompus : lui me prenant toujours pour une paysanne, et moi m'appliquant à le maintenir dans son erreur.

« Le chemin creux que nous suivions débouchait précisément en face de la ferme. Je m'arrêtai devant la porte.

« — Sommes-nous donc déjà arrivés? me demanda-t-il. Ce serait dommage.

« — Me voici chez moi, répondis-je en lui montrant les bâtiments de la ferme de ma nourrice, dont je n'étais plus qu'à quelques pas. Quant à vous, monsieur, continuez à marcher tout droit; lorsque vous atteindrez le sommet de cette colline, vous verrez, à une lieue et demie devant vous, au plus, le château de Beauregard, où vous vous rendez.

« — Merci, mon enfant! me dit-il en se penchant sur sa selle pour me prendre par la taille. Un baiser sur ces lèvres de corail, et au revoir !

« Je me reculai vivement. Il en fut pour ses frais de galanterie.

« — Ah ! la petite farouche ! cria-t-il d'un air dépité; ne me direz-vous pas votre nom, au moins ?

« — A quoi bon ?

« — Pour que j'en conserve précieusement le souvenir dans mon cœur.

« Je hochai la tête.

« — Vous êtes un brillant seigneur de la cour, sans doute, lui répondis-je; vous n'avez pas souci de mon nom.

« — Peut-être, fit-il, excité par cette escarmouche. Au surplus, et pour vous mettre à l'aise, je vous dirai le mien; quand vous le connaîtrez, vous ne refuserez pas, je l'espère, de me dire le vôtre. Je suis le baron Armand de Grigny.

« Et il me salua gracieusement.

« Je fis une profonde révérence :

« — Ami du marquis de Beauregard ?

« — Oui, ami intime.

« — Eh bien! monsieur le baron, lui dis-je avec un grand sérieux, lorsque vous verrez votre ami, vous pourrez lui annoncer que vous avez été secouru dans votre détresse par sa sœur, Léona de Beauregard.

« Et, profitant de la stupéfaction du jeune homme, je m'élançai d'un bond dans la maison, dont je fermai la porte derrière moi.

« Je m'empressai de monter à ma chambre, dans laquelle je m'enfermai à triple verrou, et je m'approchai de la fenêtre, dont je soulevai doucement le rideau.

« Le cavalier était toujours à la même place; il semblait ne pas avoir conscience de l'état dans lequel il se trouvait. Ma déclaration l'avait littéralement pétrifié.

« Enfin il sortit de son immobilité.

« Il releva brusquement la tête et la tourna du côté de la ferme.

« Son visage était pâle, ému.

« Après avoir hésité quelques instants, il sembla prendre une résolution subite.

« Enfonçant les éperons dans les flancs de son cheval, il partit ventre à terre.

« Je le suivis longtemps des yeux dans sa course rapide.

« Puis le rideau de ma fenêtre retomba.

« Je me mis à pleurer sans savoir pourquoi et me trouvai bien seule dans ma chambre, où pourtant je restai enfermée tout le reste de la journée.

Je m'élançai vers lui, je tombai à ses genoux.

« Je rêvai...
« A quoi ?
« Alors je n'aurais su le dire.
« Aujourd'hui je regrette de le savoir.
Léona se tut.
Son amie la laissa libre de revivre quelques minutes dans ce passé, dont les souvenirs lui tenaient si fortement au cœur.

Deux heures sonnaient.

L'ouragan redoublait d'intensité.

Le vent mugissait avec rage ; des éclairs se succédaient presque sans interruption, zébrant d'une lueur blafarde les ténèbres qu'ils rendaient plus profondes.

Mme de Maleval, qui, jusque-là, avait écouté avec la plus religieuse attention le récit de sa compagne d'enfance, tenait ses deux mains emprisonnées dans les siennes, et, lorsqu'elle la sentait faiblir, elle les lui baisait tendrement en lui disant, d'une voix douce et sympathique, ce seul mot :

— Courage !

Cette fois, Léona paraissait sur le point de s'évanouir.

Les yeux à demi clos, le corps affaissé, la tête penchée en arrière, les traits pâles et contractés, elle demeurait immobile comme une statue de marbre.

La comtesse, justement effrayée de l'état dans lequel se trouvait son amie, voulut lui porter un secours efficace ; elle se leva et lui abandonna les mains.

— Où vas-tu ? lui demanda Léona d'une voix basse et inarticulée en la sentant se lever et s'éloigner d'elle.

— Prendre un flacon de sels, répondit-elle.

— Non, c'est inutile ; je me sens mieux, merci !

— Peut-être vaudrait-il mieux que tu prisses un peu de repos ? La fatigue te brise et t'accable.

— Non ; il faut que je termine, cette nuit même, mon récit, mon amie ; si je l'interrompais, je n'aurais pas, je le sens, la force de continuer plus tard.

— Oui, tu as raison, mon amie, mieux vaut en finir une fois pour toutes, dit-elle en l'embrassant.

Quelques minutes s'écoulèrent.

La jeune fille surmonta sa faiblesse momentanée.

Une rougeur fébrile envahit son visage et y ramena le sang qui l'avait fui.

Elle reprit d'une voix tremblante encore, mais qui se raffermit peu à peu :

— Je me suis interrompue, ma chérie, parce que j'arrivais au moment où se termine la partie heureuse de ma vie. Je ne puis pas entrer brusquement, sans transition, dans la suite des douleurs qui m'ont frappée. Tu dois le comprendre, Camille, ces souvenirs si calmes et si purs de ma première enfance ont ravivé, par leur douceur, l'amertume de mes soucis et de mes maux présents.

« Quinze jours s'étaient passés depuis la matinée où j'avais si fortuitement rencontré M. de Grigny.

« Je ne l'avais pas revu.

« Nul ne me parlait de lui, et je n'osais m'informer à aucun des paysans qui m'entouraient.

« Un sentiment secret, indéfinissable, me défendait de prononcer même son nom.

« Cette rencontre et ces réflexions contribuèrent beaucoup à me rendre femme avant l'âge.

« L'enfant n'existait plus en moi.

« Un matin, un carrosse tout brillant de dorures, attelé de quatre chevaux bais, s'arrêta à la porte d'entrée de la ferme.

« Un des laquais qui se tenaient sur le marchepied de derierre se hâta de descendre et d'ouvrir la portière.

« En apercevant le carrosse, mon père nourricier, sa femme et ses enfants s'étaient précipités au dehors et respectueusement rangés devant la ferme.

« Quant à moi, réfugiée dans ma chambre, je regardais, cachée derrière mes rideaux.

« Je me sentais triste, inquiète, agitée de sombres pressentiments et convaincue qu'un grand changement allait se faire dans mon existence.

« Jusque-là rien n'était venu donner l'éveil à mes soupçons et exciter ma curiosité.

« Un personnage d'un certain âge, aux traits majestueux, à la démarche noble et élégante, qui révélait le gentilhomme de haut lieu, descendit du carrosse.

« Ce personnage répondit avec bonté aux saluts empressés de la famille de mon père nourricier, et il entra dans la ferme.

« Le cœur me battait à rompre ma poitrine, j'étais pâle et tremblante ; jamais je n'avais vu mon père, et pourtant, en apercevant ce gentilhomme si richement vêtu, portant les grands cordons des ordres du roi, et devant lequel on s'inclinait si bas, je le reconnus.

« J'entendis monter rapidement les quelques marches qui conduisaient à ma chambre, et on gratta doucement à ma porte.

« — Qui est là ? demandai-je en m'appuyant sur un meuble, tant je me sentais faible et émue.

« — Ouvrez, mademoiselle, répondit ma nourrice, ouvrez tout de suite.

« J'ouvris.

« Ma nourrice s'effaça respectueusement pour livrer passage à une personne qui la suivait.

« Le gentilhomme âgé qu'un instant auparavant j'avais vu descendre du carrosse, pénétra dans ma chambre.

« En l'apercevant, par un élan de cœur irrésistible, je m'élançai vers lui, je tombai à ses genoux, je saisis ses mains que je baisai, et je m'écriai en fondant en larmes :

« — Mon père ! mon père !

« Le duc de Beauregard, — c'était lui, en effet, mon cœur ne m'avait point trompée, — me releva avec bonté ; il me regarda un instant, les yeux pleins de larmes, et il me pressa sur sa poitrine.

« — Ma fille ! enfin ! s'écria-t-il avec une expression de tendresse et de joie douloureuse si navrante, que malgré moi je sentis redoubler mes pleurs, bien que jamais je ne me fusse sentie si heureuse.

« Le duc maîtrisa le premier son émotion, et me conduisant à un siège :

« — Asseyez-vous, mademoiselle, me dit-il avec douceur; vous avez besoin de vous remettre de la surprise bien réellement imprévue que je vous ai causée.

« Il ordonna à ma nourrice de sortir et il s'assit auprès de moi.

« Nous restâmes seuls près l'un de l'autre.

« Mon père me considéra silencieusement pendant plusieurs minutes : il était pâle; des larmes coulaient lentement le long de ses joues, sans qu'il songeât à les essuyer.

« — Comme elle ressemble à sa mère! murmura-t-il avec un profond soupir.

« Je le regardais en souriant : son visage redevint calme et austère.

« Hélas! au lieu de me servir, la réflexion qu'il venait de faire me fut nuisible; elle renouvela ses regrets et réveilla son antipathie.

« — Voici la première fois que vous me voyez, me dit-il d'un ton glacé. Qui vous a révélé que je suis votre père?

« — Mon cœur, répondis-je avec émotion.

« Il y eut un moment de silence. J'attendis en tremblant.

« — Ma fille, reprit-il en étouffant un soupir, des raisons que plus tard vous connaîtrez m'ont contraint à vous éloigner de ma présence; ces raisons, ajouta-t-il avec tristesse, n'existent plus aujourd'hui. J'ai voulu venir moi-même vous chercher pour vous rendre le rang et la position auxquels vous appellent votre nom et votre naissance. Préparez-vous à me suivre, non pas à mon château, mais dans un couvent où j'ai décidé que se terminerait votre éducation, trop longtemps négligée. Nous allons partir.

« — Tout de suite, monsieur?... murmurai-je.

« Mon père sourit doucement.

« — Non, ma fille, répondit-il; je ne prétends pas vous enlever ainsi. Vous avez deux heures pour faire vos adieux à ceux que vous aimez et qui ont pris soin de votre enfance; je ne veux pas que vous soyez ingrate envers eux. Ils ont été bons pour vous, vous ont chérie comme leur enfant; vous devez vous montrer reconnaissante. Allez, vous êtes libre pendant ces deux heures ; je causerai avec ces braves gens, et je leur donnerai la récompense à laquelle ils ont droit.

« Je voulus baiser de nouveau la main de mon père; il m'attira dans ses bras et me serra sur son cœur, puis il ouvrit la porte.

« Je m'envolai, légère comme si j'avais eu des ailes.

« Où allais-je? je ne le savais pas.

« J'obéissais à un impérieux besoin de revoir, une fois encore, tous ces lieux où mon enfance s'était écoulée si calme et si heureuse; de dire adieu à ces vallons, témoins de mes premiers jeux ; aux oiseaux que j'aimais, à la source où souvent je m'étais désaltérée; aux arbres qui m'avaient prêté leur ombrage; à tout ce que j'aimais en un mot.

« Dans ce monde inconnu où j'allais entrer, serais-je aussi libre, aussi heureuse que dans ce village, coin de terre ignoré, où toutes les heures, pour moi, avaient été des heures de soleil et de lumière?

« J'errais ainsi, à l'aventure; regardant, admirant, cueillant des fleurs; parlant aux arbres et aux oiseaux, vieux amis que je connaissais si bien, lorsque, au détour d'un sentier, je me trouvai tout à coup en face d'un jeune homme. Je poussai un cri de surprise en reconnaissant le baron de Grigny.

« Il s'inclina respectueusement devant moi.

« — Me pardonnerez-vous jamais, mademoiselle ! me dit-il avec émotion. Ma conduite envers vous, ma grossière erreur, sont, hélas ! sans excuses, mais vous devez avoir l'âme si bonne...

« — Monsieur ! répondis-je en rougissant comme la première fois que je l'avais rencontré.

« — Un mot de pardon, un seul, reprit-il avec feu, si vous ne voulez faire de moi le plus malheureux des hommes. Comment oserai-je paraître de nouveau à vos yeux, si vous refusez de m'accorder le généreux pardon que je réclame de votre bonté.

« — Ce pardon que vous me paraissez désirer si vivement, répondis-je en baissant les yeux et en devenant pourpre comme une fraise, je vous l'accorde, monsieur, et cela d'autant plus facilement que cette fois est la dernière que nous nous verrons... Du moins, est-ce probable !

« — Que voulez-vous dire, mademoiselle ? s'écria-t-il avec émotion.

« — Je pars, monsieur, répondis-je simplement. Mon père me rappelle auprès de lui.

« — Ah ! fit-il avec une joie contenue, vous rentrez donc enfin dans votre famille ?

« — Hélas ! non, murmurai-je, mon père a décidé que j'entrerais aujourd'hui même au couvent.

« Le jeune homme pâlit, il chancela, et fut sur le point de tomber.

« — Mon Dieu ! s'écria-t-il avec douleur, ne vous ai-je donc retrouvée que pour vous perdre !

« J'étais une enfant gaie et insouciante, ignorante encore des choses du cœur ; cependant la tristesse de ce beau gentilhomme me parut si vraie, sa douleur si poignante, que je me sentis émue malgré moi, et que j'éprouvai le besoin de le consoler.

« — Pourquoi parler ainsi ? lui dis-je avec une feinte gaieté ; n'êtes-vous pas l'ami de mon frère ?

« — C'est vrai, fit-il en relevant la tête. Ainsi vous me permettrez de vous revoir, mademoiselle ?

« — Je n'ai le droit de rien vous permettre, ni de rien vous défendre, monsieur ; d'ailleurs, ajoutai-je avec une légère ironie, ce n'est pas au château, mais c'est au couvent que je vais..., je viens de vous le dire.

« — Au couvent !... C'est vrai ! fit-il en se frappant le front avec désespoir ; dans lequel ?

« — Je l'ignore.

« — Oh ! je le saurai, moi ! s'écria-t-il avec feu ; je le saurai ! Vous m'avez pardonné ; merci, mademoiselle. J'emporte du bonheur pour une existence entière. Vous êtes bonne, vous avez eu pitié de moi. Rien ne saurait m'empêcher de vous revoir ! A bientôt, mademoiselle, à bientôt !

« Après avoir prononcé ces paroles avec une exaltation qui m'effraya presque, le jeune homme s'enfuit à travers les haies et les buissons et disparut.

« Je ne comprenais rien à sa conduite, je le crus fou.

« Cette rencontre imprévue me causa une émotion étrange, incompréhensible; je repris, toute pensive, le chemin de la ferme.

« Les deux heures étaient écoulées. Je fis mes adieux à la famille de mon père nourricier; j'avais le cœur serré en quittant ces braves gens, qui m'aimaient si réellement et pleuraient en se séparant de moi. André, dont je t'ai parlé déjà, voulut absolument m'accompagner. A ma prière, mon père consentit à l'emmener ; il fit plus : il l'attacha spécialement à ma personne. Le pauvre garçon ne se sentait pas de joie ; en moins de dix minutes, il eut fait un paquet de ses modestes hardes, et il monta gaiement sur le siège, auprès du cocher.

« Par les soins de mon père, tous nos parents avaient été réunis au château. Je fus présentée officiellement à la famille. Je vis mon frère Philippe : c'était alors un beau gentilhomme, aux traits hautains, à la moustache naissante, au regard d'aigle. Il m'embrassa avec effusion et parut charmé de me voir.

« Deux jours plus tard, j'étais au couvent.

« Ce couvent, ma chère belle, tu le connais aussi bien que moi. C'est de là que date l'inaltérable amitié que nous nous sommes jurée...

— Et qui, interrompit la comtesse, est aujourd'hui, après tant d'années, aussi vive qu'au premier jour, n'est-ce pas, ma Léona?

— Ma présence chez toi n'en est-elle pas la preuve, ma chère Camille?

— Oui, c'est vrai, continue, ma toute belle. Mais glisse sur notre séjour au couvent; sur ce sujet-là, tu n'as pas grand'chose à m'apprendre, repartit finement la comtesse.

— Mauvaise!

— Oh! n'allons pas recommencer nos querelles d'autrefois.

— Tu te rappelles ?

— Tout.

— Tes jalousies ?

— Au sujet de ta liaison intime avec Hermine de Grigny, la sœur du baron.

— Liaison qui m'a rendue bien malheureuse par moments, à cause des fureurs injustes d'une certaine Camille, qui était toujours entière dans ses haines et dans ses affections.

— Et qui l'est toujours ! répondit Mme de Maleval d'un rire moitié joyeux, moitié sombre.

— Te souvient-il que, pour effacer tout nuage entre nous, il me fallut t'apprendre l'amour de M. de Grigny pour moi, et les ménagements que j'avais à garder envers sa sœur?

— Dont tu avais fait une de tes confidentes.

— Oui, fit Léona en soupirant. Armand tint sa parole. Sous prétexte de voir sa sœur, il obtint l'entrée du parloir. Grâce à Hermine, nul, excepté toi, ne se douta de notre amour. Du reste, cet amour n'avait rien de répréhensible que ses apparences mystérieuses. Le nom d'Armand valait le mien ; sa fortune est considérable et solidement établie. Rien ne pouvait, dans l'avenir, empêcher notre union ; nous nous aimions avec la certitude que, dans un jour prochain, nos deux familles autoriseraient notre bonheur.

« Mais, hélas ! il devait en être autrement.

« Les rêves avec lesquels nous nous bercions si complaisamment devaient être brutalement effacés par une triste réalité.

Un profond soupir souleva sa poitrine, elle baissa la tête et demeura pensive.

— Courage ! lui dit doucement Camille en l'embrassant.

Léona se redressa, un éclair jaillit de sa prunelle,

— Tu as raison, dit-elle d'une voix sourde, mais ferme et accentuée, écoute donc ce qui me reste à t'apprendre,

« J'avais dix-sept ans, lorsque, sans me prévenir, mon père vint me retirer du couvent, sous prétexte que mon éducation était terminée et qu'il était temps que je fisse mon entrée dans le monde.

« Deux jours après mon arrivée au château, mon père donna un bal auquel fut invitée toute la noblesse de la province.

« Le baron de Grigny assistait à ce bal.

« Il avait été averti par sa sœur de mon départ du couvent, et s'était empressé de répondre à l'invitation qu'il avait reçue comme tous les autres gentilshommes des environs, visiteurs habituels du château.

« En dansant avec moi, il me fit part de son intention d'adresser au plus vite la demande de ma main à mon père. Comme je me récriais sur cette hâte que rien ne motivait en apparence, il secoua tristement la tête et me répondit :

« — Ma chère Léona, je comprends combien cette démarche a le droit de vous sembler intempestive, lorsque vous êtes à peine revenue dans votre famille ; mais je ne sais pourquoi j'ai de sinistres pressentiments, je crains pour notre bonheur. Il court certains bruits qu'il est inutile de vous rapporter ; aussi rien ne m'empêchera de prendre les devants et de presser ma demande.

« — Que voulez-vous dire ? m'écriai-je, inquiète malgré moi du ton dont ces paroles avaient été prononcées. Je ne vous comprends pas, expliquez-vous.

« — N'insistez pas, je vous prie. Mieux vaut que vous ignoriez tout, dit-il tristement.

« — Je vous en conjure, répondis-je avec prière, parlez !

« — Vous le voulez ?

« — Je vous en supplie.

« — Que votre volonté soit donc faite, murmura-t-il avec amertume. Le bruit court que votre père songe à vous marier avec le marquis de Bois-Tracy !...

« — Oh ! fis-je avec dédain, ce n'est pas pas possible, vous êtes fou ! Comment mon père, si entiché de sa noblesse, consentirait-il à commettre une telle mésalliance !

« — Il est marquis ! dit Armand avec une poignante ironie.

« — Mais c'est le fils d'un traitant, enrichi dans des spéculations hasardeuses, dont le nom est méprisé par tout le monde.

« — C'est possible, fit-il avec une insistance triste, mais cet homme est huit ou dix fois millionnaire.

« — Qu'importe !... mon père ne consentira jamais à s'allier à un sac d'écus, si gros qu'il soit !

« — Vous êtes jeune, presque une enfant, ma chère Léona, vous ne savez pas le premier mot de la vie.

« — Que m'importe la vie ? C'est vous, Armand, que j'aime, et...

« — Pauvre Léona ! fit-il en soupirant, que vous êtes ignorante des choses du monde ! Apprenez donc la vérité tout entière : mieux vaut vous la révéler, si cruelle qu'elle soit, que vous laisser plus longtemps dans cette erreur. Il m'en coûte d'accuser votre père devant vous ; mais, puisque vous avez provoqué cette explication, il faut, dans votre intérêt même, qu'elle soit complète ; il importe que vous puissiez prendre une résolution pour l'avenir. On dit, remarquez que je n'affirme rien, on dit que le duc de Beauregard est ruiné !

« — Ruiné, m'écriai-je ; lui ?... mon père ?

« — Oui. A ma connaissance même, il a, depuis quelque temps, fait au jeu des pertes considérables ; d'autres raisons, que je dois taire et que votre innocence ne vous permettrait ni de comprendre ni d'apprécier, ont hâté ou, pour mieux dire, complété la ruine de votre père, qui est réduit aujourd'hui aux expédients les plus fâcheux !

« — Oh ! c'est impossible !

« — Hélas ! reprit-il, la situation du duc de Beauregard est encore plus affreuse que je ne vous le dis et que vous ne le pouvez soupçonner.

« — Mais, lui demandai-je avec angoisse, qu'est-ce que le marquis de Bois-Tracy a de commun avec cette ruine dont vous parlez ?

« — Le marquis de Bois-Tracy, ma pauvre et chère Léona, murmura-t-il d'une voix brisée par la douleur, est aujourd'hui le seul créancier du duc, dont il a fait racheter secrètement par un homme à lui toutes les créances.

« — Ces dettes sont considérables ?

« — Elles s'élèvent à plus de deux millions de livres, me répondit-il en baissant les yeux, et d'une voix tellement basse, que je l'entendis à peine.

« Quelle que fût alors mon ignorance financière, à cette affreuse révélation je sentis mes forces m'abandonner ; si Armand ne m'avait pas soutenue, je serais tombée sur le parquet.

« Cependant l'intensité même de la douleur amena une réaction.

« Des pas se firent entendre.

« — Voici mon père, dis-je au baron avec une énergie dont un instant auparavant je ne me serais pas crue capable, pas un mot de plus.

« — Et ma demande ? murmura-t-il à mon oreille.

« — Faites-la, je vous en conjure ; il nous faut à tout prix connaître la résolution prise par mon père.

« — Demain, sans plus tarder.

« En ce moment, le duc entra dans la pièce où nous nous trouvions. Après avoir légèrement salué le baron, il prit mon bras et m'obligea à le suivre dans

LA BELLE RIVIÈRE 149

— C'est vous qui êtes un traître et un lâche!

un autre salon; et là sans préambules, ni me laisser le temps de me reconnaître :

« — Ma chère enfant, me dit-il en s'arrêtant devant un homme d'une cinquantaine d'années, magnifiquement vêtu, dont les traits, assez communs, ne manquaient cependant pas d'une certaine régularité, je vous présente M. le marquis de Bois-Tracy, mon meilleur ami.

Liv. 20. — H. GEFFROY, édit. — Reproduction interdite. 20

« En entendant ces paroles, la douleur que j'éprouvai fut tellement vive que je perdis contenance. Je chancelai, j'étais pâle comme un cadavre.

« — Mon Dieu! s'écria le marquis en s'élançant vers moi, mademoiselle se trouve mal.

« Le son de cette voix m'acheva, et, comme pour donner raison à cet homme, je perdis complètement connaissance.

« Mon père me fit transporter dans mon appartement et me mit aux mains de mes femmes.

« Le bal fut interrompu ; on se retira.

« Il était environ deux heures du matin, lorsque mon père se fit annoncer et entra dans ma chambre à coucher.

« J'étais étendue sur un sofa ; j'avais repris mes sens depuis une demi-heure à peine, je pleurais.

« Mon père me considéra un instant sans parler, puis il s'assit près de moi, et me prenant la main :

« — Vous souffrez, ma fille, me dit-il ; qu'avez-vous ?

« Je ne répondis pas. Qu'aurais-je pu répondre ?

« Il fronça le sourcil.

« — Aussi bien, murmura-t-il comme s'il se parlait à lui-même, puisque nous devons avoir une explication, mieux vaut que ce soit à présent que plus tard. Écoutez-moi, ma fille, vous allez connaître ma volonté... mon désir !

« Ces mots furent prononcés avec avec un tel accent de rudesse, que je frissonnai de crainte.

« Mon père continua :

« — Ma fille, je vous ai fait quitter le couvent parce que je veux vous marier.

« — Me marier! m'écriai-je avec épouvante.

« — Oui, un de mes amis intimes, gentilhomme fort riche et surtout fort honorable, m'a fait l'honneur de me demander votre main, et je lui ai engagé ma parole. Cette union est avantageuse sous tous les rapports. Préparez-vous donc à la contracter. Dans deux jours, vous épouserez le marquis de Bois-Tracy.

« — Oh ! m'écriai-je avec désespoir, cela est impossible...

« — Pourquoi donc, s'il vous plaît ? reprit-il froidement. Ce qu'on m'a rapporté serait-il vrai ? En aimeriez-vous un autre ?

« — Et quand cela serait, monsieur ? dis-je avec une fermeté qui l'étonna.

« — J'en serais désespéré, me répondit-il sèchement, mais ma parole est donnée ; rien ne m'y fera manquer.

« — Mon père ! fis-je en tombant à ses genoux, je vous en conjure, ne me condamnez pas à un malheur éternel. Je ne connais pas cet homme... Il a le triple de mon âge... Je ne puis l'aimer enfin !

« — Vous êtes folle ! me dit-il d'une voix brève. Relevez-vous... Voyons ! relevez-vous, enfant que vous êtes !

« — Au nom de ma mère, je vous en supplie...

« Mon père pâlit, il hésita. J'eus une lueur d'espoir.

« Je saisis ses mains, que je baisai et que je mouillai de mes larmes.

« — Non ! s'écria-t-il tout à coup en me repoussant rudement, il le faut ! Dans deux jours, vous épouserez le marquis.

« Le duc quitta la chambre à pas précipités, me laissant à demi morte de douleur, étendue sur le plancher.

« Mes femmes me relevèrent et me mirent au lit.

« J'étais en proie à une fièvre violente, je délirais.

« Je restai pendant un mois entier entre la vie et la mort ; enfin, ma jeunesse triompha de la maladie : j'entrai en convalescence.

« Depuis le jour où il m'avait si durement signifié sa volonté, mon père n'était plus rentré dans ma chambre. Mon frère seul était venu plusieurs fois ; mais, au lieu de trouver en lui l'appui que j'espérais, je reconnus bientôt qu'il désirait aussi vivement que mon père l'union à laquelle j'avais été condamnée. Il devait en être ainsi d'ailleurs ; leurs intérêts à tous deux n'étaient-ils pas les mêmes ?

« Le mariage, forcément reculé par ma maladie, avait été définitivement fixé au dimanche suivant. Nous étions au jeudi : deux jours seulement me restaient.

« Je n'avais pas reçu de nouvelles d'Armand ; j'ignorais s'il avait fait sa demande à mon père et quelles avaient été les suites de cette démarche.

« C'était le soir, au moment où je me préparais à me mettre au lit ; une de mes femmes, tout en m'aidant à passer un peignoir, me glissa un billet dans la main en posant un doigt sur sa bouche pour me recommander le silence.

« — De sa part ! murmura-t-elle à mon oreille.

« Dès que je fus seule, j'ouvris ce billet : il était d'Armand en effet. Il me suppliait de lui accorder un rendez-vous le soir même, à onze heures ; il voulait me faire ses adieux. Il m'attendait dans le parc, auprès des volières.

« Sa prière était si touchante, son billet si respectueux, mon amour pour lui si pur et si profond, je me sentais si malheureuse et si abandonnée de tous, que je n'hésitai pas.

« Il était dix heures et demie passées ; je me rhabillai à la hâte, je m'enveloppai dans une mante, et, sans davantage réfléchir, je quittai ma chambre et je me glissai dans le parc.

« La nuit était tiède, le ciel diamanté d'étoiles ; toutes les lumières du château étaient éteintes, ses habitants dormaient ou semblaient dormir.

« La nuit nous favorisait.

« Onze heures sonnaient au moment où j'atteignis le lieu du rendez-vous. Au même instant, un léger bruit se fit entendre et une porte percée dans le mur du parc s'entr'ouvrit.

« Un homme entra. Cet homme était Armand.

« Il se précipita à mes pieds.

« — Je vous revois donc enfin, Léona ! s'écria-t-il. Merci d'être venue et de m'avoir sauvé du désespoir !

« — Hélas ! répondis-je, j'ai eu tort de consentir à cette entrevue, qui ne peut que redoubler nos regrets. Dans deux jours, ne serai-je pas la femme d'un autre que je hais ?

« — C'est vrai, fit-il d'une voix sombre en se relevant. Oh ! maudit ce nom de père qui permet à cet homme de me braver !

« — Armand, murmurai-je, nous sommes condamnés à souffrir.

« — Et pourtant, reprit-il au bout d'un instant, si vous m'aimiez comme je vous aime, Léona, peut-être tout ne serait-il pas perdu ?

« — Oh ! doutez-vous donc de mon amour ?

« — Non, Léona, je ne doute pas de votre amour ; je doute de votre courage, de votre énergie.

« — Parlez, que faut-il faire ?

« — Les instants sont précieux, Léona, écoutez-moi, il faut nous presser... J'ai demandé votre main à votre père, j'ai mis ma fortune tout entière à sa disposition ; il m'a dédaigneusement refusé. Je me suis retiré, le cœur brisé.

« — Eh bien ? lui dis-je d'une voix basse et tremblante.

« — Il ne me reste plus d'espoir qu'en vous, reprit-il ; tout dépend de votre volonté.

« — Oh ! alors, rien n'est perdu.

« — Attendez, pour me répondre, que je vous aie tout dit, Léona.

« — Parlez, au nom du ciel ! Et, si ce que vous demandez dépend de moi, je le ferai...

« — Il nous reste deux jours. C'est plus qu'il ne nous en faut. Demain, à cette même heure, venez ici, une voiture nous attendra. Je vous conduirai chez moi. Un prêtre consacrera notre union. Je vous jure, sur mon honneur de gentilhomme, que je vous ramènerai moi-même à votre père, qui alors ne pourra plus s'opposer à notre bonheur, et qui nous pardonnera.

« Je baissai la tête avec accablement.

« — Léona, reprit-il avec instance, il s'agit de notre amour, de notre bonheur !

« — Hélas ! je le sais, mon ami, murmurai-je avec douleur, mais que faire ?

« — Fuir !

« — Oh ! non, jamais, mon ami, m'écriai-je en me redressant subitement, fuir, moi ? c'est impossible ! je ne veux pas que plus tard vous rougissiez de moi.

« — C'est mon arrêt de mort que vous venez de prononcer, Léona, vous ne m'avez jamais aimé ! s'écria-t-il avec désespoir.

« — Adieu, madame, ajouta-t-il ; vous êtes libre.

« Et s'inclinant tristement devant moi :

« — Oui ! fit une voix railleuse qui arrêta le sang dans mes veines ; oui, Mlle de Beauregard est libre !... Mais vous ne l'êtes pas, vous, monsieur le baron de Grigny.

« Des torches allumées jaillirent de tous côtés, portées par des valets.

« Mon père et mon frère parurent à la fois.

« Le premier était sombre et silencieux.

« Le second, — c'était lui qui venait d'apostropher Armand, — le second avait le sourire aux lèvres, mais un sourire de rage et d'ironie.

« La terre se dérobait sous moi.

« Je voyais, j'entendais comme dans un rêve.

« Armand ne paraissait ni ému ni surpris.

« — Un guet-apens ? fit-il avec mépris... En vérité, ajouta-t-il en se tournant de mon côté, je ne sais à qui m'en prendre de cette lâche trahison !

« — C'est vous qui êtes un traître et un lâche, baron de Grigny ! hurla mon frère.

« Armand sourit, tira son épée, la brisa sur son genou et en jeta les morceaux aux pieds du duc et du marquis de Beauregard.

« — Soit !... Du reste, je ne me donnerai pas la peine de chercher. Est-ce un piège ? Assassinez-moi, messieurs !... Est-ce une rencontre que vous voulez ? Pas devant elle !... Laissez-moi passer, demain je vous ferai raison.

« Et il les écarta froidement d'un geste.

« Puis, se tournant vers moi :

« — Léona, me dit-il, vous ne m'avez pas répondu ?

« — Oh ! m'écriai-je avec douleur, ô Armand ! comment me demandez-vous la seule chose que je ne peux vous accorder ? Fuir avec vous, me perdre aux yeux du monde ! Ah ! cela est impossible ! Après un tel scandale, vous-même refuseriez de m'accepter pour votre femme.

« — Léona, au nom du ciel ! c'est le sacrifice de votre vie entière qu'on exige de vous..., le malheur de la mienne !

XVII

DEUX CHARMANTES VIPÈRES

« Il y eut un court silence, enfin Léona continua :

« — Tu ne saurais t'imaginer, chère Camille, la terreur folle qui s'empara subitement de moi, à la vue de ces hommes surgissant du fond de l'ombre, plus terribles que des spectres.

« Les lueurs rougeâtres des torches reflétaient sur eux une teinte sanglante.

« La fureur qui agitait leurs visages, les épées qui brillaient au bout de leurs bras menaçants, le silence sinistre qui se fit après la réponse hautaine du baron de Grigny, tout cela tourbillonna dans mon cerveau, devant mes yeux, bruissa à mes oreilles, et me jeta dans une épouvante si forte, que je m'affaissai à demi-morte au pied d'un arbre.

« Les sanglots m'étouffaient.

« Dieu prit pitié de moi.

« Il m'envoya des larmes.

« Je pleurai.

« Je me sentis sauvée.

« Ma position était horrible.

« Au milieu du danger de mort qui planait sur la tête de ces hommes si fiers si orgueilleux, je sentais le mépris universel s'appesantir sur ma tête.

« J'avais eu le courage et la vertu de refuser la proposition d'Armand ; mais n'avais-je pas eu le tort d'accepter son rendez-vous et de m'y rendre ?

« Ils ne me tenaient pas compte du sacrifice.

« Ni mon père ni mon frère ne daignèrent m'accorder un regard de pitié.

« L'acte de M. de Grigny les surprit.

« Mais leur surprise ne fut pas de longue durée.

« Après s'être consultés du regard, le père et le fils s'avancèrent lentement du côté de leur adversaire.

« Celui-ci, la tête haute, l'œil en feu, la bouche dédaigneuse, les bras croisés, les voyait venir avec une indicible expression d'ironie.

« Arrivés assez près de lui pour le toucher en étendant leurs épées, le duc de Beauregard et son fils s'arrêtèrent.

« Il y eut un moment de silence effrayant.

« Ce fut mon père qui, le premier, prit la parole.

« — Monsieur, lui dit-il froidement, vous vous êtes introduit comme un larron d'honneur dans le parc du château. Je suis haut justicier sur toute l'étendue de mes terres ; rien ne me serait plus facile que de vous châtier comme vous le méritez.

« Le baron de Grigny se contenta de hausser les épaules pour toute réponse.

« — Mais, continua le duc sur le même ton, la vertu, la prud'hommie de Mlle de Beauregard l'ont mise à l'abri de vos honteuses entreprises, de vos odieuses poursuites, sans qu'il fût besoin que je vinsse à son aide.

« Armand me regarda.

« Je n'oublierai jamais ce regard.

« Mon père ajouta :

« — Son honneur ni le vôtre n'a subi aucune atteinte. Je n'ai donc pas de vengeance à tirer de vous, monsieur.

« Mon frère fit un mouvement, que son père réprima sur-le-champ en terminant ainsi :

« — Seulement vous ne sortirez pas de chez moi sans que je vous aie dit tout ce que je pense de vous et de votre conduite. Votre conduite a été indigne d'un gentilhomme, vous venez de déshonorer le nom que vos ancêtres vous ont légué. Mon fils vous a jeté à la face que vous êtes un lâche et un traître ; moi j'ajoute que vous avez agi comme un laquais. Maintenant, fit le duc en se tournant vers les personnes de sa suite, que chacun s'écarte, et que cet homme sorte !

« A cette sanglante insulte, le baron s'élança, le bras levé, vers M. de Beauregard, immobile et dédaigneux.

« Mais aussi rapide, mon frère se jeta entre les deux hommes, et repoussant Armand :

« — Arrière, monsieur ! s'écria-t-il, c'est à moi qu'il faut venir !

« Et, de son gant, il le frappa au visage.

« Je jetai un cri désespéré.

« Armand s'arrêta sur place.

« Ce dernier outrage, au lieu d'exaspérer le baron, comme tous les témoins de cette scène affreuse s'y attendaient, lui rendit, au contraire, tout son sang-froid.

« Il fit alors un pas de retraite, et saluant le duc :

« — Je me retire, monsieur, dit-il avec un calme mille fois plus effrayant que sa précédente colère.

« — Remerciez mon père, monsieur, lui cria ironiquement le marquis; sans son ordre exprès, vous ne sortiriez pas vivant de ce parc.

« — Vous... au revoir, n'est-ce pas? repartit Armand d'un air presque indifférent.

« — Quand il vous plaira... pourvu que ce soit le plus tôt possible.

« Le baron de Grigny fit quelques pas comme pour sortir, mais se ravisant tout à coup il vint droit à moi.

« Son noble et beau visage était couvert d'une pâleur livide; ses traits, contractés par les efforts surhumains qu'il avait faits pour se contenir, avaient une expression étrange de mépris et de pitié.

« — Adieu, Léona! me dit-il avec une douceur triste.

« Cet adieu était tellement solennel que nul n'osa l'interrompre.

« — Adieu, Léona! reprit-il, je ne veux pas chercher si vous êtes pour quelque chose dans cette horrible scène.

« Je levai les bras au ciel désespérément. Il me croyait de connivence avec mon père et mon frère!...

« Armand reprit :

« — On m'a chassé, outragé, flétri sous vos yeux! Je pars... Oubliez-moi... cela vous sera facile, ajouta-t-il avec amertume.

« Je tombai à deux genoux, je joignis les mains avec prière; je voulus parler, la force me manqua.

« — Adieu! dit une dernière fois Armand.

« Puis il s'éloigna à pas lents, le front haut, le regard hautain, sans que ni le duc, ni le marquis de Beauregard fissent un geste pour l'arrêter.

« Derrière lui, la porte du parc fut refermée.

« Ce fut tout.

« Le lendemain, les vêtements étalés devant moi, la couronne et le bouquet de fleurs d'oranger placés sur un guéridon, auprès d'une riche corbeille de mariage, me rappellèrent à la désolante réalité.

« Je sortis de mon anéantissement pour sentir redoubler mes douleurs.

« La journée se passa.

« Je ne vis personne, sauf mes femmes, dont je n'écoutai ni les compliments mensongers ni les banales consolations.

« En face de cet isolement, j'espérai un moment qu'on m'accorderait un plus long répit.

« Une fièvre ardente me dévorait.

« La mort n'était peut-être pas loin.

« Je l'appelais de tous mes vœux.

« Hélas! Je me trompais.

« Ou plutôt j'étais loin de me douter que les événements tourneraient de telle sorte que je demanderais, moi la première, à conclure cette union détestée.

« A la tombée de la nuit, mon père se fit annoncer.

« Il entra.

« Il paraisssait accablé de tristesse.

« J'étais étendue sur une chaise longue.

« Je fis un mouvement pour me lever.

« Il m'arrêta du geste et s'assit près de moi.

« — Léona, me dit-il sans préambule, vous souffrez et vous m'accusez de tyrannie, n'est-ce pas ?

« Je le regardai, étonnée, ne sachant que lui répondre.

« Il reprit doucement :

« — Oui, vous vous étonnez de m'entendre parler ainsi, après ce qui s'est passé hier. Hélas ! ma pauvre enfant, il ne faut pas m'en vouloir. Je suis, non pas votre bourreau, mais comme vous la victime d'une effroyable fatalité.

« — Monsieur le duc !... murmurai-je faiblement.

« — Dieu m'est témoin que je vous aime, reprit-il avec tristesse.

« — Vous m'aimez, et vous faites le malheur de ma vie ! ne pus-je m'empêcher de lui répondre en étouffant mal mes sanglots.

« — Oui, je vous aime, en voici la preuve irrécusable. Léona, ce mariage qui vous désespère était utile à notre maison, je l'avais donc résolu. Pour vous le faire accepter, j'ai pris un masque de rudesse et de sévérité qui me pèse et me brûle le visage. Ce masque, je ne me sens pas la force de le garder jusqu'au lendemain de vos noces.

« Je tombais de mon haut.

« Mon père continua avec la même douceur :

« — Vous êtes jeune, l'avenir s'ouvre radieux devant vous : moi, vieillard que la mort couchera bientôt dans la tombe, je ne me reconnais pas le droit de vous condamner à une vie de larmes et d'ennuis. Vous êtes libre, ma fille !...

« — Libre !

« — Oui, ce mariage qui vous répugne n'aura pas lieu ; ce soir même, je vous dégagerai en votre nom et au mien.

« — Il serait possible ! m'écriai-je avec une joie indicible.

« — Séchez vos pleurs, Léona ; vous n'épouserez pas le marquis de Bois-Tracy.

« — O mon père ! mon père ! dis-je en me cachant la tête sur sa poitrine, vous me donnez une seconde fois le jour.

« Le duc me tint un instant serrée sur son cœur ; il me baisa au front avec un triste sourire, et me replaça sur la chaise longue que je venais de quitter.

« — Maintenant que vous voilà rassurée, ma fille...

« — Oh mon bon père !

« — Je veux me disculper auprès de vous et vous prouver que, si dure et si cruelle que vous ait paru ma conduite, elle n'était pas sans excuse.

« — Je le crois, mon père ; vous n'avez pas besoin de vous défendre.

« — Non, reprit-il avec insistance, je veux que vous m'écoutiez. Il faut que vous m'accordiez mon pardon, Léona, je vous avais condamnée à souffrir...

« — Vous êtes bon et généreux, mon père.

« — Écoutez-moi, ma chère Léona, je vous le répète, il faut que vous sachiez tout... mais je serai bref et n'abuserai pas longtemps de votre patience.

« — Mon père... je ne consentirai pas que vous...

« Il m'interrompit d'un geste impérieux.

LA BELLE RIVIÈRE 157

Le lendemain don Palamède eut un long entretien avec les deux dames.

« Je m'inclinai.
« — J'avais pour votre mère une profonde et sainte affection, je l'aimais d'un amour sans bornes. Quand elle mourut, il me sembla qu'on m'arrachait le cœur. Je faillis succomber à mon désespoir. Mais j'avais un fils, je résolus de vivre pour lui. Quant à vous, pauvre enfant, cause innocente de la mort de votre mère, je n'eus pas le courage de vous garder près de moi; votre vue ravivait mes douleurs et envenimait une plaie toujours saignante...

« — Je savais cela, murmurai-je.

« Mon père soupira, essuya une larme et reprit :

« — Malheureusement pour moi, mon fils était trop jeune pour remplir encore le vide fait dans mon âme; je cherchai au dehors des distractions devenues indispensables pour combattre mes souvenirs. Hélas! que vous dirai-je, pauvre enfant? la fatalité était sur moi; à la mort de votre mère, le malheur était entré dans ma maison, il ne devait plus en sortir. Il y a trois mois, j'ai enfin acquis la certitude que le gouffre entr'ouvert sous mes pas allait enfin m'engloutir.

« En un mot, je reconnus que j'étais complètement ruiné, ruiné sans ressources ; j'avais tout usé, mon crédit lui-même. L'avenir de mon fils, l'honneur de mon nom, tout était perdu dans cet horrible naufrage! C'est alors que le marquis de Bois-Tracy se présenta au château. Je ne voulais pas le recevoir, il pénétra presque de force jusqu'auprès de moi. Le marquis de Bois-Tracy est, avant tout, un homme de chiffres, un financier; tout pour lui est affaire, et son principe est d'aller droit au but. Son discours ne fut pas long, le voici tel qu'il le prononça :

« — Monsieur le duc, je suis possesseur de toutes vos créances, que j'ai rachetées; elles s'élèvent à trois millions neuf cent soixante-dix-sept mille livres, c'est-à-dire à environ douze cent mille livres de plus que ne valent vos propriétés. Vous êtes donc ruiné! »

« Je baissai la tête sans répondre. Le fait n'était malheureusement que trop vrai.

« — Or, continua-t-il impassiblement, je viens vous proposer un marché. Ce marché, le voici, monsieur le duc : Je vous rendrai toutes vos créances, auxquelles j'ajouterai deux millions en bons de caisse, afin de rétablir complètement vos affaires, et, en retour, vous daignerez m'accorder la main de mademoiselle votre fille; on la dit charmante. Ma noblesse un peu jeune a besoin, pour être prise au sérieux, de s'appuyer sur la vôtre, qui date des Croisades. Je vous donne trois mois pour réfléchir à la proposition que j'ai l'honneur de vous faire. Sur ce, monsieur le duc, daignez agréer mes compliments bien sincères. Dans trois mois, je reviendrai. »

« Il me salua et sortit, me laissant anéanti de surprise, de honte et de colère.

« Je me révoltai d'abord. Les prétentions exorbitantes de cet homme me blessaient dans mon honneur et ma dignité; mon orgueil se révoltait à la pensée d'une alliance avec une *espèce*. Cependant la réflexion vint; je compris ce que ma position avait d'horrible, livré comme je l'étais, aux mains d'un homme qui serait d'autant plus implacable, qu'il avait joué une partie plus risquée pour acquérir d'un seul coup cette position, que depuis si longtemps il ambitionnait et dont il avait fait le but de sa vie. Je calculai les chances qui me restaient. Hélas! elles étaient nulles. Ma ruine entraînait celle de mon fils, de l'héritier de mon nom; elle plongeait dans la misère et dans l'oubli celui qui, après moi, devait maintenir intacte l'illustration de ma famille.

« J'eusse été seul, Léona, je n'aurais pas hésité : j'aurais rejeté loin de moi cette proposition déshonorante, j'aurais péremptoirement refusé. Je luttai contre moi-même, je fus vaincu.

« Je reconnus que le nom que m'avaient légué si glorieux mes ancêtres n'était qu'un dépôt entre mes mains, dépôt que je devais transmettre intact à mon fils, et j'acceptai. Mon excuse, s'il en existe une, c'est que je ne vous connaissais pas, Léona ; je ne vous avais jamais vue, vous étiez pour moi une étrangère, plus même, presqu'une ennemie, car je ne vous pardonnais pas la mort de votre mère.

« — Et maintenant? dis-je, palpitante de crainte et d'émotion.

« — Maintenant... vous êtes ma fille, Léona, ma fille chérie! j'ai senti se réveiller en moi le cœur qui battait pour votre mère. Que m'importe la ruine! vous serez heureuse; Dieu me tiendra compte de mon sacrifice : votre mère me bénira!

« — Oh! mon père, votre bonté me désespère...

« — Et après tout, ajouta-t-il avec une feinte gaieté, qu'importe la ruine de notre maison? Philippe reconstituera notre fortune sur des bases plus solides peut-être. Ne descend-il pas de Ranulfe à la main sanglante, le leude chéri de Clovis?... Ne parlons donc plus de cela. Ce qui est fait est fait; soyez heureuse, Léona, voilà mon plus vif désir. Embrassez-moi, et bonsoir, chère enfant. Je vous ai trop longtemps ennuyée de mon bavardage. Endormez-vous en pensant à votre père qui vous aime!

« Il se leva, m'embrassa et fit quelques pas pour s'éloigner.

« Je ne pourrais t'exprimer, ma chère Camille, jusqu'à quel point j'étais émue. Le récit si simple, si naïvement vrai, que m'avait fait mon père de son affreuse position, récit qui devait lui avoir d'autant plus coûté que, pour le faire, il lui avait fallu briser son indomptable orgueil de race; la résignation avec laquelle il acceptait, non seulement la chute de sa maison, mais encore la ruine de son fils bien-aimé, m'avaient profondément touchée. J'eus honte de mon égoïsme, je ne me reconnus pas le droit d'assumer sur moi la responsabilité d'un tel désastre; je ne sais quelle force me poussa, mais je me levai et, jetant mes bras autour du cou de mon père :

« — Monsieur, lui dis-je en balbutiant et retenant à grand'peine les pleurs qui gonflaient mes yeux, demain j'épouserai M. le marquis de Bois-Tracy.

« — Hein! s'écria mon père en se retournant brusquement, que dites-vous donc, Léona?

« — Je dis, mon père, repris-je d'une voix plus ferme, car mon courage revenait au fur et à mesure que ma résolution se faisait forte, je dis que je suis prête à épouser le marquis de Bois-Tracy!...

« — Ma fille, prenez garde, répondit le duc, se contenant difficilement; je vous ai rendu votre liberté.

« — Eh! monsieur, puisque je suis libre, je désire que ce mariage se fasse!

« Mon père me regarda un instant d'un air attendri.

« — Oh! fit-il d'une voix étranglée par l'émotion, pourquoi vous ai-je connue si tard?... Merci, merci, ma fille!

« Il se détourna et sortit.

« Je retombai sur le lit de repos, désespérée, mais fière de mon sacrifice.

« Le lendemain, le mariage fut célébré dans la chapelle du château de Beauregard.

« J'avais voulu que le sacrifice fût complet. Aux yeux des indifférents, je paraissais heureuse et j'avais la mort dans le cœur.

« Au moment où s'achevait la cérémonie, on entendit une grande rumeur en dehors.

« D'abord je ne m'émus pas.

« Mon frère devait assister au mariage; cependant il n'avait point paru, et son absence, en une si grave circonstance, avait été fort remarquée.

« Je crus que c'était lui qui arrivait, et je tournai la tête pour le voir et le saluer.

« Je ne me trompais pas, c'était en effet mon frère qui entrait dans la chapelle, mais blessé, mourant et porté sur une litière

« Le matin, au point du jour, une rencontre avait eu lieu entre lui et M. de Grigny.

« Le baron avait blessé son ennemi de deux coups d'épée à la poitrine.

« Mon frère mourut deux heures plus tard sans avoir repris connaissance.

« Mon sacrifice était inutile.

« J'étais mariée à un homme que j'abhorrais, et la maison de Beauregard ne devait plus se relever.

« Je quittai le château le soir même, emmenée par mon mari; des chevaux de poste nous attendaient; nous partîmes pour Paris.

« Je fus présentée à la cour.

« Le jour de ma présentation, le hasard me mit face à face avec le baron; il me jeta un regard de froid mépris et me tourna le dos.

« Un mois à peine après mon arrivée à Versailles, je reçus la nouvelle de la mort de mon père. Le désespoir et peut-être le remords l'avaient tué.

« Je demeurai donc seule. Je n'avais pas à me plaindre de M. de Bois-Tracy; il était bon pour moi et il satisfaisait tous mes caprices, mêmes les plus coûteux, sans sourciller.

« J'étais fêtée, recherchée, adulée même; à la cour, beaucoup m'enviaient... Toute autre, à ma place, se fût trouvée heureuse; moi, j'étais au supplice

« J'avais essayé d'avoir une explication avec le baron; cette explication, il l'avait repoussée avec dédain. Je pleurais de honte et de colère.

« Enfin, il y a un an, mon mari rejoignit dans la tombe mon père et mon frère.

« Je voulus tenter une nouvelle et suprême épreuve. J'écrivis ces trois mots au baron de Grigny : « Je suis libre ! » et je lui fis porter ce billet par un grison de confiance.

« Sa réponse ne se fit pas attendre; la voici, lis toi-même.

La marquise de Bois-Tracy retira un papier jauni et fripé de sa poitrine, et le présenta à son amie.

« Je vous méprise trop, lut la comtesse, pour faire de vous ma femme; le souvenir du chaste amour que vous avez tué me défend de vous prendre pour maîtresse. Je saurai mettre un obstacle infranchissable entre nous et me délivrer de poursuites qui me pèsent. »

— Oh! fit la comtesse en rendant le billet à son amie, et tu aimes cet homme, tu l'aimes encore!

— Non, s'écria Léona d'une voix sourde, je le hais!... mais écoute, je n'ai pas fini.

« Il tint sa promesse. Le lendemain du jour où j'avais reçu cette insolente réponse, il donna sa démission de toutes ses charges; huit jours plus tard, il quittait la France et s'embarquait pour le Canada.

« Un mois, jour pour jour, après son départ, je me mettais à sa poursuite. Maintenant, me voici, ma chérie; arrivée aujourd'hui à Québec, ma première visite a été pour toi, ma seule amie.

— Que désires-tu de moi, Léona?

— Je désire que tu m'aides à retrouver cet homme et à me venger de lui.

— Soit, répondit la comtesse, mais réponds d'abord à une question.

— Parle...

— Tu es bien résolue, n'est-ce pas, à te venger de cet homme, à le punir sans pitié, sans merci?

Un sourire cruel plissa les lèvres carminées de la marquise de Bois-Tracy.

— J'ai reçu de lui l'insulte la plus grave qui puisse être faite à une femme, répondit-elle les dents serrées. J'ai été faible, j'ai été lâche, j'en conviens; je me suis humblement courbée devant cet homme, que j'aimais jusqu'à l'adoration. Je l'ai supplié de me pardonner; il n'a répondu à mes prières que par l'outrage et le plus insultant mépris. J'ai fait le serment de me venger; ce serment, je le tiendrai, quoi qu'il advienne.

« Ma fortune, ma position à la cour, ma vie, ma considération, j'ai tout engagé sans hésiter dans cette vengeance. Rien ne saurait me fléchir. J'ai quitté la France pour me mettre à la poursuite de cet homme; je le suivrai s'il le faut jusqu'au bout du monde. Je veux le frapper dans son cœur, dans sa fortune, dans son honneur, le tenir râlant et palpitant sous mes pieds, et le souffleter, en riant, avec la lettre odieuse qu'il a osé m'écrire. Voici quels sont mes projets, mon amie. Les approuves-tu?

— Mais... dit la comtesse en fixant sur elle un regard soupçonneux, pourquoi, à peine débarquée à Québec, es-tu venue tout droit ici? Laissons pour un moment notre amitié de côté.

— Pourquoi?... fit la marquise avec un accent d'indicible raillerie, tu veux le savoir, Camille?

— Oui!

— Eh bien! Je vais être franche avec toi. Je venais au Canada, sans trop savoir à qui m'adresser; je croyais n'y connaître personne, j'ignorais ta présence en ce pays. Depuis notre entrée dans le fleuve, chaque fois qu'une barque nous accostait, je prenais des renseignements. Hier ton nom fut prononcé devant moi par un officier venu à bord par hasard. Je le fis adroitement causer. J'appris alors ton aventure avec un gentilhomme nouvellement arrivé de France.

« Ce gentilhomme, je l'avais vu une fois ou deux à Versailles ; je le connaissais indirectement. Il se nomme, je crois, le comte Coulon de Villiers. C'est un charmant cavalier, très galant et très aimé des femmes, qu'il se plaît à compromettre. Est-ce le même ? est-ce bien lui ?

— Tu as été bien instruite, dit la comtesse les lèvres crispées par la colère.

— Je sais l'amitié fraternelle qui lie le comte et le baron : ma résolution fut prise aussitôt. Te voir et te dire : Toutes deux nous avons reçu le même outrage, unissons nos deux haines, je te servirai, tu me serviras, et nous nous vengerons des lâches qui nous ont outragées.

— Ainsi c'est une alliance offensive et défensive que tu me proposes ! Tu ne reculeras devant aucune extrémité ?

— Non ! acceptes-tu ?

— J'accepte de grand cœur ! Ah ! s'écria-t-elle avec rage, ainsi cet homme que seul j'ai distingué au milieu des autres, pour lequel je n'ai pas hésité à me compromettre, non seulement m'a lâchement abandonnée, mais encore il n'a pas craint de faire trophée de sa victoire et de m'exposer à la risée générale ! Ah ! j'hésitais encore ; un dernier sentiment plaidait pour lui dans mon cœur, j'essayais de douter de l'infamie de sa conduite ! Oui, Léona, j'accepte ton alliance ; tu as bien fait de venir à moi, je ne tromperai pas ton attente. Nous montrerons à ces deux félons d'amour ce que peut la haine de deux femmes qui les ont tant aimés !

Cela dit les deux amies se jetèrent dans les bras l'une de l'autre, confondant leurs larmes haineuses et scellant dans cet embrassement monstrueux leur serment impie de vengeance implacable.

Quand elles se quittèrent pour prendre quelques heures de repos, Mme de Maleval avait encore l'expression de l'orgueil blessé et d'une fureur violente sur le visage ; mais sur les lèvres de Mme de Bois-Tracy se dessinait un sourire de triomphe pouvant donner lieu à toute autre interprétation.

L'avenir nous expliquera ce sourire, qui ne fut pas aperçu par son amie, la comtesse de Maleval.

Le lendemain, don Palamède eut un long entretien avec les deux dames.

A la suite de cet entretien, il monta à cheval et partit.

A son air de jubilation, au son argentin qui s'échappait de ses vastes poches, il était facile de voir que l'aventurier quittait ces dames, satisfait de leur manière de procéder.

Dans un précédent chapitre, nous avons raconté de quelle façon il avait essayé de justifier la confiance des deux alliées.

Cette première et hasardeuse tentative n'avait point eu un résultat triomphant.

LE SERPENT DE SATIN

I

RENCONTRE DANS LE DÉSERT.

Le soleil se couchait derrière les Alleghanys dans des nuages de pourpre et d'or.

L'ombre, d'instant en instant plus épaisse, envahissait les vallées.

Au sommet des montagnes, une légère teinte d'opale, dernier reflet du soleil couchant, persistait seule encore.

La brise du soir se levait âcre et froide, faisant frissonner les branches des arbres et les hautes herbes qui bordaient la rivière.

Bientôt, dans la nuit complètement tombée, les objets se confondirent et ne formèrent plus qu'une masse, dont les contours de plus en plus vagues, s'effacèrent totalement dans l'obscurité.

Le ciel était sombre; les nuages, bas et chargés d'électricité, fuyaient rapidement dans l'espace. Il n'y avait pas une étoile dans le ciel; les ténèbres rendues plus épaisses par l'absence de la lune, avaient pris une opacité telle qu'il était impossible de rien distinguer à dix pas devant soi.

Des bruits vagues, sans cause appréciable, passaient dans l'air, emportés sur l'aile humide de la brise nocturne.

Nous avons été contraint d'abandonner deux de nos plus importants personnages, c'est-à-dire le comte de Villiers et le baron de Grigny, au moment où, après avoir rejoint à l'Anse-aux-Marigots, Berger et Kouha-Handé, ils s'étaient embarqués en compagnie de Rameau-d'Or et de Risque-Tout, leurs dévoués soldats, dans la pirogue des deux batteurs d'estrade.

Il est temps de revenir aux deux officiers et de les suivre dans leur hasardeuse expédition.

La pirogue semblait voguer au milieu de flots d'encre.

Les voyageurs gardaient le silence, subissant malgré eux l'influence de la nature morne qui les étreignait de toutes parts.

Ils se laissaient guider par le chef indien et le coureur des bois.

Du reste, ces deux hommes se dirigeaient, au milieu des ténèbres, avec une aisance et une facilité aussi grandes que si le soleil eût éclairé leur route; ils semblaient deviner les obstacles qui, à chaque pas, se dressaient devant eux, et les évitaient comme en se jouant.

Depuis plus de deux heures déjà, la pirogue avait quitté l'Anse-aux-Marigots sans qu'une parole eût été prononcée entre les voyageurs. M. de Villiers se décida enfin à rompre ce silence qui commençait à devenir gênant pour tout le monde.

— Mon cher Berger, dit-il au chasseur, ne craignez-vous point de vous égarer en vous obstinant à continuer notre voyage au milieu de l'obscurité? Il fait noir comme dans un four éteint.

— Le fait est, fit en riant le baron, qu'un singe marcherait sur sa queue. J'ai bien peur que nous ne soyons obligés de nous arrêter avant qu'il soit longtemps.

— Pourquoi donc cela? demanda tranquillement Berger. Croyez-vous que ce soit la première fois que, le chef et moi, nous voyageons par un temps comme celui-ci? D'ailleurs, si nous ne voyons pas, on ne nous voit pas non plus, ce qui est fort important pour nous.

— C'est juste, reprit le comte, mais si nous nous égarions?

— Nous égarer! monsieur Louis, non, non, ce n'est pas à craindre; je vous en réponds, ajouta-t-il en riant.

— Je veux bien vous croire, mon ami; cependant, je ne sais si je me trompe, mais il me semble m'apercevoir que nous avons quitté le milieu de la rivière et que nous sommes plus près du rivage que tout à l'heure.

— Vous avez presque raison, monsieur Louis; oui, nous nous rapprochons de la rive.

— Allons-nous donc camper?

— Pas encore; seulement la rivière dans laquelle nous nous trouvons en ce moment est fort étroite, et, bien que nous nous maintenions juste au milieu du courant, nous sommes assez près du rivage.

— Que voulez-vous dire? Avons-nous donc quitté l'Ohio?

— Il y a longtemps déjà, monsieur Louis, et la Manongahela. Depuis une heure environ, nous voguons dans une rivière très profonde, mais assez étroite, ainsi que vous me l'avez fait observer tout à l'heure.

— Comment nommez-vous cette rivière?

— Les Français ne la connaissent pas; les Peaux-Rouges lui ont donné un nom indien qui signifie l'*Eau-Jaune*, parce que, ainsi que vous pourriez vous en apercevoir s'il faisait seulement clair de lune, ses eaux sont tellement chargées de limon, qu'elles ont une teinte jaunâtre très prononcée.

— Remonterons-nous encore longtemps cette rivière?

— Non, monsieur Louis; dans quelques minutes nous la quitterons pour entrer dans une autre. Celle-là nous la suivrons deux heures environ, puis nous débarquerons. Notre voyage par eau sera alors terminé.

— Bon! et nous faudra-t-il marcher longtemps avant d'atteindre votre demeure?

— Non, monsieur Louis; nous arriverons un peu avant le lever du soleil.

— Très bien! Ce renseignement me fait plaisir. Mais dites-moi, Berger, au lieu de nous fatiguer à nous faire voyager la nuit lorsque rien ne nous y oblige positivement, pourquoi ne débarquons-nous pas n'importe où pour

La hache s'abattit avec la rapidité de la foudre.

laisser passer l'obscurité? cela nous procurerait quelques heures de repos et au point du jour nous reprendrions notre navigation.

— Je serais assez de cet avis, appuya le baron en bâillant à se démettre la mâchoire. Nos soldats sont plus heureux que nous : les gaillards dorment à poings fermés.

— Dans toute autre circonstance, je ne verrais aucun inconvénient à agir ainsi que vous le désirez, messieurs, répondit froidement le chasseur; malheureusement c'est impossible.

— Pourquoi ? demandèrent les deux jeunes gens.

— Chut ! fit le chasseur, parlez plus bas ! vous ne savez pas qui peut nous entendre.

— Comment ? s'écria le baron, nous entendre dans ce désert !

— Monsieur, les Peaux-Rouges ont un proverbe fort sensé...

— Bah ! et que dit ce proverbe ?

— Il dit, monsieur, que dans le désert les arbres ont des yeux et les feuilles des oreilles.

— Diable ! redoutez-vous donc quelque embûche ? demanda le comte de Villiers.

— Pas précisément, monsieur Louis, mais je me tiens sur mes gardes. Nous traversons en ce moment les territoires de chasse de tribus hostiles aux Français, qui sait s'il n'y a pas quelques-uns de leurs guerriers en embuscade près d'ici ?

— Oh ! oh ! je comprends que vous soyez prudent, mon digne ami, s'il en est ainsi.

Un bruit presque imperceptible ressemblant à un frissonnement de l'eau, se fit entendre à une légère distance de la pirogue.

Berger serra le bras du comte pour lui recommander le silence et il écouta.

Le chef fit comme le chasseur.

Deux ou trois minutes s'écoulèrent, le même bruit se répéta, aussi faible, mais dans une direction différente.

Le chasseur se pencha alors vers Kouha-Handé et les deux hommes échangèrent quelques mots de bouche à oreille, d'une voix faible comme un souffle.

Le chef indien quitta les pagaies, détacha sa robe de bison, resserra sa ceinture, dans laquelle il ne laissa que son couteau à scalper ; puis il se laissa glisser dans l'eau, tandis que Berger enjoignait aux jeunes gens de prendre les pagaies, afin de maintenir la pirogue immobile à la même place.

Le chasseur, le doigt sur la détente de son fusil, le corps penché en avant, l'oreille au guet, le regard fixe, semblait vouloir percer l'obscurité qui, comme un noir linceul, s'étendait d'un bout à l'autre de l'horizon, enveloppant tout le paysage dans son ombre impénétrable.

La curiosité des deux officiers était vivement excitée ; ils ne comprenaient rien aux mouvements de leurs guides. Ils se sentaient inquiets malgré eux ; bien qu'ils ne sussent pas à quoi attribuer leur conduite étrange, ils devinaient qu'en ce moment il devait se passer autour d'eux des événements de la plus haute gravité.

Il était de leur intérêt de les découvrir ; mais ignorant complètement les mœurs indiennes et par conséquent à quelle sorte de danger ils pouvaient être exposés, ils n'osaient intervenir, craignant que cette intervention ne nuisît au plan des deux chasseurs.

Les résultats de ce plan, quels qu'ils fussent, ne devaient pas tarder à leur être connus.

Soudain un cri étouffé s'éleva dans le silence.

Bien que ce cri fût très faible, son expression était si douloureuse, si déchirante, que les Français se sentirent frissonner d'horreur.

Au même instant, l'eau bouillonna, comme si on l'eût vigoureusement refoulée; la pirogue pencha à gauche, et un homme sauta dans l'embarcation.

Cet homme était Kouha-Handé. D'une main, il tenait son couteau; de l'autre, il brandissait une chevelure sanglante, d'un air de triomphe.

Le chef échangea quelques paroles avec Berger, reprit les pagaies, et le voyage continua.

— Au nom du ciel! s'écria le comte, que s'est-il passé?

— Ne nous laissez pas plus longtemps dans l'incertitude, ajouta le baron de Grigny.

Les deux soldats s'étaient éveillés; ils écoutaient, eux aussi, partagés entre la crainte et la curiosité. Ils ignoraient complètement ce qui était arrivé pendant leur sommeil.

— Bah! répondit Berger avec indifférence, il n'y a pas de quoi s'émouvoir ; ce que j'avais prévu est arrivé, voilà tout!

— Mais, dit le baron, cela ne nous apprend rien.

— Voici la chose en deux mots : Les Anglais, qui ont intérêt à savoir tout ce qui se passe chez nous, ont établi un cordon d'éclaireurs sur toute l'étendue de notre frontière. Malgré notre prudence et nos précautions, il était cependant presque impossible que nous réussions à franchir ce cordon sans être aperçus ou du moins dépistés. C'est en effet ce qui est arrivé : un éclaireur nous a aperçus, s'est mis à l'eau pour nous voir de plus près. Malheureusement pour le pauvre diable, le chef et moi nous étions sur nos gardes et nous veillions; de sorte qu'au moment où il approchait sans défiance, il s'est trouvé face à face avec le chef, qui l'a tué sans miséricorde, et de plus scalpé, suivant la coutume des Peaux-Rouges.

« Voilà ce que c'est que d'être trop curieux! ajouta-t-il en riant.

— Hum! fit le comte, mais si le cri poussé par cet homme a été entendu par d'autres que par nous?

— Cela n'est pas à redouter.

— Pourquoi?

— Parce qu'il était seul.

— Vous en êtes sûr?

— Parfaitement ; c'est un Indien Delaware, et les guerriers de cette nation ont l'habitude de marcher seuls sur le sentier de la guerre, surtout lorsqu'il s'agit d'une embuscade.

— Bien! j'admets cela, dit le comte, mais à présent que comptez-vous faire?

— Ce que nous faisons, pas autre chose : continuer le plus rapidement possible notre route par eau.

— Mais si nous nous heurtons à d'autres éclaireurs ennemis?

— Ce sera tant pis pour eux, mais je ne crois pas que cela arrive. Maintenant nous sommes comparativement en sûreté, la ligne est franchie ; il serait extraordinaire que nous rencontrassions un ennemi quelconque, blanc ou rouge.

Comme si le hasard, cette fois encore, eût voulu donner un éclatant démenti à cette assertion, un bruit assez fort se fit entendre dans l'eau, à une légère distance en avant de l'embarcation.

— Hein? s'écria le comte, qu'est cela encore?

Le chasseur écouta pendant un seconde ou deux, puis il se redressa avec insouciance et regarda Kouha-Handé.

— C'est encore un ennemi, dit-il.

— Ah! vous vous trompiez donc? vous l'avouez?

— Pas le moins du monde, répondit-il en riant; cet ennemi est le bienvenu. Laissez-moi faire.

— Expliquez-vous au moins.

— C'est inutile. Vous allez voir ce qui va se passer, attendez.

— Avec cette obscurité, nous ne verrons rien, fit le comte.

— Patience donc, monsieur Louis. Mon Dieu, que vous êtes vif! reprit le chasseur.

— Ne pouvons-nous vous être utiles?

— Peut-être!... Dans tous le cas, soyez prêts à tirer dès que je vous le dirai. Si cela est nécessaire, je ne m'en ferai pas faute.

— Mais où? comment?... sur quoi? sur qui?

— Vous verrez, vous verrez! Est-ce convenu?

— Oui, puisque vous l'exigez! Ah! vous êtes un guide terrible!

— Merci, monsieur Louis; mais promettez-moi, quoi qu'il arrive, de ne pas tirer, ni vous ni vos compagnons, sans mon ordre. Il vaut mieux, si cela est possible, éviter les coups de feu, dont les détonations pourraient attirer des visiteurs qu'il est inutile de mettre sur notre piste.

— Soit; nous obéirons, nous serons prêts au premier signal.

— C'est cela.

Pendant ce colloque, la pirogue n'avait pas ralenti sa marche. Le bruit se rapprochait rapidement et prenait des proportions inquiétantes.

Tout en causant ainsi, avec une gaieté qui témoignait de sa confiance et du peu de gravité de ce nouveau danger, le coureur des bois avait fouillé dans sa gibecière en parchemin, et il en avait tiré une bûche grosse comme le poing et longue d'environ quinze pouces ; ces bûchettes sont faites avec une essence particulière de bois que les Indiens nomment *ocote* ou bois pourri.

Berger la planta droite sur l'avant de la pirogue.

Les jeunes gens suivaient attentivement ces préparatifs, auxquels ils ne comprenaient rien.

— Maintenant, faites bien attention, dit le chasseur lorsque la bûche fut solidement fichée dans le rebord de l'embarcation.

— Attention à quoi, vieux chasseur? demanda le baron.

— A ce que vous allez voir, répondit le chasseur en battant le briquet et en plaçant un paquet d'étoupes imbibées d'eau-de-vie sur la bûche, qui se trouva ainsi métamorphosée en torche resplendissante.

Une large zone de lumière, dont la pirogue formait le centre, s'étendit alors sur la rivière.

— Tenez, dit Berger en étendant le bras, le voyez-vous, là-bas?

— Eh ! s'écria le comte, en effet ; mais qu'est-ce que c'est que cela ? Je vois grouiller quelque chose... mais quoi ?

— Un ours gris qui traverse la rivière ; pas autre chose.

— Tiens, tiens, tiens ! fit le baron en se frottant les mains, c'est très bon, l'ours gris, à ce que l'on dit.

— Excellent !... mais il faut le prendre.

— C'est juste ! il semble se diriger de ce côté. Voyez donc, Berger.

— Parfaitement, la lumière l'attire.

— Il paraît monstrueux, dit le comte ; sa tête est énorme !

— L'ours gris est l'animal le plus redoutable de ces contrées, reprit le chasseur ; ses griffes ont parfois jusqu'à dix et même douze pouces de long. Sa vigueur est immense, son agilité sans égale, et sa férocité va si loin que les jaguars n'osent se mesurer avec lui.

— Hum ! dit le baron, ce n'est pas un ennemi à mépriser alors.

— Nullement. Tout duel est mortel avec lui. Si nous le manquons, il ne nous manquera pas, je vous en avertis.

— Diable ! il ne faut pas le manquer. Vous entendez, vous autres ?

Rameau-d'Or et Risque-Tout acquiescèrent du bonnet.

— Nous tâcherons... reprit Berger. Écoutez-moi bien : dans cinq minutes tout au plus il sera auprès de nous. Lorsqu'il arrivera à portée, je lui fendrai la tête avec ma hache.

— Bon ! mais s'il n'est pas mort !

— Vous ferez feu, tous ensemble, sans vous occuper de moi, sans cela nous serions irrémissiblement perdus. Surtout visez aux yeux, les balles s'aplatiraient sur son crâne. Est-ce compris ?

— Parfaitement, mais vous ?

— Moi je me garerai, soyez tranquille. Maintenant silence ! le voilà qui arrive.

Les quatre Français armèrent leurs fusils ; le chef continuait à pagayer aussi paisiblement en apparence que s'il ne se fût rien passé d'extraordinaire.

Berger, sa hache à la main, se tenait droit et ferme à l'avant de la pirogue.

Le monstre n'était plus qu'à quelques pieds de l'embarcation.

On apercevait sa tête énorme au-dessus de l'eau ; ses yeux brillaient dans la nuit comme deux charbons ardents, sa gueule sanglante, armée de dents formidables, s'ouvrait par intervalles pour laisser passer de rauques rugissements.

Il y eut un instant d'anxiété terrible pour les Français.

Les quatre fusils s'abaissèrent.

Berger, le haut du corps rejeté en arrière, le bras armé de sa hache levée au-dessus de sa tête, la jambe droite avancée, attendait froid et calme.

Le chef pagayait toujours, regardant l'ours gris sans terreur ni colère.

— Chew y erresk ! — En avant ! un peu à droite ! — cria le chasseur.

L'Indien fit légèrement obliquer la pirogue.

Une des pattes puissantes de la bête féroce s'appuya alors sur le rebord de l'embarcation et la fit pencher presque au niveau de l'eau.

La hache s'abattit avec la rapidité de la foudre.

L'ours poussa un rugissement terrible et la pirogue se releva.

— Désarmez vos fusils, dit froidement Berger ; il a la tête fendue jusqu'aux yeux.

L'ours se débattait avec d'horribles rauquements dans les dernières convulsions de l'agonie, faisant voler autour de lui l'eau qu'il battait de ses quatre pattes gigantesques.

Kouha-Handé se laissa doucement glisser dans la rivière, s'approcha du monstre, qui râlait, lui prit les deux pattes de derrière dans un nœud coulant, et, le tirant ainsi à la remorque derrière lui, il nagea lentement vers le rivage.

La pirogue le suivit.

Les efforts combinés des six hommes suffirent à peine pour amener à terre le cadavre du monstre.

C'était un ours gris de la plus belle venue ; il pesait près de mille livres.

L'Indien et le chasseur, dès que l'animal fut à terre, se mirent en devoir de lui enlever la peau, ce qu'ils firent avec une dextérité et une rapidité prouvant une longue habitude ; puis ils coupèrent les quatre pattes, qui sont renommées pour leur délicatesse ; ils enlevèrent quelques livres de filet, toute la graisse, et ils abandonnèrent le reste de l'animal aux oiseaux de proie.

— Voilà notre déjeuner assuré, dit en riant le chasseur.

— Certes, et un excellent déjeuner, fit le baron.

— Que pensez-vous de ce gibier, monsieur Louis ?

— Ma foi ! je pense qu'il est d'une taille respectable, et surtout assez difficile à abattre.

— C'est selon comment on s'y prend, répondit gaiement Berger.

— En tout cas, c'est un déjeuner plein d'émotions.

Lorsque les dépouilles de l'ours eurent été transportées et soigneusement arrimées dans la pirogue, les voyageurs se rembarquèrent.

La torche, devenue inutile, fut éteinte.

L'Indien et le chasseur reprirent les pagaies, et l'on se remit en route.

— Arriverons-nous bientôt ? demanda le comte.

— Nous entrerons, dans quelques minutes, dans la rivière dont je vous ai parlé déjà, monsieur Louis ; avant deux heures, nous serons au terme de notre navigation.

— Bien. Et ensuite ?

— Le trajet par terre ne sera plus rien. Je vous ai annoncé que vous arriveriez chez moi vers l'aube naissante.

— Au lever du soleil !

— Oui, monsieur Louis.

Deux soupirs de satisfaction se firent entendre.

Le chasseur tourna la tête en souriant.

C'étaient les deux soldats qui, involontairement, donnaient ce signe d'existence.

Évidemment, malgré tout le plaisir que venait de leur causer leur rencontre avec l'ours gris, ils éprouvaient le désir de continuer leur voyage sur un sol plus solide que celui sur lequel ils se trouvaient en ce moment.

Le comte de Villiers, partageant leur manière de voir, se contenta de dire :

— Allons, mon brave Berger... nous nous en fions à Dieu et à toi !

— Enfin, monsieur Louis, vous vous souvenez donc que vous m'aviez promis de me traiter en ami... de votre frère. Vous m'avez dit *vous*, tout le temps de la traversée.

Et le Canadien pagaya, plus alerte et plus joyeux.

II

VOYAGE DE NUIT

La pirogue, qui depuis le départ de l'Anse-aux-Marigots, avait toujours navigué en plein centre de la rivière, sauf lors de la chasse à l'ours gris, appuya sur la droite et se rapprocha du rivage.

Ainsi que le coureur des bois l'avait annoncé, vers trois heures du matin elle vint atterrir sur une pointe avancée.

Cette pointe, en forme de cap, était complètement dépourvue d'arbres et de végétation.

Les voyageurs prirent terre avec une joie non déguisée.

Cette longue et pénible traversée, faite dans une embarcation étroite et incommode, les avait horriblement fatigués.

Ils se sentaient hâte de marcher et de rétablir dans leurs membres la circulation du sang interrompue par une si longue immobilité.

Le ciel commençait à s'éclaircir.

Il s'irisait, à l'horizon, de nombreuses bandes d'opale avant-courrières de l'aube.

Le clair-obscur permettait de se diriger en toute assurance sur ce terrain nouveau.

— Avant tout, dit Berger, chef, nous allons mettre la pirogue en sûreté.

Kouha-Handé, qui n'était point bavard, ainsi qu'on a pu le remarquer, fit un geste d'approbation.

— Ici ? demanda le comte.

— Ici même.

— Cela me semble difficile.

— Pas aussi difficile que vous le supposez, monsieur Louis. Vous allez voir ; nous la cacherons de façon à pouvoir la retrouver en cas de besoin.

La pirogue fut d'abord déchargée.

Les différents objets qu'elle contenait se partagèrent en paquets de minime dimension, provisoirement déposés sur la plage.

Ensuite l'embarcation fut retirée de l'eau, retournée sens dessus dessous ; puis Berger, à l'aide du Peau-Rouge, la plaça sur ses épaules.

Les autres voyageurs avait pris chacun un paquet.
On se mit en route.

Après un quart d'heure de marche à peu près, on atteignit la lisière d'une forêt dans laquelle l'Indien, qui servait de guide, s'engagea silencieusement; ses compagnons le suivirent, et bientôt les six hommes disparurent sous le couvert.

Cette forêt, ainsi que cela se rencontre assez généralement en Amérique, ne se composait que d'une même essence d'arbres, fort vieux pour la plupart, garnis de cette mousse nommée barbe d'Espagnol, qui tombe en long festons de l'extrémité des branches, reliés entre eux par un fouillis inextricable de lianes.

Au premier abord, il semblait impossible non-seulement de se diriger dans cette forêt, mais même d'y marcher, tant les obstacles, qui à chaque instant surgissaient sous les pas, se multipliaient dans les conditions les plus désespérantes.

Cependant, grâce à l'adresse des deux coureurs des bois, les difficultés s'aplanirent; avec un instinct merveilleux, ils trouvaient leur route dans ce chaos.

Les Français cheminèrent facilement à leur suite, dans une sente de bêtes fauves, assez étroite à la vérité, et qui formait des détours infinis, mais suffisamment praticable pour qu'on y marchât sans trop de fatigue.

Les voyageurs parvinrent ainsi à une clairière formée par la chute de plusieurs arbres tombés de vieillesse.

Arrivés là, ils s'arrêtèrent.

— Reposons-nous, dit Berger en jetant la pirogue à terre.
— Sommes-nous donc arrivés? demanda le comte.
— Pas encore, monsieur Louis, mais peu s'en faut. Avec votre permission, nous déjeunerons! Voyez! le chef est déjà en train d'allumer le feu; je vais lui donner un coup de main.
— Pardieu! nous aussi, dit Rameau-d'Or; l'appétit vient vite à faire des courses pareilles!... et quoique on ne soit pas un cordon bleu!...
— Mon premier état était l'état de cuisinier, dit sentencieusement Risque-Tout.

La phrase n'était pas harmonieuse. On en rit, et on la lui passa en faveur des talents qu'elle annonçait.

— Alors, mes braves, à la besogne! dit gaîment Berger. Moi, je cacherai d'abord la pirogue dans un endroit où il nous sera facile de la retrouver plus tard, si besoin est, et dans lequel je défie n'importe qui de...

Et, laissant les deux soldats et le chef s'occuper alternativement des préparatifs du déjeuner, ils se dirigea vers l'extrémité de la clairière. Là, il commença à examiner attentivement les arbres les uns après les autres.

L'immense forêt dans laquelle se trouvaient les aventuriers se composait entièrement, ainsi que nous l'avons dit, d'une même essence d'arbres, celle du *cupressus disticha*, une des plus belles de l'Amérique septentrionale et qui mérite une description particulière.

Le *cupressus disticha* tient le premier rang parmi les arbres du Nouveau-

LA BELLE RIVIÈRE 173

Le bâton commença à osciller à droite et à gauche.

Monde; on est étonné tout d'abord de sa majestueuse stature. Lorsqu'on s'en approche, on ne peut se lasser d'admirer ce tronc droit et nu qui porte jusqu'aux cieux une énorme tête, dont l'ombre se projette sur la terre, comme celle d'un nuage passant dans la moyenne région de l'air; sa couleur est douce au regard; ses feuilles sont d'une contexture dont rien n'approche.

Il croît généralement dans l'eau ou dans les terres basses, plates, voisines des lacs et des grandes rivières, à la condition que, durant une grande partie de l'année, ces terres soient recouvertes de deux ou trois pieds d'eau.

La partie du tronc qui plonge dans l'eau et celle qui la dépasse de quatre ou cinq pieds sont renforcées par des pilliers.

On appelle aussi ces piliers *jambes de force*.

Lorsque l'arbre a pris tout son accroissement, ces derniers se projettent de tous côtés, de manière à laisser entre eux des espaces assez larges pour que plusieurs hommes s'y cachent facilement.

Chacun de ces pilastres se termine sous terre par une grande et forte racine.

Cette racine pousse tortueuse, se divise et se répand en tous les sens dans la première couche de terre, placée immédiatement au-dessous du sol.

De ces racines sortent des cônes de bois nommés *genoux de cyprès* par les Indiens, hauts de quatre à six pieds, mesurant à leur base un diamètre de six pouces à deux pieds.

Les grands *genoux de cyprès* sont creux.

Les Indiens en font des ruches pour les abeilles.

Une petite partie de l'arbre, s'élevant à peu près à la hauteur des pilastres, est également creuse.

Mais là sa nature semble changer.

Il s'élève, droit comme une colonne de marbre, à quatre-vingts ou quatre-vingt-dix pieds au-dessus du sol.

Ensuite, il se partage, il s'élance à droite et à gauche, par devant, par derrière, dans tous les sens enfin, pour arriver à former une tête plate, horizontale comme un dais, dans lequel les aigles font leur nid, et où se reposent quelquefois les grues et les cigognes.

Ce qui ajoute encore à la singulière beauté de ces arbres, ce sont les longues banderoles de grandes mousses qui pendent de leurs hautes branches et flottent au gré des vents.

Rien ne saurait reproduire avec justesse l'aspect étrange et majestueux que présente une forêt entièrement composée de ces magnifiques géants du règne végétal !

Le comte de Villiers et son ami, qui, pour la première fois depuis leur débarquement en Amérique, se trouvaient au milieu de véritables déserts que la main de l'homme n'avait pas encore déformés, jetaient autour d'eux des regards ravis.

Tout en suivant curieusement des yeux les mouvements du Canadien, qui, avec une adresse extrême, était parvenu à loger sa pirogue dans le tronc creux d'un arbre, et à dissimuler si bien sa cachette, qu'à moins de la connaître personne ne serait parvenu à la découvrir, les deux amis s'étaient peu à peu avancés vers la lisière de la clairière.

La voix de Berger les fit arrêter net.

— Eh ! s'écria le chasseur en accourant auprès des deux jeunes gens, pas un pas de plus de ce côté, messieurs, si vous tenez à la vie.

— Que voulez-vous dire ? lui demandèrent-ils avec étonnement ; un danger nous menace-t-il ?... de toute façon, est-il si grand que...

— Un terrible, immense! Nous sommes sur un marais. Hors de cette clairière qui forme une espèce de colline à peu près à pic, excepté pendant les grandes eaux, vous courriez le risque de vous engloutir dans des fondrières d'une profondeur de dix à douze pieds au moins, où vous seriez immédiatement étouffés par la boue et la vase; cette herbe si drue et si verte, que vous voyez tout autour de vous, recouvre une boue liquide. Tenez, regardez.

Il prit alors un bâton, se pencha en dehors de la clairière et le planta légèrement dans l'herbe. Le bâton commença à osciller à droite et à gauche; puis, par un mouvement long et continu, il s'enfonça peu à peu, jusqu'à ce qu'en moins de quelques minutes il eût complètement disparu; il avait plus de quinze pieds de longueur.

— Vous voyez, dit tranquillement le chasseur.

— Certes! répondit le baron en pâlissant, c'est épouvantable..., si nous n'avions pas été prévenus à temps...

— Et ce marais s'étend bien loin? dit le comte.

— A vingt lieues, peut-être plus, nul ne le sait.

— Comment se fait-il alors, mon ami continua le comte, que vous nous ayez fait prendre un chemin aussi dangereux?

— Parce que c'est le seul qui conduise à l'endroit où je vous mène; le village que j'habite est entouré de trois côtés par ce marais; d'ailleurs vous ne courez aucun risque.

— C'est juste! allons déjeuner. Je crois qu'on nous attend.

Le chef et ses deux aides avaient si bien mis le temps à profit que le repas était prêt. Il se composait naturellement de pattes d'ours cuites sous la cendre, de filets grillés, mets substantiels auxquels on avait ajouté des ignames, du pain et des gourdes pleines de vin et d'eau-de-vie.

Leur course nocturne avait considérablement ouvert l'appétit des voyageurs.

Ils s'assirent en cercle sur l'herbe, et, chacun tirant à la fois le morceau le plus à sa convenance, le repas commença avec un entrain qui menaçait de ne laisser aucuns reliefs.

Pendant qu'ils mangeaient, riant et plaisantant, le soleil se leva.

Le paysage changea aussitôt.

Il devint d'une beauté telle, que les Français, encore peu habitués aux grands spectacles de la nature, poussèrent à l'envi un cri d'admiration.

Les rayons du soleil inondaient la clairière d'un flot de lumière.

La vue s'égarait à l'infini dans les inextricables méandres d'arbres séculaires et majestueux, dont les cimes feuillues formaient un immense dôme de verdure.

Des oiseaux s'éveillaient avec le jour.

Ils commençaient leurs joyeux concerts.

Les perroquets diaprés de mille couleurs voletaient çà et là.

Les écureuils gris et les opossums sautaient de branche en branche, donnant une vie et une animation inattendues à tous les objets inanimés qui les entouraient.

Cette nature, qui, pour nos aventuriers, paraissait silencieuse, morne et triste quelques instants auparavant, vivait maintenant, s'épanouissait, respirait par tous ses pores gigantesques, éclatait de grandeur et de beauté, grâce à l'influence bienfaisante d'un soleil rayonnant.

C'était un admirable spectacle.

Au moment où les voyageurs achevaient leur repas, le cri de l'épervier d'eau s'éleva à une courte distance.

Le comte leva la tête.

— Que regardez-vous? lui demanda Berger.

— Je cherche où est l'oiseau qui a crié.

— C'est un épervier d'eau : il est de nos amis, reprit le chasseur.

Et, à son tour, il imita le cri du même oiseau avec une perfection telle que le jeune homme se retourna machinalement.

— Eh! mais, s'écria-t-il, qu'est cela?

Une troupe composée d'une cinquantaine d'hommes, débouchait à ce moment dans la clairière d'un sentier opposé à celui par lequel étaient entrés les voyageurs.

— Ce sont des amis, répondit Berger en se levant, des Indiens et des *bois-brûlés* qui viennent à notre rencontre. Ce sont eux qui nous ont prévenus par le cri que vous avez entendu.

— Qu'ils soient les bienvenus! dit gaîment le jeune homme.

Tout le monde s'était levé pour recevoir les arrivants qui, eux, s'étaient arrêtés sur la lisière de la clairière.

Ils attendaient, immobiles et silencieux, qu'on leur adressât la parole.

C'étaient tous des hommes vigoureusement charpentés, aux traits fiers et énergiques, dont la plupart avaient atteint le milieu de la vie. Excepté la barbe, que quelques-uns d'entre eux portaient entière, et les longs cheveux blonds qui leur tombaient en grosses boucles sur les épaules, ils avaient avec les Indiens une si complète ressemblance par leur teint, couleur de brique cuite, et leurs vêtements d'une coupe presque identique, qu'il eût été fort difficile de les distinguer de ceux-ci.

Sur un geste de Berger, ces hommes se séparèrent en deux troupes distinctes : Kouha-Handé se plaça à la tête de la première, et le Canadien se mit devant la seconde.

Le chef s'approcha alors du comte, et, lui serrant le bras gauche avec la la main droite, selon la coutume indienne.

— Te voilà enfin venu, lui dit-il, — formule de salut ordinaire. — Voici mes fils, ce sont les Hurons des lacs; ils aiment leur grand-père blanc. Sur mon invitation, ils se sont rendus auprès de toi; tu peux en disposer à ton gré pour le service de notre grand-père blanc. Ce sont les guerriers les plus renommés de ma tribu; leur bras est fort, leur cœur vaillant, leur langue n'est point menteuse et leurs yeux voient aussi bien la nuit que le jour.

— Je vous remercie, chef, répondit le comte, d'avoir amené ici vos fils; ils demeureront près de nous. Avec leur aide et vos conseils, j'espère que nous exécuterons heureusement les ordres de notre grand-père blanc; il aime ses fils indiens et veut leur bonheur.

Berger avait au fur et à mesure, traduit cette harangue aux Indiens, de même qu'il avait servi d'interprète à Kouka-Handé, car bien que le chef comprît le français et même le parlât, sa connaissance de cette langue n'était pas assez grande pour qu'il lui fût possible de prononcer un discours.

Les Indiens s'inclinèrent respectueusement, et, en signe de satisfaction, ils firent, à deux reprises, résonner les voûtes profondes de la forêt des accents sauvages de leur terrible cri de guerre.

Le comte se tourna alors vers les *bois-brûlés*.

— Camarades, leur dit-il en les saluant, entre nous il n'y a pas besoin d'interprète. Nous sommes compatriotes, c'est-à-dire frères. Peu importe que nous soyons nés de ce côté de l'Océan ou de l'autre ; Canadiens ou Européens, nous sommes tous fils de la même mère, cette noble nation française, dont vous représentez si bien, en Amérique, les nobles traditions. Je compte donc sur vous pour combattre notre ennemi commun, comme vous devez compter sur moi pour vous guider partout où l'exigera l'honneur de la France !

— Vive la France ! vive le roi ! mort aux Anglais ! s'écrièrent les Canadiens d'une voix tonnante en faisant résonner leurs armes avec enthousiasme.

— Oui, mes enfants, vive le roi ! vive la France ! répéta le comte en agitant son chapeau.

Lorsque les cris se furent calmés et le silence à peu près rétabli, le comte reprit la parole.

— La mission qui nous est confiée est digne de votre courage et de votre expérience. Nous avons des difficultés immenses à surmonter, des luttes périlleuses à soutenir ; mais appuyé sur vous et aidé par les conseils de Berger, dont le dévouement à toute épreuve m'est connu, je ne doute pas que le succès couronne mes efforts.

— Notre honneur nous commande impérieusement de vous aider de tout notre pouvoir, monsieur Louis, dit le chasseur, soyez convaincu que nous ne faillirons pas à notre devoir.

— Je le sais et je vous en remercie d'avance ; vous avez agi en homme de sens, Berger, en assignant à nos amis ce rendez-vous éloigné de tout regard indiscret. Maintenant que nous sommes convenus de nos faits, nous n'aurons pas à redouter l'espionnage de nos ennemis, et nous pourrons partir, dès que les préparatifs indispensables seront terminés.

— Monsieur Louis, j'ai cru devoir, dans l'intérêt de l'expédition, et afin que nous ne nous égarions pas sur une fausse piste, détacher un de nos plus adroits éclaireurs à la recherche des Anglais ; il est parti depuis hier au lever du soleil ; son absence ne saurait être longue. Peut-être vaudrait-il mieux 'attendre avant de prendre une résolution définitive ; sans aucun doute, il nous rapportera des nouvelles de ceux que nous voulons surprendre.

— Je partage entièrement votre opinion, et je vous félicite, mon ami, d'avoir songé à expédier cet éclaireur : mais que ferons-nous, en l'attendant, pour ne pas attirer les soupçons sur nous ?

— Ce qui avait été primitivement convenu, monsieur Louis ; nous chasserons ; d'ailleurs, aucun espion n'oserait s'introduire parmi nous qui nous connaissons tous, il serait tout de suite démasqué... et pendu !

— C'est juste !... Maintenant, si rien ne nous retient plus ici, je crois qu'il est temps de nous diriger vers votre village.

— Oui, d'autant plus que nous sommes attendus avec impatience... nous sommes même quelque peu en retard !...

— Alors en route !

— Quelques minutes plus tard, les deux troupes, qui n'en formaient plus qu'une, abandonnaient la clairière et s'enfonçaient de nouveau dans la forêt, prenant la sente par laquelle les *bois-brûlés* étaient arrivés, seul chemin praticable à travers les marécages.

III

BEAUCOUP DE FAITS EN PEU D'INSTANTS

Il nous faut revenir maintenant au capitaine don Palamède Bernardo Bivar del Carpio. Sa chevaleresque et vénale Seigneurie venait, ainsi qu'on s'en souvient, d'être laissée pour morte, râlant et se tordant sur l'herbe ensanglantée.

Bien que son trépas fût plus que probable, bien que le digne capitaine se trouvât dans l'impossibilité de changer de position et de place, à son retour le comte de Villiers, accompagné de son ami le baron de Grigny, n'avait plus retrouvé ombre de blessé ni de mourant. Cependant la clairière conservait encore toutes les traces de la lutte acharnée des deux adversaires.

Voici ce qui s'était passé en l'absence du comte.

Le capitaine, affaibli par la perte de son sang, avait été pris d'une syncope et s'était complètement évanoui.

Le pauvre diable gisait depuis quelques minutes, étendu sans mouvement ; il était en voie, sans doute, de passer tout doucement de vie à trépas, lorsque par bonheur pour lui, soit que la Providence veillât tout particulièrement sur sa précieuse existence, soit, ce qui est plus probable, que le hasard le favorisât, trois cavaliers apparurent dans la clairière.

Deux de ces cavaliers, par leurs costumes riches et de bon goût, paraissaient appartenir à la haute classe de la société : ils portaient l'épée, ce qui les faisait, au premier coup d'œil, reconnaître pour gentilshommes. Ils étaient fort jeunes ; le visage du plus âgé n'accusait pas plus de vingt ans.

Le troisième cavalier était un homme aux traits mâles, énergiques et intelligents ; ses yeux noirs, pleins de feu, donnaient à sa physionomie caractérisée une expression de résolution extrême. Une barbe noire et bien fournie couvrait tout le bas de son visage. Il avait trente ans au plus ; sa taille était haute, bien prise, vigoureusement charpentée, sans cependant manquer d'élégance.

Son costume, d'une grande simplicité, entièrement noir et sans broderies, était celui d'un serviteur de confiance. Il portait un couteau de chasse attaché à son côté par un large ceinturon de cuir fauve et les crosses de deux longs pistolets sortaient des arçons de sa selle.

En pénétrant dans la clairière, les trois cavaliers s'étaient arrêtés après avoir jeté autour d'eux des regards inquiets.

— Ouais ! qu'est-ce que c'est que cela ? s'écria le plus jeune, en désignant de sa main coquettement gantée le corps étendu sur le sol.

— Eh ! eh ! répondit celui qui paraissait le serviteur, c'est un cadavre, selon toutes probabilités.

— Croyez-vous que ce malheureux soit mort, André ? demanda le premier interlocuteur.

— Je ne l'affirmerais pas ; cependant, si madame la marquise le désire, il m'est facile de m'en assurer.

— Oui, assurez-vous en, André, répondit celui auquel son serviteur avait donné le titre de *marquise*, et il ajouta d'un ton d'impatience : Et une fois pour toutes, je vous prie, souvenez-vous de ne plus me nommer ni *madame* ni *marquise*. A quoi me sert-il d'avoir endossé ce déguisement, si vous vous chargez ainsi, comme à plaisir, de révéler à chaque instant qui je suis ? Observez-vous et retenez votre langue.

André courba la tête sans répondre à cette semonce, et il s'approcha du prétendu mort. Les deux autres cavaliers demeurèrent immobiles à l'endroit où ils se trouvaient, soit qu'ils attachassent peu d'importance à cet incident, soit qu'ils ne se souciassent pas de se voir en présence d'un cadavre.

Cependant André avait mis pied à terre, il s'était penché sur le corps et l'avait retourné. Le visage de don Palamède se trouvait complètement enfoui dans l'herbe.

Tout à coup le serviteur se redressa en poussant une exclamation de surprise.

— Qu'est-ce encore ? reprit d'une voix railleuse le premier cavalier. Le mort avait-il une dent contre vous, André ?

— Non, monsieur.

— Il ne vous a pas mordu ?

— Le pauvre diable ne se servira pas de longtemps de ce qui s'appelait jadis ses mâchoires.

— Alors pourquoi ce cri ?... cette surprise ?

— Savez-vous, messieurs, quel est ce pauvre diable si mal accommodé ?

— Non, et nous ne tenons pas à le savoir.

— Il faut pourtant vous occuper de lui ou me permettre d'en prendre soin.

— Parce que...

— Parce que je crois qu'il respire encore...

— S'il respire, c'est avec tant de légèreté que, d'honneur ! cela ne vaut pas la peine d'en parler, fit le second maître.

— Mais... André a raison, dit le premier, nous ne pouvons laisser ce malheureux sans secours... je le reconnais.

— Qui est-ce ? demanda le marquis ou la marquise.

— Ah ! repartit l'autre avec une légère teinte d'ironie... Nous entrons à peine en campagne, et voilà que nous perdons un de nos plus fermes champions.

L'homme qui gît, étendu sur le sol, n'est autre que notre pourfendeur de géants, le redoutable capitaine Palamède !

— En effet...

— La peste soit du drôle ! Cet Espagnol n'est qu'un Gascon. C'est donc à ce beau résultat que devaient aboutir toutes ses rodomontades !

— Les plus fins trouvent leur maître, fit sentencieusement observer le serviteur des deux cavaliers.

— Très juste ! surtout cette fois. Tudieu ! les beaux coups d'épée. Le descendant du Cid est percé d'outre en outre. Regarde donc ces blessures, Camille.

— Je reconnais et je devine la main qui les a faites, répondit Camille avec un geste de haine et de colère. Voilà qui ne laisse pas d'être peu encourageant pour nous.

— Hésites-tu déjà ? penserais-tu à retourner sur nos pas ? s'écria vivement le premier cavalier avec une accentuation tenant tout autant de l'espoir que du désappointement.

— Non pas !... mais voici notre vengeance ajournée.

— Tant mieux !

— Pourquoi tant mieux ?... Je ne te comprends pas, Louise.

— Louis, s'il te plaît, fit l'autre cavalier en souriant. Je ne suis pas contrariée de ce qui est arrivé, tout simplement parce que je pense que la marquise de Bois-Tracy et la comtesse de Maleval ne doivent pas se contenter d'une si maigre vengeance. Faire assassiner l'homme qui les a trahies, voilà pour des femmes comme celles que je viens de nommer un but bien désirable et une satisfaction bien concluante !

La comtesse baissa la tête, sans répondre à ces paroles de la marquise.

Maintenant que ces dames ont pris soin elles-mêmes de trahir leur incognito, nous ne voyons aucun inconvénient à suivre leur exemple.

La marquise reprit au bout d'un instant :

— Il est évident que nous devons trouver mieux, et, Dieu aidant, nous trouverons.

— L'Écriture dit : « Cherche et tu trouveras », répondit ironiquement la comtesse ; suivons les préceptes de l'Évangile !...

— A la bonne heure ! j'aime à t'entendre parler ainsi.

Pendant cette conversation, André, le frère de lait de la marquise, s'était activement occupé à porter secours au capitaine, dont il avait tant bien que mal pansé les blessures.

Cependant le pauvre diable continuait à ne pas donner signe de vie.

— Qu'allons-nous faire de ce drôle ? demanda le serviteur.

— Hum ! fit la marquise, il paraît bien malade.

— Et il l'est en effet ; je crois cependant qu'avec la connaissance que je possède des blessures, je puis assurer que son cas n'est nullement désespéré. La perte du sang a causé une syncope, mais aucun organe important n'est attaqué ni lésé.

— Nous sommes ici dans un désert, fit observer la comtesse.

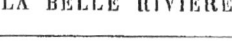

— Ouais ! qu'est-ce que cela ? s'écria le plus jeune.

— Loin de tout secours, appuya la marquise avec intention. Toute perte de temps peut nous devenir funeste.
— Alors abandonnons-le à son sort, fit André.
— Cela vaudrait mieux peut-être.
— La rivière coule à deux pas d'ici.
André regarda les deux dames d'une certaine façon.

— L'Ohio est profond et rapide, messieurs; que décidez-vous? J'obéirai.
— C'est un maladroit, tant pis pour lui! un inutile et un bavard.
— Ainsi?... reprit André avec un geste significatif.
— Les morts ne parlent pas! reprit la marquise en se détournant.
— C'est bien, reprit froidement le jeune homme.
Il se baissa et prit le corps dans ses bras.
Les deux dames causaient entre elles et ne semblaient aucunement s'occuper de ce qui se passait.
André plaça le corps en travers sur son cheval.
Le capitaine fit un léger mouvement et poussa un soupir.
André s'arrêta.
— Eh bien? lui demanda la marquise.
— Il reprend connaissance.
— Raison de plus pour se hâter.
Au sang-froid cruel de la marquise, il était facile de comprendre quel dangereux ennemi le comte de Villiers avait en elle.
André s'inclina et se prépara à quitter la clairière.
Soudain les buissons s'écartèrent, violemment repoussés à droite et à gauche, et un homme parut, à dix pas au plus de nos trois personnages.
Cet homme au visage farouche, aux vêtements en désordre, à l'apparence abrupte et sauvage, portait une paire de longs pistolets à sa ceinture, un couteau de chasse au côté, et tenait un fusil à la main.
A sa vue, les deux dames avaient fait un mouvement d'effroi, et André s'était brusquement placé devant elles, comme pour les défendre.
L'inconnu s'arrêta, posa la crosse de son fusil à terre, et, fixant un regard sombre sur le groupe formé par les deux dames et leur serviteur :
— Eh! eh! dit-il avec un ricanement sinistre, j'arrive à temps à ce qu'il paraît!
— Que voulez-vous dire? demanda André d'une voix qu'il cherchait vainement à rassurer.
— Pardieu! si je ne me trompe, il y a ici de l'argent à gagner: j'en demande ma part, voilà tout.
— Que prétend ce rustre? s'écria la marquise avec colère.
Elle venait de dompter sa première faiblesse féminine.
— Tout doux, mon beau jeune homme, reprit froidement l'inconnu, ne nous fâchons pas, s'il vous plaît! Expliquons-nous paisiblement, je crois que cela vaudra mieux pour nous tous..., pour vous surtout!
— Je ne vous comprends pas, repartit la marquise avec hauteur.
— Qu'à cela ne tienne, mon jeune maître, je vais m'expliquer ; d'ailleurs, je suis ici pour cela.
— Qui êtes-vous d'abord? dit la marquise qui avait repris tout son sang-froid et toute sa fermeté.
— Qui je suis? Ce serait peut-être un peu bien long à vous expliquer cela. De plus, vous trouveriez, j'en suis convaincu, peu d'intérêt à l'apprendre. u'il vous suffise, pour le moment, de savoir que je suis un homme sans

remords et sans crainte, comme sans faiblesse, capable de beaucoup de choses bonnes et mauvaises.

— En un mot, interrompit la marquise, un homme bon à tout, moyennant salaire.

— Voilà, dit-il nettement. Vous y êtes.

— Fort bien. Mais tout cela ne nous explique pas vos intentions.

— Eh! c'est que vous y mettez de la mauvaise volonté alors! Si mes oreilles ne m'ont pas trompé — car j'ai entendu toute votre conversation — et il appuya avec intention sur ces deux derniers mots, je puis, si nous nous comprenons, vous rendre certains services; je suis sans préjugés, moi,... à de certaines conditions.

— Ainsi, par exemple? dit la marquise.

— Je connais toutes les routes de ce pays, surtout celles qui n'existent pas pour les autres. A six cents pas, avec ce fusil, je mets une balle dans l'œil d'un jaguar; je sais où se trouvent des cachettes dans lesquelles se peuvent placer les objets compromettants, de quelque nature qu'ils soient, et cela sans craindre qu'on les découvre jamais.

— Bon! est-ce tout?

— A peu près; je possède, en sus, deux excellentes qualités.

— Voyons-les.

— Je suis fidèle et muet; seulement ces deux qualités coûtent cher à qui veut les utiliser.

— Je comprends cela, dit en riant la marquise. Ainsi?

— Ainsi voyez si je vous conviens.

— Peut-être.

La comtesse et André avaient jusque-là laissé à la marquise le soin de soutenir cette conversation.

Les deux dames s'entretinrent un instant à voix basse; tandis que l'inconnu, toujours appuyé sur son fusil, fixait sur elles un regard railleur.

La marquise reprit en s'adressant à lui :

— Pouvez-vous vous charger de cet homme blessé et le guérir?

— Désirez-vous réellement qu'il guérisse?

— Pourquoi cette question?

— Parce que tout à l'heure vous sembliez avoir une intention toute différente, un tout autre désir.

— C'est possible; j'ai changé d'avis.

— Alors il guérira.

— Et vous vous tairez?

— Je me tairai, soit!

— Fort bien! Prenez cette bourse.

Et elle lui tendit une lourde bourse que l'inconnu fit sauter un instant dans sa main et qu'il engouffra dans ses larges poches avec une expression de plaisir.

— Bon! murmura la marquise, qui avait attentivement suivi ce manège; il est intéressé, je le tiens!

— Est-ce tout? reprit l'inconnu.

— Pas encore.
— Que vous faut-il de plus ?
— Votre nom.
— Je n'en ai pas, du moins celui que j'ai tout le monde l'ignore.
— Comment alors vous désignent ceux qui traitent avec vous ?
— On m'appelle le *Proscrit*.
— Le Proscrit, je m'en souviendrai maintenant. Quand pourrais-je vous voir, si j'ai besoin de vous ?
— Quand il vous plaira.
— Où cela ?
— Où vous voudrez.
— Hum ! tout cela est un peu vague, fit la comtesse de Maleval.
— Je ne puis répondre autrement.
— Cependant vous logez quelque part... dans la forêt ?
— C'est probable.
— Où logez-vous ?
— Ceci je ne puis le dire... je ne le puis ni ne le veux.
— Parce que ?
— Parce que je ne veux pas qu'on vienne chez moi.
— Pourtant, quand on a besoin de vous ?
— On me trouve.
— Mais où cela, je vous le répète ?
— Partout !
— Nous jouons aux propos interrompus...
— Nullement. Dites-moi quand et où vous désirez me voir ; je serai, à l'heure convenue, à l'endroit que vous désignerez.
— Soit ! trouvez-vous ici, où nous sommes, demain, à midi.
— Bien ! à midi, je vous attendrai ici.
— Vous me donnerez des nouvelles de ce pauvre diable.
— C'est entendu.
— Mais comment allez-vous faire pour l'emmener, à pied, comme vous l'êtes ?
— Que cela ne vous inquiète pas ; je l'emmènerai.
— Cependant...
— Vous voulez le savoir ?
— Je vous l'avoue.
— Attendez, alors.

Il siffla d'une certaine façon.

Au bout de deux ou trois minutes, le galop d'un cheval se fit entendre, les broussailles s'écartèrent brusquement, et presque aussitôt un magnifique cheval bondit dans la clairière, et vint frotter joyeusement sa tête fine et intelligente contre l'épaule du Proscrit.

— Voilà, dit celui-ci ; êtes-vous satisfait ?
— Parfaitement !
— Alors, mon brave, dit-il en s'adressant à André, remettez-moi votre blessé ; il ne perdra rien au changement.

Celui-ci obéit.

Le Proscrit sauta en selle, et plaça le capitaine devant lui.

— Voilà qui est fait, dit-il.

— A demain midi, reprit la marquise.

— J'y serai.

— Adieu !

— Adieu !

Nos trois personnes sortirent alors de la clairière et le bruit des pas de leurs chevaux se perdit bientôt dans le lointain.

Le Proscrit était demeuré immobile à la même place, les yeux fixés vers l'endroit où avaient disparu les voyageurs.

Lorsqu'il fut bien assuré qu'il était seul, l'expression de son visage changea subitement.

— Pauvre diable! dit-il, il était temps que j'arrivasse à son secours. Quelques minutes plus tard, il était perdu! C'est un homme, et, à une autre époque il m'a rendu service. Je ne pouvais pas le laisser mourir comme un chien.

Il se mit alors en marche.

— Quelles sont ces femmes? Que veulent-elles? reprit-il au bout d'un instant. Malgré leur déguisement, j'ai bien reconnu que c'étaient de grandes dames. Il y a un mystère là-dessous, je le découvrirai !

En ce moment il côtoyait l'Ohio.

— Ah ! cet or, murmura-t-il, je ne sais pourquoi, mais il me semble qu'il me brûle! débarrassons-nous-en !

Et lui, qui, devant la marquise et son amie, avait si bien joué la cupidité, il tira de sa poche la bourse que la marquise lui avait donnée, et la lança dans la rivière, où elle s'engloutit aussitôt.

Un instant plus tard, ce singulier bandit prenait une sente étroite qui serpentait à travers les arbres et s'enfonçait dans la forêt.

A peine avait-il disparu, emportant son fardeau, que deux hommes entrèrent dans la clairière où tant d'événements venaient de se passer en si peu de temps.

Ces deux hommes étaient le comte de Villiers et le baron de Grigny.

En venant du fort Duquesne, ils avaient constamment suivi le bord de la rivière.

De la sorte, ils n'avaient rencontré ni les deux femmes, escortées de leur serviteur, ni le Proscrit.

Et il leur fut impossible de savoir à quoi s'en tenir sur le sort du blessé.

IV

LA COULEUVRE

Le Proscrit, ainsi que nous continuerons à le nommer jusqu'au jour où nous parviendrons à découvrir son nom patronymique, emportait sur le cou de son cheval l'illustrissime don Palamède del Carpio.

Selon toutes probabilités, le vieillard évitait au noble hidalgo la dure alternative d'un coup de poignard dans le cœur ou d'un plongeon au beau milieu de l'Ohio.

Après avoir, dix minutes environ, suivi la lisière du couvert, au lieu de prendre la direction de sa chaumière, il tourna brusquement sur sa droite, et il s'engagea dans une sente à peine frayée, dont les méandres infinis semblaient revenir sur eux-mêmes, tant ils étaient enchevêtrés les uns sur les autres.

Bien que le cheval, maintenu par une main ferme et vigoureusement éperonné, eût une allure assez rapide, le blessé ne rouvrait pas les yeux ; son visage restait d'une pâleur de marbre, ses traits d'une rigidité cadavérique. Quelques tressaillements nerveux qui parfois parcouraient tout son corps et le faisaient bondir sur lui-même, témoignaient seuls de sa vitalité.

Le Proscrit l'examinait souvent avec un mélange de tristesse, de pitié et d'ironie. Il murmurait sourdement dans sa moustache :

— Pauvre diable! qui peut lui avoir porté une si rude estocade? Si je parviens à le sauver, il aura le droit de se flatter d'avoir vu la mort de près. Je le sauverai, ajoutait-il au bout d'un instant, il le faut! il nous servira sans le savoir!

Son visage prenait alors une expression d'implacable résolution, qui, certes, eût fort donné à réfléchir aux dames françaises si elles avaient pu le voir.

Après une course assez longue à travers bois, course qui ne dura pas moins d'une heure, le Proscrit arriva dans une partie de la forêt tellement touffue et embarrassée de lianes, de plantes et de broussailles, qu'il devenait matériellement impossible d'avancer plus loin à cheval ; un piéton lui-même ne fût parvenu à continuer sa route qu'au prix d'efforts prodigieux pour s'ouvrir un passage dans ces inextricables fourrés.

Cet endroit, sombre et mystérieux, qui paraissait ne servir de repaire qu'aux bêtes fauves dont les traces étaient visibles à chaque pas, se voyait dominé par un gigantesque maguey, s'élevant à une hauteur prodigieuse au dessus des autres arbres, étendant sa puissante ramure dans toutes les directions, et couvrant de son ombre un espace considérable.

Le tronc de cet arbre avait près de douze mètres de tour au ras du sol.

Il montait entièrement dénué de branches jusqu'à une hauteur de quatre-vingts pieds au moins ; il était envahi par d'énormes lianes qui, s'enroulant autour de sa masse colossale, atteignaient ses branches et retombaient en formant les plus capricieuses paraboles jusqu'au sol.

Arrivées là, elles s'enfonçaient en terre pour jaillir de nouveau hors du sol, se mêler et s'enchevêtrer les unes dans les autres.

L'aspect de cet immense végétal avait quelque chose de saisissant, qui inspirait le respect et presque la crainte, tant sa végétation restait puissante, malgré les siècles écoulés depuis qu'il s'était élancé du sein de la terre pour aller plonger sa tête orgueilleuse dans les nuages.

Le Proscrit, arrivé à quelques pas de cet arbre, s'arrêta, jeta un regard soupçonneux autour de lui, et, sans doute rassuré par le silence profond du lieu où il se trouvait, il porta une de ses mains à sa bouche et imita, à deux reprises différentes, le cri de l'épervier d'eau.

Presque au même instant, le même cri lui répondit, et une voix rauque, semblant sortir du fouillis des broussailles, épais comme un mur, auprès duquel le cavalier était arrêté, demanda d'un ton bourru :

— Est-ce vous, maître ?

— C'est moi, répondit le Proscrit sans paraître aucunement étonné de la question que lui adressait son interlocuteur invisible.

— Vous venez bien tard, maître.

— J'ai été retenu.

— Oui, reprit la voix, et vous avez récolté quelque chose en route, à ce qu'il paraît, Jan Pol.

— Un pauvre diable, à demi-mort, que j'ai empêché d'être tué tout à fait, répondit celui auquel on donnait le nom de Jan Pol. Allons, vieux blaireau, sors de ta tanière au plus vite. J'ai besoin de ton aide.

— Singulière idée que vous avez eue là ! grommela l'autre ; les loups protègent donc les agneaux à présent ? c'est le monde renversé.

Jan Pol se mit à rire.

— Il est joli, l'agneau ! tu le verras. Mais trêve de jérémiades, je n'ai pas le temps d'attendre ton bon plaisir. Ainsi, hâte-toi de venir, *la Couleuvre*.

— Pardi! il faut bien que je vienne, puisque vous le voulez, grogna l'autre, toujours sans se montrer. Est-ce que je ne fais pas toujours ce que vous m'ordonnez ?

— S'il en est ainsi, pourquoi tardes-tu donc si longtemps ?

— C'est bon, c'est bon ; on y va, pardi ! Vous n'avez pas besoin de vous mettre en colère ainsi.

— Je ne me mets pas en colère, seulement je m'impatiente, et c'est mon droit, je pense.

— Allons, bon ! il ne manquerait plus que vous m'adressiez des reproches, maintenant ! C'est ça qui me ferait dépêcher !...

Jan Pol, puisque nous savons son nom enfin, haussa les épaules sans daigner répondre.

En ce moment, un craquement assez fort se fit entendre dans la muraille de lianes, qui semblait infranchissable.

Les branches s'écartèrent à droite et à gauche, livrant passage à l'individu si impatiemment attendu par le Proscrit et qui avait tant de répugnance à se montrer.

Ce nouveau personnage était de haute taille, mais d'une maigreur extraordinaire. Sa tête, petite, garnie d'une forêt de cheveux rouges qui tombaient presque sur ses sourcils, reposait sur un cou long et décharné ; ses traits anguleux gardaient une expression d'astuce rendue plus vive encore par l'éclat de ses yeux gris, à fleur de tête, toujours en mouvement.

Il paraissait être âgé d'une quarantaine d'années. Les gestes et les habitudes générales de son corps justifiaient d'une façon singulière le nom de *Couleuvre* qu'on lui avait donné.

Il semblait marcher en rampant et glisser sur le sol avec des ondulations serpentines.

Pour ajouter encore à la ressemblance de cet homme avec les reptiles, à chacun de ses mouvements, ses os, comme ceux du trop célèbre roi de Castille, Pierre le Cruel, rendaient un bruit sec, et tout semblable à celui des sonnettes du cascabel.

Cette infirmité, produite par la trop grande sécheresse des os, affligeait beaucoup le pauvre diable ; car souvent, dans des circonstances où il aurait désiré ne pas être découvert, elle avait dénoncé sa présence à ceux qu'il voulait surprendre ou bien éviter.

Malgré sa maigreur de squelette, ses muscles, saillants et durs comme le fer, témoignaient d'une prodigieuse vigueur corporelle, qui jointe à une rare agilité, en faisait, sous tous les rapports, un adversaire extrêmement redoutable pour ceux que leur mauvais destin obligeait à avoir maille à partir avec lui.

Son costume était semblable à celui du Proscrit, avec la seule différence qu'il flottait littéralement dans ses vêtements. Nous ajouterons, pour mémoire, qu'il était armé jusqu'aux dents.

Il se glissa entre les branches écartées des lianes, en jetant, plutôt par suite d'une longue habitude de prudence que par crainte, des regards interrogateurs autour de lui ; puis il s'avança jusqu'auprès du cavalier, qu'il salua avec un certain respect, en s'arrêtant devant lui.

— Me voilà, dit-il ; que me voulez-vous ?

— Il est heureux que tu te sois enfin décidé à m'obéir, répondit le Proscrit. Prends cet homme dans tes bras et porte-le dans ta cabane ; surtout fais attention de ne pas trop le secouer ; je te répète qu'il est grièvement blessé.

— Bon ! je vais être garde-malade alors. Le diable emporte le drôle... Vous avez de singulières idées, maître.

Cependant il obéit ; mais tout à coup il poussa une exclamation de surprise, et au lieu de s'éloigner, il demeura immobile.

— Eh ! s'écria-t-il, qui diable avons-nous là ?

— Tu le reconnais donc ?

— Pardieu ! il faudrait être aveugle pour ne pas le reconnaître, même dans cet état de délabrement.

— Me reproches-tu encore de l'avoir sauvé ?

— Qui sait ? peut-être avez-vous eu raison, peut-être avez-vous eu tort ! C'était un fort vilain compagnon dans le temps ; j'ai assez vécu côte à côte avec lui pour avoir été souvent à même de m'en apercevoir !

Il devenait matériellement impossible d'avancer.

— Guérissons-le toujours, nous verrons après.
— C'est juste, dit la *Couleuvre* avec un sourire triste ; il sera toujours facile de nous en débarrasser s'il devient gênant. Je m'en charge !
— C'est cela ! mais je ne sais pourquoi, j'espère que nous ne serons pas forcés d'en venir là. Il nous servira, tu le verras !
— C'est votre affaire. Ainsi...?

— Dans la cabane, et les plus grand soins! répondit le Proscrit en mettant pied à terre, ne faisons pas les choses à demi.

— Mais, objecta encore la Couleuvre, la présence de cet homme ici dérange tous nos plans.

Jan Pol sourit avec une expression singulière, et posant doucement la main sur l'épaule de son compagnon :

— Obéis, lui dit-il, ne t'inquiète pas du reste ; je prends la responsabilité de tout ce qui arrivera. Ne crains rien.

— S'il en est ainsi, je n'ai plus rien à dire, reprit la Couleuvre avec un geste d'assentiment.

Et chargé de son lourd fardeau, il repassa dans l'ouverture béante.

Le Proscrit le suivit aussitôt en conduisant son cheval par la bride.

Hommes et bêtes marchaient dans ce labyrinthe, les yeux fermés.

Ils se trouvèrent peu après dans une vaste salle de verdure, fermée de tous les côtés par des murailles de lianes. Ces lianes étaient enchevêtrées si étroitement les unes dans les autres et croisées par des broussailles épineuses si épaisses, que dès que le Proscrit eut rapproché les branches écartées par la Couleuvre et fait disparaître toute solution de continuité, il devint impossible à l'œil le plus exercé de pénétrer à travers cet énorme rideau de feuillage qui semblait avoir poussé ainsi naturellement et faire corps avec le reste de la forêt.

Au centre de la salle de verdure s'élevait majestueusement le maguey dont plus haut nous avons parlé. L'intérieur du tronc de cet arbre était complètement creux. Le colossal végétal ne se nourrissait plus que par les fibres ligneuses de l'écorce, sans que cependant il parût souffrir de cette immense cavité, creusée par les siècles dans son bois et dans sa base même.

La Couleuvre avait profité de cette particularité, que le hasard lui avait fait découvrir, et il en avait tiré le parti le plus avantageux pour établir sa demeure dans cette cavité et s'y loger, lui et son cheval, aussi commodément qu'il l'eût été dans une chaumière construite de ses mains.

Il avait poussé le sybaritisme jusqu'à percer des fenêtres dans cet étrange demeure, et jusqu'à y mettre une porte faite d'une seule plaque d'écorce qui s'adaptait hermétiquement à l'ouverture.

Le logis était séparé en deux parties égales par une cloison.

Le côté droit, réservé au maître, contenait un lit, un coffre, deux chaises, deux tabourets et une table.

Le côté gauche servait d'écurie ; deux chevaux pouvaient y tenir à l'aise ; en plusieurs occasions, on en avait mis quatre. Quelques poules vivaient tant bien que mal, côte à côte avec les chevaux.

Le solitaire faisait sa cuisine en dehors, sous un hangar, dont le dessus servait de grenier pour les fourrages et de magasin pour les provisions de légumes, etc.

Quelques bottes de paille jetées dans le coin le plus obscur de la cabane et recouvertes de peaux de mouton et de peaux d'ours, eurent bientôt composé un lit sur lequel le blessé fut immédiatement déposé.

Il était non plus évanoui, mais endormi. La faiblesse causée par la perte du sang l'avait plongé dans un sommeil profond, presque léthargique.

Lorsque les deux hommes eurent installé le capitaine sur son lit improvisé, ils s'assirent de chaque côté de la table, placèrent un pot de cidre entre eux, allumèrent leurs pipes et entamèrent la conversation suivante :

— C'est donc la rencontre fortuite de ce drôle qui vous a retardé? dit la Couleuvre en avançant son gobelet pour trinquer avec son patron.

— Cela et autre chose encore, compagnon, répondit Jan Pol en choquant son gobelet contre celui de son interlocuteur. Il y a beaucoup de mouvement dans la colonie en ce moment.

— Vous me l'avez dit, mais je me demande en quoi cela peut nous servir et nous intéresser, nous autres.

— Tu le verras plus tard, reprit le Proscrit avec un sourire railleur, si tu es toujours disposé à me servir comme par le passé.

— En doutez-vous, sang-Dieu, mon maître? s'écria l'autre avec animation. Par Sainte Anne d'Auray, ajouta-t-il en portant respectueusement la main à son bonnet, je suis à vous corps et âme, maître, je suis votre bien, votre chose, je vous appartiens comme la lame à la poignée. Ne me parlez donc pas ainsi, vous me faites de la peine; vous savez, je regimbe parfois…

— Allons, calme-toi, je n'avais pas l'intention de te froisser, dit le Proscrit, je te connais et je t'apprécie.

— A la bonne heure! reprit la Couleuvre avec une émotion contenue. Je sais que je suis un vaurien, mis au ban de la société, qui a bien fait de rejeter une brebis galeuse comme moi ; j'ai bien des vices malheureusement; j'ai commis sans doute bien des crimes sans avoir une bonne action à mettre dans la balance. Tout cela est vrai, mais j'ai une vertu : mon dévouement à toute épreuve pour vous! Ne le mettez pas en doute, sang-Dieu! si vous ne voulez pas me pousser à quelque extrémité.

— Allons! allons! tu te fais plus mauvais que tu n'es réellement : je te connais mieux que tu ne le crois.

— Non, je me rends justice; je suis une bête puante, une créature venimeuse, tout ce que vous voudrez. Je hais l'humanité tout entière, qui me le rend au centuple et qui a raison de le faire; mais je vous aime, non parce que vous m'avez dix fois sauvé la vie, qu'est cela pour moi? moins que rien.

— Pourquoi donc alors? demanda le Proscrit avec une certaine curiosité.

— Parce que seul, entre tous les hommes avec lesquels je me suis trouvé en contact, vous n'avez pas désespéré de moi, que vous avez découvert quelques bons sentiments au milieu du chaos effroyable de mes vices; qu'au lieu de me mépriser et de me repousser, vous, vous m'avez tendu généreusement la main; que vous avez eu pitié de moi, en un mot, et que vous m'avez relevé à mes propres yeux en me prouvant que moi le chien, moi, le maudit, moi, la *Couleuvre*, je pouvais être bon à quelque chose et peut-être faire le bien.

— Tu vois bien que j'ai raison, tu n'es pas aussi mauvais que tu le dis; mais brisons-là, si tu le veux, et causons de nos affaires, je suis pressé.

— A vos ordres.

— J'ai rencontré cet homme blessé, comme tu le vois. Je suis arrivé au moment où ceux qui, probablement, l'avaient poussé dans l'aventure qui a si mal tourné pour lui, discutaient froidement entre eux s'ils le jetteraient dans l'Ohio avec une pierre au cou, ou s'ils l'achèveraient d'un coup de poignard.

— Singulier payement qu'ils lui donnaient là !

— N'est-ce pas? J'ai entendu la discussion : cela m'a donné à réfléchir, je me suis montré et je l'ai sauvé. Ces individus, je dois les revoir demain. Il m'est venu certains soupçons que je veux éclaircir; peut-être cette affaire est-elle plus intéressante pour nos projets que nous ne le supposons. Dans tous les cas, vu la situation où nous sommes, on ne saurait prendre trop de précautions. Tu me comprends?

— Parfaitement, sang-Dieu !

— Voilà pourquoi j'ai conduit ce drôle ici, au lieu de le mener chez moi; dès qu'il pourra parler, tu l'interrogeras adroitement, tu le confesseras, et tu l'amèneras à te conter son aventure.

— Au besoin, je lui révélerai les intentions des individus en question à son égard.

— Garde-t'en bien, au contraire; il faut qu'il les ignore et qu'il croie que ces individus lui portent un grand intérêt.

— Comme il vous plaira.

— Je ne suis pas embarrassé, moi, pour obtenir certains renseignements d'un autre côté. Quant à toi, oublie ou feins d'oublier les griefs que tu as contre lui; persuade-lui, s'il le faut, que c'est toi qui l'as sauvé.

— Pour cela, non, sang-Dieu ! D'ailleurs, il ne me croirait pas, il sait trop bien que je le déteste.

— C'est possible ! Agis donc à ta guise; pourvu que tu ne t'écartes pas de mes instructions, peu importe le reste.

— Bon ! soyez tranquille, je ne suis pas un enfant !

Le Proscrit se leva.

— Vous partez?

— Oui, il se fait tard; il y a loin d'ici chez moi; ma fille pourrait être inquiète.

— C'est juste ! Quand vous reverrai-je?

— Aussitôt que je serai libre : demain peut-être, après-demain certainement.

— Je vous attendrai. Vous n'avez pas d'autres recommandations à me faire?

— Non; être prudent, voilà tout!

— Mais s'il venait quelqu'un de ceux que vous savez?

— Il ne viendra personne avant deux jours; j'ai prévenu...

La Couleuvre se leva à son tour et fit sortir le cheval de l'écurie.

— Surtout, reprit Jan Pol en se mettant en selle, soigne bien notre blessé, peut-être nous sera-t-il utile plus tard.

— Rapportez-vous-en à moi. Vous le savez, ajouta-t-il avec un sourire d'une expression qu'il cherchait à rendre fine, j'ai quelques notions de médecine et de chirurgie.

— Aussi est-ce à cause de cela que je te l'ai amené. Allons, adieu! A demain ou après-demain.
— C'est convenu. Vers quelle heure à peu près ?
— Dame!... je ne sais trop... dans l'après-dîner.
— C'est bien ! Adieu donc, et bonne chance !
— Merci.

La Couleuvre démasqua le passage,

Le Proscrit sortit dans la forêt ; puis les lianes furent soigneusement rapprochées derrière lui, non pas toutefois avant que les deux hommes eussent échangé un dernier mot d'adieu et une dernière poignée de mains.

Jan Pol se dirigea vers sa chaumière, qu'il atteignit un peu après le coucher du soleil.

Sa fille l'attendait avec inquiétude.

En l'apercevant, elle poussa un cri de joie et s'élança vers lui.

— Eh bien ! mon père ? lui demanda-t-elle avec anxiété.

— Rassure-toi, enfant; tout va bien ! répondit-il en lui mettant un baiser au front.

— Merci, oh ! merci, mon père ! s'écria-t-elle avec une émotion mal déguisée.

— Hélas ! murmura le Proscrit en étouffant un soupir, elle aussi m'abandonnera-t-elle donc un jour ?

Et il entra dans la chaumière, la tête baissée et le front rêveur.

V

L'ATEPELT DES LOUPS HURONS.

Kouha-Handé était le chef principal du village où se rendaient les deux troupes, que nous avons abandonnées après les salutations de bienvenue et d'usage échangées entre elles.

Le sachem venait de prendre le commandement de la caravane.

Son premier soin fut de se mettre en tête de la colonne, et d'inviter Berger, ainsi que MM. de Villiers et de Grigny, à se placer à ses côtés.

Cette place, cette marque de distinction, désignaient immédiatement les deux officiers au respect et à la considération des Peaux-Rouges, fort sévères sur les questions d'étiquette et de hiérarchie.

Les jeunes gens, nouveaux débarqués dans les colonies françaises, n'avaient eu jusque-là que de très rares occasions de voir les Indiens de près. Ceux qu'ils avaient entrevus au fort Duquesne, obligés de se courber temporairement aux exigences de la civilisation européenne, dans leurs rapports commerciaux avec les Français, ne leur avaient offert rien de bien curieux.

Leurs manières d'agir et même leurs costumes, composés bizarres d'habits de toutes sortes, échangés avec les soldats et les colons, ne surprenaient pas les deux jeunes gens.

Cette fois était, en réalité, la première où ils pouvaient étudier sérieusement les mœurs et les coutumes de ces hommes singuliers auxquels les Européens accordent à peine une âme.

Aussi ils examinaient avec le plus vif intérêt tout ce qui les entourait ; ils accablaient de questions le *bois-brûlé*, qui, avec sa complaisance habituelle, se hâtait de les satisfaire.

Il leur expliquait ce qui, dans la conduite des Indiens, pouvait à première vue, non pas leur paraître inquiétant pour leur sûreté, mais tout au moins singulier et parfois même ridicule.

Quant à Rameau-d'Or et à Risque-Tout, avec cette insouciance narquoise qui caractérise à un si haut point le soldat français, ils s'étaient tout de suite faite des amis parmi les Canadiens.

Ils riaient et causaient avec eux comme s'ils les eussent connus depuis vingt ans, rendant quolibet pour quolibet et plaisanterie pour plaisanterie.

Au sortir de la forêt, les voyageurs se retrouvèrent sur le bord de la rivière.

Devant eux s'étendait une magnifique campagne, couverte d'une herbe verte et drue, s'élevant par ondulations successives jusqu'aux contreforts si imposants des montagnes qui, à perte de vue, fermaient l'horizon.

A deux milles en avant à peu près, on apercevait, construit le long des rives de la rivière, le village de Kouha-Handé.

Ce village, assez important, se composait de deux cents maisons ou plutôt habitations.

Nous le décrirons en quelques mots :

Éparpillé sur une étendue de terrain considérable, il affectait assez bien la forme d'un double arc dont la rivière figurait la corde.

Une espèce de rempart, fait avec des pieux de douze pieds de haut, plantés en terre et reliés ensemble par des cordes en écorce d'arbre, s'élevait derrière un fossé large de vingt pieds et profond de huit qui entourait complètement le village. Deux portes, placées l'une au nord et l'autre au midi, donnaient seules accès dans l'intérieur de l'*atepelt* — village ; — des troncs d'arbres jetés en travers sur le fossé, et faciles à retirer, servaient de ponts volants pour établir les communications avec le dehors.

Contrairement à ce qui se voit d'ordinaire auprès des centres de populations indigènes, la campagne environnante était bien cultivée et parfaitement entretenue, particularité qui devait être attribuée au séjour des métis canadiens parmi les Peaux-Rouges.

Un peu à la droite du village, dont ils n'étaient éloignés que de deux milles, se trouvaient deux cimetières : celui des *bois-brûlés* et celui des Indiens.

Le premier, entouré d'une haie vive, renfermait des tombes modestes surmontées de croix peintes en noir.

Le second était une réunion de ces échafaudages élevés, sur lesquels les naturels ont coutume d'étendre leurs morts, qu'ils laissent ainsi se momifier à l'air, au soleil et à la pluie.

Ce cimetière se dénonçait de loin à l'odorat blessé des voyageurs, à cause des émanations infectes qu'il exhalait et que le vent emportait dans toutes les directions.

Cet atepelt, qui peut servir de type à la plupart des centres de populations aborigènes, — pendant nos voyages dans l'Amérique du Nord, nous en avons rencontré beaucoup de semblables, — avait probablement été construit d'après les plans et sur les indications des métis canadiens.

Il affectait une certaine régularité, qui dénonçait une civilisation en progrès. Ses rues étaient larges, bien percées et rayonnaient toutes vers une vaste place formant le centre du village.

Au milieu de cette place s'élevait la *grande case médecine*, destinée aux conseils des chefs de la tribu.

D'autres cases l'entouraient.

Ces cases ou *callis* consistaient en des carrés longs, à un seul étage, dont les matériaux étaient d'énormes branches ou des troncs d'arbres dépouillés de leur écorce, superposés et fixés par des mortaises à leurs extrémités.

Les Indiens enduisaient ces murailles boisées avec de l'argile bien corroyée et mêlée de foin sec.

Tous les toits se trouvaient surmontés d'une couverture en écorce de châtaignier.

Chaque *calli* était divisé tranversalement de manière à former trois pièces communiquant par des portes faites d'un cuir de daim tanné, tendu sur un châssis en bois.

En outre, de chaque calli dépendait un petit bâtiment conique couvert de terre, nommé *calli chaud* ou *calli d'hiver*.

Ces constructions auxiliaires se trouvaient généralement à quelques toises de l'habitation principale et faisaient face à la porte d'entrée.

A cause de la singularité de sa forme la *grande case médecine* mérite une description particulière.

Cette case était une grande rotonde pouvant contenir plusieurs centaines de personnes.

Placée, ainsi que nous l'avons dit, au centre du village, elle s'élevait au sommet d'un monticule artificiel, haut de vingt-cinq pieds.

La *case médecine* avait elle-même plus de trente pieds, hauteur respectable qui lui donnait un aspect majestueux et imposant.

Nous ferons observer que ce monticule factice était beaucoup plus ancien que le calli supporté par lui.

On l'avait probablement construit bien longtemps auparavant dans un autre but.

En somme, les Indiens ne savent pas plus que nous par quel peuple et pour quel objet furent élevées ces montagnes artificielles.

Beaucoup de récits se font à ce sujet, mais récits qui ne sont que des conjectures.

Il existe pourtant une tradition commune aux peuples du Nord.

Cette tradition prétend que ces sortes de monuments furent trouvés, dans l'état où nous les voyons aujourd'hui, par leurs ancêtres, à l'époque où ces derniers, arrivés de l'Occident, s'emparèrent de tout le pays, après avoir chassé ou vaincu les nations d'hommes rouges aborigènes.

Les aborigènes eux-mêmes prétendaient que de temps immémorial, il en avait été ainsi.

Et comme, toutes réflexions faites, ils n'avaient aucune raison de déguiser la vérité, il faut nous en rapporter à leurs assertions.

Ces montagnes artificielles, ainsi que nous avons été plusieurs fois à même de le constater, ont de grands points de ressemblance avec les *Téocalis* épars sur le sol du Mexique et construits par les Chichimèques, lors de leurs grandes migrations.

Les pyramides de Cholula, entre autres, sont construites presque sur le même modèle : ce qui porte à supposer que le peuple qui a élevé ces monuments artificiels les destinait, dans l'origine, à quelque objet religieux.

Ils servaient ou tenaient lieu de temples, selon la coutume des peuples de l'antiquité, qui dressaient des autels dans les hauts lieux pour invoquer les dieux, dont ils pensaient ainsi se rapprocher, s'imaginant par cette raison en être plus facilement entendus et exaucés.

Voici de quelle manière ingénieuse et simple à la fois s'y étaient pris les Indiens pour construire leur *calli médecine* au sommet de la pyramide artificielle : ils avaient d'abord enfoncé en terre un rang de piliers ou de troncs d'arbres d'environ six pieds de haut, placés à égale distance l'un de l'autre et entaillés à leur extrémité supérieure pour recevoir des traverses qui, allant de l'un à l'autre, les avaient joints tous entre eux.

En dedans de ce cercle, ils avaient mis un autre rang de piliers plus forts et plus grands, d'environ douze pieds de haut, entaillés de même et unis par des traverses. Plus intérieurement encore ils avaient placé un troisième rang de piliers plus forts que les précédents mais moins nombreux et placés à de plus grands intervalles; enfin dans le centre de ces cercles concentriques ils avaient planté un énorme pilier formant le faîte du bâtiment, et sur lequel ils avaient réuni tous les chevrons. Ceux-ci furent renforcés et liés entre eux par des pièces transversales et des lattes destinées à soutenir la toiture. Cette toiture était en écorce de bouleau enlevée au moyen de l'eau chaude, proprement appliquée et assez épaisse pour ne pas laisser filtrer la pluie.

Souvent, dans ces sortes de toitures, on ajoute une couche de terre, mais cette fois cette précaution avait sans doute été jugée inutile.

Il n'y avait qu'une seule porte à ce bâtiment; elle était très large et très haute, regardait le soleil levant et servait en même temps à introduire la lumière et à laisser sortir la fumée, lorsque le feu du conseil était allumé. Comme en général on n'en fait guère que ce qu'il faut strictement pour entretenir la lumière pendant la nuit, et qu'on l'alimente avec du bois sec, menu, et dépouillé de son écorce, ce feu donne fort peu de fumée et n'incommode pas.

Le mur extérieur avait été construit d'après le système adopté pour les autres cases du village, c'est-à-dire en troncs d'arbres couchés l'un sur l'autre, remplissant les intervalles laissés par les piliers et reliés entre eux par de fortes mortaises.

LA BELLE RIVIERE 197

— Mon frère est chez lui, dit-il en le saluant gravement.

Tout autour de l'intérieur de la rotonde, entre le second et le premier rang de piliers, on avait placé un rang de sièges, composés de deux ou trois gradins en amphithéâtre, sur lesquels les chefs et les principaux guerriers de la nation s'accroupissaient ou se couchaient à leur guise, lors des réunions solennelles. Ces gradins étaient recouverts de nattes ou de tapis faits avec beaucoup de soin, de petites éclisses de frêne et de chêne entrelacées.

A la droite du grand pilier du milieu était planté le *Totem* ou emblème distinctif de la nation; à sa gauche, sur deux piquets terminés en forme de fourche, reposait le grand calumet sacré, qui jamais ne doit toucher la terre.

C'est au pied de ce pilier que s'allume le feu qui conserve la lumière et auprès duquel se placent les musiciens.

Les danseurs exécutent leurs jeux et leurs exercices autour du feu du conseil dans les fêtes publiques, qui, nous le constaterons en passant, ont lieu à peu près tous les jours pendant toute l'année, les Indiens n'ouvrant jamais un conseil sans le faire précéder de danses mystiques ou religieuses, afin de se rendre le Grand-Esprit favorable.

La réception faite par les Peaux-Rouges aux officiers français fut simple, cordiale et hospitalière; les femmes, les enfants et les vieillards, groupés dans les rues, saluaient leur passage avec des cris de joie et des souhaits de bienvenue.

L'expression de cette joie était franche et naturelle; on voyait que ces braves gens pensaient bien réellement ce qu'ils disaient : qu'ils recevaient chez eux avec un véritable plaisir les Français, pour lesquels ils éprouvaient une sincère amitié et une profonde reconnaissance; et cela à cause des bienfaits que depuis l'époque de leur débarquement dans le pays ils n'avaient cessé d'en recevoir.

Ces témoignages naïfs d'une gratitude qui saisissait avec empressement l'occasion de s'épancher toucha les jeunes gens et les remplit d'une douce joie : en effet n'étaient-ils pas les représentants de cette grande nation pour laquelle ces pauvres Indiens éprouvaient une si vive sympathie?

M. de Villiers et ses compagnons, seuls dans un pays sauvage, à plusieurs milliers de lieues de leur patrie et à une grande distance de tous les établissements des blancs, avaient, malgré eux, éprouvé une appréhension secrète en se voyant ainsi isolés pour la première fois depuis leur arrivée en Amérique, au milieu de gens dont ils ne connaissaient ni la langue ni les mœurs. Il est vrai que quelques hommes de la même couleur qu'eux les accompagnaient; mais, excepté Berger, ces hommes leur étaient complètement étrangers, et leur genre de vie, si différent du leur, était loin de les rassurer malgré leurs protestations.

Mais la réception cordiale qui leur fut faite leur rendit toute leur confiance, et, avec cette insouciante témérité particulière à la nation française, ils s'abandonnèrent franchement à la joie inspirée par leur présence et la partagèrent sans arrière-pensée.

Cependant la petite troupe était parvenue sur la place du village. Arrivé là, on fit halte. Quelques compliments furent encore échangés; puis, sur un signe de Kouha-Handé, les habitants se dispersèrent et se retirèrent de différents côtés, pour ne pas incommoder leurs hôtes.

Le chef prit alors M. de Villiers par la main et le conduisit vers une grande case de belle apparence, dans laquelle il le fit entrer ainsi que ses compagnons d'aventure.

— Mon frère est chez lui, dit-il en le saluant gravement.

Puis, sans ajouter un mot, il se retira, laissant les Français libres d'agir à leur guise.

Quelques jours s'écoulèrent, pendant lesquels les Français se reposèrent de leurs fatigues passées.

Les Indiens les traitaient avec les plus grands égards.

Berger était devenu invisible.

Le soir même de l'arrivée de M. de Villiers au village, le chasseur avait tout à coup disparu sans avertir personne.

Cette absence prolongée, à laquelle il ne comprenait rien, inquiétait fort le capitaine, qui, privé des conseils de son expérience, se voyait, à son grand déplaisir, contraint de demeurer dans une inaction complète, au milieu des Indiens dont il ignorait la langue. Il n'osait, d'un autre côté, s'aboucher avec les chasseurs canadiens fixés dans le village, et auxquels il aurait peut-être été imprudent de se confier.

Un matin, entre dix et onze heures, quinze jours environ après son arrivée, au moment où le capitaine achevait de déjeuner, en tête à tête avec son ami le baron de Grigny, la porte de la cabane s'ouvrit brusquement, et une voix joyeuse s'écria :

— Bonjour et bonne santé!

Le capitaine, au son de cette voix, qu'il reconnut aussitôt, se retourna brusquement.

— Berger, s'écria-t-il, enfin c'est toi!

— Moi-même, pour vous servir, monsieur Louis, reprit gaiement le chasseur; car c'était lui en effet qui venait d'entrer à l'improviste. Est-ce que vous ne m'attendiez pas?

— Certes si, je t'attends! et avec impatience depuis longtemps.

— Je m'en doutais. Et bien! me voilà, monsieur Louis.

Le chasseur referma la porte de la cabane, prit un siège et s'assit en face du capitaine.

— As-tu faim? lui demanda M. de Villiers.

— Non, merci! j'ai déjeuné depuis près de deux heures. Mais ce n'est pas de cela qu'il s'agit, vous étiez inquiet de ma longue absence, n'est-ce pas, monsieur Louis? Soyez franc.

— Je l'avoue, mon vieux Berger, et d'autant plus inquiet que le temps nous presse... Nous venons d'en perdre beaucoup.

— C'est vrai! malheureusement je n'ai pu, malgré tous mes efforts, terminer plus vite l'affaire que...

— Comment! terminer? s'écrièrent les deux jeunes gens avec surprise.

— Je m'entends, répondit le Canadien avec bonhomie; j'espère du reste vous prouver bientôt que j'ai bien employé les jours pendant lesquels je suis resté absent.

— Mais pourquoi ne pas nous avoir prévenus de votre départ? lui dit le baron. Cela ne valait-il pas mieux?

Le chasseur hocha la tête, et sourit de cet air fin qui n'appartenait qu'à lui :

— Monsieur le baron, répondit-il, souvenez-vous de ceci : c'est qu'au désert les arbres ont des oreilles et les feuilles ont des yeux.

— Ce qui veut dire ?

— Que, bien que nous soyons assez éloignés des plantations, il se trouve cependant, auprès de nous, des hommes qui nous surveillent dans l'ombre, écoutent nos paroles, guettent nos moindres actions, et ne se feraient aucun scrupule de nous dénoncer à nos ennemis.

— Vous croyez ?

— J'en suis sûr. Or, en toute affaire, le meilleur complice est celui qui ne sait rien, parce qu'il ne peut même pas comprendre ni commettre d'imprudence. Voilà pourquoi j'ai agi sans vous prévenir... êtes-vous satisfaits de mon explication ?

— Mais maintenant...

— Maintenant, c'est autre chose. Vous allez tout savoir, et vous jugerez si j'ai perdu mon temps.

— Parlez donc ! s'écria le baron avec impatience.

— Ici ? oh ! non pas, s'il vous plaît, trop d'oreilles sont aux écoutes. Prenez vos fusils et venez faire un tour au dehors ; en chassant, nous causerons.

Les deux jeunes gens suivirent le chasseur ; les rues du village étaient à peu près désertes, les femmes enfermées dans les cabanes, s'occupaient aux soins de leurs ménages ; quant aux guerriers en état de porter les armes, ils étaient partis depuis deux jours en expédition secrète, sous les ordres de Kouha-Handé ; les quelques vieillards qui étaient demeurés se tenaient pour la plupart nonchalamment assis sur le seuil de leurs demeures et se chauffaient au soleil, en surveillant de ce regard pensif particulier à l'âge mûr, les jeux des enfants. Nul ne semblait donc remarquer ou du moins se préoccuper de la sortie des trois hommes dont, au reste, le pas tranquille n'avait rien qui pût attirer l'attention.

Bientôt ils disparurent sous le couvert et se trouvèrent en pleine forêt.

Au bout de quelques minutes, M. de Villiers s'arrêta et, posant son fusil à terre :

— Eh bien ! demanda-t-il au chasseur, parleras-tu enfin ?

— Silence ! répondit celui-ci, d'un ton qui n'admettait pas de réplique, nous sommes trop près encore.

La promenade ou plutôt la marche continua.

Ils atteignirent le bord de la rivière ; une pirogue était échouée sur la plage.

Berger mit la légère embarcation à flot et fit signe à ses compagnons d'entrer dedans. Ceux-ci, intrigués par les façons mystérieuses du Canadien, obéirent.

Le chasseur poussa alors au large, saisit les pagaies, et se dirigea vers une île complètement boisée, d'une dizaine d'acres environ, et qui semblait une corbeille de fleurs surgissant au sein des eaux.

Quelques minutes suffirent pour atteindre l'île.

VI

LA CLAIRIÈRE

Les trois hommes débarquèrent, tirèrent la pirogue au plein et s'enfoncèrent aussitôt sous la feuillée.

Ils arrivèrent bientôt à une espèce de clairière naturelle. Là le chasseur fit halte, et se tournant vers les deux Français :

— Maintenant, dit-il en s'appuyant sur le canon de son fusil, dont il posa la crosse à terre, nous n'avons plus rien à redouter des oreilles indiscrètes.

— J'espère alors, mon cher Berger, que tu ne refuseras pas plus longtemps de nous expliquer ce qui...

— Je n'ai rien à vous dire, monsieur Louis, interrompit-il ; je ne suis en ce moment qu'un émissaire. Attendez celui qui seul peut vous instruire ; il ne tardera pas à paraître. Attendez !

Le chasseur jeta alors un regard investigateur autour de lui, puis il plaça deux doigts de sa main droite dans sa bouche et imita le cri de la hulotte bleue.

Cette imitation fut si parfaite que, bien que prévenus, les deux officiers levèrent machinalement les yeux vers la cime feuillue des arbres.

Presque aussitôt un cri pareil à celui poussé par le chasseur retentit à une courte distance, un bruit assez fort se fit entendre dans les halliers, les broussailles s'écartèrent, violemment rejetées à droite et à gauche ; puis un homme entra dans la clairière.

En apercevant cet homme, le comte ne put retenir un cri de surprise.

Il avait reconnu le mystérieux solitaire de la chaumière de l'Ohio, le père d'Angèle.

C'était en effet le Proscrit. Il portait son même costume, seulement une teinte plus profonde de mélancolie assombrissait son visage, aux traits si énergiques d'ordinaire.

Presque au même instant, un second individu bondit dans la clairière et vint silencieusement se ranger auprès du premier.

Ce second personnage était la Couleuvre.

Le Proscrit, sans paraître reconnaître le capitaine, s'inclina froidement devant lui.

— Vous êtes M. Louis Coulon de Villiers ? lui demanda-t-il d'une voix brève.

— Il me semble, monsieur, répondit le comte avec étonnement, que j'ai eu l'honneur de me...

— Pardonnez-moi d'insister, monsieur, répondit-il, pour que vous me fassiez l'honneur de répondre à ma question. Il me serait interdit de continuer cet entretien si...

— Soit, monsieur, reprit le comte avec hauteur. Je suis M. Louis Coulon de Villiers, capitaine au service du roi, et voici M. le baron Armand de Grigny.

— Très bien, monsieur, répondit le Proscrit d'une voix calme; je vous remercie. C'est bien à vous et à monsieur votre ami que j'ai affaire. Consentez-vous à m'entendre?

— Nous écoutons, monsieur, fit le comte, intérieurement froissé du ton de son interlocuteur. Veuillez vous expliquer.

— C'est ce que je vais faire, messieurs, dit-il en s'inclinant.

Il y eut un instant de silence.

Les deux officiers l'interrogeaient du regard.

Le comte de Villiers particulièrement ne comprenait rien aux façons du Proscrit.

Cette affectation de langage, l'attitude froide que ce dernier conservait à son égard, lui semblaient inexplicables.

Cependant le chasseur canadien, qui, depuis quelques instants, avait disparu dans les hautes herbes, revint se placer entre les trois interlocuteurs.

— Eh bien? interrogea le Proscrit.

— Nous sommes seuls dans l'île, répondit-il, mais il peut plaire à quelque indiscret de tenter de surprendre votre entretien; je me charge de surveiller les environs. Quand vous aurez fini de causer, vous m'avertirez.

— C'est convenu.

Berger plaça son fusil sous son bras gauche et se glissa de nouveau au milieu des herbes.

A peine eut-il disparu, que le Proscrit fit deux pas en avant, se découvrit et saluant respectueusement le comte :

— Pardonnez-moi, monsieur, lui dit-il avec un sourire de bonne humeur, la façon au moins singulière dont je vous ai abordé. La prudence exigeait que je vous parlasse ainsi. J'ignorais quelles oreilles pouvaient m'entendre, et il est surtout important que tout le monde ignore que nous nous connaissions avant cette rencontre d'aujourd'hui.

— A la bonne heure, monsieur, répondit gaiement le jeune homme. Je vous reconnais maintenant; je vous avoue que votre accueil froid et compassé m'avait surpris et blessé tout d'abord. Mais qu'il ne soit plus question de cela... Redoutez-vous donc d'être espionné par un ennemi, à vous... ou à nous?

— Oui, monsieur. Depuis mon départ du fort Duquesne, j'ai la certitude d'avoir été suivi; par qui? je l'ignore; car, malgré tous les moyens que j'ai employés, les ruses que j'ai imaginées pour donner le change à cet espion invisible, il m'a été impossible de m'en défaire. Et, vous le dirai-je? bien que Berger m'ait assuré que nous sommes seuls ici, je n'en suis pas convaincu et je redoute une surprise...

— Ici? ce serait assez difficile qu'on nous surprît, interrompit le baron en souriant.

— Vous ne connaissez pas la finesse des Indiens, monsieur; mais, si vous le permettez, je vous ferai une proposition qui tranchera nettement la question et qui, dans le cas où l'on nous écouterait, nous mettra à l'abri de toute indiscrétion.

— Voyons cette proposition, dirent les deux jeunes gens.
— Parlez-vous une langue étrangère?
— Hum! fit le comte, je sais quelques mots d'anglais.
— Moi de même, ajouta le baron.
— L'anglais ne saurait être employé ici, autant vaudrait parler français.
— C'est juste! Alors, je ne vois pas...
— Attendez. Vous avez fait sans doute vos humanités?
— Certes, reprit le comte en riant, chez les jésuites; mais à quoi bon?
— Alors, vous comprenez le latin?
— Assez bien; je crois même qu'au besoin je pourrais, tant bien que mal, m'entretenir dans cette langue.
— Et votre ami?
— Moi, dit le baron, bien que mes études aient été assez fortes, tout ce dont je suis capable, c'est de comprendre, et encore assez imparfaitement, je l'avoue à ma grande honte.
— Il suffit que vous compreniez à peu près, monsieur. D'ailleurs, M. de Villiers vous expliquera ce qui vous aura échappé.
— Prétendez-vous, reprit le comte, vous entretenir avec moi en latin?
— Pourquoi non? répondit le Proscrit avec une teinte de tristesse ironique. Vous êtes nouveau dans ce pays, monsieur; vous avez bien des choses à apprendre encore, entre autres à ne pas juger les hommes sur les apparences.
— C'est vrai, monsieur; pardonnez-moi, je ne voulais pas vous offenser. Jusqu'à un certain point, mon étonnement est excusable.

Le Proscrit lui serra la main en souriant, et, adoptant aussitôt la langue latine, il continua:

— Mais c'est trop perdre de temps en paroles oiseuses; venons au fait.

Ces paroles furent prononcées avec une facilité et une élégance de construction dans la phrase qui remplirent les deux jeunes gens d'admiration pour cet homme.

Le père d'Angèle se montrait à eux sous tant de jours différents!

Et, malgré cela, impossible à eux de deviner non seulement ce qu'il était, mais encore à quel rang de la société il appartenait en réalité.

— Je vous écoute, dit le comte.
— Monsieur, reprit-il, le commandant du fort Duquesne m'a expédié vers vous pour vous avertir que le convoi des chasseurs anglais que vous avez l'ordre de détruire n'est plus qu'à quelques lieues de l'endroit où nous sommes; avant trois jours, il passera à portée de vos fusils. Le commandant espère que vous prendrez vos mesures en conséquence, et que vous réussirez dans l'exécution de ses ordres.
— Je l'espère aussi, monsieur. Berger m'a assuré que les hommes dont j'ai besoin pour tenter ce coup de main sont réunis, et n'attendent plus que l'ordre de marcher en avant.
— Fort bien! Votre expédition terminée vous vous replierez en toute hâte sur l'Ohio.
— Je rentrerai immédiatement dans le fort?

— Non pas... Vous expédierez les prisonniers et les marchandises au fort Duquesne; mais vous attendrez les ordres du gouvernement en dehors des lignes.

— Soit! Mais ces ordres, qui me les transmettra?

— Je l'ignore. Peut-être moi, peut-être une autre personne. Comme j'ai l'honneur d'être connu de vous, monsieur, je n'ai pas jugé nécessaire de vous remettre d'abord cette lettre de créance. Veuillez, je vous prie, en prendre connaissance.

Le Proscrit tira de sa poitrine une lettre contenue dans un sachet de peau de daim, et la présenta au comte.

Le jeune homme ouvrit la lettre et la lut rapidement.

Elle ne contenait que ces mots :

« Le porteur de la présente a toute ma confiance. Ajoutez foi à ce qu'il vous dira de ma part. Je n'ai pas de secrets pour lui.

« DE CONTRECŒUR. »

— C'est bien, monsieur, répondit gracieusement le comte en rendant la lettre; je n'avais pas besoin de cette nouvelle preuve que vous me donnez de votre fidélité pour savoir que je pouvais me fier à vous.

— Merci, monsieur, répondit le Proscrit en repliant la lettre et la renfermant de nouveau dans le sachet.

— N'avez-vous plus rien à ajouter?

— Rien, pour ce qui regarde la colonie, monsieur.

— Puisqu'il en est ainsi, veuillez rapporter à M. de Contrecœur que je ferai tous mes efforts pour justifier le choix qu'il a daigné faire de moi pour commander cette expédition.

— Ainsi ferai-je, monsieur. Mais pardon! j'ai maintenant à vous entretenir de choses fort graves qui vous intéressent personnellement ainsi que M. de Grigny.

— Je ne vous comprends pas, monsieur.

— Je vais tâcher d'être clair... pour tous les deux.

Le baron qui jusque-là n'avait prêté qu'une oreille distraite à la conversation, se rapprocha avec curiosité.

— De quoi s'agit-il donc? demanda-t-il.

— Vous allez le savoir. Bien qu'arrivés depuis peu de temps dans la colonie, messieurs, vous vous y êtes fait d'implacables ennemis.

— Moi! s'écria le comte avec surprise.

— Hein? fit le baron, encore plus stupéfait que son ami.

— N'avez-vous pas eu une rencontre, la veille de votre départ sur le bord de l'Ohio? continua imperturbablement le Proscrit.

— En effet, je me rappelle. Un grand drôle, de mauvaise mine, m'a, je ne sais pourquoi, cherché querelle. Je crois même lui avoir passé mon épée au travers du corps, et l'avoir tué bel et bien.

— Malheureusement non, monsieur, vous ne l'avez pas tué.

— Que voulez-vous dire?...

LA BELLE RIVIÈRE

Le jeune homme ouvrit la lettre et la lut rapidement.

— Je veux dire que cet homme est rétabli de sa blessure et bien vivant, je vous jure.
— Ma foi, tant mieux! je regrettais presque ma vivacité.
— Pardon, monsieur, interrompit le Proscrit; c'est *tant pis* qu'il faut dire.
— Et pourquoi donc cela?
— Parce que ce drôle, ancien flibustier, ancien négrier, le plus déterminé

coquin qui soit, n'est en somme qu'un spadassin qui vous a été expédié avec la mission de vous assassiner... Ce qu'il fera, si vous lui en donnez l'occasion.

— Oui, dit le comte en fronçant les sourcils, je m'en étais presque douté.

— Maintenant, vous pouvez en être sûr; ainsi tenez-vous sur vos gardes. Vos ennemis ont, à la vérité, renoncé à l'assassinat, quant à présent; mais ils tiennent plus que jamais à leur vengeance, et sont résolus à la poursuivre par tous les moyens.

— Et ces ennemis, les connaissez-vous? demanda le comte froidement.

— Je les connais; mais, rassurez-vous, monsieur, ce secret est dans mon cœur; il n'en sortira qu'à votre commandement.

— Merci, monsieur. Quoi que fassent les ennemis dont vous parlez, je ne veux, pour ma part, leur nuire en aucune façon.

— Vous avez tort, monsieur : si vous n'écrasez pas les serpents qui se dressent contre vous, ces serpents vous tueront sans pitié ni merci !

— A la grâce de Dieu! ma résolution est prise. Je me contenterai de me défendre si l'on m'attaque, mais, quoi qu'il arrive, je ne ferai pas davantage. Il y a certains ennemis dont un homme de cœur doit savoir mépriser les injures et contre lesquels toute riposte est une lâcheté; les parades seules sont permises.

— Ce sentiment est honorable, monsieur; mais permettez-moi de vous faire observer que dans le cas présent, agir ainsi est de la folie.

— Peut-être.

— Votre ami partage-t-il votre opinion à ce sujet?

— Complètement, monsieur, dit vivement le baron; je me croirais déshonoré si j'adoptais une conduite différente.

— Puisqu'il en est ainsi, je n'insisterai pas, messieurs; je me bornerai à ajouter que, si vous avez des ennemis acharnés à votre perte, vous avez de bons amis, et que, le moment venu, ils vous le prouveront.

— Quels que soient ces amis, M. de Grigny et moi, nous les remercions sincèrement de l'intérêt qu'ils nous portent; mais, ajouta-t-il, en appuyant avec intention sur ses mots, veuillez leur dire, de notre part, que ce serait mortellement nous déplaire que de tenter de nous défendre contre notre volonté. Nous les prions instamment de rester neutres et spectateurs indifférents dans ce conflit.

— Monsieur, je ne suis près de vous que leur mandataire; je leur rapporterai vos paroles, mais je doute fort qu'ils les prennent en considération et consentent à vous obéir.

Les deux jeunes gens regardèrent avec étonnement le visage impassible et froid du Proscrit, cherchant inutilement à lire sur ses traits d'une rigidité marmoréenne les pensées qu'il dissimulait avec tant d'habileté.

— Enfin, reprit le comte avec une feinte indifférence, l'avenir nous découvrira ce que nous devons craindre ou espérer. Vous reverrai-je bientôt, monsieur?

— Je ne sais, tout dépendra des circonstances.

Ils en étaient là et se préparaient à se séparer, lorsque tout à coup un bruit assez fort, ressemblant à la course précipitée d'un animal aux formes lourdes et puissantes, se fit entendre à une légère distance dans les hautes herbes.

— Qu'est cela ? s'écria le comte.

— Attendez ! dit le Proscrit en prêtant attentivement l'oreille ; puis, après lui avoir, d'un geste, recommandé de ne pas bouger de l'endroit où il se trouvait, il s'élança, suivi de la Couleuvre, dans la direction du bruit et disparut presque aussitôt, laissant le comte et son ami en proie au plus vif étonnement.

Cependant les deux jeunes gens, ignorant ce qui se passait autour d'eux et redoutant une embuscade, armèrent leurs fusils pour être prêts à tout événement.

Serrés l'un contre l'autre afin d'être à même de se soutenir au besoin, ils attendirent, l'œil et l'oreille au guet.

Un calme complet avait subitement succédé à l'agitation précédente. Un silence profond régnait dans l'île. Les deux officiers, ne voyant pas reparaître le Proscrit, se disposaient à abandonner la place et à se mettre à la recherche de Berger, lorsque le cri de l'épervier d'eau, répété à deux reprises différentes, s'éleva, strident et moqueur, au milieu des buissons qui cerclaient la clairière.

Presque aussitôt retentit un horrible cri de guerre.

Sept ou huit guerriers peaux-rouges bondirent comme des bêtes fauves hors des hautes herbes et se ruèrent sur les jeunes gens, qu'ils entourèrent en brandissant leurs lances et leurs tomahawks.

Les officiers français ne perdirent pas la tête ; cette attaque subite, loin de les effrayer, leur rendit, au contraire, tout leur sang-froid. Maintenant que le danger était devenu visible, toute appréhension avait cessé pour eux, et ils se préparèrent gaiement à faire face à leurs féroces ennemis.

Cependant, ceux-ci, bien qu'ils n'eussent pas d'armes à feu, n'étaient point des adversaires méprisables ; ils paraissaient décidés à combattre bravement. Leur nombre, qui augmentait d'instant en instant, les enhardissait encore ; plus de vingt guerriers avaient fait irruption dans la clairière, à la suite des premiers.

La lutte menaçait d'être terrible, et malgré leur énergique résolution, les deux Français, s'ils n'étaient promptement secourus, devaient infailliblement succomber.

— Pardieu ! dit en riant le comte à son ami, je crois que nous allons en découdre pas mal... de ces jolis messieurs.

— C'est probable, répondit le baron sur le même ton. Voilà des gaillards qui ne sont pas beaux, et qui ne semblent pas animés des meilleurs sentiments à notre égard.

— Bah ! qui sait ?... Ils sont fort laids, mais peut-être ne sont-ils pas aussi méchants qu'ils le paraissent. Il s'agit tout simplement de les contenir jusqu'à l'arrivée de nos amis.

— Surtout ne nous laissons pas entamer, reprit le baron d'un air narquois ; unissons nos deux corps... d'armée.

Ces quelques paroles avaient été rapidement échangées entre les deux jeunes gens ; puis ils s'étaient placés épaule contre épaule, de façon à faire face de tous les côtés à la fois, et, le canon de fusil en avant, ils avaient attendu que leurs ennemis commençassent l'attaque, car jusqu'à ce moment, ceux-ci s'étaient contentés de crier, de gesticuler et de brandir leurs armes, bornant à cela leurs démonstrations hostiles.

— Ils ruminent quelque tour diabolique, dit le baron à mi-voix.

— Bon! bon! laissons-les faire, répondit le comte. Le temps qu'ils perdent est autant de gagné pour nous; cela donnera à nos amis le loisir d'arriver au bon moment.

— Mais où peuvent-ils être?

— Je ne sais, mais je suis convaincu qu'ils ne tarderont pas à nous rejoindre; je ne les crois pas bien loin de nous.

— Ils ne sont que trois!

— C'est vrai, et ceux-ci sont beaucoup; ils sont trop.

En ce moment, un chef indien, reconnaissable à la plume d'aigle fichée droite dans sa touffe de guerre, fit un geste de la main; les clameurs cessèrent comme par enchantement.

Les Peaux-Rouges firent deux ou trois pas en arrière, élargissant ainsi le cercle qui enveloppait les jeunes gens.

Le chef laissa tomber sa lance à terre, et croisant les bras sur sa poitrine :

— Que les Visages-Pâles ouvrent leur oreilles, dit-il d'une voix gutturale, en mauvais français; un chef va parler.

Le comte inclina la tête sans répondre.

— Les guerriers blancs écoutent-ils? reprit le chef.

— Nous écoutons.

— Bien! fit le chef. Voici ce que dit le Renard-Bleu : Le Grand-Esprit a donné à ses enfants rouges cette terre, pour qu'ils y soient les maîtres. Pourquoi les Visages-Pâles prétendent-ils la leur voler? Mes jeunes hommes sont braves; ils ne veulent pas que les mocksens des Visages-Pâles laissent des traces sur leurs bruyères natales. Ils les tueront et se feront des sifflets de guerre avec leurs os.

Le Renard-Bleu se tut, sans doute pour juger de l'effet produit par ses paroles sur les officiers français. Ceux-ci haussèrent les épaules avec mépris, mais ils gardèrent le silence.

Après un instant, le chef continua :

— Les Visages-Pâles ne sont que deux; qu'ils comptent les guerriers qui les entourent, ils reconnaîtront que la résistance est impossible, ils jetteront leurs armes et se mettront entre les mains de mes jeunes hommes. J'ai dit. Le Renard-Bleu attend.

— En supposant que nous consentions à jeter nos armes et à nous livrer aux guerriers du Renard-Bleu, que feront de nous les Peaux-Rouges? demanda le comte.

— Les Visages-Pâles mourront, répondit emphatiquement le chef. Au coucher du soleil, ils seront attachés au poteau de torture.

— Ma foi! dit en riant le jeune homme, mourir pour mourir, nous préférons succomber bravement les armes à la main.

— Mon frère pâle dit non? reprit froidement le chef.

— Pardieu ! vous êtes fou, Peau-Rouge, de nous faire de telles propositions, fit gaiement le baron.

— Ach'ett ! — c'est bon ! — répondit le Renard-Bleu, toujours impassible.

Il ramassa sa lance et se tourna vers les Indiens, sans doute pour donner à ceux-ci le signal de l'attaque, lorsque tout à coup deux coups de feu éclatèrent.

Le chef bondit sur lui-même et tomba la face contre terre. Il était mort.

Près de lui, un autre Indien se tordait dans les dernières convulsions de l'agonie.

Au même instant, deux hommes s'élancèrent dans la clairière, se ruèrent sur les Indiens, frappant et renversant tous ceux qui se trouvaient devant eux. Ils s'ouvrirent passage et vinrent résolument se ranger auprès des jeunes gens.

Ceux-ci poussèrent un cri de joie en les voyant ; ils avaient reconnu Rameau-d'Or et Risque-Tout.

Les deux braves soldats étaient trempés jusqu'aux os ; pour arriver plus vite, il avaient traversé la rivière à la nage. Mais peu leur importait, puisqu'ils avaient réussi dans leur audacieuse tentative.

— Soyez les bienvenus, mes braves ! s'écria le comte ; avec votre secours, nous n'avons plus rien à craindre ; nous sommes quatre maintenant. Ces mécréants vont voir beau jeu.

— Dans dix minutes, nous serons cent, capitaine, répondit Rameau-d'Or.

— Oui, répondit Risque-Tout, nous sommes venus en éclaireurs... mouillés.

— Bravo ! dit le baron, et vous avez débuté en nous débarrassant d'un insipide bavard.

— Silence ! interrompit le comte ; nous causerons plus tard. Attention, enfants ! les Indiens se préparent à nous attaquer. Surtout, quoi qu'il arrive, ne nous séparons pas !

Les Peaux-Rouges, surpris à l'improviste par l'attaque imprévue des soldats et atterrés de la mort de leur chef, s'étaient d'abord, selon leur coutume, retirés en désordre, ne sachant pas à combien d'ennemis ils avaient affaire ; mais, reconnaissant bientôt que ceux qui s'étaient si témérairement précipités sur eux n'étaient que deux, la honte de fuir devant un si petit nombre d'adversaires les retint, et le désir de venger la mort de leur chef, en excitant leur colère, leur rendit tout leur courage.

Après quelques minutes d'hésitation, ils enveloppèrent de nouveau les Français, et, poussant leur terrible cri de guerre, ils se précipitèrent sur leurs ennemis avec une ardeur féroce. Ce fut une terrible mêlée.

Les Français s'attendaient à cette attaque, ils étaient prêts à la recevoir. Après avoir déchargé leurs fusils à bout portant sur les Indiens, qu'ils contraignirent ainsi à reculer, ils saisirent leurs armes par le canon, et s'en servant comme de massues, ils les firent voltiger autour de leur tête avec une dextérité et une adresse inouïes. Un cercle de fer et de bois les défendait.

Les Français, calmes, muets, impassibles en apparence, se défendaient avec une indomptable énergie, sans reculer d'un pas, opposant à la rage aveugle de leurs ennemis l'inaltérable sang-froid d'hommes braves qui ont fait, sans arrière-pensée, le sacrifice de leur vie et sont résolus à ne tomber que morts.

Les Indiens, exaspérés par les pertes sérieuses qu'ils avaient éprouvées, furieux d'être tenus en échec par un aussi petit nombre d'ennemis, s'excitaient par des cris sauvages et redoublaient leurs efforts, déjà prodigieux, pour vaincre ces quatre hommes, dont la tranquille bravoure semblait au-dessus de l'humanité.

Le combat durait depuis quelques minutes, déjà une douzaine d'Indiens gisaient morts ou grièvement blessés sur la terre rougie de leur sang; il était impossible de prévoir à qui demeurerait l'avantage, car, malgré la lassitude qui commençait à s'emparer d'eux et à paralyser leurs bras, les Français, redoublant d'énergie, continuaient à résister vaillamment, lorsqu'un incident imprévu changea la face des choses et contraignit les Peaux-Rouges à s'avouer vaincus.

Soudain, une foule d'Indiens, à la tête desquels se trouvaient Berger et Kouha-Handé, se précipitèrent dans la clairière de tous les côtés à la fois, et se ruèrent avec une irrésistible furie sur les agresseurs des Français.

Il était temps que ce secours arrivât; ceux-ci étaient à bout de forces; quelques minutes de plus, ils auraient succombé, vaincus non par leurs ennemis, mais par la lassitude.

Le choc fut terrible. Les Indiens, culbutés, essayèrent vainement de chercher leur salut dans la fuite; traqués comme des bêtes fauves, ils furent impitoyablement massacrés par leurs féroces adversaires.

Les deux officiers tentèrent vainement de s'opposer à ce massacre, tous furent tués et scalpés.

— Oh! c'est horrible! s'écria le comte en s'adressant à Berger, assassiner des malheureux qui ne se défendaient plus!

— Bah! dit celui-ci en haussant les épaules, vous trouvez, monsieur Louis! Qu'auriez-vous donc fait, vous?

— Ne valait-il pas mieux s'emparer de ces misérables?

— A quoi bon! Nous avons été cléments, au contraire; vous ne connaissez pas les mœurs de ce pays. Mieux vaut avoir tué ces pauvres diables, croyez-moi, que de les avoir faits prisonniers!

— Oh! pouvez-vous parler ainsi, Berger?

— Pardieu! ils n'ont pas souffert au moins. Le passage de la vie à la mort a eu pour eux la durée d'un éclair; au lieu que, si nous les avions épargnés aujourd'hui, demain ils auraient été attachés au poteau, torturés pendant plusieurs jours, et finalement brûlés vifs.

Le comte fit un geste d'horreur.

— D'ailleurs, continua l'implacable chasseur, s'il vous plaît d'être miséricordieux, rien ne vous est plus facile; j'ai ici près des prisonniers que j'ai conservés exprès pour vous.

— Que veux-tu dire?

— Ils m'ont été donnés par l'homme avec lequel vous vous êtes si longtemps entretenus ici même.

— Et cet homme?
— Il est parti. Il était urgent qu'on ne le vît pas ici.
— Mais ces prisonniers!
— Vous voulez les voir?
— Certes, tout de suite.
— Bon! c'est facile; attendez!
Et d'un geste, il appela Kouha-Handé.
Le chef accourut.

Ils s'entretinrent pendant quelques secondes à voix basse avec une certaine animation ; puis Kouha-Handé fit un signe d'assentiment, s'éloigna et ne tarda pas à disparaître dans le bois.

VII

LE FORT NÉCESSITÉ

L'entêtement est le côté le plus saillant du caractère anglais.

Quand un Anglais a résolu de faire une chose, quelle que soit cette chose, il n'en démord plus; il en poursuit l'exécution par tous les moyens, ne se laissant arrêter par aucun obstacle, ne se laissant convaincre ni détourner de son but par aucune observation, ne s'arrêtant enfin que lorsque le succès vient couronner ses efforts. Il ne compte pour rien les blessures faites à son orgueil, à sa dignité, souvent même à son honneur.

Que le but soit atteint, peu lui importe le reste.

L'aphorisme élastique : *La fin justifie les moyens*, innocente tous ses actes.

Point de différence entre le peuple anglais et le gouvernement anglais.

Seulement la langue diplomatique les distingue, grâce à une nuance de la plus extrême délicatesse.

D'après elle, l'Anglais est entêté, le cabinet britannique est persévérant.

Cette persévérance forme le fond de sa politique : il lui doit la plupart des grands résultats obtenus par lui ; il lui doit aussi les terribles revers qui l'ont frappé sans l'abattre, à diverses époques.

Il lui demeure et il lui demeurera toujours fidèle et quand même.

Après ce qu'ils appelaient le *succès* de l'inqualifiable guet-apens dont M. de Jumonville avait été la victime, les Anglais, conséquents avec eux-mêmes, toujours fidèles à leur ligne politique, ne perdirent pas un instant.

Ils mirent à profit l'avantage qu'ils venaient d'obtenir si facilement.

Comprenant l'importance qu'il y avait à s'établir solidement sur les bords de la Belle-Rivière et à justifier ainsi les droits de propriété que leur contestaient les Français, ils résolurent de construire un fort rival du fort Duquesne et d'entraver ainsi à leur profit la colonisation des immenses prairies qui bordent l'Ohio.

Le major général Washington, autorisé par lettres patentes de Dinwidie, gouverneur de la Virginie, éleva, à quelques lieues à peine de l'établissement de Duquesne, sur la rive gauche de la Belle Rivière, une forteresse qu'il arma de neuf pièces de canon d'un assez gros calibre, et dans laquelle il mit cinq cents hommes de garnison.

Cette citadelle fut nommée le fort de la *Nécessité*. Le major Washington en reçut naturellement le commandement; on lui donna pour lieutenant le capitaine James Makay et l'enseigne Ward, officiers d'un mérite incontestable, depuis longtemps déjà en Amérique et par conséquent habitués à la guerre des frontières.

Les Français, malgré leur vif désir d'empêcher un voisinage aussi dangereux pour eux que celui de leurs implacables ennemis, n'avaient pu, à cause de la faiblesse numérique des troupes dont ils disposaient, s'opposer à la construction du fort *Nécessité*; ils se bornèrent donc, en attendant mieux, à surveiller les Anglais.

Ils les harcelaient en éparpillant dans la campagne des partis de batteurs d'estrade, choisis parmi les meilleurs chasseurs canadiens et bois-brûlés.

Ces hardis partisans se chargeaient d'inquiéter la garnison ennemie et de ne pas lui laisser une minute de tranquillité.

Tantôt ils faisaient main basse sur des convois de vivres, de bestiaux; tantôt ils interceptaient des convois de munitions expédiés de la Virginie par Dinwidie.

Malheureusement ils ne pouvaient se trouver partout à la fois.

Leur petit nombre ne leur permettait qu'une action relativement peu gênante pour la garnison britannique.

Malgré toute leur surveillance, malgré leur adresse incontestable, les partisans français se laissaient souvent mettre en défaut par les ruses d'adversaires pour le moins aussi expérimentés, aussi habiles qu'eux.

De temps à autre, les Anglais parvenaient à se ravitailler.

En somme, ils vivaient dans l'abondance, quels que fussent les moyens employés pour les affamer et les contraindre à abandonner une position si menaçante au point de vue de l'existence des établissements français.

Un soir, quelques instants avant le coucher du soleil, trois voyageurs suivaient péniblement les détours d'un sentier étroit et sinueux taillé dans le roc vif, aboutissant au sommet de la colline sur laquelle s'élevait le fort Nécessité.

De ces trois voyageurs, deux montaient de superbes mustangs; le troisième marchait à quelques pas en avant, le fusil sous le bras.

Les cavaliers paraissaient être des personnages d'importance.

Le piéton, revêtu d'une blouse de chasse, la tête couverte d'un bonnet de peau de castor, et les pieds garantis par des mocksens indiens, leur servait de guide. Arrivé sur les glacis de la citadelle, le guide s'arrêta.

Posant à terre la crosse de son fusil et, se tournant vers ses compagnons que les difficultés du chemin obligeaient à ne s'avancer qu'avec une lenteur extrême, il attendit qu'ils l'eussent rejoint.

Ceux-ci ne tardèrent pas à le faire.

Quelques paroles s'échangèrent entre eux à voix basse.

— Allez le leur demander, fit-il en leur riant au nez.

Puis sur l'ordre d'un des cavaliers, qu'il salua respectueusement, le guide posa son fusil sur un quartier de roches.

Cela fait, ainsi désarmé, il se dirigea d'un pas rapide vers le fort, laissant ses compagnons immobiles à la place où ils avaient eu le temps de parvenir.

Les deux cavaliers suivirent anxieusement du regard sa marche résolue.

Depuis longtemps déjà les sentinelles anglaises placées sur les remparts avaient signalé l'arrivée des voyageurs.

Aussi, lorsque le guide ne fut plus qu'à une portée de pistolet à peine des murs, une poterne s'ouvrit et un sous-officier suivi de quatre soldats, sortit à sa rencontre.

— Halte-là, camarade, cria le sous-officier; qui êtes-vous et que demandez-vous ici?

— Qui je suis? répondit le batteur d'estrade avec un rire narquois, obéissant cependant à l'injonction qui lui était faite; ne le savez-vous pas, sergent Harrison, ou bien le wiskey vous trouble-t-il à ce point la visière qu'il vous empêche de reconnaître vos amis?

— Ami ou non, camarade, reprit le sergent d'une voix bourrue, dites votre nom, et vivement, si vous ne voulez pas qu'il vous arrive un malheur!...

— Bon! ne vous fâchez pas, est-ce de ce côté que le vent souffle? Soit! je ne disputerai pas avec vous, les idées sont libres. Je me nomme la *Couleuvre*. Vous voulez absolument que je vous apprenne une chose que vous savez tout aussi bien que moi, puisque c'est vous-même, si j'ai bonne mémoire, qui m'avez, dans un moment de gaieté, gratifié de ce charmant surnom. Je l'ai religieusement conservé depuis. Êtes-vous content?

En entendant ces paroles prononcées avec un accent de joyeuse ironie, les soldats éclatèrent de rire; le sergent lui-même, malgré son air renfrogné, sembla quelque peu se dérider.

— Très bien, reprit-il; et maintenant que venez-vous chercher ici, où personne ne vous désire, maître *la Couleuvre?*

— Moi, je ne viens rien chercher du tout...

— Alors, mon camarade, puisqu'il en est ainsi, faites-moi le sensible plaisir de tourner vos talons dans la direction de l'ouest et de filer plus vite que ça!

— C'est ainsi que vous me recevez, sergent, moi, une ancienne connaissance?

— C'est justement à cause de cela, mon digne camarade. Vous êtes trop connu ici, voilà...

— Ah! bien, j'en suis fâché, sergent, vrai, sur ma parole! et si cela ne dépendait que de moi, je vous réponds bien qu'après une réception aussi peu gracieuse, je me hâterais de partir.

— C'est ce que je vous conseille de faire, si vous ne voulez qu'avant cinq minutes votre blouse ne soit pleine d'os brisés.

— Désolé, sergent, de ne pouvoir vous satisfaire, dit le guide en goguenardant, mais je vous répète que cela ne dépend pas de moi.

— Ah! et de qui donc, s'il vous plaît, mon maître?

— Dame! sergent, des deux cavaliers que vous voyez là, tenez, derrière moi.

— Eux et vous, vous partirez ensemble; s'ils sont de votre société, ils ne valent pas mieux que vous.

— Prenez garde, sergent, interrompit la Couleuvre; je crois devoir vous avertir que vous êtes sur le point de lâcher une sottise, cher ami.

— *By God!* s'écria le sergent en fronçant ses gros sourcils, vous moquez-vous de moi, drôle!...

— Non pas, je vous donne un avis charitable, voilà tout; et puis vous m'appelez drôle... je ne suis pas si drôle que cela!

— Ah! ah! répondit le sergent, ébranlé malgré lui par l'aplomb goguenard de son interlocuteur, ces individus sont donc de bien grands personnages?

— Tenez-vous sérieusement à être renseigné à ce sujet?

— By God! je le crois bien que j'y tiens!

— Eh bien! faites une chose.

— Laquelle?

— Allez le leur demander! fit-il en lui riant irrespectueusement au nez.

Le sergent fit un geste de menace, mais se ravisant presque aussitôt :

— C'est ce que je vais faire, cria-t-il; et s'adressant à ses soldats : Veillez sur ce drôle, ajouta-t-il, et surtout ne le laissez pas glisser entre vos mains.

— Oh! il n'y a pas de danger que j'essaye de m'en aller, je suis trop bien ici!

Et il s'assit sans cérémonie sur l'herbe tandis que le sergent tout déférré par cette constante ironie, se dirigeait à pas précipités vers les deux cavaliers.

Durant l'échange des phrases qui précèdent, phrases que l'éloignement les avait empêchés d'entendre, les deux voyageurs n'avaient pas bougé de la place où la Couleuvre leur avait recommandé de demeurer.

Insouciants, ils attendaient la fin de ce conciliabule.

En voyant venir le sergent de leur côté, ils ne sortirent ni de leur calme, ni de leur immobilité.

Cependant, au fur et à mesure que le digne Harrison diminuait la distance qui le séparait des deux étrangers, un changement radical s'opérait dans ses manières et dans sa physionomie : la physionomie devenait plus conciliante, les manières moins altières.

A coup sûr, l'opinion que le sergent venait de se faire des deux cavaliers, vers lesquels il se dirigeait à grands pas, ne leur était pas défavorable.

Il s'était mis en route sur le pied de guerre et dans des intentions plutôt brutales que pacifiques; mais arrivé à quelques pas des voyageurs, il se trouva animé des meilleurs sentiments à leur égard.

Après les avoir examinés une dernière fois, il ôta son feutre avec les marques du plus profond respect et plia sa longue échine jusqu'à former un angle obtus.

Les voyageurs étaient probablement habitués à ces manières et à ces démonstrations; ils ne s'en émurent pas autrement.

Ce ne fut qu'après quelques instants de silence que le sous-officier se permit de leur adresser la parole.

Voyant qu'on ne l'interrogeait pas, il se décida à parler le premier.

Le visage riant, la bouche en cœur et la voix mielleuse, il osa enfin... les assurer de son dévouement, de son obéissance et de son vif désir de se mettre tout entier à leur disposition.

Comme on le voit, il y avait loin de là à leur demander leurs noms, leurs qualités et le motif de leur présence.

Mais le brave sergent savait se plier aux nécessités de la situation.

Il venait de reconnaître la légèreté de sa conduite envers l'envoyé des cavaliers.

Il tâcha, par son obséquiosité, de racheter ce que ses premières paroles avaient eu de trop imprudent.

Le guide, qui possédait une vue de lynx, riait sous cape.

Les quatre soldats qui le gardaient, en voyant les génuflexions de leur supérieur, comprirent que celui-ci reconnaissait avoir fait fausse route, ce dont pas un seul d'entre eux ne fut fâché.

Un des étrangers daigna enfin répondre à maître Harrison.

C'était le plus âgé des deux : il paraissait avoir à peine ving ans ; ses traits aristocratiques, fins et délicats comme ceux d'une femme, étaient d'une rare beauté.

Après avoir souri dédaigneusement aux protestations serviles du sous-officier, il se contenta de lui intimer, d'une voix brève et sèche, l'ordre de les introduire au plus tôt dans la forteresse.

Le sergent allait répliquer : un geste impératif lui coupa la parole.

Harrison salua de nouveau, tourna sur ses talons avec une précision mathématique et militaire, puis, sans se permettre la moindre observation, il reprit le chemin de la poterne, suivi de près par les deux cavaliers.

La Couleuvre ne bougeait pas.

— Comment, fit le sergent de son ton le plus aimable, en arrivant près du guide, toujours étendu sur l'herbe : comment, mon cher camarade, vous n'êtes pas encore entré dans le fort! Faut-il que ces hommes soient bêtes! ajouta-t-il en désignant les soldats qui naturellement ne sourcillèrent pas.

— Je vous attendais, cher ami de mon cœur !...

— Eh bien, venez !

Puis, à voix basse, il dit :

— Ne me gardez pas rancune pour ce qui s'est passé entre nous, mon vieux camarade ; l'homme est sujet à l'erreur.

— A qui le dites-vous ? répondit l'autre en se levant ; vous ne voulez plus me briser les os ?

— Oubliez cela, vous dis-je ; nous terminerons cette sotte querelle le verre à la main, avant dix minutes.

— Je ne demande pas mieux... Je n'ai pas de rancune, moi, surtout avec des compagnons aimables comme vous.

Les voyageurs entrèrent dans la forteresse.

Pendant qu'ils mettaient pied à terre, le sergent dit quelques mots à voix basse à un soldat ; presque aussitôt un domestique s'approcha des étrangers, et après les avoir salués respectueusement, il leur annonça que le commandant du fort était prêt à les recevoir.

En effet, presque aussitôt, un officier parut et s'avança avec empressement au-devant des voyageurs, qu'il salua en silence et qu'il précéda pour les conduire aux appartements du commandant.

Cet officier était l'enseigne Ward.

Après avoir traversé plusieurs pièces assez confortablement meublées, l'officier introduisit les étrangers dans un vaste salon, où il les pria d'attendre un instant, puis il se retira.

Lorsqu'ils se trouvèrent seuls, les deux inconnus se regardèrent en souriant.

— Vous voyez, ma chère belle, dit le plus âgé, que mes prévisions étaient justes... Tout se passe au mieux.

— En effet, chère Léona, répondit le second voyageur, nous sommes attendues; votre émissaire est arrivé à bon port et nous a bien préparé les voies.

— Oh! le señor Palamède est un fin limier, j'étais certaine qu'il parviendrait à tromper la vigilance des éclaireurs français. Votre amour-propre national est humilié!

— Maintenant réussirons-nous? voilà la question.

— Je l'espère, ma chère Camille; du reste, nous saurons bientôt à quoi nous en tenir à cet égard. Si je ne me trompe, voici le commandant du fort lui-même, il ne serait ni homme ni Anglais s'il nous éconduisait.

En effet, une porte s'ouvrit et un officier revêtu d'un brillant uniforme entra dans le salon.

Les trois personnages se saluèrent cérémonieusement; puis l'officier, après avoir, d'un geste gracieux, indiqué des sièges à ses visiteurs, prit la parole aussitôt que, sur son invitation, ils se furent assis.

— J'ai reçu, messieurs, dit-il, la lettre de recommandation que vous m'avez fait l'honneur de m'envoyer par un de vos serviteurs. S. Exc. le gouverneur de la Virginie pour Sa Majesté Britannique insiste surtout pour que je me mette à votre disposition; je suis prêt à me conformer aux ordres de Son Excellence et à vous servir en tout ce qui dépendra de moi.

— Nous vous remercions, monsieur, répondit le plus âgé des deux voyageurs, de l'accueil cordial que vous daignez faire à des personnes aussi complètement inconnues de vous.

— Pardonnez-moi, monsieur, reprit l'officier avec un fin sourire, les protégés de lord Dinwidie ne sauraient être considérés par moi comme des inconnus.

— Vous êtes sans doute, monsieur, le major Georges Washington?

— Non, monsieur; je suis le capitaine James Mackay. Le major Washington a été contraint, il y a trois jours, de partir en expédition, c'est moi qui, en son absence, commande la forteresse. Mais que cette absence ne vous inquiète point, messieurs; je suis ici pour le remplacer, et je saurai agir envers vous de façon à vous empêcher de vous apercevoir que ce n'est pas lui qui vous reçoit. Veuillez donc, je vous prie, m'expliquer sans plus tarder ce que vous attendez de moi, je me mets tout à votre disposition.

Il y eut un instant de silence. Les deux étrangers échangèrent entre eux un regard qui n'était pas exempt d'une inquiétude secrète; enfin le plus jeune se décida à renouer l'entretien.

— La mission dont nous sommes chargés est fort délicate, monsieur, dit-il. En venant ici, nous espérions y rencontrer le major Washington, et s'il ne fallait que quelques jours de patience...

— Malheureusement, interrompit le capitaine, il a été contraint, je vous le répète, de s'absenter ; nous sommes ici sur une frontière dangereuse, exposés, à chaque minute, à une attaque, et par conséquent continuellement sur le qui-vive. Le major, en nous quittant, n'a pu nous fixer l'époque de son retour, qui cependant, ne saurait être très éloigné.

— Peut-être serait-il préférable que nous l'attendissions.

— Ce sera comme il vous plaira. Cependant, dans votre intérêt même, pardonnez-moi si je vous parle aussi franchement, messieurs, peut-être devriez-vous vous ouvrir complètement à moi, qui ai la confiance entière de mon chef.

— Entière, monsieur ? dit avec intention le plus âgé des voyageurs.

— Oui, monsieur, entière, répondit-il en saluant gracieusement son interlocuteur.

— Ainsi, reprit celui-ci, le major vous a fait connaître les motifs de notre visite dans ce fort que vous commandez ?... Il vous a fait connaître, sans restrictions ?

— Il me les a communiqués, oui, monsieur.

— Et sans doute, reprit le jeune homme avec un léger tremblement dans la voix, le major Washington vous a dit aussi qui nous sommes ?

— Certes, monsieur, fit l'officier avec un sourire d'une expression indéfinissable. Il m'a annoncé qu'en son absence, je recevrais probablement la visite de deux gentilshommes allemands, nommés MM. de Waldeck, voyageant dans ces contrées pour leur plaisir ; il a ajouté que ces gentilshommes étaient sous la protection expresse de S. Exc. le gouverneur de la Virginie, et que par conséquent je devais les accueillir avec les plus grands égards, les satisfaire en tout ce qu'ils me demanderaient, et leur obéir comme je le ferais à lui-même. Croyez bien, messieurs, qu'il m'en coûtera peu.

— Le major Washington ne vous a rien dit de plus, monsieur ? reprit l'aîné des voyageurs.

— Non, monsieur ; y aurait-il autre chose ?

— Vous êtes parfaitement renseigné, monsieur ; il suffit.

Le capitaine s'inclina avec le plus beau sang-froid du monde.

— Ainsi, monsieur de Waldeck, votre intention est de... ?

— De ne pas différer davantage à vous adresser ma demande, repartit le jeune homme avec un charmant sourire.

— Je serai heureux de vous satisfaire, monsieur ; veuillez vous expliquer.

— Ainsi que vous l'a très bien dit le major Washington, nous voyageons dans ces contrées pour notre plaisir ; pourtant nous avons un autre but encore.

— Et cet autre but est...

— De nous instruire en visitant les peuplades sauvages de ce pays, dont nous désirons étudier les mœurs.

— Ce but est louable monsieur ; mais je ne vous cacherai pas que la réalisation de ce projet est hérissée de difficultés et très dangereuse.

— Nous le savons, monsieur, mais notre résolution est prise. Vous le savez : qui ne risque rien n'a rien !

— Puisqu'il en est ainsi, je n'insisterai pas. Vous ne pouvez songer à visiter les tribus indiennes sans avoir avec vous une escorte respectable; ce serait une folie que de le tenter. Quelles sont vos intentions?

Les deux jeunes gens lancèrent au capitaine un double regard d'une expression singulière. L'officier demeura impassible; c'était le digne élève de Washington.

— Le service que nous attendons de vous, monsieur, répondit au bout d'un instant le plus jeune des voyageurs, a précisément trait à une escorte.

— Ordonnez!

— D'abord, pouvez-vous nous la fournir?

— Certes; de quel côté comptez-vous vous diriger?

— Vers le nord.

— C'est là que se trouvent les peuplades les plus féroces.

— Nous le savons, monsieur.

— Et le sachant, votre résolution n'est pas ébranlée?

— Non, monsieur.

— Quand comptez-vous partir? fit le capitaine après un temps.

— Demain, si cela est possible.

— Aussi tôt?

— Nos moments sont comptés.

— Demain donc, votre escorte sera prête, messieurs.

— Et elle se composera?

— De trente Indiens Hurons, renommés dans leur tribu, avec lesquels, je vous en donne ma parole, vous passerez partout, quels que soient, ajouta-t-il avec intention, les ennemis qui essaient de vous barrer le passage... si tant est que vous rencontriez des ennemis.

— Je suis réellement confus, monsieur, et je ne sais de quelle manière vous exprimer ma reconnaissance.

— Vous ne m'en devez aucune, monsieur; j'accomplis un devoir, voilà tout.

Les voyageurs se levèrent.

— Mais, reprit le capitaine, j'oublie que vous avez fait une longue route, que vous êtes fatigués.

Il frappa sur un timbre; un soldat parut.

— Conduisez ces messieurs à l'appartement préparé pour eux.

Les trois personnages se saluèrent et prirent congé les uns des autres.

— Chère Léona, dit alors tout bas, à son compagnon, le plus âgé des voyageurs, nous sommes reconnues; cet homme sait qui nous sommes. Tout me le prouve dans ses façons.

— Que nous importe? répondit l'autre sur le même ton; qu'il feigne de l'ignorer, c'est tout ce que je lui demande.

Ils suivirent le soldat, qui les conduisit à un magnifique appartement meublé avec tout le confortable qu'il avait été possible de se procurer dans cette contrée sauvage, et les quitta après les avoir respectueusement salués. Là, une vieille connaissance les attendait.

Le señor don Palamède Bernardo de Bivar y Carpio, complètement guéri de sa blessure, mais plus blême, plus long et plus maigre que jamais, se tenait immobile dans l'antichambre, le feutre sur l'oreille, et la main noblement posée sur la garde de son immense rapière.

Les voyageurs lui ordonnèrent, d'un geste, de les accompagner jusqu'à un salon contigu, où ils s'entretinrent avec lui jusque fort avant dans la nuit; puis ils le congédièrent et demeurèrent seuls.

VIII

LE RENARD-BLEU

Le lendemain, aux premiers roulements des tambours battant la diane sur les remparts de la forteresse, les deux voyageurs quittèrent l'appartement dans lequel ils venaient de passer la nuit.

Aucune trace de fatigue ne paraissait plus sur leur visage.

Au seuil de la grande porte conduisant dans la cour, ils trouvèrent sir James Mackay.

L'officier vint cérémonieusement à leur rencontre.

— Déjà sur pied, messieurs! fit-il en serrant les mains gantées que lui tendaient ses hôtes.

— Cela vous étonne, capitaine? lui fut-il répondu par l'aîné des Waldeck; nous prenez-vous pour des femmelettes?

Ces mots furent prononcés avec tant de simplicité, que l'officier en demeura confondu; il ne se sentait pas de force, en cas de besoin, à lutter contre tant de finesse.

Le plus jeune des voyageurs reprit à son tour:

— Nous désirions assister au lever du soleil. Sommes-nous en retard?

— Ne désirez-vous pas aussi, dit le capitaine Mackay de son ton le plus indifférent, ne désirez-vous pas vous assurer pas vos yeux de l'empressement mis par moi dans l'exécution de vos ordres?

— Oh! capitaine, nous n'avons rien ordonné.

— Votre parole était à nous, capitaine, elle nous suffisait. Nous avons dormi dans la plus profonde quiétude.

— Mille grâces, messieurs, de votre confiance en moi. Je la mérite. Veuillez me suivre, je vous prie, mes actes parleront mieux que mes promesses.

— Nous n'en doutons nullement, ni mon frère ni moi.

— Certes!

— Trop aimables! Venez, messieurs!

Sir James Mackay précéda alors les jeunes gens et les conduisit sur les remparts.

— Regardez, dit-il en étendant le bras droit vers la plaine.

Les étrangers tournèrent les yeux dans la direction indiquée et aperçurent,

LA BELLE RIVIÈRE 221

— Regardez, dit-il, en étendant le bras droit vers la plaine.

à une portée de canon de la forteresse à peu près, au bas de la colline, sept ou huit *toldos* en cuir. Ces toldos, — ils en avaient la certitude, ayant passé à cette même place, — ne se trouvaient pas là le jour précédent.

— Qu'est-cela? demandèrent-ils avec surprise.
— Ce sont, ainsi que vous le voyez, répondit poliment le capitaine, ce sont des toldos indiens; ces toldos renferment une trentaine de guerriers peaux-

rouges, commandés par un chef célèbre, nommé le *Renard-Bleu*, qui consent, sur ma prière, à vous escorter partout où vous irez, et, ajouta-t-il en soulignant ses dernières paroles, il obéira aux ordres, quels qu'ils soient, qu'il vous plaira de lui donner pendant le cours de ce voyage.

— La promptitude avec laquelle vous avez satisfait notre désir double pour nous, capitaine, le prix du service que vous nous avez rendu. Nous saurons, en temps et lieu, remercier lord Dinwidie de la réception cordiale qu'à sa recommandation nous avons reçue de vous.

Le capitaine s'inclina.

— Ces Indiens demeureront là jusqu'au moment où il vous plaira de vous mettre en route.

— Leur attente sera de courte durée, capitaine; nous comptons partir aujourd'hui même.

— J'avais espéré, malgré ce que vous m'aviez dit hier, que vous auriez consenti à nous accorder quelques jours.

— Malheureusement cela ne nous est pas possible, à notre grand regret, soyez-en persuadé, capitaine, nous sommes contraints de partir après le déjeuner.

— Que votre volonté soit faite, messieurs. Puisqu'il en est ainsi, j'enverrai prévenir le Renard-Bleu de se rendre auprès de vous, afin de recevoir vos derniers ordres.

— Je ne sais trop comment nous pourrons nous entendre, dit en riant le jeune homme.

— Cela vous sera facile. Cet Indien entend très bien l'anglais, et même, quand cela lui plaît, il le parle d'une façon intelligible.

— Oh! c'est charmant alors. En vérité, capitaine, vous ne pouviez choisir un guide qui nous fût plus agréable.

Cependant tout était en mouvement dans la forteresse.

Des détachements sortaient à la découverte; d'autres, qui avaient passé la nuit au dehors, rentraient pour se livrer au repos; dans les cours, les soldats faisaient l'exercice; çà et là, allaient, venaient et se croisaient les valets et les cantiniers. Mais au milieu de tout ce bruit et de ce désordre apparent, régnait un ordre admirable; on se serait cru au milieu d'une ville anglaise de l'Europe, tant la vie semblait organisée sur des bases solides. Cette forteresse redoutable n'avait pourtant été construite que depuis deux mois à peine; mais les Anglais possèdent au suprême degré cette science qui nous est malheureusement inconnue, à nous autres Français, et qui les fait si puissants, de transporter, partout où ils vont, leur pays, leur nationalité, leur patrie avec eux.

Mieux et plus encore, ils savent imposer leur personnalité orgueilleuse aux peuples qu'ils soumettent.

Le capitaine Mackay, sans exagérer les limites de la politesse et de l'amabilité qu'on se doit d'homme à homme, se mit aux ordres des deux gentilshommes pour les quelques heures qu'ils avaient encore à passer au fort Nécessité.

Il offrit de leur faire visiter l'intérieur de la forteresse dans tous ses détails.

MM. de Waldeck acceptèrent son offre avec empressement.

Il fallait bien tuer le temps jusqu'à l'heure du départ; puis sir James Mackay était tellement aimable pour ses hôtes, que ces derniers pouvaient bien contenter leur nature curieuse en ayant l'air de faire quelque chose pour lui.

Vers neuf heures, on servit le déjeuner, repas anglais dans toute l'acception du mot, aussi confortable qu'à Londres même.

Sir James Mackay et l'enseigne Ward seuls faisaient les honneurs de la table réservée aux deux étrangers.

Le repas fut gai, mais on ne causa que de sujets indifférents.

Les officiers anglais étaient trop véritablement gentlemen pour faire la moindre allusion aux motifs qui amenaient les voyageurs au fort Nécessité.

Déjà depuis quelques instants la bouteille avait commencé à circuler, lorsque la porte de la salle à manger s'ouvrit, et le sergent Harrison parut amenant avec lui le chef indien.

Le Renard-Bleu était un homme jeune encore, aux traits intelligents et au regard fier, sa taille était haute, ses gestes élégants, sa démarche majestueuse; il portait avec une grâce infinie le costume de sa nation.

En entrant dans la salle, il salua les assistants d'un signe de tête ; puis il se redressa, croisa les bras sur sa poitrine, et attendit silencieusement qu'on lui adressât la parole.

Le sergent Harrison avait les traits plus renfrognés encore que de coutume, son visage était plus rouge que son uniforme, et ses yeux brillaient comme des escarboucles.

— Soyez le bienvenu, chef, dit sir James Mackay en apercevant l'Indien et en allant cérémonieusement à sa rencontre ; mon cœur se réjouit à la vue du visage d'un ami.

— Le Renard-Bleu a reçu l'invitation de son père le chef pâle ; il s'est hâté de s'y rendre, répondit le Peau-Rouge avec cette emphase et cet accent guttural particuliers à sa race.

— Prenez place auprès de moi, chef, reprit l'officier.

L'Indien obéit; le capitaine lui versa aussitôt un verre de wiskey, plein jusqu'au bord. Le chef dont les yeux brillèrent de convoitise, le vida jusqu'à la dernière goutte.

— Eh! eh! cela vous plaît, il me semble, dit en riant l'enseigne Ward, qui ne brillait pas par son estime pour les Indiens.

— Och! répondit l'Indien, l'eau de feu est le lait des Hurons.

— Puisqu'il en est ainsi, il faut redoubler, reprit l'enseigne.

Et il versa un second verre aussi plein que le premier.

Cependant le sergent Harrison, la main droite au front, et la gauche étendue le long de la culotte, demeurait immobile et droit comme un piquet, à trois pas de la table. Il tenait les yeux si obstinément fixés sur le capitaine que celui-ci s'en aperçut.

— Que voulez-vous, sergent? lui demanda-t-il, vous paraissez avoir quelque chose à me dire.

— Oui, capitaine, répondit le sergent de son air bourru, qui ne changeait que peu, même avec ses supérieurs.

— Alors parlez! mais d'abord buvez cela pour vous éclaircir la voix, ajouta-t-il en lui tendant un verre d'eau-de-vie.

Le sergent prit le verre, but, s'essuya la bouche du revers de sa main, et, après avoir posé le verre vide sur la table, il se remit dans sa première position.

— Maintenant, de quoi s'agit-il? dit le capitaine.

— Voici l'affaire, monsieur, répondit le sergent : il est inutile que Votre Honneur donne l'ordre de fermer chaque soir les portes du fort et même qu'il fasse placer des sentinelles sur les remparts.

— Pourquoi donc cela, sergent?

— Parce que, Votre Honneur, il y a des gens qui n'ont pas besoin de portes pour sortir quand il leur plaît, et cela à la barbe des sentinelles qui, il faut leur rendre cette justice, n'y voient que du feu.

— Et qui sont ceux-là, sergent, s'il vous plaît?

— Ils sont deux, Votre Honneur.

— Leurs noms?

— Le premier est ce grand escogriffe auquel les Indiens ont donné le nom de *Flamand rose*...

— N'est-ce pas l'homme qui, il y a deux jours, nous a remis les lettres de ces gentlemen? fit le capitaine en désignant les étrangers.

— Celui-là même, Votre Honneur; il a disparu vers trois heures du matin et s'est fait si bien invisible, que depuis il a été impossible de remettre la main dessus...

Les deux jeunes gens échangèrent un regard d'intelligence et sourirent de la façon naïve du sous-officier.

— Hum! et quel est le second déserteur?

— Oh! pour celui-ci, c'est un mauvais drôle que je connais depuis longtemps, un *rascal* qui n'est ni chair ni poisson; il servait de guide à ces gentlemen, il est entré avec eux dans le fort ; il se nomme la *Couleuvre;* je m'en défie....

— Il paraît que cette fois vous ne vous en êtes pas assez défié? dit le capitaine avec ironie.

— C'est vrai, mais s'il me retombe sous la main...

— Cela n'est point probable ; vous n'avez parlé à personne de cette fuite, sergent?

— A personne, monsieur.

— C'est bien ! retirez-vous, sergent, et surtout bouche close ! Ah ! en partant, donnez l'ordre que les chevaux de ces gentlemen soient sellés à l'instant ; buvez ceci encore.

Le sergent s'inclina, vida de nouveau le verre qui lui était offert, et se retira tout en grommelant :

— Le vin est bon... l'officier aussi... Mais cet égal, il faudra voir plus tard !

Le capitaine se tourna alors vers les jeunes gens :

— Ne vous semble-t-il pas, messieurs, dit-il, que cette double fuite est bien extraordinaire?

— Je crois que ce digne sergent a la vue un peu trouble, répondit nonchalamment le plus âgé des étrangers. Nous avions donné une mission à notre écuyer, cet homme sera sorti du fort ce matin, à l'ouverture des portes, ainsi que nous le lui avions ordonné. Le guide, dont les services nous sont maintenant inutiles, et que par conséquent, nous avons congédié à notre arrivée ici, aura profité de l'occasion pour partir avec lui. Vous le savez mieux que personne, monsieur, les chasseurs, habitués à la vie du désert, n'aiment pas le séjour des habitations.

— C'est égal, messieurs, ce départ est fort extraordinaire, vous en conviendrez, quelle que soit votre indulgence pour ces...

— Il me semble tout naturel, à moi.

— Cependant, monsieur... fit sir James, insistant.

— Pardon, capitaine, répondit le jeune homme avec hauteur, serait-ce un interrogatoire que vous auriez l'intention de nous faire subir? d'hôtes, passons-nous donc accusés?

— Dieu m'en garde, messieurs! reprit-il vivement en s'inclinant avec politesse; mes devoirs seuls me faisaient vous parler ainsi.

— Alors brisons là, je vous prie, et occupons-nous des préparatifs de notre départ. Quant à ce qui s'est passé, nous rendrons compte de notre conduite et de celle de nos gens à lord Dinwidie, s'il le désire, et vous serez tout excusé.

Ces paroles furent prononcées avec un accent si sec et si péremptoire, que le capitaine ne trouva rien à répondre. Pour dissimuler son dépit, il s'adressa au chef qui, indifférent en apparence à tout ce qui se passait autour de lui, était complètement absorbé par la bouteille de rhum placée devant lui, et dont il faisait incessamment passer le contenu dans son verre et de son verre dans son estomac. Cette opération, exécutée avec une aisance et une facilité inouïes, témoignait d'une longue habitude.

— Vous rappelez-vous bien, chef, les recommandations qui vous ont été faites au commencement de la lune des *aigles passants*? lui demanda le capitaine.

— Les paroles de mon père sont demeurées dans mon cœur, répondit le chef; j'ai aussitôt expédié quatre de mes jeunes hommes, les pistes ont été découvertes et relevées. Qui peut échapper, dans le désert, au regard perçant du Renard-Bleu?

— Ainsi le chef est certain de rejoindre ceux qu'on lui a désignés?

Le Peau-Rouge sourit avec dédain.

— Mon père prend-il son fils pour une vieille femme bavarde? Ce que dit le chef est toujours la vérité, sa langue n'est point fourchue. Mon père donnera l'eau de feu pour mes guerriers et tout sera bien.

— L'eau de feu sera donnée au retour de l'expédition; il est donc de l'intérêt du chef de se hâter.

— Mon père donnera au moins les fusils?

— Soit! dix fusils seront remis aux guerriers de mon fils quand il sortira du fort, ainsi que de la poudre et des balles.

— Eoah! mon père est un grand chef des Visages-Pâles le Renard-Bleu tiendra toutes ses promesses.

— Je compte sur votre loyauté, chef, ajouta-t-il. Puis se tournant vers les étrangers : Ces deux guerriers vous accompagneront dans votre expédition, ainsi que cela a été convenu, dit-il.

— Le Renard-Bleu obéira à ces deux guerriers comme il obéit à son père. Le Renard-Bleu est un grand brave dans sa tribu ; qui oserait lui répondre *Non*, quand il dit *Je veux* ?

Le capitaine se leva.

— Maintenant l'heure du départ est arrivée, dit-il.

Le chef porta le goulot de la bouteille à sa bouche et la vida d'un trait.

— Le Renard-Bleu est prêt, répondit-il en reposant la bouteille vide sur la table.

On sortit.

— Ne craignez-vous pas, dit à voix basse le plus âgé des étrangers au capitaine, que cet homme, après la quantité énorme de rhum qu'il a absorbée, ne soit plus en état de se conduire ?

— Rassurez-vous, répliqua le capitaine sur le même ton ; l'estomac de ce drôle est tellement brûlé par les liqueurs fortes, qu'elles ne produisent plus d'effet sur lui. Ce qu'il a bu là n'est rien, monsieur ; je lui en ai vu faire bien d'autres.

— Ainsi nous pouvons avoir confiance en lui ?

— Confiance entière ! Il est honnête à sa manière, dévoué corps et âme aux Anglais ; enfin c'est l'homme qu'il vous faut. On ne pourrait en trouver un plus...

— Comment le savez-vous ? demanda le jeune homme en l'arrêtant brusquement.

— Je le suppose, répondit-il avec un sourire équivoque.

Les chevaux étaient attelés, les mules chargées. Deux soldats portaient chacun cinq fusils sur leurs épaules ; deux autres tenaient une grande boîte en fer-blanc remplie de poudre et un sac contenant des balles : c'étaient les armes et les munitions promises au chef.

Les deux étrangers prirent affectueusement congé des officiers anglais et se mirent en selle.

L'ordre fut donné d'ouvrir les portes du fort.

— Adieu, messieurs, répétèrent les jeunes gens ; merci encore une fois de votre gracieuse hospitalité.

— Adieu, messieurs, répondit le capitaine, bon voyage et surtout bonne chasse ! Soyez prudents : le gibier que vous voulez abattre revient sur les chasseurs, ne vous laissez pas découdre !

Les étrangers comprirent sans doute l'intention renfermée dans ces paroles énigmatiques ; ils rougirent de dépit, mais ils se contentèrent de s'incliner sans répondre autrement, et rendant la main à leurs chevaux, ils s'éloignèrent au grand trot. Les portes furent immédiatement closes derrière eux.

Quelques minutes plus tard, ils atteignirent les huttes indiennes, où ils furent accueillis avec les témoignages du plus profond respect par les Peaux-Rouges.

Il est difficile d'exprimer la joie qu'éprouvèrent les guerriers en recevant les armes que le commandant anglais leur envoyait. Cette joie tenait du délire; elle dégénéra presque en folie et, pendant assez longtemps il fut impossible au chef de se faire obéir. Enfin, peu à peu, l'exaltation tomba; tout rentra dans l'ordre accoutumé.

Le Renard-Bleu, sans perdre de temps, fit enlever les toldos et donner le signal du départ. Les guerriers prirent aussitôt la file indienne et s'enfoncèrent dans la forêt, où ils ne tardèrent pas à disparaître en marchant du pas élastique et cadencé qu'un cheval au trot a de la difficulté à suivre et qui est particulier à leur race.

Les deux voyageurs formaient l'arrière-garde.

Du haut des remparts du fort, les officiers anglais avaient assisté au départ des Peaux-Rouges; lorsque la campagne fut redevenue déserte, ils descendirent dans la cour.

— Pauvres jeunes gens, dit l'enseigne Ward, quelle idée ont-ils eue, eux si riches et si beaux, d'aller ainsi de gaieté de cœur s'exposer à des dangers horribles, sans espoir de bénéfice ni de gloire?

— Vous vous trompez, monsieur, répondit le capitaine; le bénéfice sur lequel ils comptent est la vengeance, et selon toutes probabilités, malheureusement ils réussiront!

— Que voulez-vous dire, sir James? Pourquoi *malheureusement!*

— Je veux dire mon vieil ami, qu'être et paraître sont deux.

— Je n'ai jamais prétendu le contraire. Ainsi ces jeunes gens...

— Ne sont pas des hommes!

— Hein? quoi donc alors, des singes?

— Je ne crois pas, dit l'officier en souriant.

— Des diables?

— Plutôt, oui, ou quelque chose d'approchant.

— Des femmes?

— Vous y êtes, et des femmes que la haine rend traîtresses et cruelles!

— Pourquoi les avoir reçues ici? gronda l'enseigne entre ses dents.

— S'il n'avait dépendu que de moi, les portes du fort ne leur eussent pas été ouvertes; mais j'avais des ordres. Vous verrez, monsieur, que cette visite nous portera malheur.

— Pourquoi cela?

— J'en ai un pressentiment. Vous souvient-il de la mort de M. de Jumonville?

— By God! oui... je ne l'oublierai de ma vie, fit l'enseigne en détournant la tête.

— Eh bien! si je ne me trompe, cette affaire est la suite de la sienne.

— Tant pis, capitaine!... Dieu veuille que vous vous trompiez... C'est bien assez, quoique nous n'ayons fait qu'obéir, d'avoir une pareille sur la conscience! N'en parlons plus, voulez-vous?

Le capitaine Mackay abondait probablement dans le sens de l'enseigne Ward.

Il ne répliqua point, et rentra triste et soucieux dans son appartement.

La mort de l'officier français, quelque involontairement qu'ils y eussent contribué, pesait comme un lourd remords sur le cœur de ces deux brave, soldats.

Le Renard-Bleu ne s'était pas vanté en se faisant passer pour un *grand brave* et sir James Mackay lui avait rendu justice en prônant son adresse, son dévouement, ainsi que son courage.

Les deux voyageurs furent bientôt en mesure de l'apprécier à sa juste valeur.

Ils n'eurent qu'à se louer de sa conduite et de la façon dont il dirigea l'expédition.

A chaque pas, pour ainsi dire, il donnait des preuves d'une finesse et d'une sagacité surprenantes ; jamais il ne se trompait, jamais il n'hésitait ; il marchait aussi vite et aussi résolument à travers le désert que si ceux sur la piste desquels il s'était mis lui eussent communiqué leur itinéraire. Une branche cassée, une feuille tordue, la mousse d'un arbre légèrement froissée, l'eau troublée, l'herbe courbée, un rien lui servait d'indice et de point de repère pour ne pas s'écarter de la bonne route.

Deux jours après leur départ du fort, les voyageurs furent, à la halte du soir, rejoints par le señor don Palamède.

Le digne hidalgo, malgré son apparence assez ridicule, était un vieil aventurier plein de ruse et de finesse. Ayant fait tous les métiers et surtout celui de boucanier, il avait une aptitude extraordinaire pour découvrir les traces à peine visibles, laissées soit sur le sable, soit dans les buissons, ce qui l'avait fait, au premier coup d'œil, traiter avec une extrême considération par les Peaux-Rouges, très appréciateurs d'un tel mérite ; de plus, l'aventurier était brave, très adroit tireur et marcheur infatigable, qualités fort prisées des Indiens.

Cette fois, à part le désir de s'acquitter à son honneur de la mission qui lui avait été confiée, il en avait un autre plus puissant encore, celui de prendre sa revanche du coup d'épée dont il avait failli mourir et qu'il brûlait de rendre avec usure. C'était la seule dette que l'hidalgo tînt à payer.

Aussi avait-il fait à merveille. Il arrivait avec des nouvelles positives ; il savait où se trouvaient ceux qu'on voulait atteindre ; il les avait vus, le doute n'était donc pas possible ; de plus, la Couleuvre s'était chargé de les amener dans un endroit où ils seraient pris comme dans un filet, sans résistance possible.

La Couleuvre n'avait pas, à la vérité, jugé convenable d'instruire l'aventurier du moyen qu'il voulait employer pour obtenir ce résultat ; mais peu importait... le señor Palamède se croyait en droit de compter sur la promesse du chasseur, et il avait raison : celui-ci avait, en effet, l'intention de la tenir.

Ces bonnes nouvelles levèrent tous les doutes.

Le lendemain, au point du jour, on se remit en marche, cette fois plus rapidement, on savait où on allait.

La Couleuvre, voulant probablement faire preuve de loyauté, vint au-devant de la petite troupe, qu'il prit soin de guider lui-même.

Il la plaça en embuscade avec une adresse qui lui valut des éloges unanimes.

LA BELLE RIVIÈRE   229

Le chef porta le goulot de la bouteille à sa bouche.

Nous avons rapporté plus haut quels furent les résultats de ses combinaisons; on en attendait mieux, à coup sûr.

Nous reprendrons maintenant notre récit au moment où les deux voyageurs, faits prisonniers par celui qu'ils voulaient surprendre, avaient été amenés en sa présence.

IX

LES PRISONNIERS

L'île envahie, le Renard-Bleu, après avoir fait cerner, invisiblement pour eux, les deux officiers qui causaient avec le Proscrit dans la clairière, s'était approché des deux jeunes gens.

Il leur avait dit :

— Les chefs pâles ont dirigé l'expédition depuis le fort Nécessité ; ils sont arrivés ; que feront-ils ? Le Renard-Bleu attend leurs ordres pour agir.

Les jeunes gens avaient échangé un rapide regard.

Le plus âgé avait répondu :

— Le Renard-Bleu surprendra nos ennemis ; mon ami et moi, nous demeurerons ici en attendant le résultat de l'attaque qu'il a préparée.

— Les blancs se défendront.

— C'est probable. Le chef les prendra vivants ; notre grand-père blanc, qui commande le fort, veut les conserver prisonniers auprès de lui.

L'Indien avait alors secoué la tête d'un air de mauvaise humeur.

— Mes jeunes hommes ne sont pas des vieilles femmes qui se laissent battre sans rendre les coups qu'on leur donne.

— Les deux officiers français doivent nous être amenés sains et saufs, tel est l'ordre que nous avons reçu.

— Cela sera fait, avait répondu le chef après une hésitation assez longue ; mais plusieurs de mes guerriers ne reverront par leur wigwam.

Le jeune homme n'avait répliqué que par un mouvement d'épaules.

Le chef s'était alors éloigné à contre-cœur, résolu cependant à obéir strictement à l'ordre qu'il avait reçu d'une si hautaine façon.

Cet ordre sauva la vie aux deux officiers et causa la défaite des Indiens.

Les deux jeunes gens étaient donc demeurés sous la garde de don Bernado, attendant avec anxiété le résultat de la surprise tentée par le Renard-Bleu et ses guerriers.

Bien qu'ils se fussent arrêtés assez près du rivage, ils se trouvaient parfaitement cachés par les arbres qui les entouraient, par les hautes herbes, qui, en cet endroit, avaient plus de huit pieds ; cependant, par surcroît de précaution, ils jugèrent prudent de mettre pied à terre.

A peine quelques minutes s'étaient écoulées que le bruit d'une course précipitée frappa leurs oreilles, et presque aussitôt un homme parut, venant de l'intérieur de l'île.

Cet homme était le Proscrit.

En les apercevant il s'arrêta, fixa sur eux un regard d'une expression étrange, un sourire plissa ses lèvres minces, et, croisant les bras sur sa poitrine :

— Ah! ah! dit-il d'une voix stridente, vous êtes à l'affût, mes gentilshommes, il me semble? Vous attendez que vos rabatteurs vous ramènent le gibier, n'est-ce pas ?

Les jeunes gens demeurèrent muets, étourdis par cette singulière apostrophe ; seul, l'aventurier fit un pas en avant.

— Qu'est-ce à dire, s'écria-t-il, que demandez-vous?

— Arrière, drôle! reprit le Proscrit en l'éloignant dédaigneusement du geste.

Don Bernardo se recula involontairement, la main sur ses armes.

— Pardieu ! continua le Proscrit, c'est un noble divertissement que celui de la chasse! Mais celle-ci sera rude : prenez garde, gentils damoiseaux, que le gibier ne se retourne contre le chasseur, prenez bien garde !

— Monsieur ! s'écria l'un des cavaliers avec colère.

— Madame la comtesse de Maleval, répondit sans s'émouvoir le Proscrit, et vous, madame la marquise de Bois-Tracy, suivez mon conseil : fuyez avant qu'il ne soit trop tard.

Et, saluant avec une mordante ironie les deux dames atterrées, il disparut au milieu des fourrés avant que celles à la face desquelles il avait si brutalement craché leurs noms eussent retrouvé assez de présence d'esprit pour tenter de l'arrêter, ou du moins de lui demander l'explication de ses énigmatiques paroles.

— Que faire ? murmura la comtesse avec stupeur.

— Attendre! répondit résolument la marquise. Ces deux hommes, si braves qu'ils soient, ne sauraient vaincre trente ennemis comme ceux qui les entourent.

Tout en parlant ainsi, Mme de Bois-Tracy dissimulait mal sa joie.

Le Proscrit ne s'était pas trompé. Les cavaliers que nous avons vus si résolument entrer au fort Nécessité, puis se mettre, avec une troupe d'Indiens, sur la piste des deux officiers français, et les poursuivre avec tant d'acharnement, étaient bien la marquise de Bois-Tracy et la comtesse de Maleval.

Comment, bien que Françaises, avaient-elles obtenu la protection absolue des autorités anglaises? c'est ce que nous apprendrons plus tard.

La haine aveugle de la comtesse n'avait reculé devant aucun obstacle et devant aucune lâcheté pour atteindre ce but si désiré : la vengeance!

La marquise ne quittait pas son amie ; c'est tout ce que nous pouvons dire d'elle pour le moment.

Cependant, le combat continuait avec acharnement dans la clairière ; le bruit en arrivait distinctement aux oreilles des deux dames, dont l'émotion touchait aux dernières limites.

Les officiers français opposaient une vaillante résistance à l'attaque acharnée de leurs ennemis.

Malgré la certitude qu'elles croyaient avoir du succès du guet-apens qu'elles avaient si adroitement tendu, les deux femmes commençaient, malgré elles, à s'effrayer.

L'île prenait à leur yeux une apparence fantastique : les fauves, chassés de leur repaire, passaient effarés auprès d'elles; les oiseaux voletaient çà et là avec des cris discordants, les hautes herbes avaient des oscillations effrayantes.

— Que faire ?... Ce mot revint avec une expression de terreur sur les lèvres blêmies de la comtesse de Maleval.

— Fuir ! fuir au plus vite ! s'écria un homme apparaissant tout à coup auprès d'elle et jetant un regard d'intelligence à Mme de Bois-Tracy.

— André ! mon frère ! fit cette dernière, répondant à ce regard par un geste inaperçu de son amie.

— C'est moi, oui, madame, répondit le jeune homme d'une voix haletante, je vous suis depuis le fort Nécessité, où je suis arrivé une heure après votre départ. Fuyez, au nom du ciel, fuyez ou vous êtes perdue !

— Explique-toi !

— Les Indiens vous entourent ; dans un instant, ils seront dans l'île.

— Mais les Indiens sont nos amis ! dit Mme de Maleval.

— Ceux dont je vous parle sont vos ennemis les plus acharnés. Fuyez, je vous en supplie, sans perdre un instant ; peut-être est-il déjà trop tard.

— Oh ! fit-elle avec rage, fuir !...

— Il le faut, madame.

— Mais comment ?

— Venez, reprit-il rapidement ; suivez-moi. J'ai, à quelques pas d'ici, une pirogue cachée dans les roseaux.

— Nos chevaux !...

— Abandonnez-les, mais venez, venez !

Les deux dames hésitaient encore.

— Les Indiens ! s'écria tout à coup don Bernardo avec une frayeur peu dissimulée pour un champion aussi redoutable.

Ce dernier mot les décida ; elles s'élancèrent, sur le pas d'André, au milieu des herbes. L'aventurier les suivit l'épée à la main et le pistolet au poing.

Quelques minutes s'écoulèrent.

Les quatre fugitifs, aiguillonnés par la terreur, couraient avec une rapidité extrême, sans échanger une parole.

— Les voilà ! hurla don Bernardo.

— Nous sommes perdus ! murmura la comtesse.

— Pas encore ! dit résolument André. Ma pirogue est là, derrière ce bouquet d'yeuses ; sautez dedans et fuyez ! tandis que, cet homme et moi, nous nous ferons tuer pour vous donner le temps d'échapper.

— C'est cela, partez ! ajouta l'aventurier, en armant son pistolet. On est Espagnol, après tout, et descendant du Cid.

Mais, au lieu d'accepter ce dévouement si noblement exprimé, les deux dames s'arrêtèrent.

— Non ! dit la marquise avec une énergie fébrile, je ne fuirai pas devant ces hommes que je méprise.

— Ni moi ! ajouta la comtesse d'une voix ferme.

— Mais... vous vous perdez !...

— Pas un mot de plus, André ; notre résolution est irrévocable. Nous préférons tomber maintenant entre les mains des sauvages que de persévérer plus longtemps dans ce projet de fuite insensée, au milieu d'un pays inconnu, fuite honteuse et humiliante !

— Mais ce que nous ne voulons pas faire, vous êtes hommes et vous pouvez le tenter; partez tous deux.

— Jamais ! répondirent-ils avec élan, jamais !

— Je le veux, je l'ordonne, dit la marquise. Obéissez !

— L'honneur m'ordonne à moi de vous désobéir, madame, dit froidement André, c'est sa voix seule que j'écouterai.

— Pardon, compagnon, fit l'aventurier; je crois comprendre mieux que vous la pensée de ces dames. Fuyons, s'il en est temps encore; plus tard, nous...

— Comment ! vous auriez la lâcheté ?...

— Pas de mots malsonnants ! Ces dames veulent rester, elles ont raison; les sauvages ne sont pas toujours cruels pour les femmes. Notre présence auprès d'elles les perd, sans chances de les servir; donc gagnons au pied, notre heure viendra.

— Libres, vous pourrez nous sauver peut-être.

— Au lieu que morts, ajouta sentencieusement l'aventurier, il n'y aura plus de chance de salut pour les prisonnières.

— Non, dit-il... fuir avec elles... ou mourir en la... en les défendant !

— André, votre obstination nous tue ! Vivez pour nous sauver, reprit la marquise avec prière.

— Vous l'exigez ? murmura-t-il, vous l'exigez ?

— Je vous en supplie, mon ami.

- Que votre volonté soit faite !

— Allez ! et que le ciel vous conduise...

Les deux hommes s'élancèrent du côté de la rivière.

Il était temps : à peine avaient-il disparu au milieu des taillis, que les Indiens surgirent tout à coup devant les femmes et les enveloppèrent, sans cependant s'approcher assez d'elles pour gêner leurs mouvements.

Elles poussèrent un cri d'effroi et jetèrent autour d'elles des regards empreints d'une terreur folle.

Un chef se détacha alors du groupe des guerriers, et faisant quelques pas en avant :

— Que mes filles se rassurent ! dit-il d'une voix douce en les saluant. Kouha-Handé est un chef renommé dans sa nation, ses guerriers savent avec quel respect doivent être traitées les prisonnières.

Et il ajouta avec un rire sardonique :

— Que mes filles me suivent ! leurs chevaux pourraient s'égarer, il est teps de retourner auprès d'eux.

Les jeunes femmes baissèrent la tête et suivirent, rouges de honte et de colère, les Indiens qui chuchotaient et riaient entre eux en les regardant à la dérobée.

Les chevaux étaient demeurés immobiles à la place où ils avaient été abandonnés.

— Mes filles attendront ici, dit le chef.
— Pourquoi nous parler ainsi ? répondit la marquise en redressant la tête avec fierté ; ne voyez-vous pas le costume que nous portons ?

L'Indien sourit.

— Kouha-Handé a le regard de l'aigle, reprit-il ; rien n'échappe à sa vue perçante. Le costume ne fait pas le guerrier ; la douce colombe n'imitera jamais le cri strident et terrible du vautour.

La marquise détourna les yeux avec confusion ; tout se mettait contre elle, jusqu'à ce costume qui avait fait sa force.

L'Indien feignit de ne pas remarquer l'embarras de ses prisonnières :

— Mes filles attendront ici le retour du chef, continua-t-il.

Et, faisant un geste de commandement à ses guerriers, il s'éloigna avec eux.

Les deux dames demeurèrent seules.

Elles étaient libres en apparence, mais elles ne se trompèrent pas sur cette feinte liberté qui leur était laissée. Elles comprirent que, pour être invisibles leurs gardiens n'en étaient que mieux aux aguets. Aussi, sans essayer une fuite qui n'aurait probablement eu d'autre résultat pour elles que de les faire garder plus étroitement et d'une façon plus gênante, elles s'assirent avec découragement sur le tronc d'un chêne renversé, et attendirent ce qu'il plairait à leurs vainqueurs de décider.

Une demi-heure s'écoula ainsi, sans que les deux dames, plongées dans leurs tristes réflexions, eussent échangé une seule parole.

Enfin les branches d'un buisson qui se trouvait en face de la place qu'elles occupaient, s'écartèrent doucement, et un homme parut.

Cet homme était Kouha-Handé, le chef indien aux mains duquel elles étaient si malheureusement tombées.

— Que mes filles me suivent ! dit-il.
— Où voulez-vous nous conduire ? demanda la marquise.
— Mes filles le sauront, répondit-il laconiquement.
— Pourquoi ne pas nous tuer tout de suite ici, dit la comtesse, au lieu de nous faire souffrir des tortures cruelles et inutiles ? Nous ne ferons point un pas de plus.
— Kouha-Handé est un grand chef, répondit l'Indien avec hauteur ; jamais sa hache de guerre n'a été rougie du sang d'une femme.

Et son œil noir lança un fier éclair.

— Pardonnez-moi, dit la comtesse, j'ignore vos coutumes.

L'Indien s'inclina en souriant doucement.

— Que mes filles me suivent ! répéta-t-il.

Toute résistance était non seulement inutile, mais encore dangereuse ; d'ailleurs, la déclaration si nette et si précise du chef, sans les rassurer complètement sur leur sort, leur avait donné un commencement d'espoir.

Elle se levèrent. Mme de Bois-Tracy fut la première sur pied.

— Marchons ! dirent-elles.
— Venez ! répondit le chef, en marchant devant elle, sans insister davantage.

Leur obéissance était-elle donc tout son désir? Elles le suivirent silencieuses et mornes.

Leur course ne fut pas longue : elle dura à peine une douzaine de minutes. Le chef ne les précédait que de quelques pas, écartant avec une attention et un soin extrêmes les branches qui auraient pu les blesser ou seulement gêner leur marche. Ce procédé délicat, si en dehors des habitudes indiennes, acheva de rassurer les deux dames et de raffermir leur courage ; elles se sentaient soutenues par un pouvoir occulte.

Après avoir tourné un épais taillis, elles se trouvèrent à l'entrée d'une clairière assez vaste; elles laissèrent échapper un cri de surprise et de colère à la vue de la scène bizarre qui s'offrit subitement à leurs yeux.

— Oh! murmura la comtesse avec douleur, cette honte nous était-elle donc réservée?

— Courage! répondit à voix basse la marquise; nous avons perdu la partie cette fois encore, mais tout n'est pas fini. Nous aurons notre revanche, je te le jure!

— Peut-être, reprit son amie avec découragement.

Elle s'étaient arrêtées sur la lisière de la clairière; par un élan spontané, elles reprirent leur marche, la tête haute cette fois, le regard assuré, et un sourire de mépris errant sur les lèvres. Le malheur ne les avait abattues que momentanément; elles retrouvèrent vite leur courage et leur fierté.

La clairière était encombrée de guerriers indiens; un peu sur la droite, une vingtaine de cadavres amoncelés et horriblement défigurés gisaient dans une mare de sang. Ces cadavres étaient ceux des guerriers du Renard-Bleu, tous avaient succombé.

Au centre de la clairière se tenaient debout et appuyés sur leurs fusils plusieurs *bois-brûlés;* au milieu d'eux, quatre hommes revêtus du costume de coureurs des bois, mais qu'il était facile de reconnaître pour des blancs de pure race, causaient à voix basse avec un chasseur canadien. Ces quatre hommes étaient : M. de Villiers, M. de Grigny, Rameau d'Or et Risque-Tout; le cinquième était Berger, le Canadien.

Le premier moment de stupéfaction passé, les deux dames, par une réaction facile à comprendre, reprirent toute leur présence d'esprit; toujours guidées par le chef, elles s'avancèrent d'un pas ferme et délibéré, ainsi que nous l'avons dit plus haut, vers le groupe qui occupait le milieu de la clairière.

A leur approche, la conversation fut interrompue, les deux soldats se retirèrent à l'écart, et les deux officiers demeurèrent seuls avec Berger, qui fixait un regard narquois sur les nouveaux venus.

La marquise ouvrait la bouche pour entamer l'entretien, mais M. de Villiers ne lui donna pas le temps de prononcer une parole et se tournant nonchalamment vers le chef qui s'était arrêté à trois ou quatre pas de lui :

— Qu'est-ce cela? demanda-t-il avec dédain.

— Des prisonniers, répondit le chef.

— Ah! fort bien, dit-il en détournant la tête; que voulez-vous faire de ces prisonniers, chef?

— Les donner au chef pâle.

— A moi ?... pourquoi cela ?

— Nous n'avons pas besoin de ces prisonniers, ajouta le baron; ils nous embarrasseraient.

« Ils commandaient les guerriers qui vous ont attaqués.

Les deux officiers couvrirent les deux dames d'un regard chargé d'un souverain mépris et haussèrent dédaigneusement les épaules.

— Je vous abandonne ces misérables, reprit le comte; ils sont à vous, faites-en ce que vous voudrez, chef.

— Pauvres diables ! murmura le baron avec une insultante pitié... Après tout, ils n'ont que ce qu'ils méritent.

Les deux dames avaient écouté, en frémissant de honte et de colère, les paroles méprisantes de leurs ennemis; à cette dernière insulte, leur fureur déborda.

— Ne me reconnaissez-vous donc pas, monsieur ? s'écria la comtesse, dont l'œil semblait lancer des éclairs.

— Moi, répondit froidement le jeune homme en lui tournant le dos, je ne sais qui vous êtes; je ne vous ai jamais vu, et je désire ne pas vous voir plus longtemps !

— C'en est trop ! dit madame de Maleval en frappant du pied. Vous oubliez à qui vous parlez, messieurs. Quels que soient votre haine, votre mépris pour nous, vous ne nous laisserez pas, je suppose, à la merci de ces sauvages féroces.

On pense bien que ces paroles ne concilièrent pas la sympathie des Peaux-Rouges aux deux imprudentes prisonnières.

Le baron se préparait à répondre, le comte l'arrêta : jusque-là l'affaire ne devait se débattre qu'entre la comtesse et lui.

— Messieurs, dit-il avec un inaltérable sang-froid, en ce moment ce n'est pas nous, mais vous qui oubliez à qui vous parlez. Vous nous avez fait tomber dans un horrible guet-apens; par vos ordres ces sauvages sanguinaires, que vous feignez de si fort redouter à cette heure, nous ont attaqués par surprise. Vos sicaires ont été vaincus, vous êtes nos prisonniers; au lieu d'accepter franchement et noblement la position que vous vous êtes faite vous-mêmes, vous osez élever la voix en notre présence, nous menacer presque lorsque nous dédaignons de nous venger de votre perfidie. Allons, vous êtes fous !

— Monsieur, prenez garde ! s'écria la comtesse hors d'elle-même; si jamais...

— Prendre garde ? et à quoi, s'il vous plaît, monsieur ? Je suis gentilhomme et ne crains personne au monde; au lieu de vous châtier comme vous le méritez, je consens à...

— Nous châtier, nous ? exclama la comtesse avec fureur. L'entends-tu, Léona ? fit-elle en se tournant vers son amie.

— Certes ! répondit impassiblement le comte. Supposez-vous donc que nous ignorons que, Français, vous avez lâchement renié votre patrie ? Dans un but que nous ne voulons pas rechercher vous avez pris service chez les Anglais, nos ennemis mortels. Remerciez-nous, au contraire, messieurs, d'oublier que vous êtes des traîtres et des transfuges; au lieu de vous infliger

— Les voilà! hurla don Bernardo.

la punition que vous méritez si bien par votre inqualifiable conduite, nous vous traitons en prisonniers ordinaires, et vous vous plaignez?

Nulle expression ne saurait rendre l'état de rage et de honte dans lequel se trouvaient les deux dames si impitoyablement raillées par leurs vainqueurs. L'impuissance de se venger ajoutait encore à leur fureur; pâles, les traits bouleversés, en vain elles essayaient de se débattre sous le coup horrible qui les frappait. Elles enduraient une torture rendue plus épouvantable encore par le sanglant mépris avec lequel les traitaient ces ennemis détestés, qu'un instant elles avaient espéré vaincre et abattre à leurs pieds.

Elles n'étaient pas dupes de la feinte ignorance des deux gentilshommes à leur égard, elles comprenaient que cette obstination à ne pas les reconnaître était un parti pris, et par conséquent une insulte plus sanglante encore que toutes les autres.

Ce qui rendait leur position plus horrible, c'est qu'il leur fallait courber le front, accepter toutes ces injures sans les rendre, et se plier en frémissant sous la volonté de fer de ces implacables vainqueurs. Les deux officiers étaient cent fois plus cruels que s'ils avaient consenti à discuter la légitimité de leur vengeance.

Mais ils refusaient toute explication, ils ne daignaient même pas reconnaître deux femmes qui, par passion, par amour, par haine jalouse, venaient de renier leur sexe, leur vie passé.

Elles avaient fait litière de tout ce qui compose le triomphe de la mère, de la sœur, de l'épouse, de l'amante même, et on ne leur tenait pas compte de tout le mal qu'elles voulaient faire.

En vérité, voilà ce que les deux prisonnières ne pouvaient pardonner. La comtesse de Maleval surtout ne se possédait plus.

Mme de Bois-Tracy avait laissé dire son amie ; elle s'était contentée, pendant ce court entretien, de regarder le baron de Grigny.

M. de Grigny, imitant son compagnon d'aventures, ne lui rendait ni attention pour attention, ni haine pour haine; il ne s'était pas encore une seule fois donné la peine de tourner la tête de son côté.

Ce mépris, calme et digne, alla au cœur de la marquise; des larmes silencieuses coulaient le long de ses joues, mais pas un mot ne s'échappait de ses lèvres. Elle attendait le moment de venir en aide à l'ancienne maîtresse de M. de Villiers; elle souffrait cruellement toutefois. Les femmes sont ainsi faites : la pitié les irrite, les blesse, les exaspère dix fois plus que la haine.

Toute la rage, toutes les mauvaises passions qui dévoraient l'âme de Mme de Maleval s'exhalèrent dans un cri déchirant :

— Ah! vous n'êtes pas des gentilshommes!

— Nous sommes des soldats, fit le comte froidement.

— Ni gentilshommes ni soldats... mais des lâches !

— Oui, répliqua-t-il en souriant et en montrant le monceau de cadavres, de terribles lâches, qui ne consentent pas à se laisser assassiner !

— J'avais donné l'ordre de vous prendre vivants ! cria-t-elle exaspérée. Misérables, c'est ce qui vous a sauvés !

— Vos sicaires s'y sont pris d'une singulière façon pour arriver à ce beau résultat! Enfin, monsieur, je veux bien vous croire sur parole, et vous épargner le châtiment que votre trahison devrait vous attirer.

Les deux femmes frémirent.

Pour la première fois, elles comprenaient l'odieux de leur conduite; jusqu'alors elles n'avaient pas essayé de sonder la profondeur de l'abîme dans lequel elles s'étaient jetées à corps perdu.

Le tourbillon de leur haine les avait emportées.

Elles n'avaient rien examiné, rien vu en dehors de la passion qui les dominait.

— Messieurs, dit le comte, nous ne voulons savoir ni vos noms ni vos qualités. Cette ignorance dans laquelle nous prétendons demeurer, vous sauve ; ignorant qui nous devons frapper, nous nous abstenons de tout châtiment; vous êtes libres de vous retirer où bon vous semblera, nul ne s'opposera à votre passage. Dieu veuille que cette dure leçon vous profite, que vous rentriez en vous-mêmes; vous comprendrez enfin que la haine est une mauvaise conseillère, et que rien ne saurait absoudre un gentilhomme français d'être traître à son roi et à sa patrie.

— Ne gardez d'autre souvenir de nous, ajouta le baron, que celui d'hommes chez lesquels l'honneur a parlé assez haut pour les engager à tout oublier.

La marquise s'avança vers lui; il lui tourna le dos et s'éloigna d'elle.

Le comte s'approcha alors du chef.

— Que mon frère réunisse ses guerriers, lui dit-il, nous partons.

— Les prisonniers? demanda le chef en fixant un regard sinistre sur les deux dames, qui frémirent et se serrèrent involontairement l'une contre l'autre.

— Ils sont libres, répondit le comte; les guerriers de ma nation ne s'acharnent pas sur leurs ennemis lorsqu'ils sont à terre.

Kouha-Handé s'inclina, et sans ajouter une parole, il donna l'ordre de départ.

— Comte, au nom du ciel! s'écria Mme de Maleval en joignant les mains avec prière, un mot encore!

— Je ne vous connais pas, monsieur!

— Oh! Armand, serez-vous donc impitoyable? murmura la marquise avec douleur, impitoyable comme votre ami?

Le baron fixa sur elle un regard d'une expression glaciale.

Il hésita, puis :

— Non! répliqua-t-il après un instant, puisque je consens à ne pas me souvenir.

— Si vous vous doutiez pourtant du motif de ma présence?...

Le baron suivit son ami, qui déjà s'éloignait à grands pas.

Les deux malheureuses femmes, ainsi abandonnées à elles-mêmes, se laissèrent tomber sur le sol, cachèrent leurs têtes dans leurs mains et éclatèrent en sanglots.

Le remords arrachait ceux de Mme de Maleval.

La douleur seule faisait couler les pleurs de Mme de Bois-Tracy.

Déjà la clairière était déserte; les Indiens, les Canadiens et les Français étaient partis.

Berger marchait silencieusement auprès du comte.

Au bout d'un instant celui-ci se retourna :

— Qu'as-tu donc, mon vieil ami? lui demanda-t-il, pourquoi ce mutisme obstiné?

— Parce que je ne suis pas content, monsieur Louis.

— Pas content? tu n'approuves donc pas ma conduite?

— Excusez-moi, monsieur Louis; non seulement je ne l'approuve pas, mais encore je la blâme fort. J'en suis encore à me demander comment vous avez été assez... imprudent pour...

— Allons, tu es un vieux fou! interrompit le jeune homme.

— Pas aussi fou que vous le supposez ; la clémence est bonne en Europe, ici c'est une duperie. Ces femmes, que vous avez si imprudemment épargnées, ne vous pardonneront jamais le mépris avec lequel vous les avez traitées; elles sont deux, et sur les deux, une au moins ne...

— Que voulais-tu que je fisse?

— Nous disons ici : Morte la bête, mort le venin!

— Malheureux! tuer des femmes!...

— Les ennemis n'ont pas de sexe, monsieur Louis: fasse le ciel que vous ne l'appreniez pas bientôt à vos dépens!

— A la volonté de Dieu! fit le comte en souriant dédaigneusement.

Le *bois-brûlé* hocha la tête à plusieurs reprises; mais il ne jugea pas convenable de continuer l'entretien.

Dix minutes plus tard, toute la troupe avait quitté l'île.

X

LE DÉFI DU PILMA

Le retour fut triste.

Les gentilshommes se sentaient le cœur serré en songeant à cette haine implacable qui pesait sur eux : à cette haine, ils n'avaient pas d'autre arme à opposer qu'une feinte indifférence.

Les femmes ne sont-elles pas protégées par leur faiblesse contre toute espèce de représailles?

Tout homme de cœur refuse de s'attaquer à elles, c'est tout au plus s'il lui est permis de se défendre.

Ces raisons existent doublement quand les femmes auxquelles on a affaire vous ont aimé ou bien ont été aimées de vous.

Les entraînements de la passion justifient du reste tous les emportements de la femme dédaignée et surtout délaissée. M. de Villiers et son ami, honteux de leur victoire, courbaient donc leurs fronts pensifs, résolus à n'opposer aux coups que sans doute leurs ennemies essaieraient de leur porter encore que le dédain, la pitié et la raillerie ; ces armes terribles étaient les seules capables d'atteindre celles qu'au fond de leur cœur ils excusaient en songeant au bonheur passé et aux douces heures écoulées à leurs pieds.

D'ailleurs, avec cette fatuité innée chez l'homme, ils voyaient dans cette haine une preuve irrécusable de l'amour qu'ils avaient inspiré à celles qui aujourd'hui les poursuivaient avec un acharnement si obstiné.

En arrivant à l'atepelt, les officiers remercièrent cordialement Kouha-

Handé et les chasseurs bois-brûlés du secours dévoué qu'ils en avaient reçu lorsque toute chance de salut semblait leur échapper; puis ils se dirigèrent vers leur hutte, autant pour prendre du repos que pour se livrer librement à leurs réflexions. Après avoir traversé la place du village, au moment où le comte se retournait vers Berger pour prendre congé de lui, le Canadien le prévint en lui disant qu'il désirait l'entretenir, et sans attendre la réponse du capitaine, il pénétra à sa suite dans la hutte, dont il referma avec soin la porte derrière lui.

— Pardonnez-moi, monsieur Louis, dit-il, entrant aussitôt en matière, si je vous importune lorsque vous désirez être seul avec votre ami; j'ai une grave communication à vous faire.

— Je t'écoute, mon brave ami, parle, mais sois bref. Je ne te cache pas que j'ai besoin, après ce qui s'est passé aujourd'hui, de remettre un peu d'ordre dans mes idées.

— Je n'ai que deux mots à vous dire : soyez prêts à monter à cheval demain, au lever du soleil.

— Mais nous n'avons pas de chevaux ici?

— J'en aurai deux, un pour vous, l'autre pour M. de Grigny; à moins que vous ne préfériez nous suivre à pied.

— *Nous*, qui *nous?* mon ami.

— Tous les habitants du village.

— Ah çà! c'est donc une émigration?

— Non, je vous renseignerai demain; ce soir cela me prendrait trop de temps, et vous avez besoin de repos.

— Soit, mais tu ne m'as pas répondu à propos des chevaux.

— C'est vrai; vous deux seuls serez montés.

— S'il en est ainsi, nous préférons marcher.

— Tant mieux! Cela produira meilleur effet.

— Où allons-nous?

— Demain vous le saurez, je n'ajouterai qu'un mot, quant à présent : le moment d'agir est arrivé...

— Est-ce bien vrai, cette fois?

— Je vous le jure, monsieur Louis.

— Dieu soit loué! merci, mon ami, pour cette bonne nouvelle. Sois tranquille, nous serons prêts.

— Bon! Alors, à demain, n'est-ce pas? D'ailleurs, je viendrai vous prendre.

— C'est convenu; tu nous trouveras prêts à te suivre.

— Reposez-vous bien cette nuit, dit-il avec un sourire de bonne humeur en ouvrant la porte : qui sait combien de temps vous resterez sans fermer les yeux?

Il sortit alors, et laissa les jeunes gens en tête à tête.

Les deux soldats n'étaient pas rentrés; sans doute ils trinquaient joyeusement avec ceux des chasseurs qu'ils connaissaient plus particulièrement. Mais les officiers ne s'inquiétèrent pas de leur absence, qui leur donnait toute liberté de causerie et de confidences.

Un reflet rougeâtre, précurseur du lever du soleil, commençait à peine à diaprer l'horizon, lorsque Berger entra brusquement dans la hutte des officiers, que peut-être il se flattait de surprendre endormis ; mais si telle était son intention, il fut trompé : les deux jeunes gens étaient debout déjà, et, aidés par leurs soldats, ils faisaient leurs derniers préparatifs.

— Bien! s'écria le Canadien, à la bonne heure! Au moins, vous êtes dignes d'être chasseurs, messieurs!

— Tu croyais nous surprendre? répondit le comte d'un ton narquois; mon pauvre Berger, nous sommes soldats, tu l'oublies un peu trop souvent!

— Peut-être ; mais, dans tous les cas, je préfère vous trouver ainsi alertes et dispos. Surtout n'oubliez pas, messieurs, vivres et munitions : emportez tout ce que vous pourrez.

— Diable! que veut dire cette recommandation?

— Ce qu'elle dit, pas autre chose. Au désert c'est la première des vertus ; un homme désarmé est un homme mort.

— Ah çà! où nous conduis-tu ? demanda le comte avec curiosité.

— A trois lieues d'ici, pas davantage.

— Mais c'est une promenade! s'écria le baron. A quoi bon nous charger ainsi ? pourquoi toutes ces façons?

— On ne sait pas ce qui peut arriver, répondit le Canadien d'un air mystérieux. Croyez-moi, prenez vos précautions comme si vous partiez pour six mois. On sait quand on part, on ignore quand on reviendra.

— Hum! murmura le comte, tout ceci commence singulièrement à m'intriguer; veux-tu t'expliquer, Berger?

— Je ne demande pas mieux, monsieur Louis, autant que cela me sera possible, toutefois.

— Je n'admets pas de réticences ; réponds franchement, où allons-nous?

— Je vous l'ai dit, à trois lieues d'ici.

— Les habitants de l'atepelt nous accompagnent?

— Tous ou du moins tous ceux qui sont en état de marcher.

— Nous allons nous battre alors?

— Au contraire.

— Comment, au contraire? nous n'allons pas danser, je suppose?

— Dame! à peu près! fit-il en riant.

— Trêve de plaisanteries. Tu n'es pas homme, mon vieux Berger, à nous déranger pour rien.

— Quant à cela, non!

— Eh bien! alors que signifient tes paroles?

— La tribu des Bisons-Hurons a défié au *pilma*, au jeu de paume, si vous le préférez, une autre tribu ; c'est aujourd'hui, dans quelques heures, que doit se jouer la partie. Plusieurs autres tribus, amies des deux adversaires, assisteront à cette partie pour juger les coups et déclarer à qui demeurera la victoire.

— Et c'est pour nous faire assister à un tel spectacle que tu nous contrains à te suivre? Pardieu! tu es sans gêne, mon ami, et j'ai bien envie de demeurer tranquillement ici.

— Vous auriez tort, répondit le chasseur avec un accent singulier ; fiez-vous à moi, monsieur Louis, je ne suis pas homme à vous tromper. Si je vous ai prié de venir, et si j'insiste autant auprès de vous, c'est que j'ai, pour agir ainsi, des motifs fort graves; ces motifs, vous les connaîtrez lorsque l'heure sera venue. Quant à présent, il s'agit d'assister au défi du Pilma; plus tard, peut-être assisterons-nous à une lutte plus sérieuse.

— Allons! allons! dit en riant le baron, vous êtes, maître Berger, une énigme vivante dont je renonce à trouver le mot; je m'abandonne à vous et je vous suis!

— Et vous, monsieur Louis?

— Il me faut bien faire comme mon ami! Mais prends garde, Berger, si tu te moques de nous, je ne te le pardonnerai de ma vie. Ce n'est pas l'heure du plaisir.

— Je ne crains rien; bientôt vous me rendrez justice. Êtes-vous prêts?

— Pardieu! depuis longtemps déjà.

— Partons alors!

Ils sortirent.

La place du village était encombrée d'Indiens et de chasseurs bois-brûlés; l'arrivée des Français fut saluée par des vivats; on n'attendait plus qu'eux pour se mettre en route. En les apercevant, Kouha-Handé vint à leur rencontre, les salua cordialement; puis il fit un geste de commandement, et les guerriers, prenant aussitôt la file indienne, se dirigèrent en bon ordre vers la sortie du village. Ils marchaient de ce pas pressé et gymnastique qui leur est particulier et leur permet, dans un laps de temps comparativement fort court, de franchir, sans presque se fatiguer, d'énormes distances, et cela à travers des chemins où un cheval n'oserait poser le pied.

Kouba-Handé et quelques autres chefs renommés de la tribu formaient l'arrière-garde, avec les officiers français et une dizaine de bois-brûlés, au nombre desquels se trouvait naturellement Berger.

Bien que les guerriers, en quittant le village, eussent adopté la file indienne, ils ne prirent aucune des précautions dont ils usent lorsqu'ils sont sur le sentier de la guerre ou même sur celui de la chasse, pour dissimuler leurs traces et cacher leur piste; ils riaient, causaient entre eux, courant çà et là, sans se préoccuper aucunement du bruit produit par leur marche à travers la forêt.

Plusieurs fois, le comte Coulon de Villiers, surpris de ces façons d'agir, qui, à bon droit, lui semblaient étranges de la part des Indiens, habituellement si prudents et si silencieux, interrogea Berger; mais toujours le chasseur se borna à lui répondre en souriant de ne s'étonner de rien; il ajoutait que bientôt le mot de l'énigme lui serait donné.

De guerre lasse, M. de Villiers ne s'occupa plus de ce qui se passait autour de lui, et maîtrisant sa curiosité il attendit patiemment, mais sans la demander davantage, l'explication promise par le chasseur.

Vers huit heures du matin, les Indiens émergèrent enfin de la forêt; ils se trouvèrent alors dans une immense prairie, s'étendant jusqu'aux dernières limites de l'horizon et traversée en deux parties à peu près égales par un large cours d'eau.

Une vaste rotonde, construite en troncs d'arbres et garnie de sièges, s'élevait au centre d'une large place entièrement dépourvue d'herbes.

Lorsque les Loups-Hurons entrèrent dans la prairie, ils furent reçus par les acclamations joyeuses des premiers arrivés; les chefs les plus renommés des autres tribus vinrent à leur rencontre pour les saluer et leur souhaiter la bienvenue.

Pendant qu'avait lieu entre les chefs l'échange de politesses accoutumé, Berger s'approcha des deux officiers.

— Écoutez-moi, dit-il à voix basse. Tous ces Indiens sont réunis ici pour lutter au Pilma, c'est-à-dire à la balle. Les Loups-Hurons ont accepté, il y a longtemps déjà, un défi à ce jeu; c'est aujourd'hui que doit avoir lieu la lutte entre eux et leurs adversaires. Remarquez que parmi tous ces Indiens se trouvent quatre-vingts et quelques bois-brûlés, venus en apparence pour assister à la cérémonie; en réalité, ils ne sont ici que pour vous. Quand le moment sera venu, ils vous suivront. Les espions anglais nous entourent, ne dites pas un mot, ne faites pas un geste qui puissent laisser deviner vos projets. Les Indiens et les chasseurs demi-sang sont fous du Pilma; cette convocation n'a donc éveillé aucun soupçon. Rapportez-vous-en à moi pour tout mener à bien. Une plus longue explication est inutile.

— Mon vieil ami, répondit le comte en lui serrant la main, je t'obéirai en tout; agis à ta guise.

— Bien, plus un mot! La cérémonie commence. Seulement, une dernière recommandation : demeurez toujours un peu en arrière de la foule, sans affectation cependant, et ne me quittez pas du regard.

— C'est convenu.

Berger s'éloigna alors, de l'air le plus indifférent, et se mêla aux Indiens, au milieu desquels il disparut bientôt.

Cependant, ainsi que l'avait dit le bois-brûlé, la cérémonie commençait. Après un échange de politesses entre les chefs, Kouha-Handé fit entrer les vieillards et les guerriers les plus renommés sous la rotonde; puis l'assemblée étant formée et assise, et les musiciens ayant pris leurs places, avant le bal qui devait précéder la lutte, selon la coutume indienne, Kouha-Handé se leva du siège élevé qu'il occupait auprès des autres sachems et fit un geste pour réclamer l'attention.

Un silence profond s'établit aussitôt dans cette multitude, composée pourtant de plusieurs milliers d'individus.

Le chef prononça alors une longue harangue à la louange du jeu de Pilma; il rappela toutes les victoires remportées par les Loups-Hurons sur les autres tribus de la nation, n'oubliant pas de célébrer ses propres exploits et ceux des autres chefs présents à la fête, qui s'étaient rendus si célèbres par leur adresse à ces jeux athlétiques.

Ce discours, que nous ne rapporterons pas, fut dit avec beaucoup de feu et ne manquait point d'éloquence; il avait pour but d'éveiller les passions des jeunes gens, de leur inspirer de l'émulation et d'exciter en eux l'ambition de la victoire.

Après ce prologue obligé de toute cérémonie indienne, le chef reprit sa

Les deux malheureuses femmes, ainsi abandonnées à elles-mêmes, se laissèrent tomber sur le sol...

place; alors commença la musique, tant vocale qu'instrumentale, détonnant avec une cacophonie horrible pour des oreilles européennes.

Une troupe de jeunes filles, vêtues de blanc, parées de colliers de grains de verre, de bracelets de wampums et d'une profusion de rubans, entra dans la rotonde.

Elles se tenaient toutes par la main, et, d'une voix douce et basse, elles répondirent en chantant, aux sons éclatants de la musique, puis, se formant en demi-cercle sur deux rangs, dos à dos, faisant face d'un côté aux musiciens et de l'autre à l'assemblée, elles avancèrent lentement en tournant autour de la salle.

Cette danse ou plutôt cette marche dura environ un quart d'heure.

Tout à coup, un cri aigu retentit au dehors.

Ce cri était poussé par une troupe de jeunes gens, qui entrèrent lestement l'un après l'autre dans la rotonde, tenant en main des raquettes ou battoirs.

Ces nouveaux acteurs étaient aussi fort parés, peints de diverses couleurs, ornés de bracelets d'argent, de colliers de grains rouges et de wampuns. Leurs diadèmes marquetés étaient surmontés de hautes plumes flottantes.

Ils se formèrent, eux aussi, sur une ligne demi-circulaire, faisant face aux jeunes filles; celles-ci alors changèrent leur ordre et se rangèrent sur une seule file, parallèle à celle des hommes,

Aux chants des hommes, elles répondirent par les leurs et les deux lignes continuèrent à se mouvoir en demi-cercle. Leurs pas, parfaitement réglés, étaient excessivement compliqués, et dénotaient chez les danseurs une grande habitude de cet exercice,

Voici à peu près en quoi consistait la figure principale, exécutée par les jeunes gens et les jeunes filles.

Le branle commençait à un bout du demi-cercle. Le premier des danseurs s'élevait doucement sur la pointe du pied, puis retombait sur ses talons ; les autres l'imitaient alternativement, de façon que, lorsque le premier était sur ses talons, le second était sur la pointe des pieds, et ainsi de suite d'un bout à l'autre de la ligne. De cette manière, il y en avait toujours plusieurs élevés et plusieurs baissés. Ce mouvement alternatif se faisait avec beaucoup de régularité et sans la moindre confusion.

A certains temps, réglés par la musique, le cercle entier opérait un changement général de position, chaque rang tournant à droite et à gauche, l'un prenant la place de l'autre ; puis à un signal donné, ils avançaient en même temps de côté par un mouvement progressif.

Ces évolutions fort curieuses s'exécutaient avec une précision et une légèreté incroyables ; elles étaient accompagnées d'une sorte de cri bref et aigu que poussaient subitement et tous ensemble les danseurs et les danseuses.

Les Indiens, outre cette danse du Pilma ou jeu de balle, en ont beaucoup d'autres, tout aussi remarquables que celle-là ; les hommes surtout s'exercent à nombre de gesticulations et de cabrioles dont quelques-unes sont très gaies.

Une des conditions exigées pour être *grand brave*, est d'être renommé comme bon danseur.

Les Peaux-Rouges ont des danses pour la chasse. Celles-ci tiennent du genre tragique ; ils y représentent de hauts faits d'armes, des actes de courage, de force ou d'adresse. En général, leurs danses, même celles de leurs associations *maçonniques*, sont mêlées de musiques et de chœurs. Elles paraissent toujours appropriées à quelque représentation théâtrale, que varient des intermèdes comiques et parfois lascifs. Cependant les femmes s'y comportent avec beaucoup de décence et de réserve, et lorsque, dans les scènes amoureuses, leurs chants et leurs gestes indiquent un consentement à de tendres désirs, elles se voilent le visage, ne le découvrant qu'autant qu'il le faut pour laisser échapper un regard plein d'expression et de sensibilité.

Dès que la danse fut terminée les lutteurs, tous armés de raquettes, se séparèrent en deux troupes, et, sur un signal donné par les chefs, la lutte du Pilma commença avec un entrain qui ne tarda pas à absorber l'attention complète des spectateurs, dont l'intérêt était excité au plus haut degré.

Les Français, captivés malgré eux par le spectacle étrange que, pour la première fois depuis leur débarquement en Amérique, ils avaient devant les yeux, oubliaient momentanément les graves intérêts qui les avaient conduits là, lorsque Berger passa auprès d'eux et frôla doucement le bras de M. de Villiers.

Le comte se retourna.

— Personne ne s'occupe de vous, dit le chasseur; glissez-vous l'un après l'autre dans la foule, et suivez-moi de loin, sans affectation, sans embarras.

Puis, après avoir posé l'index sur les lèvres, il continua tranquillement sa marche, mais pas assez vite cependant pour que le comte le perdît de vue.

Les jeunes gens s'écartèrent peu à peu de la foule qui s'ouvrait instinctivement pour leur livrer passage; ils s'éloignèrent à petits pas, et sans avoir été remarqués, ils réussirent à quitter la rotonde et à gagner la lisière de la forêt, dans laquelle ils entrèrent quelques minutes à peine après Berger.

— Suivez-moi! dit celui-ci dès qu'il les aperçut.

— Mais nos soldats? répondit le comte.

— Venez, ils vous attendent.

Sans plus longues explications, M. de Villiers et son ami obéirent au chasseur qui se mit aussitôt en marche.

Au bout d'une heure à peu près les trois hommes débouchèrent dans un carrefour, au centre duquel une centaine d'hommes se trouvaient réunis.

Ces hommes étaient des chasseurs bois-brûlés; Rameau d'Or et Risque-Tout attendaient avec eux.

Berger salua les chasseurs d'un geste amical; puis jetant un regard circulaire sur les Canadiens :

— Où est Jan-Pol? demanda-t-il.

— Me voilà! répondit une voix rude et brève.

Et le proscrit, se dégageant d'un groupe au milieu duquel il se trouvait, fit quelques pas en avant.

— Cet homme ici! s'écria le comte avec surprise.

— Silence! dit Berger en lui serrant le bras.

— Mais, reprit-il, ne m'expliquerez-vous pas?...

— Silence! je vous réponds de lui. Ne jugez pas cet homme sans le connaître.

Dominé, malgré lui, par l'accent du chasseur, le comte se tut et baissa la tête d'un air soucieux.

Berger et le Proscrit commencèrent alors à s'entretenir à voix basse.

Leur conversation ne dura que quelques minutes; puis le Proscrit, après avoir échangé une poignée de main avec le chasseur, s'éloigna sans jeter un regard sur les deux officiers et sans même paraître s'être aperçu de leur présence.

— Ah çà! que signifie tout ceci? demanda le comte avec impatience; je marche en aveugle; éclairez-moi...

— Cela signifie, monsieur Louis, répondit froidement Berger, que si vous le voulez, avant deux jours, vous aurez capturé les traitants anglais.

X

LA TANIÈRE DE L'OURS-GRIS

A la révélation faite par le coureur de bois, le comte de Villiers ne put cacher sa surprise.

— Explique-toi, lui dit-il.

— Pas ici, monsieur Louis. Nous sommes trop près de nos amis indiens.

— Singuliers amis, devant lesquels on ne peut ouvrir les lèvres!

— C'est ainsi. Filons!... Dans une heure on se sera aperçu de notre disparition. Mettons le temps à profit gagnons au pied.

— Pourtant, si nous...

— Si nous ne voulons pas nous laisser dépister par ceux qui ont intérêt à nous surveiller et à faire échouer notre expédition.

— C'est juste; mais cet homme, cet espion, Jan-Pol enfin, ainsi que tu le nommes...

— Eh bien? demanda le chasseur.

— Ne crains-tu pas qu'il nous trahisse?

— Lui... dit avec un mouvement involontaire d'indignation Berger, dont un sourire amer plissait les lèvres; non, rassurez-vous, monsieur Louis, il ne nous trahira pas.

Et comme le jeune homme hochait la tête d'un air de doute :

— Croyez-moi, monsieur Louis, reprit-il avec mélancolie, vous vous méprenez sur le compte de cet homme; plus tard vous le connaîtrez et alors...

— Alors? fit le comte avec curiosité.

— Rien! je m'entends. Mais c'est assez nous occuper de ce malheureux; songeons à nos affaires.

S'adressant après cela aux bois-brûlés groupés autour de lui :

— Compagnons, leur dit-il, voici les deux officiers français dont je vous ai parlé. Vous m'avez promis de leur obéir en tout, peuvent-il compter sur votre parole?

— Oui, répondirent les chasseurs d'une seule voix.

— Vous savez ce dont il s'agit?

— Tu nous l'a dit! repartit l'un d'entre eux.

— Et vous êtes résolus à faire votre devoir en gens de cœur?
— Nous avons juré, nous tiendrons notre serment.
— C'est bon, tout est dit, compagnons.

Il se tourna alors vers les deux officiers :

— J'ai tenu ma promesse, ajouta-t-il, messieurs; ces braves chasseurs vous suivront à travers l'eau et le feu. Comptez sur eux comme sur moi.

— Nous y comptons, répondit M. de Villiers; au nom du roi, je les remercie de leur patriotisme.

Les chasseurs s'inclinèrent respectueusement.

Le pacte était conclu, plus solide que par devant tous les notaires royaux.

Les deux officiers étaient ravis de la tournure que prenaient leurs affaires. Avec les hommes qui les entouraient, ils se croyaient sûrs d'accomplir heureusement leur mission; jamais jusqu'alors ils n'avaient vu une réunion si complète de gens résolus et dévoués.

— Merci, Berger, dit le comte au chasseur; je suis content de toi.

— Alors tout va bien, répondit en riant le Canadien. Mais assez causé; il faut nous mettre en route. Ce soir, à la halte, nous conviendrons de nos faits; jusque-là bouche close. En route, enfants, et au coucher du soleil, où vous savez. C'est entendu, n'est-ce pas?

— C'est entendu!

Presque aussitôt, comme s'ils eussent été engloutis dans la terre, tous les chasseurs disparurent à la fois. Les deux Français, leurs soldats et Berger, se trouvèrent seuls dans le carrefour.

Les deux jeunes gens se regardèrent avec étonnement.

Sans leur laisser le temps de l'interroger, et pour prévenir toute question de leur part, Berger prit la parole.

— Cent hommes, quelques précautions qu'ils prennent, ne voyagent pas en troupe dans le désert sans laisser des traces, dit-il ; nous sommes entourés d'espions qu'il est urgent de dépister. En marchant isolément, nous augmentons nos chances de réussite, nous mettons nos ennemis dans l'impossibilité de nous poursuivre : du reste, ce soir nous serons assez éloignés pour ne plus avoir rien à craindre. Nos gens sont partis; à notre tour, venez!

— Où allons-nous?

— Nous retournons sur nos pas pour quelques minutes seulement; c'est par eau que doit s'effectuer notre voyage. L'eau ne laisse pas de traces.

Ils quittèrent alors le carrefour, et, ainsi que l'avait dit Berger, ils reprirent le chemin par lequel ils étaient venus; mais après cinq ou si minutes, ils obliquèrent légèrement à gauche, et ils se trouvèrent au milieu d'un chaos de rochers que les jeunes gens commencèrent à escalader bravement à la suite de leur guide.

Ces rochers occupaient un emplacement considérable et s'étendaient à une longue distance dans toutes les directions.

Parvenu à une certaine hauteur, le Canadien s'arrêta, ce qui fit grand plaisir aux Français; peu habitués à un pareil exercice, ils étaient accablés de fatigue. Les efforts qu'ils avaient été contraints de faire les avaient exténués.

— Là, dit le chasseur en s'abritant derrière un énorme bloc de granit; asseyons-nous un peu et reposons-nous.

— Ma foi! je ne demande pas mieux, répondit le baron en s'étendant sans façon sur le sol.

Ses compagnons suivirent aussitôt son exemple.

— Ah çà! fit le comte, quel chemin endiablé nous fais-tu prendre?

— Un chemin excellent, quoiqu'un peu rude, monsieur; bien fin sera celui qui y découvrira la trace de vos pas, qui ne sont pas difficiles à suivre dans les sentiers ordinaires.

— En effet, mais il nous faudra descendre; nous ne pourrons continuellement suivre cette route, bonne tout au plus pour les chèvres, dit le baron en s'étirant de son mieux.

Le Canadien sourit avec finesse.

— Que la descente ne vous inquiète pas, monsieur, répliqua-t-il; elle sera douce; le plus fort est fait maintenant.

— Tant mieux! fit le baron avec un soupir de soulagement.

— Vos forces sont-elles revenues, messieurs?

— À peu près.

— Alors, partons! mais d'abord, un coup de main, s'il vous plaît?

Ils se relevèrent, et sur l'indication du guide, qui lui-même leur donna l'exemple, ils appuyèrent l'épaule contre un quartier de rocher et firent un vigoureux effort.

A leur grande surprise, ce rocher, d'une assez large dimension, s'ébranla doucement, tourna peu à peu sur lui-même, démasquant l'entrée d'un souterrain, qui semblait s'enfoncer dans la terre, et dont la gueule béante s'offrit tout à coup à leurs regards.

— Voilà notre chemin, dit le chasseur; venez!

— Mais il fait noir comme dans un four sans feu là-dedans! reprit le baron de Grigny.

— Venez toujours; je vous y conduirais les yeux fermés.

— Allons! puisque vous le voulez.

Ils entrèrent; puis, sur l'invitation du chasseur, ils repoussèrent le rocher qui reprit sa première place et boucha hermétiquement l'entrée du souterrain.

Ils se trouvèrent alors dans une obscurité complète; mais cette obscurité fut de courte durée. Berger battit le briquet et alluma des torches de bois-chandelle ou *scotte wigwas*, ainsi que le nomment les Indiens.

Une lumière brillante illumina le souterrain.

— Ici nous sommes en sûreté, dit en riant le chasseur. Toutes les troupes de Sa Majesté Britannique seraient à notre poursuite qu'elles ne nous découvriraient pas; les Indiens eux-mêmes, ces fins limiers, ne trouveraient pas notre piste; seul au monde il y a peu d'instants, je connaissais ce souterrain. Nous sommes cinq à le connaître maintenant.

— Il semble s'étendre fort loin, dit le comte.

— Vous en jugerez bientôt par vous-même, monsieur Louis, car il nous en faudra suivre la principale galerie dans toute sa longueur.

— Où sort cette galerie? où aboutit-elle?

— Sur le bord même de la rivière; mais rien ne me presse plus maintenant, il est près de midi, nous ne ferons pas mal de manger un morceau avant de reprendre notre course.

Tout en causant ainsi ils avaient continué à s'avancer.

Le terrain s'élargissait peu à peu, sa voûte devenait plus haute; ils débouchèrent enfin dans une salle assez vaste, de forme ronde et de laquelle partaient plusieurs galeries.

Cette salle paraissait avoir été récemment habitée. Plusieurs fourrures étaient jetées dans un coin... un quartier de daim et un jambon d'ours entamé pendaient accrochés aux parois de la salle; une provision de bois sec et quelques menus objets gisaient çà et là.

Le chasseur, après avoir placé du bois dans le foyer creusé au centre de la salle, y mit le feu et éteignit les torches, dont la flamme n'était plus nécessaire; le jour entrait par des fissures invisibles qui servaient à renouveler l'air et laissaient en même temps pénétrer une lumière suffisante.

— Mais, dit le comte avec inquiétude, es-tu sûr, mon vieux Berger, que personne autre que toi ne connaisse ce souterrain?

— Pardieu! répondit-il en continuant tranquillement ses apprêts culinaires... sûr, jusqu'à preuve du contraire.

— Ces vivres, ces peaux, ce bois?

— Tout cela a été, il y a deux jours, apporté par moi, monsieur Louis, en prévision de votre visite.

— Voilà qui me rassure un peu; cependant...

— Cependant, vous êtes inquiet?

— Je l'avoue, tout en rendant justice à ta sagacité, je...

— Messieurs, les rochers que nous avons escaladés sont redoutés des Indiens, qui n'en approcheraient pour rien au monde; ils les croient hantés par de mauvais esprits.

— Comment, les Indiens croient aux fantômes?

— Aux fantômes, aux revenants; ce sont les gens les plus superstitieux qui existent.

— Mais l'entrée qui donne sur la rivière?

— Cette entrée est complètement invisible au dehors.

— Allons! tu as réponse à tout. Déjeunons!

— D'autant plus que tout est prêt; c'est ce que nous avons de mieux à faire.

Les cinq hommes s'assirent en rond et attaquèrent vigoureusement les vivres simples, mais nourrissants, placés devant eux.

— Comment avez-vous découvert l'entrée de cette caverne? demanda le baron tout en mangeant de son meilleur appétit.

— L'histoire est courte, la voici : je crois qu'elle vous intéressera médiocrement. Un jour, il y a cinq ans de cela, je chassais avec un Canadien de mes amis; le hasard de la chasse nous avait conduits de ce côté, à la poursuite d'un daim. L'animal blessé s'était lancé au milieu des rochers. Sans nous laisser rebuter par les difficultés du chemin, nous le serrions de près lorsque tout à coup un grognement terrible résonna à mes oreilles et, à la place de notre daim, je vis apparaître à dix pas de moi tout au plus, un gigantesque ours gris, l'animal, entre parenthèse, le plus redoutable de tous ceux qui peuplent le désert.

« Je poussai un cri pour prévenir mon compagnon et l'avertir de se tenir sur ses gardes ; malheureusement, il était trop tard : l'ours l'avait aperçu et s'était élancé sur lui. Le chasseur attendait bravement, de pied ferme, la bête féroce et déchargea à bout portant son fusil sur lui. L'ours poussa un rugissement terrible.

« J'accourus en toute hâte au secours de mon pauvre compagnon ; l'homme et le fauve se roulaient dans une étreinte mortelle. J'hésitai une seconde, craignant de tuer mon ami au lieu de le sauver ; puis, j'épaulai mon fusil, le coup partit. L'ours tomba comme une masse ; la balle était entrée dans l'œil. Je me précipitai. Mon ami, affreusement mutilé, gisait auprès de son ennemi mort ; lui-même se débattait dans les convulsions de l'agonie. A peine eut-il la force de me serrer la main avant de rendre le dernier soupir.

« C'est en furetant aux environs de l'endroit où s'était passé cet affreux événement que le hasard me fit découvrir ce souterrain ; il servait de tanière à l'ours, et cela depuis longtemps, ainsi que le prouvaient les ossements de toutes sortes amoncelés dans la salle même où nous sommes en ce moment. J'enterrai mon ami à l'entrée du souterrain. C'est en creusant sa fosse que je remarquai la singulière facilité qu'avait ce bloc de tourner sur lui-même et de ormer une porte à la caverne. Un homme seul suffit pour la faire mouvoir, et si tout à l'heure j'ai réclamé votre aide, c'était tout simplement afin de le déplacer plus promptement.

« Je me suis assuré plus tard, par des questions adressées à des chefs de tribus qui campent ordinairement aux environs, que l'existence de ce souterrain est complètement ignorée ; j'ai appris de plus que le lieu où il se trouve est considéré comme maudit. Voilà l'histoire que vous m'avez demandée, monsieur ; vous le voyez, elle est simple.

— Oui, mais fort triste. Pauvre diable ! sa fin a été malheureuse. Vous avez dû passer vous-même un cruel moment ?

— Nous mourons tous à peu près ainsi dans le désert, dit-il avec mélancolie ; si nous ne sommes pas scalpés et torturés par les Indiens, les fauves nous dévorent. Lequel vaut mieux ? Après tout, cette mort n'est pas plus dure qu'une mort caduque.

— Ne songeons plus à cela, dit le comte ; mon cher Berger, parlons un peu de nos affaires.

— A vos ordres, monsieur Louis.

— Jusqu'à présent, M. le baron de Grigny et moi, nous nous sommes complètement effacés pour te laisser mener les choses à ton gré, convaincus que tout ce que tu ferais serait bien et honnêtement fait ; le principal était de ne pas appeler l'attention sur nous, et d'organiser l'expédition de façon à ne pas éveiller de soupçons. Je dois te rendre cette justice, mon vieil ami, de reconnaître que tu as, depuis le premier jour jusqu'au dernier, manœuvré avec une prudence et une habileté au-dessus de tous les éloges. Nos affaires, grâce à toi, sont en bon chemin ; la réussite de l'expédition, à moins d'un

Ils appuyèrent l'épaule contre un quartier de rocher et firent un vigoureux effort.

hasard impossible à prévoir, est pour moi certaine. Ne t semble-t-il pas que le moment est venu où je dois reprendre le commandement, c'est-à-dire la responsabilité, et terminer ce que tu as si bien commencé ?

— Comme il vous plaira, monsieur Louis.

— D'autant plus que j'ai hâte de mettre fin à cette expédition ; j'ai fait un serment ; mon frère n'est pas vengé encore. Tu le sais, Berger !

— C'est vrai, monsieur Louis ; ce serment, vous devez le tenir. Quant à reprendre le commandement, ainsi que vous dites, vous me l'avez abandonné, je n'ai agi que d'après vos ordres en me conformant à vos injonctions expresses. Pendant ces derniers jours, vous vous êtes un peu effacé, mais cela était indispensable pour que tout soit préparé à l'indienne ; maintenant je ne demande pas mieux que de redevenir ce que j'étais d'abord, c'est-à-dire votre guide, quitte plus tard, si vous en voyez la nécessité, à vous servir d'une autre façon. Je vous suis dévoué corps et âme, vous le savez, et je n'ai qu'un désir, celui de vous satisfaire en tout.

— Je sais cela, mon vieux camarade ; crois bien que je n'ai jamais douté de ton dévouement.

— Oh! cela, j'en suis bien sûr, monsieur Louis. Je connais votre famille ; de père en fils on y est juste et bon. Faites donc à votre guise.

— Maintenant donne-moi quelques renseignements sur les gens que nous nous proposons d'attaquer.

— Ce sont de rudes gaillards, je dois vous en avertir. Tout d'abord, des chasseurs anglais, comme nous sommes, nous, des chasseurs français ; des hommes accoutumés à la vie du désert, d'une bravoure à toute épreuve, connaissant à fond toutes les ruses indiennes, et pour lesquels le mot impossible n'existe pas.

— Hum! sais-tu que tu me fais un magnifique portrait de ces gens-là ? Il y a plaisir à les avoir pour adversaires.

— Je ne dis que la stricte vérité ; la haine ne doit pas nous rendre injustes pour nos ennemis ; ils nous donneront fort à faire, j'en suis convaincu. J'ai préféré vous les montrer tels qu'ils sont, parce que c'est en connaissant bien ses adversaires qu'on parvient à les vaincre ; si on affecte de les mépriser, on est perdu.

— Ces observations sont fort sensées. Maintenant je désire savoir si leur troupe est nombreuse ; peux-tu me renseigner à cet égard ?

— Parfaitement, monsieur Louis, ils sont quatre-vingts en tout.

— Bon, nous leur sommes supérieurs en nombre.

— Cela ne signifie pas grand'chose, nous leur laissons l'avantage de la position.

— Nous tâcherons de le prendre, cet avantage.

— Cela sera difficile. L'homme qui les commande est un demi-sang nommé l'*Aigle-Volant*, dont la vie tout entière s'est écoulée dans le désert. Il s'est fait une réputation de finesse que bien peu d'entre nous ont la prétention d'égaler.

— Tu es trop modeste, mon ami. J'ai, moi, la conviction contraire ; je suis persuadé que si tu veux t'en donner la peine, tu parviendras facilement à être plus rusé que ce redoutable *Aigle-Volant*.

— Ce sera rude. Je ne puis répondre que d'une chose, c'est qu'il ne dépendra pas de moi que...

— Je ne t'en demande pas davantage, interrompit le comte ; je sais que tu feras toujours plus que tu ne promettras. Portent-ils beaucoup de marchandises avec eux ?

— Oui, c'est ce qui, dans les circonstances présentes, fera leur faiblesse : il leur faudra non seulement se défendre, mais encore veiller sur leurs fourrures.

— Tant mieux. Quand seront-ils près de nous?

— Dans deux jours au plus tard.

— C'est plus qu'il ne nous faut pour nous préparer à les recevoir. Tu connais le pays, c'est à toi de trouver un endroit propice pour établir une embuscade ; nous chercherons ensemble, si tu veux

— Je suis à vos ordres.

— Peut-être serait-il préférable de tâcher de les surprendre de nuit, pendant la halte ?

— Eh ! voilà une idée qui ne me serait pas venue, à moi; il y du bon dans ce que vous dites là, monsieur Louis. Réfléchissez de votre côté, j'y penserai aussi du mien; nous avons du temps devant nous.

— A présent que nous nous entendons, et que, provisoirement du moins, nous n'avons plus rien d'important à discuter, peut-être ferions-nous bien de nous remettre en marche.

— Quand vous voudrez, monsieur Louis, répondit-il en se levant. Plus nous arriverons vite, plus nous aurons de temps pour visiter le terrain sur lequel nous voulons manœuvrer.

— Tu parles comme un vieux soldat. Allons, en avant! dit en riant le capitaine. Engage-toi parmi nous ; je te promets un avancement rapide.

Berger reprit l'avant-garde de la petite troupe qui s'engagea à sa suite dans une galerie latérale.

Cette galerie, assez claire pour qu'il ne fût pas nécessaire d'allumer les torches, faisait de nombreux circuits ; elle semblait parfois revenir sur elle-même. De distance en distance on croisait d'autres galeries, s'ouvrant à droite et à gauche, dans lesquelles, s'ils n'avaient pas eu un guide aussi sûr que le Canadien, les Français se seraient égarés ; le sol allait en pente douce et presque insensible. Après avoir marché d'un pas rapide pendant près d'une heure, les Français aperçurent le jour devant eux.

— Nous arrivons ! dit le Canadien en s'arrêtant,

Il entra dans une excavation dont il sortit peu après, chargé de rames qu'il confia aux soldats; il revint ensuite, portant sur ses épaules une de ces légères pirogues faites en écorce de bouleau, seules embarcations en usage parmi les Indiens.

— Voilà notre affaire ! dit-il; marchez avec précaution et tenez-vous toujours à une dizaine de pas de moi, de crainte d'accident.

Ses compagnons lui laissèrent prendre l'avance qu'il désirait, puis ils reprirent leur marche. La pente devenait de plus en plus roide, le sol était mouillé; il fallait user d'une prudence extrême pour ne pas tomber.

Enfin ils arrivèrent auprès du chasseur, la pirogue était à flot.

— Embarquez-vous ! dit-il.

— Mais je ne vois pas d'issue.

— Laissez-moi faire, nous sortirons ; je trouverai un passage.

Les quatre hommes descendirent dans la pirogue.

— Là, bien! reprit le chasseur; étendez-vous dans le fond, de manière à ce que vous ne dépassiez pas le niveau du plat-bord. Y êtes-vous?

— Oui, dit le baron; mais la position n'est pas commode!

— C'est l'affaire de dix minutes; surtout baissez la tête.

— Que fais-tu donc? demanda le comte, voyant que le Canadien quittait ses vêtements.

— Je me déshabille, monsieur Louis.

— Comment! tu te déshabilles?

— Oui, oui, soyez tranquille, voilà qui est fait. A la grâce de Dieu!... Maintenant tenez-vous bien!

On entendit le bruit d'un corps qui tombait dans l'eau.

Les Français sentirent alors la pirogue se mouvoir comme si une main invisible la dirigeait; sa vitesse augmenta peu à peu et devint bientôt assez grande.

Les jeunes gens, étendus sur le dos, virent alors avec effroi la voûte du souterrain s'abaisser graduellement; sa hauteur ne fut plus bientôt que de deux pieds au-dessus de la pirogue, puis d'un pied, puis de quelques pouces à peine! Ils éprouvèrent un moment d'inexprimable angoisse; si braves qu'ils fussent, ils frissonnaient de terreur, et instinctivement ils fermèrent les yeux.

— Eh bien! comment trouvez-vous le paysage? Est-ce que vous vous êtes endormis pendant la traversée?

Aux accents joyeux de cette voix amie, les jeunes gens tressaillirent de plaisir.

Ils rouvrirent les yeux et poussèrent un cri de bonheur, en apercevant le ciel bleu au-dessus de leur tête.

Ils étaient en pleine rivière. Berger, perché comme un flamant sur un îlot, remettait ses habits.

— Venez me chercher, s'il vous plaît, dit-il en riant.

Les soldats saisirent les rames et accostèrent l'îlot. Berger s'embarqua.

— L'eau est fraîche, grommela-t-il en se secouant avec vigueur.

— Par où diable sommes-nous passés? demanda le baron; je ne vois pas d'issue.

— Elle est bien cachée, hein? Elle ne s'élève que de deux pieds et demi au-dessus de l'eau, vous ne pouvez la voir, à cause des plantes qui sont devant.

— Je me suis cru perdu, murmura le comte en souriant.

— Ma foi, j'avoue que j'ai eu grand'peur, reprit le baron.

— Cela m'a produit le même effet, la première fois que je suis passé par là; maintenant je n'y pense plus. C'est l'histoire d'un bain froid, voilà tout.

Les deux soldats ne disaient rien, mais ils étaient blancs comme des cadavres.

Berger se mit à l'arrière pour gouverner au moyen d'une pagaie, et la pirogue, obéissant à l'impulsion des quatre rames frappant l'eau en cadence, commença à voler sur la rivière avec la rapidité d'une mouette ou d'un satanite.

XII

LES TRAITANTS

La nuit était sombre et sans lune.

Le vent soufflait avec force à travers les mornes; les arbres se courbaient tristement sous l'effort d'une brise dont les froissements lugubres ressemblaient à des plaintes humaines.

Une de ces nuits enfin pleines de rumeurs sans nom, pendant lesquelles la nature en courroux accomplit ses œuvres les plus sinistres.

On n'a pas idée de ces nuits-là dans le vieux monde.

Par moment, tout se taisait; parfois, à de longs intervalles, les glapissements ironiques des loups rouges, errant dans les ténèbres, venaient troubler le silence, puis tout se taisait de nouveau.

Au pied d'une colline assez élevée et complètement déboisée, était campée une troupe nombreuse de voyageurs; pressés autour d'un feu ardent, dont les flammes rougeâtres les teintaient de reflets fantastiques, ils préparaient le repas du soir, en s'abritant du mieux qu'ils le pouvaient contre le souffle glacé de la brise nocturne.

Ces voyageurs, au nombre de quatre-vingts à peu près, avaient, au moyen de ballots empilés les uns sur les autres, formé une enceinte dans laquelle hommes et chevaux s'étaient réfugiés comme dans un fort. Deux sentinelles appuyées sur de longs fusils veillaient à la sûreté commune, tandis que leurs compagnons pansaient les chevaux, coupaient du bois, puisaient de l'eau, enfin se livraient à toutes ces occupations ordinaires de l'établissement d'un campement dans le désert.

Un peu à l'écart, accroupis devant un feu allumé à leur intention, trois ou quatre individus causaient entre eux à voix basse, tout en s'envoyant au visage d'énormes bouffées de fumée, sortant de pipes à tuyaux microscopiques, rivés au coin de leurs lèvres.

Ces personnages vêtus de blouses de calicot, de *mitasses* tombant au-dessous du genou, chaussés de mocksens indiens et coiffés de bonnets de fourrures, paraissaient être des chasseurs ou des trafiquants demi-sang.

Leurs traits étaient rudes, leurs regards farouches, leur voix rauque, leur parole brève et heurtée. L'un d'entre eux surtout, le plus grand et le plus âgé, semblait être un de ces vieux coureurs des bois qui ont complètement oublié la vie civilisée et pour lesquels le désert est devenu une patrie; c'était lui qui parlait au moment où nous mettons ces nouveaux personnages en scène. Ses compagnons l'écoutaient avec une attention et une déférence qui témoignaient de son importance parmi eux.

— Allons! dit-il en secouant la cendre de sa pipe sur l'ongle du pouce de la main gauche, cela va bien. Nous nous rapprochons ; encore neuf jours, et nous serons rendus.

— By God! exclama un second, il n'est pas trop tôt! Voyage damné! je commence à en avoir assez, moi.

— Tu es toujours pressé, toi, l'*Opossum*, répondit en ricanant le premier interlocuteur ; à t'entendre, on croirait que nous sommes en route depuis un siècle, sur ma parole!

— Je te conseille de plaisanter! Marcher pendant soixante-dix-sept jours à travers des sentiers de bêtes fauves et des routes qui n'existent pas, avoir toujours le menton sur l'épaule, pour éviter les embuscades, tu trouves cela un voyage agréable. Merci ; tu n'es pas difficile alors, vieux !

— Ah! fit l'autre avec dédain, est-ce un brave et loyal chasseur que j'entends s'exprimer ainsi? Comment, malheureux, tu te plains! Eh quoi! ne comptes-tu donc pour rien les émotions sans cesse renaissantes de cette vie qui ne tient qu'à un fil? les enivrements de cette lutte continuelle contre la nature entière : hommes, fauves, ouragans, que sais-je? puis, quand enfin on a renversé tous les obstacles, abattu tous les ennemis, qu'on est rentré vainqueur dans sa hutte, les joies ineffables du triomphe!

— Et du repos... ajouta l'Opossum. Oui, tu as raison, l'*Aigle-Volant;* tout ce que tu dis est vrai ; mais on ne revient pas toujours ! Combien, sur notre route, avons-nous rencontré de monceaux d'ossements blanchissant au soleil, sans qu'il nous fût possible de donner un nom au moindre des squelettes que nous foulions aux pieds de nos chevaux? Cependant, ceux-là étaient aussi, quand ils vivaient, de braves et loyaux chasseurs! Maintenant ils sont morts ; qui les connaît? qui se souvient seulement d'eux? Personne. Ils ont disparu, brusquement rayés du livre de la vie, et nul n'a gardé la mémoire de ce qu'ils ont été et de ce qu'ils ont fait.

— Tout homme doit mourir, répondit philosophiquement l'Aigle-Volant ; mieux vaut tomber dans un combat que s'éteindre vieux, cacochyme et inutile, au coin d'un feu, sur un lit de feuilles... ou de plumes! Tiens, tu radotes !

— Enfin, reprit l'Opossum, comme un homme que la discussion fatigue, faute de bons arguments à donner, Dieu veuille que notre voyage se termine bien !

— Douterais-tu donc du succès de notre expédition? répliqua vivement l'Aigle-Volant.

— Notre voyage n'est pas fini encore, répondit l'Opossum ; il nous reste neuf jours de marche à faire. Qui sait ce qui nous attend?

— Oui, mais les plus grands obstacles sont franchis, les plus grands dangers passés ! Te tairas-tu, oiseau de mauvais augure !

— C'est possible, dit-il en hochant la tête d'un air de doute. J'ai de tristes pressentiments que je ne puis surmonter. Est-ce ma faute? ils viennent tout seuls, je ne les appelle pas.

— Jamais je ne t'ai vu ainsi.

— Ni moi non plus. Que veux-tu, frère? c'est plus fort que moi. Nous sommes partis un vendredi et un 13 ; de plus, au moment de nous mettre en route, trois corbeaux se sont envolés à notre gauche : ce sont de mauvais présages. Prends garde ; nous n'aurions pas dû partir !

L'Aigle-Volant, malgré lui, était devenu pensif : son front penchait sur sa poitrine.

— Bah ! reprit-il au bout d'un instant, en relevant la tête d'un mouvement brusque, sottises ! Au diable les contes de vieilles femmes ! Ne songeons plus à cela ; soupons bien et dormons mieux ! si nous pouvons !

— Je le veux bien ; mais ce que j'ai dit n'en est pas moins vrai pour cela, tu verras !...

— Encore ! s'écria-t-il avec violence, tais-toi !

— Soit ! je me tairai, puisque cela te contrarie que je te parle ; j'essayerai même de penser à autre chose.

— Tu feras bien, by God ! Il y a de quoi devenir enragé avec des raisonnements aussi biscornus ! Bah ! le chagrin tuerait un chat. Soyons joyeux, ce sera toujours autant de gagné sur l'ennemi... et sur la mauvaise chance.

Et il passa sa gourde à l'Opossum. Celui-ci la porta à sa bouche, mais il but lentement et à contre-cœur, pour ainsi dire, puis il la rendit à son ami en secouant la tête. Les deux autres chasseurs s'étaient enveloppés dans leurs couvertures, et, étendus les pieds au feu, ils dormaient à poings fermés. L'Opossum jeta un regard sur eux, comme pour s'assurer de la réalité de leur sommeil, puis il reprit d'une voix contenue, en se penchant vers son ami :

— Tiens, vois-tu, vieux, tu as tort de jouer ce jeu-là avec moi ; je ne suis pas ta dupe. Ta gaieté n'est qu'à la surface ; au fond du cœur, tu es peut-être plus triste et surtout plus inquiet que moi. Sois franc, est-ce vrai ?

D'un vigoureux coup de talon, l'Aigle-Volant rejeta au milieu du feu un tison qui avait roulé près de lui.

— Que le diable t'emporte avec tes suppositions ! fit-il d'un air bourru ; où vois-tu que je sois triste ou inquiet ?

— Je le devine. Vois-tu, frère, lorsque deux hommes ont vécu dix ans, côte à côte, dans le désert, à chasser, à trapper et à combattre les Peaux-Rouges, ces deux hommes, quand même ils le voudraient, ne peuvent plus avoir rien de caché l'un pour l'autre ; ils se connaissent trop. Tu as quelque chose, te dis-je. Tu défies-tu de moi ? parle, qu'as-tu ?

Il y eut un silence : l'Aigle-Volant semblait en proie à une émotion profonde ; enfin il parvint à reprendre cette impassibilité de commande que les chasseurs et les Indiens affectent en toutes circonstances, et tendant, par un mouvement brusque et loyal, sa main droite à son ami :

— Eh bien ! c'est vrai, dit-il, j'ai quelque chose. Après ?

— Après ?... Rien, répondit l'Opossum. J'ai raison, voilà tout, et cela me fait plaisir. Tu es maître de garder ton secret, si cela te convient, comme je suis libre de te confier les miens.

— Non ; tu sauras tout, car tu m'arraches malgré moi la vérité du fond du cœur.

— Souvent un secret est lourd à porter, quand on est seul, fit sentencieusement le chasseur ; à deux, la charge est moindre.

— Ce secret, tu le connais, ou plutôt tu l'as pressenti.

— Moi ?

— Oui, laisse-moi parler.

— Je t'écoute.

— Comme tu l'as dit fort bien, nous sommes partis du comptoir de traite dans de mauvaises conditions. Les présages étaient contre nous ; ils ne nous ont pas trompés. Tu sais quels malheurs nous ont assaillis en route : dix hommes tués, cinq chevaux noyés, la faim, la soif, l'ouragan, rien ne nous a manqué. On aurait dit que la nature entière conspirait contre nous. Bref, c'est avec des difficultés extrêmes que nous avons réussi à arriver jusqu'ici.

— C'est vrai, et cela grâce à ton énergie et à ta connaissance approfondie du désert.

— Soit, je l'admets. Eh bien ! tout ce qui s'est passé n'est rien en comparaison de ce qui nous attend.

— Hein ? que veux-tu dire ? As-tu un soupçon précis ? de quoi ?

— L'ennemi le plus terrible, nous ne l'avons pas vu encore, interrompit l'Aigle-Volant.

— A qui fais-tu allusion ?

— By God ! tu le connais au moins aussi bien que moi, souvent tu as eu maille à partir avec lui.

— *Sans-Piste !*

— Ah ! je n'ai pas eu besoin de te le nommer. Oui, Sans-Piste, ce Bois-Brûlé maudit ! Il n'a pas paru encore, et je sais, à n'en pouvoir douter, qu'il est sur nos traces.

— Crois-tu que si près des habitations et en plein territoire anglais il oserait nous attaquer ?

— Sans-Piste ose tout. As-tu donc oublié qui il est et la haine qu'il professe contre notre nation, et contre moi en particulier, haine que je lui rends bien. Oui, oui !

— Je n'ai rien oublié. Eh bien ! au cas où il nous attaquerait...

— Nous serions perdus ! interrompit l'Aigle-Volant d'une voix sourde, perdus sans ressources et sans lutte possible !

— Est-ce que tu deviens fou ?

— Non ; j'ai toute ma raison, au contraire. Je te répète que nous serions perdus ; voici pourquoi : cinq de nos chevaux ont été noyés, n'est-ce pas ?

— Ce n'est malheureusement que trop vrai ; mais quel rapport ?

— Le rapport, le voici, frère : ces chevaux portaient toutes nos munitions de guerre, poudre et balles ; il ne nous reste que le contenu de nos cornes de buffalos, c'est-à-dire tout au plus une dizaine de coups à tirer par homme : il nous a fallu chasser pour vivre le long de la route, et on a brûlé de la poudre. Voilà qui est plus triste que tes pressentiments.

— Hum ! ceci est sérieux ! Bah ! après cela, rien ne dit que ce maudit Bois-Brûlé soit sur notre piste et songe à nous attaquer, dit l'Opossum, faisant bonne contenance à son tour.

— Il rôde comme un loup aux environs du campement.

— Tu en es sûr ?... Il manque donc à son nom de *Sans-Piste ?*

Combien sur notre route, avons-nous rencontré de monceaux d'ossements blanchissant au soleil !

— J'ai relevé moi-même des empreintes un peu avant le coucher du soleil, ce sont ses compagnons qui l'ont trahi.

— La situation devient critique. Que comptes-tu faire ?

— Je ne sais pas encore ; je ne me suis arrêté à aucun parti. Que ferais-tu toi, dans une circonstance pareille ?

— Je me défendrais, by God ! jusqu'à la mort !

— Ceci n'est pas la question; me supposes-tu capable de me rendre lâchement et de rendre sans combattre les riches marchandises que nous avons eu tant de peine à amener jusqu'ici? Mais il est dur pour des hommes de cœur de se faire tuer ainsi comme des veaux à l'abattoir, sans espoir de vengeance.

— C'est dur, en effet, mais peut-être y aurait-il un moyen de s'en tirer.

— Lequel? parle.

— Il est scabreux, et sur cent chances, il y en a quatre-vingt-dix-neuf pour qu'il ne réussisse pas; mais nous n'avons pas le choix.

— Il suffit qu'une chance reste.

— Tu as raison. A vingt-cinq lieues, dans l'ouest, se trouve le premier poste anglais établi sur la frontière indienne.

— Bon! après?

— Vingt-cinq lieues ne sont rien à franchir avec un bon cheval, quand on connaît le pays. Réveille ton monde; fais augmenter par des abattis d'arbres et des mouvements de terre les fortifications du camp, qui déjà, grâce à la place que tu as si judicieusement choisie, est presque inexpugnable; si on t'attaque, résiste jusqu'à la dernière extrémité.

— J'y compte bien!

— Pendant ce temps, un homme sûr partira pour le fort et ramènera des secours. C'est l'affaire de deux jours, trois au plus; tu peux tenir ce temps-là et même davantage.

— Quand je devrais être seul, je tiendrais!

— Voilà mon conseil, comment le trouves-tu?

— Excellent! mais qui se chargera d'aller chercher le secours?

— By God! moi, si tu veux.

— Toi? comment! tu consentirais à risquer ainsi ta vie?

— Pour sauver mes compagnons? je le crois bien; d'autant plus que cela me procurera sans doute l'occasion de jouer un mauvais tour à ce démon de Sans-Piste, qui semble être notre mauvais génie.

— Eh! eh! dit tout à coup une voix railleuse qui résonna comme un glas funèbre aux oreilles des chasseurs, on parle de moi ici, il me semble; on en parle même un peu librement.

Les deux hommes se retournèrent avec épouvante. Berger était derrière eux, nonchalamment appuyé sur le canon de son fusil dont la crosse reposait à terre; le Canadien regardait ses ennemis avec un sourire railleur et d'une tranquillité exaspérante pour eux.

Après avoir joui un instant de la surprise causée par son apparition imprévue:

— Bonsoir, compagnons, dit-il; avez-vous fait un bon voyage? Eh! eh! ajouta-t-il au bout d'un instant, l'accueil que vous me faites manque de cordialité, savez-vous! Est-ce là votre hospitalité!

L'Aigle-Volant et l'Opossum, bien que pris à l'improviste, étaient deux hommes trop fortement trempés pour demeurer sous le coup de l'émotion qu'ils éprouvaient, une réaction presque instantanée s'était opérée dans leur esprit. Aussi fut-ce du ton le plus tranquille que l'Aigle-Volant répondit au Canadien:

— Est-ce l'hospitalité que vous demandez, Sans-Piste ? Si vous venez en ami, prenez place et soyez le bienvenu !

— Merci, répliqua-t-il, sans cependant s'asseoir ; je viens presque en ami... oui, sur ma foi !... presque en ami.

— Presque en ami? interrompit l'Opossum.

— Oui, puisque je vous suis envoyé comme ambassadeur.

— Que voulez-vous dire ?

— Ce que je dis, pas autre chose ; m'acceptez-vous comme tel ? Fumerons-nous en conseil ?

— Expliquez-vous.

— Répondez-moi d'abord, clairement et sans tergiverser ; je porte avec moi la paix et la guerre. Que choisissez-vous ?

— Soit ! nous fumerons en conseil. Votre vie est sauve ; vous serez libre de vous retirer sans crainte d'être arrêté.

— Quant à ce dernier article, vous pouvez le supprimer : je demeurerai ou partirai à ma guise, sans votre autorisation.

Il s'assit alors sur une pierre, garda son fusil entre ses jambes, et, retirant sa pipe de sa ceinture, il la bourra et l'alluma avec ce flegme dédaigneux qui ne l'avait pas abandonné une minute depuis le premier mot de cet étrange entretien.

Les traitants anglais étaient trop experts dans les ruses en usage sur la frontière pour ne pas être intérieurement convaincus que le Canadien n'était venu dans leurs rangs qu'à bon escient ; qu'il ne s'y était pas jeté à l'aveuglette, et que s'il agissait aussi audacieusement, c'est qu'il se sentait soutenu par une force imposante. Bien que rien ne révélât encore la présence de l'ennemi, leur résolution fut prise en une seconde ; ils acceptèrent avec une feinte indifférence la présence de cet adversaire, qu'ils avaient été impuissants à arrêter, et qui, lui, les avait surpris d'une façon si singulière et si terrible dans sa placidité.

— Nous écoutons, dit l'Aigle-Volant ; mais permettez-moi, avant tout, de vous féliciter de l'adresse avec laquelle vous vous êtes introduit au milieu de nous. C'est avec raison qu'on vous a surnommé *Sans-Piste*. Mes compliments, camarade.

— Mon Dieu ! répondit-il avec bonhomie, vous attachez beaucoup trop de prix à une chose fort simple en elle-même et dont au reste vous ignorez les détails.

— En effet, cependant...

— Ces détails, je me fais un devoir de vous les donner, interrompit-il. Tenez, regardez vos sentinelles.

— Eh bien ?

— Elles ont été relevées par deux soldats français, deux charmants garçons, dont, je l'espère, vous ferez bientôt la connaissance.

— Comment ! s'écria l'Aigle-Volant en faisant un mouvement brusque pour s'élancer du côté des barricades.

Mais Berger lui posa la main sur l'épaule, et, sans violence apparente, il le contraignait à demeurer immobile à sa place.

— Ne vous dérangez donc pas. Vos sentinelles ont été adroitement escamotées, voilà tout; elles n'ont souffert aucun dommage, et se portent aussi bien que vous et moi.

— Oh! murmura le vieux chasseur avec désespoir, vous êtes le diable!

— Allons! allons! calmez-vous, je continue : ainsi que vous le disiez tout à l'heure à votre honorable ami, votre camp est bien choisi; il est presque inexpugnable, je le reconnais.

— Ah! ah! fit le chasseur, vous en convenez. C'est toujours cela!

— Parfaitement, pourquoi pas, puisque je répète une opinion émise par vous? Mais vous vous trompiez en parlant ainsi... c'est-à-dire en disant la vérité.

— Hein?

— Dame! c'est clair; voici pourquoi : Vous vous êtes appuyés à une colline que vous supposiez impossible à escalader. Eh bien! vous avez en agissant ainsi, commis une grave erreur. Il existe un sentier fort étroit, fort difficile même, mais qui, faute de mieux, peut servir, et la preuve, tenez, tournez la tête de ce côté-là, eh bien! que voyez-vous?

Tout en parlant ainsi, il étendit le bras dans la direction de la colline.

— Un feu! s'écrièrent les deux traitants avec stupeur.

— Oui, et très brillant même; il vous est facile de distinguer d'ici les gens qui l'entourent, n'est-ce pas?

— Ah! vous êtes le diable, Sans-Piste! répéta le chasseur avec rage et en se levant comme poussé par un ressort.

— Non, répondit-il de son air moitié figue et moitié raisin, je suis un coureur des bois et je connais le désert, voilà tout.

— Où voulez-vous en venir?

— A ceci. Écoutez-moi avec attention, cela en vaut la peine. Derrière chacune des sentinelles qui ne sont plus à vous, mais à moi, il y a vingt hommes bien armés qui n'attendent qu'un cri pour se précipiter dans votre camp. Vous pouvez vous en assurer, si cela vous plaît. De plus, en face, sur la colline, se trouvent soixante hommes auxquels il est facile de vous fusiller comme des pigeons, et cela sans courir le moindre risque. Ces hommes sont commandés par deux officiers français, venus exprès du fort Duquesne pour cette expédition.

— Des officiers français?

— Mon Dieu, oui! Mais tenez, voici quelques-uns de vos chasseurs qui, éveillés par le bruit de notre altercation, semblent vouloir se mêler de nos affaires. Priez-les, dans leur intérêt, de se tenir tranquilles jusqu'à nouvel ordre; cela vaudra mieux pour eux et pour vous.

L'Aigle-Volant fit un geste muet à l'Opossum. Celui-ci se dirigea aussitôt vers les chasseurs qui, en effet, inquiets de ce qui se passait dans le camp, s'éveillaient les uns les autres et commençaient à former des groupes armés.

— Finissons-en! dit l'Aigle-Volant d'une voix contenue.

— Je ne demande pas mieux. Vous reconnaissez comme moi que toute tentative de résistance de votre part serait un acte d'insigne folie : vous manquez de munitions, vous-même l'avez dit; vous nous tueriez quelques hommes probablement, mais vous seriez massacrés jusqu'au dernier. Je suis donc chargé de vous sommer de mettre bas les armes et de nous livrer vos marchandises.

— Après? fit le traitant d'une voix sourde.
— Vous serez prisonniers de guerre et traités comme tels.
— Est-ce tout?
— Non! vous marcherez avec nous jusqu'à la Belle-Rivière; là vos armes et vos chevaux vous seront rendus, et vous serez libres d'aller où bon vous semblera.
— Est-ce tout, cette fois?
— Oui, je n'ai pas autre chose à vous proposer.
— Et si nous refusons?
— Alors, que le sang versé retombe sur vous, compagnon!
— C'est le tien, démon! qui sera versé d'abord, reprit l'Aigle-Volant.

Et, par un bond de tigre, il se rua sur le Canadien en brandissant son couteau et en criant : « Aux armes! »

L'attaque fut si brusque que c'en était fait du chasseur s'il ne s'était pas tenu aussi constamment sur ses gardes, les yeux fixés sur son ennemi, dont il connaissait de longue date la haine et le courage féroce; il le surveillait avec soin, tout en feignant la plus entière confiance.

Il se rejeta vivement en arrière et en même temps il épaula son fusil.

— Ah! traître! cria-t-il, à moi! à moi!

Le coup partit : l'Aigle-Volant roula, le crâne fracassé, sur le sol.

Le camp fut envahi de tous les côtés à la fois ; les chasseurs, embusqués sur la colline, se précipitèrent comme une avalanche sur les Anglais terrifiés de cette triple attaque, à laquelle ils étaient si loin de s'attendre. Les traitants, vaincus presque sans combat, jetèrent leurs armes et se rendirent à discrétion.

Un seul homme résista, l'Opossum. En voyant tomber son ami, il ne voulut pas lui survivre et se fit bravement tuer à ses côtés.

Les événements s'étaient succédé avec une telle rapidité, qu'il ne s'écoula pas plus de dix minutes entre la surprise du camp et la défaite totale de ses défenseurs.

Au point du jour, sur l'ordre de M. de Villiers, après que les morts eurent été enterrés, la caravane s'organisa, et les Bois-Brûlés, joyeux de leur facile victoire, s'éloignèrent, à marche forcée, dans la direction du fort Duquesne.

Ils emmenaient avec eux les Anglais prisonniers et les riches ballots de fourrures amenés de si loin, avec tant de difficultés, et qui avaient si vite changé de maîtres.

Dix-huit jours plus tard, M. de Villiers rentrait triomphant au fort Duquesne. Pour prix du succès de sa dangereuse expédition, il sommait M. de Contrecœur de tenir la promesse qu'il lui avait faite de ne pas laisser sans vengeance la mort de M. de Jumonville, son frère.

XIII

L'ENLÈVEMENT D'UN AMOUREUX

Un matin, à la diane sonnant et saluant le jour de ses joyeux roulements, M. de Villiers sortit du fort Duquesne par une poterne basse.

Vêtu d'un élégant négligé, et suivi par Rameau-d'Or, il portait son fusil sur l'épaule, et un carnier en bandoulière.

Rameau-d'Or était également en tenue apparente de chasse.

L'officier et le soldat avaient un petit air dégagé des choses de ce monde.

Une fois hors du fort, ils prirent le chemin de la Belle-Rivière.

Nous avons dit que le comte sortait dans l'intention apparente de chasser; c'est avec raison que nous avons employé ce mot. En effet, le fusil que M. de Villiers tenait à la main lui servait de contenance, ou pour mieux dire, de prétexte pour sa promenade. Le jeune homme ne songeait aucunement à la chasse; le plus magnifique daim se serait placé devant lui que certes il n'aurait pas songé à l'abattre.

Depuis quatre jours déjà, l'expédition était rentrée au fort Duquesne.

Le capitaine, retenu, après une aussi longue absence, par les exigences du services et les devoirs de son grade, n'avait, pendant ces quatre jours, pas trouvé une seconde pour s'occuper de certaines affaires particulières qui le touchaient de très près.

Aussi, dès qu'il s'était vu complètement libre d'agir à sa guise, il avait pris un fusil et s'était élancé dans la campagne, suivi, ainsi que nous l'avons dit, par Rameau-d'Or. Le soldat avait absolument voulu l'accompagner, ce à quoi, de guerre lasse, le capitaine avait consenti.

Après avoir, pendant une demi-heure à peu près, suivi les bords de l'Ohio, le capitaine fit un brusque crochet sur la droite, entra sous le couvert et s'engagea dans la forêt.

Il se rendait à la chaumière du Proscrit.

Plusieurs raisons l'avaient engagé à tenter cette démarche : d'abord, le désir de voir Angèle, la charmante fille de Jan Pol, dont il était séparé depuis si longtemps. Il l'aimait d'un amour si vrai et si pur! amour que l'absence avait, non pas augmenté, cela était impossible, mais entouré pour ainsi dire d'une auréole céleste, en rappelant sans cesse à l'esprit du jeune homme la candeur touchante et naïve de la gracieuse enfant. En outre, il était inquiet du sort de cette jeune fille, abandonnée, seule, au fond d'un désert, sans autre gardien qu'elle-même. Son père, le seul protecteur qu'elle possédât l'avait délaissée pendant des semaines entières; combien d'événements graves avaient pu survenir dans un laps de temps aussi long! De plus, le capitaine désirait vivement voir le Proscrit lui-même, afin d'obtenir l'explication de sa conduite étrange, lors de leur rencontre dans l'île : cette conduite, malgré les assurances réitérées de Berger, il ne l'avait pas trouvée aussi franche et aussi loyale qu'elle aurait dû l'être d'après les bons rapports qui existaient entre eux.

Ces divers motifs faisaient, sans qu'il y songeât, accélérer le pas au jeune homme, de telle sorte qu'il se trouva à l'entrée de l'enclos de la chaumière, lorsqu'il croyait avoir à peine franchi la moitié de la distance à parcourir.

Il s'arrêta et jeta un regard sur les environs : tout était calme et silencieux.

— Il paraît que nous sommes arrivés, dit Rameau-d'Or en respirant avec force : tant mieux! Quelle course ! ce n'est pas marcher, cela, capitaine, c'est galoper.

— Attends-moi ici, repose-toi! répondit l'officier, qui n'avait pas entendu un mot de ce que lui disait son soldat. Je ne serai pas longtemps.

— Restez tant que vous voudrez, capitaine; moi pendant ce temps je fumerai ma pipe.

Et il se laissa tomber sur l'herbe avec un soupir de satisfaction.

— Il y a encore de la femme là-dessous, murmura-t-il; on ne court de cette façon enragée que lorsqu'on a l'amour au cœur. Après cela, c'est l'affaire du capitaine! Tant mieux si la petite est jolie; moi, je m'en bats l'œil péremptoirement. Faut que jeunesse se passe!...

Et, sans doute satisfait outre mesure d'avoir émis ces profondes appréciations sur la conduite de son capitaine, le brave soldat éclata de rire et alluma sa pipe.

Pendant ce temps, après quelques secondes d'hésitation, le capitaine s'était décidé à ouvrir la barrière qui fermait l'enclos et s'était dirigé vers la chaumière. Le trajet n'était pas long; il arriva devant la porte : elle était fermée. Le capitaine fut assez étonné de voir close cette porte, qui d'ordinaire demeurait ouverte pendant toute la journée.

Il frappa, les coups résonnèrent sur le bois, mais on ne répondit pas; nul mouvement ne se produisit dans l'intérieur de l'habitation.

Le capitaine leva la tête, il regarda à droite et à gauche. Les fenêtres étaient non seulement fermées, mais encore assurées par d'épais volets intérieurs.

M. de Villiers, sérieusement inquiet, entra dans l'écurie : elle était vide. La mangeoire, tapissée de toiles d'araignées, témoignait que depuis longtemps la provende du cheval n'y avait pas été versée. Pas de foin au râtelier, pas de paille pour faire litière. Les poules elles-mêmes, qui habituellement grattaient en liberté dans l'enclos, avaient disparu. Un silence de mort partout!

Il n'y avait plus à en douter, la chaumière était abandonnée par ses habitants, et cela depuis longtemps déjà. Bêtes et gens avaient émigré à la fois.

Sur le bord de la petite rivière, la pirogue n'était pas amarrée comme de coutume; les canards ne se jouaient plus dans l'eau verdâtre de l'anse. Il ne retrouvait rien de ce qu'il avait laissé là.

Le jeune homme se laissa aller avec découragement; il tomba sur le banc placé auprès de la porte; il était en proie à une douleur mortelle qui lui serrait le cœur comme dans un étau.

Qu'était devenue Angèle? pourquoi était-elle partie? Son père l'avait-il emmenée avec lui dans une excursion lointaine? Ou bien, le Proscrit, traqué comme une bête fauve, avait-il été contraint de fuir en abandonnant tout ce qu'il possédait?

Telles étaient les questions que se posait le jeune homme sans qu'il lui fût possible d'y répondre.

Il croyait avoir un vague souvenir que lors de sa dernière entrevue avec la jeune fille, lors de l'annonce de son départ, elle lui avait répondu que peut-être ils se rencontreraient pendant le voyage qu'il allait faire; mais en supposant qu'Angèle se fût, pour une semaine ou deux, éloignée de sa demeure, elle aurait dû être de retour déjà depuis longtemps. Et puis pourquoi cette absence? Quelles raisons si sérieuses l'appelaient loin de sa hutte, elle, pauvre enfant, inconnue au monde entier? En supposant même qu'elle fût partie pour un long voyage, cela ne justifiait pas l'abandon complet dans lequel elle avait laissé sa chaumière. Évidemment une catastrophe terrible avait tout à coup troublé la vie jusque-là si calme et si tranquille de la jeune fille : un malheur était arrivé, mais lequel?

De déductions en déductions, se laissant aller au flot de pensées amères qui montaient incessamment de son cœur à ses lèvres, le capitaine s'écria tout à coup :

— Mon Dieu! si elle était morte...

Cette idée affreuse dès qu'elle se fut présentée à son esprit, ne le quitta plus : il s'affaissa sur lui-même, sa tête s'inclina sur sa poitrine, et pendant quelques minutes, il demeura immobile, inerte, sans volonté, terrassé par la douleur et presque sans connaissance.

Mais, heureusement pour le jeune homme, la réaction fut prompte; si elles ne tuent pas sur le coup, les grandes douleurs retrempent le courage et décuplent l'énergie. Le comte se redressa, jeta un regard étincelant vers le ciel, et, d'une voix ferme :

— C'est impossible, dit-il, Dieu n'aurait pas permis un si horrible malheur. Le Créateur n'aura pas brisé à plaisir un de ses plus charmants ouvrages; non, non! Angèle vit, j'en suis sûr...

Alors il se leva, et à pas lents, comme s'il accomplissait un pieux pèlerinage, il parcourut l'enclos et le jardin, s'arrêtant çà et là, aux places où lors de ses précédentes visites, il s'était arrêté dans ses promenades avec la jeune fille. Sa mémoire, implacable comme celle de tous les désespérés, lui rappelait les détails les plus futiles de ces douces promenades : là il avait cueilli une fleur, là il avait écarté une branche qui gênait le passage et obstruait l'allée; plus loin la jeune fille émiettait du biscuit à des oiseaux dont le nid était caché à deux pas dans un fourré. En étendant le bras, la main du jeune homme toucha le nid, resté depuis la dernière saison : le nid était vide!... Non, les doigts du jeune homme saisirent un bouquet qui reposait dans le fond. Les fleurs étaient fanées, il est vrai, presque en poussière; cependant le capitaine les reconnut avec un tressaillement de tristesse mêlée de joie.

Ce bouquet, les fleurs en avaient été cueillies, par lui, une à une : c'était le dernier souvenir qu'il avait laissé lors de son départ, à celle qu'il aimait.

L'Aigle-Volant roula, le crâne fracassé, sur le sol.

Comment avait-il été ainsi abandonné ou plutôt jeté dans ce nid ? Il le froissa et l'écrasa dans ses mains d'un mouvement nerveux, puis il le porta à ses lèvres.

Un papier, plié en quatre, s'en échappa. Le comte se baissa vivement et le saisit avant même qu'il eût touché le sol.

Il l'ouvrit en tremblant, le parcourut des yeux et une expression d'ineffable bonheur se peignit aussitôt sur ses traits un instant auparavant livides comme ceux d'un cadavre.

Voici les quelques mots écrits d'une main tremblée sur ce papier si providentiellement arrivé à son adresse, et que le comte relut mille fois :

« Vous êtes parti; je pars aussi, hélas! Quand reviendrai-je? je l'ignore. Mais vous viendrez, vous! Vous m'aimez; votre première visite sera pour la pauvre recluse, qui ne sera pas là pour vous recevoir et vous souhaiter la bienvenue du retour. Alors vous visiterez tous les endroits où si souvent nous avons erré ensemble en nous racontant notre amour. Ce nid, dont nous avons nourri la frêle couvée, vous le retrouverez. Ses habitants ont pris leur vol; à leur place, je mets mon cœur. Je vous aime et j'espère; quoi qu'il arrive, espérez! Au revoir! bientôt.

« ANGÈLE. »

Après avoir cent fois pressé sur ses lèvres ce papier qui lui rendait le bonheur, le comte, avec cet enfantillage de l'amour que comprennent si bien ceux qui aiment réellement, ramassa soigneusement ces fleurs qui lui étaient échappées, il enveloppa les débris, désormais sacrés pour lui, dans la précieuse lettre, et il cacha le tout sur son cœur.

Après avoir dit un dernier adieu à cette chaumière qu'il était contraint de quitter, bien qu'à regret, il sortit de l'enclos et rejoignit Rameau-d'Or.

Le soldat s'était prosaïquement endormi, la pipe aux dents.

— Allons, allons, paresseux! lui dit le comte, debout! Est-ce que nous ne chassons pas aujourd'hui?

— La chasse n'est donc pas terminée? répondit Rameau-d'Or d'un air narquois, tout en bâillant à se démettre la mâchoire. Il me semblait avoir entendu un tas de coups de feu.

— Qu'est-ce à dire, maroufle! fit le comte.

— Rien, rien, capitaine, reprit le soldat en se levant; je ne suis point tout à fait éveillé et n'ai point la visière bien nette. Me voilà tout à vos ordres.

— Tu dois être reposé maintenant; ainsi, en route!

— En route! puisque vous le voulez; et d'abord, où allons-nous?

— Reprenons le chemin du fort, nous y retournerons en chassant.

— C'est cela. Gare au gibier! Il n'a qu'à se bien tenir, dit-il en goguenardant; moi je n'ai encore rien tué; et vous, mon capitaine?

Ils s'éloignèrent; mais pas plus que le matin, le capitaine ne s'occupa de la chasse, il préférait s'entretenir avec ses pensées et faire des rêves de bonheur. C'était en vain que Rameau-d'Or l'avertissait; il se contentait de secouer la tête et son fusil demeurait paisiblement sur son épaule.

— Drôle de chasse que nous faisons, tout de même! grommelait le vieux soldat dans ses moustaches. Si nous continuons ainsi, je ne sais pas trop ce que nous rapporterons, à moins que ce ne soit une courbature. Nous allons d'un train d'enfer.

Ils étaient sur le point d'atteindre les limites de la forêt et de déboucher sur la plage de la Belle-Rivière, lorsque, tout à coup, une vingtaine d'hommes surgirent du milieu des hautes herbes et de derrière les troncs d'arbres; en un clin d'œil ils enveloppèrent si bien les deux chasseurs qu'ils les prirent comme dans un filet.

Ces hommes portaient le costume indien et paraissaient être des Peaux-Rouges.

— Eh! eh! fit Rameau-d'Or en ricanant selon son habitude; cela se dessine, la chasse sera belle!

Et il arma son fusil. Le comte s'était adossé à un arbre, le fusil en avant, prêt à se défendre; mais il ne prononça pas un mot.

Il y eut un instant de silence, puis un des sauvages ou soi-disant tels fit quelques pas, et, après avoir respectueusement salué le comte :

— Rendez-vous, capitaine! lui dit-il en excellent français; il ne vous sera fait aucun mal. Vous voyez que toute résistance est inutile.

— Un homme de cœur est toujours maître de sa vie! Je ne me rendrai pas à de misérables bandits, répondit-il avec dédain.

— Il nous est ordonné de vous prendre, nous vous prendrons!

— Essayez! En se tournant vers Rameau-d'Or : Au large! lui cria-t-il, sauve-toi!

— Bah! répondit en riant le soldat, mourons ensemble, mon capitaine, je préfère cela : me sauver comme un lapin!... moi?

— Pars! te dis-je, je te l'ordonne. Qui me vengera si je meurs? qui me délivrera si l'on me prend? Va-t'en!

— C'est juste! Au revoir, capitaine!... Je me sauve par obéissance.

— Emparez-vous de cet homme! s'écria le chef des assaillants en désignant le grenadier.

— Allons donc! répliqua celui-ci, toujours goguenard, prendre Rameau-d'Or! un Parisien! pas assez malins pour ça, les sauvages! A bientôt, mon capitaine!

Tout en parlant ainsi, il se précipita sur les Indiens les plus rapprochés de lui, déchargea son fusil presque à bout portant, puis, saisissant son arme par le canon, il fit un moulinet terrible, passa au travers des rangs ennemis et disparut en poussant un cri de triomphe. Ce cri apprit au capitaine qu'il était sauvé.

Quelques Indiens voulurent se lancer à sa poursuite, le chef les rappela.

— Vous avez été assez maladroits pour laisser échapper cet homme, dit-il, qu'il aille en paix! Nous n'avons rien à redouter de lui; sa capture importe peu!

Le capitaine avait assisté à cette scène sans faire un mouvement, le doigt sur la détente de son arme.

— Capitaine, reprit le chef pour la dernière fois, rendez-vous! vous aurez la vie sauve, rendez-vous.

— Non! reprit-il laconiquement, et il épaula son fusil, en visant le chef au cœur!

— Prenez garde! dit le chef avec insistance.

— Prenez garde vous-même! je vous tiens au bout de cette arme. Qui osera m'attaquer?

— C'est votre dernier mot ?
— Oui.
— Soit donc, puisque vous le voulez, et faisant un geste : Allez ! dit-il.

A peine ces mots étaient-ils prononcés que le capitaine reçut un choc si violent que son fusil lui échappa et que lui-même il roula à terre.

Du milieu du feuillage de l'arbre contre lequel il s'appuyait, deux hommes, qui s'y tenaient cachés, avaient bondi sur lui et l'avaient renversé. Avant même qu'il lui fût possible de se rendre compte de cette attaque, il était roulé dans une couverture et garrotté de façon à ne pouvoir faire aucun mouvement.

— Lâches ! cria-t-il avec mépris, lâches et traîtres !

— C'est vous, capitaine, qui nous avez contraints à agir ainsi ; du reste, cette ruse est de bonne guerre, vous n'avez pas à vous plaindre. Nous évitons l'effusion du sang, et nous accomplissons notre mission, puisque vous êtes prisonnier.

Le comte dédaigna de répondre à ces paroles prononcées avec un accent de raillerie qui redoublait sa colère.

Le chef continua :

— Donnez-moi votre parole d'honneur de ne pas essayer de vous échapper, de ne tenter aucune violence, de vous laisser bander les yeux lorsque les circonstances l'exigeront et la liberté de vos membres vous sera immédiatement rendue.

— Qui êtes-vous, pour me parler ainsi ? Ce n'est pas le langage d'un Indien, cela !...

— Peu vous importe qui je suis, capitaine ! Acceptez-vous mes conditions ?

— Je refuse, malgré votre déguisement, je vous ai reconnu. Vous êtes un Français, un traître à son pays et à son roi ! Je ne veux rien avoir de commun avec un misérable comme vous. Faites de moi ce qu'il vous plaira ! Je ne vous promets rien.

Le chef tressaillit, ses sourcils se froncèrent à se joindre ; mais se remettant presque aussitôt :

— Vos insultes glissent sur moi, capitaine. Au lieu de récriminer ainsi, de m'adresser des injures gratuites, puisque je vous ai toujours témoigné la plus grande déférence, croyez-moi, mieux vaudrait pour vous accepter mes conditions. Nous avons loin à aller ; la traite sera longue, les chemins mauvais. Nous serons forcés de vous placer, comme un ballot, en travers sur le cou d'un cheval ; vous vous condamnez à d'horribles tortures !

— Je les préfère à tout ce qui peut ressembler à un pacte avec vous. Martyrisez-moi, si bon vous semble ; tuez-moi même, vous n'obtiendrez rien de mon honneur.

Le chef fit un geste d'impatience et de désappointement.

— Vous êtes bien résolu ? Vous nous forcez à une cruauté inutile.

— Oui, et ce mot est le dernier qui sortira de ma bouche. Agissez donc à votre guise ; je ne répondrai plus, quelles que soient les questions que vous m'adressiez.

Le chef dit quelques mots à voix basse à un des hommes les plus rapprochés; celui-ci prit une blouse de calicot et il en enveloppa la tête du capitaine, de manière à le rendre momentanément aveugle, tout en lui laissant la faculté de respirer librement.

Aussitôt, deux hommes le saisirent, l'un par la tête, l'autre par les pieds; on l'enleva de terre, il fut placé sur une espèce de brancard et il sentit qu'on l'emportait. Dans quelle direction? c'est ce qu'il ne pouvait deviner.

La marche était soutenue et rapide; elle dura plusieurs heures. Au bout de ce temps, un sifflement aigu résonna : les porteurs du capitaine firent halte.

Quelques minutes s'écoulèrent; puis on lui enleva la blouse qui l'enveloppait, en même temps qu'on détachait ses mains.

Le premier soin du capitaine fut de jeter un regard investigateur autour de lui, afin de se reconnaître, si cela était possible. Soin inutile.

Le paysage lui était totalement inconnu, il se trouvait dans une espèce de ravin étroit, entre deux montagnes complètement boisées. Il ne se rappela pas être jamais venu dans un lieu semblable.

Il constata seulement que le soleil se couchait.

Ses ravisseurs, les soi-disant Indiens, diversement groupés, avaient allumé plusieurs feux et préparaient activement le repas du soir.

Des sentinelles, posées dans différentes directions, veillaient à la sûreté générale.

Le capitaine vit toutes ces dispositions d'un coup d'œil.

Un soupir étouffé s'échappa de sa poitrine en reconnaissant intérieurement son impuissance.

Le chef s'approcha de lui. Après l'avoir salué avec cette politesse respectueusement ironique qu'il affectait en parlant à son prisonnier :

— Vos forces doivent être épuisées, monsieur, lui dit-il; voulez-vous manger?

Le comte détourna la tête et haussa les épaules sans répondre.

Cependant le chef ne se rebuta pas de ce refus tacite.

Il fit un signe. Un homme apporta un cuissot de daim rôti, placé sur une écuelle de bois, et le posa sur le brancard, ainsi qu'une gourde pleine de petite bière.

M. de Villiers avait quitté le fort au lever du soleil, il n'avait donc rien pris depuis la veille : il mourait littéralement de faim. Cependant, fidèle à la parole qu'il s'était donnée à lui-même, il ne témoigna aucun désir de satisfaire son appétit. Prenant l'écuelle de la main droite, la gourde de la main gauche, il lança le tout loin de lui; puis il se recoucha en souriant sur son brancard.

Le chef considéra un instant son prisonnier avec une extrême surprise, puis enfin il s'éloigna tout pensif.

XIV

LE COMMENCEMENT D'UNE PISTE

Dans la même journée, vers les deux heures de l'après-midi, deux hommes se trouvaient, assis et causant, auprès d'un feu brillant, sur le sommet d'une accore de la Belle-Rivière.

Cette accore était située à un quart de lieue environ du fort Duquesne.

De la place où ils se tenaient, ils pouvaient clairement distinguer les remparts, surmontés du large drapeau fleurdelisé.

Ils avaient tous deux l'âme tranquille et l'esprit en repos, s'étant placés là dans l'intention de jouir du magnifique point de vue qui se déroulait, de tous les côtés, devant leurs yeux émerveillés.

Ces deux hommes étaient Berger, le Canadien, et son ami Kouha-Handé ; ils terminaient leur frugal repas, composé de superbes poissons grillés sur la braise et pêchés par eux-mêmes. Deux gourdes, l'une pleine d'eau-de-vie, l'autre de petite bière brassée au fort Duquesne, servaient à arroser ce maigre festin.

Tout en mangeant de bon appétit et ne perdant pas un coup de dent, ils causaient de choses fort intéressantes sans doute et surtout très gaies, car souvent, ils s'interrompaient, pour rire de tout leur cœur ; le Canadien, particulièrement, semblait prendre un plaisir extrême à ce que racontait son compagnon.

— Pardieu, chef, dit-il, il faut avouer que j'ai eu une fameuse chance de vous rencontrer ainsi, au moment où vous traversiez la rivière ; je ne me doutais guère que je vous verrais aujourd'hui, par exemple.

— Moi, je cherchais mon frère, répondit l'Indien en s'inclinant.

— Alors le hasard n'est pas aussi grand que je le supposais. Est-ce que vous avez quelque chose à me demander?

— Non, rien ; le plaisir de voir un ami, simplement.

— Merci, chef. C'est égal, le tour a été bien joué ; ainsi les Anglais sont furieux de leur déconvenue?

— Ils sont fous, ils pleurent comme de vieilles femmes.

— Dame ! écoutez donc, chef ; tant de belles fourrures, de magnifiques pelleteries, enlevées à leur barbe, presque sans combat, par surprise, juste au moment où ils sentaient déjà le feu de leur cuisine et qu'ils se croyaient hors de péril, cela n'est pas fait pour les égayer, soyons justes.

— Ils ont jurés de se venger.

— Tant mieux ! Nous aussi, nous avons fait le même serment ; la poudre parlera, on verra quels sont les fusils qui chanteront le plus fort.

— Ils rassemblent tous les guerriers qu'ils peuvent trouver.

— Ils ont raison, ils n'en auront jamais assez. Ce pauvre Aigle-Volant, qui se croyait si fin, je lui ai prouvé que j'en savais plus long que lui; malheureusement la leçon ne lui profitera pas, ni à l'Opossum non plus.

— Mon frère les a tués, je le sais.

— Oui, j'ai eu ce malheur, répondit le chasseur en riant; mais comment avez-vous appris cela, vous?

— Des Anglais ont demandé l'hospitalité dans mon village. Je chassais avec mes jeunes hommes; les vieillards, demeurés seuls, n'ont pas osé s'opposer à leur séjour dans les cases.

— C'est juste, la loi du plus fort. Et alors, ils ont tout raconté?

— Tout. Mais qu'avez-vous fait de vos prisonniers?

— Ils sont enfermés dans le fort; on les garde pour faire des échanges.

— Il vaudrait mieux prendre leurs chevelures!

— Je suis assez de cet avis, mais malheureusement ce n'est pas la coutume parmi les Français.

— Ils ont tort; un ennemi mort n'est plus à craindre.

— A qui le dites-vous, chef? mais on ne veut pas me croire. Ah çà! que venez-vous faire dans ces parages?

— Les territoires de chasse de ma nation sont presque dépeuplés de gibier; j'en cherche d'autres pour la saison de la folle avoine.

— Ah! bien, je me charge de vous en trouver, moi; soyez tranquille, chef, j'en connais d'excellents, non loin d'ici.

— J'avais compté sur la sagesse et l'amitié de mon frère.

— Tenez, chef, regardez de ce côté. Ces montagnes fourmillent de gibier de toutes sortes, poils et plumes.

Les deux amis s'étaient levés et regardaient dans la direction indiquée par le Canadien, lorsque celui-ci poussa tout à coup une exclamation de surprise.

— Qu'a donc mon frère? demanda le chef.

— Tenez! là, dit-il en étendant le bras, ne voyez-vous rien?

— Je vois un homme qui court avec la rapidité d'un daim poursuivi par les chasseurs. Cet homme est un Visage-Pâle, c'est un guerrier blanc du fort.

— C'est cela même. Allons, j'ai la vue encore assez bonne; car je l'ai reconnu, moi, cet homme.

— Ah! fit l'Indien avec indifférence.

— Venez, chef, hâtons-nous; il faut que nous arrêtions cet homme, et qu'il nous dise pour quel motif il court aussi fort.

— A quoi bon?

— Il le faut, vous dis-je. Ce soldat est le serviteur d'un homme que j'aime, que je respecte; je crains qu'il ne soit arrivé un accident à son maître.

— C'est différent alors, répondit l'Indien en ramassant son fusil et suivant Berger, qui déjà s'était élancé en courant sur la pente de l'accore

Berger ne s'était pas trompé : c'était en effet Rameau-d'Or. Le brave garçon ne courait pas, il volait; ses pieds semblaient ne pas toucher la terre. Ce n'était pas la peur qui l'engageait à presser sa course, le digne soldat ne redoutait rien au monde; mais il avait hâte d'atteindre le fort afin de ramener le plus vite possible du secours à son capitaine qu'il avait laissé, comme on sait, dans une situation très critique.

Au moment où il allait le dépasser sans même le voir, Berger lui barra le passage et l'arrêta net.

— Où courez-vous donc ainsi, camarade? lui dit le Canadien. Est-ce un pari que vous voulez gagner? Si cela est, reposez-vous, car vos concurrents sont largement distancés, je vous l'assure. Peste! quel jarret!

— Ah! c'est vous, monsieur Berger, répondit le soldat d'une voix haletante, en le regardant d'un air effaré; je suis heureux de vous rencontrer, très heureux!...

— Et moi aussi, mon brave, mais répondez à ma question, je vous prie.

— Laissez-moi reprendre ma respiration, il me semble que je vais étouffer, tout tourne autour de moi, je n'y vois plus.

Les deux hommes le firent asseoir. Berger lui tendit sa gourde.

Rameau-d'Or la porta à ses lèvres et but à grands traits, puis il poussa un soupir de soulagement.

— Ah! cela fait du bien! dit-il en reprenant haleine.

— Il paraît que cela va mieux, hein? reprit le chasseur en souriant.

— Oh! je suis tout à fait remis maintenant; laissez-moi partir.

— Rien ne presse, mon garçon! dites-moi d'abord ce dont il s'agit.

Le soldat sembla réfléchir un instant, puis il répondit:

— Au fait, vous avez raison, monsieur Berger; c'est Dieu qui a permis que vous vous trouviez sur ma route. Vous aimez mon capitaine, vous le sauverez!

— M. Louis! s'écria-t-il avec un bond de surprise, le sauver! Que lui est-il donc arrivé? Parlez si vous êtes un homme, parlez vite.

— Voilà la chose en deux mots, car nous n'avons pas un instant à perdre, si nous voulons arriver à temps. Écoutez-moi bien.

Rameau-d'Or entama alors son récit et raconta dans ses moindres détails ce qui s'était passé au moment où le comte et lui avaient été assaillis à l'improviste par une troupe d'Indiens, vrais ou faux.

Les deux coureurs de bois écoutèrent avec la plus sérieuse attention la narration un peu prolixe du soldat, qu'ils n'interrompirent pas une seule fois, se contentant à certains passages de secouer la tête d'un air de doute ou de froncer les sourcils; puis, lorsque Rameau-d'Or cessa de parler, Berger lui prit la main et, après la lui avoir chaleureusement serrée dans la sienne :

— Vous êtes un brave garçon, lui dit-il, votre conduite est au-dessus de tout éloge; mais rassurez-vous, le péril n'est pas aussi grand que vous le supposez. Vous savez si j'aime le capitaine; je ne voudrais pas vous tromper, il est prisonnier, voilà tout. Nous le sauverons.

— Vous me le promettez?

— Je vous le jure!

— Bon! alors vive la joie, l'hôpital brûle! s'écria-t-il en jetant son chapeau en l'air; me voilà rassuré.

— Bien! maintenant, écoutez-moi à votre tour. Dans la circonstance présente, les soldats, si braves qu'ils soient, ne pourraient rien faire pour secourir le capitaine : le courage ne suffit pas ici, c'est de l'adresse qu'il faut, soit que nous ayons affaire à des Indiens, soit, ce qui est plus probable, que

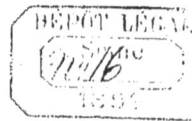

Le chef s'approcha de lui.

nous ayons devant nous des maraudeurs, et malheureusement cette vermine ne manque pas sur la frontière.

— Ce sont des Indiens que j'ai vus.

— Vous connaissez le proverbe français, n'est-ce pas? répondit-il en souriant : « L'habit ne fait pas le moine. » Profitez-en, les proverbes sont la sagesse des nations. La chose la plus urgente que nous ayons à faire en ce moment, c'est de nous rendre à l'endroit où l'attaque a eu lieu, afin de relever les traces et les empreintes; ensuite nous irons au fort Duquesne, nous rendrons compte de ce qui s'est passé à M. de Contrecœur, puis nous aviserons.

— Que de temps perdu! murmura le soldat avec découragement.

— Vous croyez? Ce temps perdu, nous le regagnerons, soyez tranquille. Êtes-vous en état de marcher et de nous conduire à l'endroit juste où vous avez été surpris?

— Je le crois bien, venez! ce ne sera pas long.

— Bien! marchez, nous vous suivons.

Ils partirent.

Malgré sa précédente fatigue, Rameau-d'Or avait tant à cœur de sauver son capitaine, qu'il oubliait tout et avançait d'un pas si rapide qu'il fallait d'aussi agiles batteurs d'estrade que les deux chasseurs pour le suivre sans difficulté.

Après une heure et demie de marche environ, le soldat s'arrêta sur la lisière même de la forêt.

— Sommes-nous arrivés? lui demanda Berger.

— A peu près, lui répondit-il; c'est ici que j'ai quitté le couvert, venez!...

— Un instant, lui dit Berger en posant sa main sur son épaule; maintenant, mon camarade, passez, s'il vous plaît, à l'arrière-garde et laissez-nous, le chef et moi, éclairer la route.

— Pourquoi donc? demanda-t-il avec surprise.

— Parce que, mon brave ami, comme vous ignorez complètement les habitudes du désert, avec la meilleure volonté du monde, vous brouilleriez tout, si bien qu'il nous serait ensuite impossible de nous y reconnaître. C'est un livre que nous allons lire, n'en déchirez pas les pages; tenez, pour plus de sûreté, restez ici, ce ne sera pas long; vous nous rejoindrez quand nous vous appellerons. C'est convenu, n'est-ce pas?

— Comme vous voudrez, seulement je ne vous avoue que je n'y comprends rien du tout.

— Soyez tranquille! vous comprendrez bientôt. Allons, chef!

Les deux chasseurs, au lieu d'entrer sous le couvert à la place que le soldat leur avait indiquée, se séparèrent. Ils firent un grand circuit et disparurent l'un à droite, l'autre à gauche.

— Enfin, j'espère bien qu'ils m'expliqueront plus tard ce que tout cela signifie? dit le soldat.

Et comme maintenant que son exaltation première ne le soutenait plus, la fatigue se faisait vigoureusement sentir, il s'assit au pied d'un arbre, alluma sa pipe et attendit.

Cependant les deux chasseurs, après avoir tracé un cercle imaginaire de deux ou trois acres environ, et avoir minutieusement observé toutes les empreintes qui s'offraient à leurs regards, si exercés et si habitués à déchiffrer ces étranges hiéroglyphes du désert, se rencontrèrent, face à face, à l'endroit même de la surprise.

Là les difficultés cessèrent complètement; les traces étaient si claires et si profondément gravées, qu'il ne resta pas le moindre doute dans leur esprit.

Après avoir terminé leur exploration, ils se communiquèrent leurs découvertes, coordonnèrent les faits ; puis, lorsqu'ils se furent mis d'accord, ils allumèrent un feu, s'assirent, bourrèrent leurs calumets de morichée, et Berger appela Rameau-d'Or.

Cinq minutes après, le soldat les rejoignit.

— Eh bien! leur demanda-t-il, avez-vous découvert quelque chose?

— Nous avons tout découvert, répondit le Canadien ; nous allons fumer le calumet en conseil, afin de décider ce qu'il convient de faire. Asseyez-vous et écoutez. Voici ce qui s'est passé.

— Je le sais, dit-il en s'asseyant.

— A peu près ; il y a beaucoup de choses que vous ignorez, vous en acquerrez la certitude bientôt. Les gens qui vous ont attaqués étaient nombreux : les uns étaient à pied, les autres à cheval.

— Je n'ai vu que des Indiens à pied.

— Les cavaliers sont demeurés cachés à vingt pas d'ici, dans un fourré épais ; ceux-ci étaient vingt en tout ; les traces laissées par leurs chevaux sont si visibles que je les ai comptées. Les assaillants ont attendu longtemps votre arrivée ; ils s'impatientaient ; quelques-uns d'entre eux furent même envoyés à la découverte, afin de prévenir leurs compagnons de votre approche. Parmi les cavaliers, il y avait cinq Indiens, ce qu'il m'a été facile de reconnaître à la disposition des queues de loups. De plus, il y avait deux femmes ; elles ont mis pied à terre, afin de s'approcher d'ici et d'assister invisibles à l'attaque. Leurs pieds mignons ont laissé leurs traces très visiblement derrière l'arbre qui est là-bas ; elles s'impatientaient elles aussi ; le capitaine pris, on leur a amené leurs chevaux, et elles sont parties avec les autres cavaliers. Ils se dirigent vers l'ouest.

— Mais je n'ai rien vu de tout cela ! fit Rameau-d'Or.

— Nous l'avons vu, nous ; attendez ! Les hommes qui vous guettaient étaient cachés derrière des arbres, plusieurs d'entre eux ont tourné autour des troncs, afin de ne pas être aperçus. Parmi ces individus, il y avait sept Indiens. Les autres, au nombre de dix-huit, sont tous des blancs ! Les Peaux-Rouges marchent les pieds en dedans ; le pouce est écarté des quatre autres doigts ; ils posent d'abord la pointe, puis le talon ; leur trace est donc reconnaissable, puisque les blancs, au contraire, appuient d'abord lourdement le talon, et ont de fortes chaussures. Tous les blancs portaient des fusils, cinq Indiens seulement en avaient. Les autres étaient armés de lances, d'arcs et de flèches ; au moment de l'attaque, vous étiez là, près de cet arbre, séparé du capitaine par une quinzaine de pas.

— C'est vrai! on dirait, Dieu me pardonne! de la façon dont vous parlez, que vous l'avez vu!

Le chasseur sourit et continua :

— Vous avez voulu courir au secours de votre capitaine ; vous avez même fait quelques pas vers lui, mais il vous a ordonné de vous sauver, vous vous êtes arrêté net ; vous avez tourné sur les talons, et vous vous êtes précipité sur vos ennemis : vous en avez tué quatre.

— Vous croyez !...

— J'en suis sûr ; le premier a reçu une balle dans le cœur, les autres ont été assommés à coups de crosse ; leurs corps sont cachés sous les feuilles.

— Alors que le diable les caresse ! Ils n'ont eu que ce qu'ils méritaient ; mais continuez ; c'est amusant comme un conte de fées ce vous dites là.

— Il y a eu un moment de lutte corps à corps ; vous êtes parvenu à grand'peine à vous dégager, vous êtes même tombé sur un genou.

— C'est, ma foi vrai, dit le soldat stupéfait.

— Mais grâce à Dieu, vous avez réussi à vous sauver... Voilà pour ce qui vous regarde.

— Oui, en effet ; mais mon pauvre capitaine ?

— Nous y arrivons, soyez tranquille. M. Louis était adossé à cet arbre ; un blanc, déguisé en Indien, s'est approché de lui, sans doute pour lui proposer de se rendre.

— Oui, et il a refusé bravement. C'est alors qu'il m'a ordonné de partir ; moi, je ne voulais pas, vous comprenez...

— C'est cela même. Il y a eu d'assez longs pourparlers ; ce blanc s'impatientait, enfin deux hommes, cachés dans le feuillage de l'arbre, se sont laissés tomber sur le capitaine, qu'ils ont renversé.

— Comment savez-vous cela ?

— Regardez l'arbre, tout vous sera expliqué. Le capitaine, désarmé dans sa chute, et incapable de se défendre, a été enveloppé, roulé dans une couverture, puis solidement garrotté.

— Oh ! s'écria le soldat en fermant les poings avec colère, qu'ils tombent un jour sous ma coupe, ces brigands-là, je leur ferai danser la boulangère sans violons ; je ne vous dis que cela. Allez toujours !

— Les ravisseurs ont ensuite construit un brancard sur lequel ils ont placé leur prisonnier ; puis, de même que les cavaliers, ils se sont dirigés vers l'ouest, en l'emmenant avec eux. Voici, à peu de différence près, comment les choses se sont passées. Ainsi, il est probable qu'ils ont bandé les yeux du capitaine en lui enveloppant la tête avec une blouse.

— Qui vous fait supposer cela ?

— D'abord parce qu'il doit être important pour eux qu'il ignore où on le conduit ; ensuite parce que, des quatre hommes tués par vous, trois sont complètement vêtus, le dernier seul n'a pas de blouse. Je n'affirmerai pas ce dernier fait, bien qu'il soit probable, d'autant plus que dans le désert, à moins d'absolue nécessité, on ne dépouille pas les morts, surtout quand ils sont amis.

— Vous devez avoir raison ! Mon pauvre capitaine ! un si brave officier ! un si bon chef !

— Maintenant, il s'agit de nous entendre ; de savoir ce que nous voulons faire. Quel est votre avis ?

— Mon avis, c'est qu'il faut délivrer mon capitaine et tuer tous ces gredins-là !...

— Cet avis est à peu près le nôtre ; mais quels moyens devons-nous employer pour réussir à le délivrer ?

— Ah ! quant à cela, serviteur ! ne me le demandez pas ; tout ce que je peux vous affirmer, c'est que, le moment venu, je n'épargnerai pas ma peau ; je taperai dur, je vous en réponds !

— J'en suis convaincu, mais cela ne suffit pas : voyons autre chose. Parlez, chef ; c'est votre tour à donner votre avis.

— Kouha-Handé, répondit l'Indien, est un grand chef. Il a beaucoup d'expérience. Qui peut lui cacher sa trace ? Il découvre le passage de l'aigle dans les airs. Il se mettra sur la piste du capitaine et ne la perdra plus jusqu'à ce qu'il soit arrivé à la fin ; puis il retournera vers son ami et lui dira tout ; pendant ce temps, Sans-Piste se rendra dans la grande hutte forte des Visages-Pâles ; il parlera au chef des blancs, lui dira ce qui s'est passé ; ensuite il lui demandera ses frères les Bois-Brûlés, et avec eux il marchera dans le sentier de Kouha-Handé. Qu'il ne prenne pas des guerriers des Visages-Pâles : ils sont braves, mais ils bavardent comme des vieilles femmes ; ils ignorent comment on marche sur la sente de guerre dans la savane. J'ai dit. Que pense mon frère des paroles d'un chef ?

— Je pense que vous êtes un homme sage et qui nous avez parfaitement expliqué ce qu'il fallait faire ; aussi je me range complètement à votre opinion, parce qu'il est impossible d'en émettre une meilleure. Ainsi voilà qui est bien entendu : je pars pour le fort avec ce Visage-Pâle ; mon frère, sans perdre un instant, prendra la piste de l'ennemi.

— Kouha-Handé le fera, répondit le chef en se levant et serrant sa ceinture.

— A bientôt, chef, et bonne chance ! D'ailleurs, comment ces individus pourraient-ils s'échapper ? ils ont sur leur piste les deux meilleurs éclaireurs du désert.

Les trois hommes se serrèrent une dernière fois la main ; puis l'Indien s'enfonça dans la forêt, tandis que Berger et Rameau-d'Or sortirent, au contraire, du couvert et se dirigèrent à grands pas vers le fort Duquesne, où ils arrivèrent un peu avant le coucher du soleil.

Les deux hommes furent immédiatement introduits auprès de M. de Contrecœur, dont l'inquiétude était vive ; l'absence prolongée du capitaine de Villiers lui paraissait alarmante ; il avait hâte d'apprendre des nouvelles.

Lorsque les deux hommes entrèrent dans le cabinet du commandant, celui-ci n'était pas seul.

Le baron de Grigny, fort inquiet aussi du sort de son ami, se trouvait auprès de lui.

XV

LES CHASSEURS

Berger raconta l'enlèvement de M. de Villiers.

Le commandant du fort Duquesne écouta avec une douloureuse surprise le récit du chasseur.

Cet audacieux coup de main tenté, exécuté presque sous les canons de la forteresse française, en plein jour, sur un de ses principaux officiers, le confondait de toutes façons.

Le motif de cet attentat lui échappait.

En effet, quel résultat se proposaient les ravisseurs en s'emparant de M. de Villiers ? Ce n'était pas un personnage assez important pour que sa prise influât d'une façon quelconque sur la campagne qui commençait. Les maraudeurs s'étaient-ils trompés ? espéraient-ils s'emparer d'un homme plus haut placé ? Cette dernière hypothèse était la plus probable et surtout la plus logique. En tous cas, le fait était là. L'insulte au commandant du fort Duquesne, accomplie presque sous les yeux de toute la garnison, criait vengeance !

Dans le premier moment, M. de Contrecœur, se laissant emporter par la colère et l'orgueil blessé, jura de tirer une éclatante vengeance de cet enlèvement, de ce guet-apens, dont un de ses officiers les plus aimés avait été victime. Les prisonniers anglais faits par M. de Villiers étaient encore dans le fort ; il fit le serment qu'ils répondraient sur leur tête de la liberté du capitaine. Un parlementaire serait immédiatement expédié au fort Nécessité pour réclamer la remise de l'officier ; au cas où on la lui refuserait, il aurait ordre d'annoncer que les prisonniers anglais seraient impitoyablement fusillés.

Mille autres projets, tous aussi fous et aussi impraticables, furent mis en avant par le commandant, que la fureur faisait presque divaguer.

Le chasseur et M. de Grigny le laissèrent ainsi user sa colère, l'écoutant respectueusement, sans discuter les paroles qu'il leur adressait : puis, lorsqu'ils le virent plus calme ou du moins plus disposé à écouter les raisons qu'ils désiraient faire valoir, Berger, après s'être, d'un coup d'œil, tacitement entendu avec M. de Grigny, prit sur lui de jeter un peu de jour sur cette question si embrouillée.

— Pardon, commandant, dit-il, je crois que nous faisons fausse route en ce moment et que nous battons les buissons à l'aventure.

— Hein ? que voulez-vous dire, bois-brûlé ?... Vous êtes un homme sage, vous avez une grande expérience des choses de ce pays ; est-ce que vous ne partagez pas mon opinion ?

— Pas entièrement, monsieur, et, si vous me permettez de m'expliquer, j'ai l'espoir de vous amener à partager la mienne.

— Ainsi, à votre avis, le rapt odieux du capitaine Coulon de Villiers ne constitue pas un outrage odieux au drapeau du roi ?

— Je ne dis pas cela, monsieur, l'outrage est flagrant, au contraire. Seulement, avec votre permission, je crois que vous vous trompez sur les auteurs.

— Ah ! ah ! seriez-vous un ami des Anglais, maître Berger ?

— Dieu m'en garde ! monsieur, et vous-même ne supposez pas que cela soit !

— Vous avez raison, mon ami ; je me suis laissé malgré moi emporter plus loin que je ne l'aurais voulu. Pardonnez-moi ! cet événement m'a mis hors de moi.

— Oh ! monsieur, pour une telle parole prononcée par votre bouche, mon dévouement vous est jamais acquis.

— C'est que ce guet-apens accompli presque immédiatement après celui dont M. de Jumonville a été victime, et cela précisément sur la personne de son frère, m'a mis hors de moi, je vous le répète, et m'a donné d'horribles soupçons. Nos ennemis nous font une guerre de cannibales, dans laquelle le droit des gens et les égards qu'on se doit entre loyaux adversaires, sont complètement méprisés par eux.

— C'est vrai, monsieur, nul plus que moi ne déplore ce qui s'est passé et ne désire une éclatante vengeance, vous le savez. Mais croyez-en un homme qui n'a jamais menti : ce qui est arrivé aujourd'hui est un fait regrettable, mais isolé. Les Anglais n'y sont pour rien ; je dirai même plus, j'ai la conviction qu'ils l'ignorent.

— Vous me dites là une chose étrange, convenez-en, Berger?

— En effet, commandant, mais demandez à M. de Grigny s'il n'est point de mon avis.

— Complètement, mon brave chasseur, dit le jeune homme avec animation. Oui, commandant, mon ami M. de Villiers est tombé dans un piège ; mais ce piège lui a été tendu par ses ennemis personnels, et non par d'autres.

— Ses ennemis personnels? je ne vous comprends pas ; M. de Villiers est adoré de tous ceux qui le connaissent...

— Trop adoré, peut-être, reprit le baron avec un sourire triste ; voilà d'où vient le mal. Tenez, monsieur de Contrecœur, vous me connaissez, n'est-ce pas? Eh bien ! je vous engage ma parole d'honneur de gentilhomme et de soldat du roi, que cette embuscade était dressée, non pas seulement contre M. de Villiers, mais encore contre moi...

— Contre vous? Mais vous me parlez par énigmes, mon ami.

— Je le sais ; malheureusement, je ne puis m'expliquer plus clairement ; ce secret n'est point à moi seul. Tout ce qu'il m'est permis de vous dire est ceci : J'ai la certitude morale que les gens qui ont enlevé le comte sont des aventuriers payés pour exécuter ce hardi coup de main, par des ennemis acharnés de mon ami. Comme vous l'a assuré Berger, les Anglais ne sont pour rien dans cette affaire, dont ils n'ont pas même connaissance.

— Voilà, dit le chasseur en hochant la tête d'un air approbatif ; c'est bien cela.

— Les ténèbres se font pour moi de plus en plus épaisses, mon ami.

— Un jour, je l'espère, monsieur, il me sera permis de déchirer le voile et de tout vous révéler : alors vous reconnaîtrez combien est juste le raisonnement que je vous tiens en ce moment.

— Je n'insiste pas, mon cher de Grigny ; vos secrets vous appartiennent. Mais, en admettant que vous ne vous trompiez pas, la situation de M. de Villiers n'en est que plus précaire pour cela ; je ne sais trop comment nous pourrons lui venir en aide.

— Ici encore, monsieur, si vous le permettez, nous écouterons Berger ; lui seul peut, à mon avis, nous sortir de l'embarras où nous nous trouvons.

— Soit, il est homme de bon conseil et surtout dévoué. Parlez, mon brave.

— Mon commandant, je vous prie de me laisser complètement la direction de cette affaire, et je réponds du succès sur ma tête.

— Voilà de bonnes paroles, Berger; mais quels moyens comptez-vous employer! Vous savez que nos ressources sont fort restreintes, et que, malgré mon vif désir de vous aider, je ne sais pas trop comment j'y réussirai.

— Que cela ne vous inquiète pas, commandant. Je ne vous demande que l'autorisation d'emmener avec moi les chasseurs bois-brûlés qui ont fait en volontaires l'expédition des pelleteries; leur secours me suffira. Ce n'est pas une guerre régulière que je me propose de faire, c'est une lutte d'adresse et de ruse; pour cela, tous autres auxiliaires que mes vieux compagnons de chasse me seraient non seulement inutiles, mais encore nuisibles.

— Soit! vous partirez avec eux dès que vous le croirez convenable.

— Ce soir même, si vous le permettez.

— Très bien! vous prendrez les munitions de guerre et les provisions de bouche que vous jugerez nécessaires; je vous y autorise, pour vous et vos compagnons. Est-ce tout ce que vous désirez?

— Absolument tout, oui, commandant; je vous remercie.

— Et vous m'assurez que vous ramènerez M. de Villiers?

— Je vous répète, commandant, que je réponds du succès sur ma tête.

— Tout va bien alors; vous désirez quelque chose, de Grigny?

— Mon cher commandant, je me flatte que vous ne me refuserez pas la faveur que je souhaite obtenir de votre amitié.

— Bien! bien! je vois ce dont il s'agit : vous voulez faire partie de l'expédition, n'est-ce pas?

— Moi et ce brave soldat que voilà.

— Rameau-d'Or, je crois?

— Oui, commandant, répondit le soldat. Dame! ce n'est pas ma faute si je ne me suis pas fait tuer pour défendre le capitaine; il ne l'a pas voulu.

— Il a eu raison : les braves comme toi sont rares. Eh bien! mon cher de Grigny, c'est convenu, puisque vous le désirez, je vous autorise, ainsi que Rameau-d'Or, votre soldat, à suivre l'expédition; pendant votre absence, je ne perdrai pas mon temps, soyez tranquille. Aussitôt que vous verrez M. de Villiers, vous lui annoncerez de ma part que je m'occupe activement de remplir la promesse que je lui ai faite, et que, dès son retour, tout sera prêt; cette nouvelle, je le crois, lui fera plaisir et lui mettra de la joie au cœur.

— Je vous remercie pour mon ami, commandant.

— Maintenant, messieurs, je vous dis adieu; je forme les vœux les plus sincères pour que cette nouvelle expédition réussisse aussi bien que la première.

— Dieu le permettra, commandant, dit le chasseur.

— Ainsi, bon voyage et à bientôt!

Les trois hommes se retirèrent alors, afin de tout préparer pour être en mesure de partir le soir même ainsi que l'avait annoncé Berger.

Le chasseur préférait quitter le fort pendant la nuit, cela pour plusieurs motifs : d'abord le départ de sa troupe ne serait pas remarqué, ensuite l'expédition ne s'ébruiterait pas, et les espions anglais mêlés à la garnison se trou-

Il fallait d'aussi agiles batteurs d'estrade que les deux chasseurs pour le suivre sans difficulté.

veraient dans l'impossibilité de donner à ceux qui les payaient des renseignements sur une chose qu'ils ignoraient.

A minuit, les chasseurs, prévenus individuellement par Berger, descendirent un à un dans la première cour du fort; les sentinelles, averties à l'avance, les laissèrent passer sans les interroger, et ils s'envolèrent comme une nuée de noirs fantômes, par une poterne que M. de Contrecœur lui-même, par excès de prudence, tenait entr'ouverte.

La nuit était sombre, quelques gouttes de pluie commençaient à tomber; excepté les sentinelles, tout le monde dormait dans le fort. Personne n'eut connaissance du départ de l'expédition, dont le dernier retardataire, après avoir serré la main du commandant, disparut bientôt dans les ténèbres.

Berger, le baron et les deux soldats marchaient côte à côte. Le chasseur l'avait exigé ainsi, parce qu'il supposait avec raison que les Français, ne connaissant pas le pays, et peu accoutumés à des marches de nuit dans des régions aussi accidentées que celles qu'ils parcouraient en ce moment, courraient le risque de s'égarer si on les abandonnait à eux-mêmes, ce qui aurait eu le double inconvénient de faire perdre un temps précieux d'abord, puis à cause de cela même, de donner l'éveil sur le départ de la colonne expéditionnaire.

La marche se fit prudemment; pas une parole ne fut échangée entre les chasseurs jusqu'à ce qu'on eut atteint l'endroit où avait eu lieu l'attaque. Il était environ deux heures du matin lorsqu'on l'atteignit; il tombait une pluie battante qui n'avait pas cessé depuis le départ du fort, et qui tournait peu à peu à l'ouragan. Les Français, moins bien précautionnés que les chasseurs, de vêtements contre l'eau et le froid, étaient transis et traversés; mais ils ne se plaignaient pas et enduraient stoïquement leurs souffrances, plutôt que de décroître dans l'opinion des hommes qu'ils accompagnaient. Ceux-ci ne semblaient pas s'apercevoir de la pluie glacée qui ruisselait sur leurs corps; seulement, de temps en temps, ils se secouaient comme des barbets mouillés, puis ils continuaient à marcher de leur pas gymnastique et uniformément relevé.

Arrivés sous le couvert, par un sifflement aigu, le Canadien ordonna la halte, puis appelant deux ou trois chasseurs auprès de lui, il leur parla pendant quelques instants à voix basse.

Bien qu'il demeurât silencieux, le baron était assez inquiet de la façon dont il passerait la nuit dans cette forêt, où chaque feuille formait gouttière et augmentait ainsi la masse de pluie déjà considérable qui tombait du ciel; mais l'inquiétude du jeune homme fut de courte durée. Avec une adresse et une rapidité extrêmes, les chasseurs abattirent, à l'aide de leurs coutelas, une quantité énorme de branches qu'ils entrelacèrent les unes dans les autres.

En moins d'une demi-heure, ils eurent construit un vaste hangar, sous lequel toute la troupe s'abrita, et que la pluie ne put traverser; en même temps, d'autres chasseurs réunissaient du bois mort, et, bien qu'il fût mouillé ils parvinrent en moins de dix minutes à allumer un immense brasier qui pétilla joyeusement, et dont les flammes rougeâtres réchauffèrent les Français. Leurs vêtements ne tardèrent pas à fumer et à les envelopper ainsi dans un nuage de vapeur grisâtre.

La joie était revenue, la fatigue oubliée; les chasseurs, accroupis autour du feu, dans lequel ils poussaient incessamment de nouveaux aliments, causaient gaiement entre eux.

M. de Grigny admirait l'insouciance de ces braves gens, la discipline qui régnait parmi eux, et leur empressement à obéir aux moindres ordres de Berger, qu'ils avaient librement choisi comme chef; du reste, celui-ci ne leur parlait jamais qu'avec la plus extrême politesse. Il ne leur disait jamais : *Je veux*, mais seulement : *Je vous prie*, ou *Il me semble que*, deux formules qu'il avait invariablement adoptées.

Après s'être chauffés pendant une heure environ, cinq ou six chasseurs se levèrent et sortirent du hangar.

Berger avait étalé dans un coin un monceau de fourrures, lorsque les Français se furent bien réchauffés et que leurs habits se trouvèrent à peu près secs, le Canadien les obligea à se livrer au repos et à se jeter sur ce lit improvisé.

Lorsqu'ils se réveillèrent, il faisait jour, le soleil et les oiseaux chantaient gaiement sous bois ; le temps s'était remis au beau, la journée s'annonçait bien.

Le Canadien était seul sous le hangar ; accroupi devant le feu, il fumait philosophiquement sa pipe. En s'apercevant que ses hôtes ne dormaient plus, il les salua gaiement. Ceux-ci vinrent le rejoindre aussitôt auprès du feu.

— Allons ! dit-il, tout va bien ! vous voilà frais et dispos comme de jeunes demoiselles...

— L'apprentissage a été rude, mais il est fait maintenant, dit en riant le baron.

— Pendant votre sommeil, je vous ai procuré certains vêtements, moins riches que les vôtres, sans doute, mais plus convenables pour courir le désert, et dont je vous engage à vous couvrir sans tarder.

— Vous songez à tout, mon ami, dit le baron en lui tendant affectueusement la main.

— C'est mon devoir. Que dirait M. Louis si je n'avais pas soin de vous ? d'ailleurs vous êtes mes hôtes, je dois veiller à votre bien-être.

Il leur montra alors les vêtements qu'il leur destinait et qui étaient en tout semblables à ceux des chasseurs.

Les Français s'en emparèrent et les endossèrent immédiatement à la place des leurs.

— Eh ! fit en riant Rameau-d'Or, c'est chaud et commode, ces habits-là ; je m'y abonnerais bien !

— Je défie bien que maintenant on nous reconnaisse pour ce que nous sommes ! ajouta sentencieusement Risque-Tout.

— Vous avez du premier coup deviné le véritable motif qui m'a engagé à vous faire changer de vêtements, mon brave ; il est important que votre présence parmi nous soit ignorée.

— N'ayez peur, dit Rameau-d'Or, quand le moment sera venu, ils me reconnaîtront à la façon dont je taperai ou ils y mettront de la mauvaise volonté.

— Et maintenant que faisons-nous ?

— Dans un instant, nous déjeunerons. Quelques-uns de nos compagnons sont partis en chasse cette nuit, nous avons de la venaison. Puis, après le déjeuner, nous tiendrons conseil.

— Fort bien ! mais que ferons-nous de ces vêtements ? les emporterons-nous avec nous ?

— C'est inutile, ils nous embarrasseraient, je les mettrai dans une cache où vous les trouverez quand vous en aurez besoin : ce soin me regarde.

Il prit les vêtements, les roula, en forma un paquet qu'il enveloppa dans plusieurs peaux de daim, puis il ficela le tout avec soin.

— Voilà qui est fait, dit-il. Un de mes hommes creusera la terre au pied d'un arbre; ce paquet sera placé dans le trou, qu'on rebouchera ensuite, et, quand il faudra, vos habits vous seront rendus en aussi bon état qu'à présent. Les caches sont nos magasins, à nous autres chasseurs.

En ce moment les Bois-Brûlés entrèrent ; après un échange de salutations cordiales, chacun prit place autour du feu, et le déjeuner commença. Il fut court comme tous les repas de chasseurs; dès qu'il fut terminé, chacun alluma sa pipe et le conseil s'ouvrit sur un signe de Berger.

Le Canadien, par déférence, donna d'abord la parole à M. de Grigny, mais le jeune homme s'excusa et refusa de donner son avis.

— Mon cher Berger, dit-il, je suis ici dans un pays que je ne connais pas, nous poursuivons des gens dont j'ignore les coutumes et la manière de combattre, mon opinion qui, s'il s'agissait de troupes réglées et d'une guerre à l'européenne, pourrait avoir une certaine valeur, dans la circonstance présente serait mauvaise. Veuillez donc, je vous prie, me dispenser de vous la donner. Ces braves gens savent beaucoup mieux que moi ce qu'il convient de faire.

« Considérez-moi donc comme un de vos soldats, je ne veux pas être autre chose; je prétends donner à tous nos compagnons l'exemple de l'obéissance à vos ordres. J'ai choisi ce rôle, le seul qui me convienne; aucune considération ne m'en fera accepter un autre.

Cette déclaration, faite franchement et le sourire sur les lèvres, obtint un grand succès chez les chasseurs et leur plut d'autant plus qu'ils craignaient que le jeune officier ne prétendît diriger l'expédition et les contraindre à agir en dehors de leurs habitudes, exigences qui auraient pu compromettre gravement le succès de l'expédition que l'on tentait.

Le baron ayant aussi péremptoirement décliné sa compétence, les chasseurs parlèrent tour à tour. Berger les écouta avec la plus sérieuse attention sans les interrompre; puis il recueillit tous les avis, les résuma, et, personne n'ayant plus d'opinions à donner, ni d'observations à faire, il prit la parole. Son discours fut court, simple et surtout clair ; lorsqu'il se tut, chacun inclina la tête sans répondre : son avis avait prévalu.

Il fut convenu que la troupe, composée d'une centaine d'hommes, serait divisée en trois détachements. Berger et les trois Français formeraient le premier; leur voyage se ferait par eau. Les deux autres détachements, forts chacun de cinquante hommes, se dirigeraient, l'un en suivant autant que possible la piste laissée par les ravisseurs dans leur fuite; le dernier, en prenant à travers les montagnes.

Les trois détachements devaient se diriger à marches forcées vers l'ouest.

Le rendez-vous choisi était un groupe de rochers nommés les Châteaux-Blancs, auprès d'un monolithe, dernier vestige laissé par un peuple disparu, et qui s'élevait comme un gigantesque obélisque au milieu d'une plaine dénudée.

Cette plaine était remplie de pierres levées, dont on ignore l'origine et qui, aux yeux du voyageur étonné, rappellent à s'y méprendre les dolmens et les menhirs du Karnac celtique, autant par leur nombre que par la symétrie avec laquelle elles se trouvent rangées.

Dix minutes plus tard les chasseurs avaient quitté le hangar, et il ne restait plus auprès du feu que le baron, Berger et les deux soldats.

Au bout d'un instant la Canadien se leva :

— A notre tour, dit-il.

Ses compagnons le suivirent silencieusement.

XVI

DANS LA FORÊT

Si les circonstances n'avaient pas été aussi tristes, aussi graves, M. de Grigny se fût trouvé ravi de son excursion.

Jamais il n'avait fait un voyage aussi curieux : à chaque instant les accidents du paysage lui réservaient de merveilleuses surprises.

Berger, excellent compagnon, plein d'entrain, complaisant à l'extrême, se faisait un plaisir de montrer dans tous ses détails au jeune homme ce pays admirable, l'un des plus riches, des plus luxuriants et des plus beaux de tout le Canada.

Les quatre hommes voyageaient en touristes, tantôt en pirogue, tantôt à pied, à travers les hautes herbes de la prairie, gravissant les montagnes, traversant des forêts vieilles comme le monde, et faisant à chaque pas lever devant eux du gibier de toute sorte, que souvent ils dédaignaient d'abattre.

La région dans laquelle ils se trouvaient paraissait être complètement inhabitée ; jamais, depuis la découverte du Canada, les Français et les Anglais ne s'étaient risqués à s'avancer aussi loin dans l'intérieur des terres. Seuls, les Indiens et leurs ennemis implacables, les trappeurs et les chasseurs, régnaient en maîtres dans ce désert, qu'ils disputaient aux bêtes féroces qui y avaient leurs repaires.

Le deuxième jour, au moment de camper pour la nuit, contrairement à son habitude, Berger donna quelques marques d'inquiétude : il s'arrêtait, se couchait vers la terre, puis tout à coup il se redressait, allait à droite, à gauche, revenait sur ses pas, recommençait son inspection, puis il semblait, pour ainsi dire, humer l'air, et hochait la tête avec humeur en fronçant les sourcils et frappant fortement la crosse de son fusil contre terre.

M. de Grigny, assez intrigué par ce manège du chasseur, auquel il ne comprenait rien, le suivait anxieusement du regard, sans cependant se hasarder à lui demander la cause de son inquiétude ; mais, comme plus la journée avançait, plus l'agitation du Canadien semblait cloître le jeune homme allait se décider à lui adresser quelques questions à ce sujet, lorsque tout à coup Berger le prévint :

— Monsieur le baron, lui dit-il en s'arrêtant devant lui, il se passe aujourd'hui quelque chose d'insolite dans les bois et qui me préoccupe fortement.

— Que voulez-vous dire, mon brave ami ? répondit-il en regardant curieusement autour de lui ; je vous avoue que quant à moi je ne vois rien d'extraordinaire.

— Vous, c'est possible, monsieur ; vous n'avez pas l'habitude du désert ; les choses qui nous frappent, nous coureurs des bois, passent pour vous complètement inaperçues.

— Mon Dieu ! mon ami, cela est probable. Est-ce qu'un arbre ne ressemble pas toujours à un autre arbre et une forêt à une autre forêt ?

— C'est juste, vous devez parler ainsi, car vous ne savez pas ; non, monsieur le baron, un arbre ne ressemble pas à un autre arbre.

— Expliquez-vous, je ne demande pas mieux que de m'instruire, moi. Voyons ! qu'est-ce qui vous préoccupe si vivement ?

— Ah ! vous avez remarqué cela ?

— Pardieu ! à moins d'être aveugle, ce n'était pas difficile.

— Eh bien ! je vais vous le dire.

— Vous me ferez plaisir.

— Oui, d'autant plus que cela vous intéresse encore plus que moi.

— Voyons donc ! Je vous écoute.

Les voyageurs s'étaient arrêtés, et, appuyés sur leurs fusils, ils entouraient le Canadien. Au bout d'un instant, celui-ci reprit d'une voix contenue, comme s'il eût craint d'être entendu par quelque espion invisible embusqué dans les taillis voisins :

— Nous sommes en ce moment dans une forêt que jamais les blancs n'ont visitée, depuis le jour où ils ont, pour la première fois, mis le pied sur cette terre, les Indiens seuls et quelques bois-brûlés aventureux osent se hasarder à la parcourir.

— Elle est donc bien dangereuse ?

— Oui, passablement ; elle est immense, foisonne de gibier de toute sorte, de bêtes fauves ; les naturels eux-mêmes ne la connaissent pas tout entière. Lorsque arrive la saison des grandes chasses d'hiver, les Peaux-Rouges se réunissent, plusieurs tribus ensemble, et font des battues qui durent pendant deux mois environ ; excepté à cette époque, la forêt demeure complètement déserte, nul n'y entre. Pourquoi irait-on ? Elle ne conduit à aucun village indien ni à aucune exploitation.

— Nous y sommes bien, nous, fit M. de Grigny.

— Pour nous le cas n'est plus le même. J'ai adopté ce chemin parce que, bien qu'il soit plus rude, son abandon même nous servait en dissimulant nos traces, et par conséquent augmentait notre sécurité, en nous laissant libres de marcher à notre guise, sans crainte d'être épiés ou suivis ; d'ailleurs, ce soir même, nous en sortirons.

— Fort bien ! mais, dans tout cela, je ne vois rien jusqu'à présent qui justifie votre inquiétude, qui me surprend d'autant plus que vous n'êtes pas homme à vous effrayer pour une bagatelle.

— Vous me rendez parfaitement justice, monsieur. Voici ce qui cause cette inquiétude, qui, je le confesse humblement, est vive : j'ai, il y a deux heures environ, découvert une piste.

— Une piste! s'écria le jeune homme avec surprise.

— Oui, une piste dissimulée avec soin, c'est vrai, et qui aurait trompé des yeux moins clairvoyants que les miens ; cette piste suit le même chemin que nous. Chaque fois que cela a été possible, elle a été soigneusement cachée ; cependant assez de traces sont demeurées visibles pour que je sois certain de ne pas me tromper.

— Voilà qui est sérieux, en effet, mon brave Berger. Et à qui pensez-vous que puisse appartenir cette piste?

— Voilà justement ce qui m'embarrasse. Les individus, quels qu'ils soient, qui marchent devant nous, sont au nombre de trois ; il y a deux hommes et une femme, voilà ce dont je suis sûr.

— Une femme?

— Oui ; elle est même très jeune encore ; son pas est léger, à peine imprimé sur le sol. Les hommes qui l'accompagnent sont beaucoup plus âgés ; ils appuient fortement le talon en marchant, ce qui prouve que ce ne sont pas des Indiens ; de plus, ils ont des mocksens comme en portent les coureurs des bois. Maintenant quels sont ces voyageurs? Si ce sont des chasseurs inoffensifs ou des ennemis, voilà ce que je ne saurais dire.

— Hum! murmura le jeune homme fort préoccupé de cette confidence, tout cela est très grave, mon ami ; je ne vois pas trop ce que nous pouvons faire dans cette circonstance.

— Nous avons deux partis à prendre, reste à savoir celui qu'il sera préférable d'adopter.

— Voyons ces deux partis?

— Le premier est de retourner sur nos pas, de sortir de la forêt et de rejoindre nos amis en suivant une des deux routes qu'ils ont prises ; seulement nous perdrons un temps précieux

— Jamais je ne consentirai à retourner en arrière...

— C'est ce que je pensais, mais cependant je devais prendre votre avis.

— C'est juste, voyons l'autre? celui-ci ne vaut rien.

— Vous demeurerez, avec vos deux compagnons, à la place où nous sommes. Moi, j'irai à la découverte ; je marcherai jusqu'à ce que j'aie joint ceux qui nous précèdent et qui ne doivent pas être fort éloignés, d'abord parce qu'ils n'ont que peu d'avance sur nous ; ensuite parce que la nuit sera tombée avant une heure. Or, ils camperont pour manger, se reposer et attendre le jour. Lorsque j'aurai vu ces mystérieux voyageurs, que je saurai à quoi m'en tenir sur leur compte, je reviendrai auprès de vous, et nous aviserons sur ce qui nous reste à faire. Nous sommes quatre hommes résolus ; en cas d'attaque, nous saurons nous défendre. Que pensez-vous de ce plan, monsieur?

— Je pense qu'il est excellent ; je vous engage à le mettre à exécution sans retard, mon ami.

— Très bien! Pendant mon absence, ne bougez pas d'ici ; sans cela, vous riqueriez de vous égarer, et alors Dieu sait combien de temps il me faudrait pour vous retrouver.

— Soyez tranquille, nous nous garderons bien de nous éloigner.

— Voilà qui est convenu... Ah! une dernière recommandation : si vous causez, parlez à voix basse, on ne sait jamais qui peut entendre ; au désert, les arbres ont des yeux et les feuilles des oreilles ; surtout n'allumez pas de feu. En un mot, ne faites rien qui puisse donner l'éveil ni attirer l'attention.

— C'est convenu.

— Alors, patience et au revoir! Avant une heure, peut-être serai-je de retour.

— Bonne chance!

Les deux hommes se serrèrent affectueusement la main ; puis le chasseur s'enfonça dans les broussailles, où il disparut presque aussitôt, et le baron demeura seul avec ses soldats, intérieurement fort inquiet du résultat de l'expédition tentée en enfant perdu par le brave Bois-Brûlé, mais faisant bonne contenance quand même.

Le temps s'écoule avec une insupportable lenteur lorsqu'on attend, surtout lorsque celui qui est contraint d'attendre se trouve, non pas dans un salon confortable, mais au contraire dans une forêt vierge dont les sentiers lui sont complètement inconnus, quand les ténèbres s'épaississent autour de lui, quand les objets les plus rapprochés changent d'aspect, aux dégradations successives de la lumière, pour prendre les formes les plus fantastiques. Ajoutez à cela des bruits mystérieux courant dans les buissons, le vent sifflant lugubrement à travers les branches des arbres et les fauves éveillés au coucher du soleil faisant entendre leurs sinistres rauquements et leurs pas saccadés résonnant dans le fond des ravins, répercutés par les échos qui semblent les rires ironiques de démons invisibles.

Dans ces moments d'attente, les secondes sont longues comme des heures ; les heures semblent ne devoir jamais finir. L'homme le plus brave sent des frissonnements nerveux parcourir tout son corps, une sueur froide inonder ses tempes, les cheveux se dresser sur sa tête, il a peur! Le corps penché en avant, les yeux démesurément ouverts ; l'oreille au guet, le doigt sur la détente de son fusil, il demeure immobile, respirant à peine, en proie à un horrible cauchemar, luttant contre un ennemi, enfant de son imagination, d'autant plus redoutable qu'il appartient au monde des rêves.

Deux heures s'écoulèrent. Les trois Français avaient d'abord causé et ri entre eux de l'abandon dans lequel ils se trouvaient, de leur situation précaire au cas où, par impossible, leur guide ne reviendrait pas, et mille autres choses encore ; puis, peu à peu, le rire s'était glacé sur leurs lèvres, la conversation s'était ralentie et avait fini par cesser tout à fait. Ensuite, au fur et à mesure que la nuit devenait plus noire, ils s'étaient rapprochés, serrés à se sentir les coudes ; et enfin, mornes, silencieux, haletants, le fusil à la main, prêts à s'en servir, ils étaient demeurés immobiles et froids comme des statues de marbre.

Tout à coup un rire joyeux résonna à leurs oreilles ; une lueur rougeâtre

Il tombait une pluie battante qui tournait peu à peu à l'ouragan.

brilla entre les arbres, qu'elle diapra de reflets sanglants, et un homme parut.

Cet homme était Berger.

Un cri de satisfaction et de soulagement s'échappa de la poitrine oppressée des trois hommes, et l'orgueil rentrant aussitôt dans leurs cœurs, ils s'écartèrent furtivement comme des écoliers pris en faute, et ils affectèrent les poses les plus bizarrement négligées, les plus naïvement indifférentes.

Sans paraître rien remarquer, le Canadien s'avança vivement à leur rencontre, et bientôt il se trouva au milieu d'eux.

— Vous avez bien tardé! lui dit le baron d'une voix qu'il cherchait à raffermir de son mieux.

— Vous trouvez, répondit-il naïvement, il y a à peine deux heures que je vous ai quittés.

Le jeune homme demeura muet : d'après ses calculs, il y avait au moins six heures.

— Enfin, reprit Berger, me voilà; c'est le principal, n'est-ce pas?

— Certes. Eh bien! qu'avez-vous découvert?

— Que je ne m'étais pas trompé d'abord : ce sont bien deux hommes et une femme que nous avons devant nous.

— Ah! ennemis ou bien amis?

— A cela, je ne puis vous répondre comme je le désirerais. Tout ce qu'il m'est permis d'affirmer, c'est que, quant à présent, nous n'avons rien à redouter d'eux; de plus, ils nous offrent l'hospitalité, ce qui n'est point à dédaigner pour nous en ce moment.

— Vous avez donc causé avec eux?

— Pardieu! ce sont de vieilles connaissances. Dès que je les ai reconnus, je me suis montré: cela allait tout naturellement, d'autant plus que ce sont des gaillards solides; ils m'avaient éventé, et, si je n'avais pas été franchement au-devant d'eux, ils n'auraient pas hésité à venir à ma rencontre.

— Sont-ils campés bien loin d'ici?

— A une demi-lieue à peine.

— Et vous êtes demeuré si longtemps!

— On voit bien, monsieur, que vous ignorez ce que c'est que de suivre une piste, sans cela vous ne m'adresseriez pas ce reproche.

— C'est juste, j'ai eu tort, pardonnez-moi!

— Bah! vous vous êtes trompé, voilà tout; il n'y a pas besoin d'excuses pour cela.

— Bref! que faisons-nous maintenant?

— Nous allons nous rendre le plus vite possible au campement de nos nouveaux amis; ils comptent sur nous; ne les faisons pas attendre.

— Soit, marchons.

— Encore un mot.

— Dites!

— Vous les connaissez, c'est-à-dire vous les avez vus déjà; ne témoignez ni surprise ni curiosité. Je ne sais trop qui les amène de ce côté, ils doivent machiner quelque drôlerie. Dans tous les cas, riez et plaisantez avec eux tant que vous voudrez, cela n'en vaudra que mieux pour nous tous; mais, comme ils ont complètement négligé de me parler de leurs affaires, il est inutile de les entretenir des nôtres. Vous me comprenez : chacun pour soi...

— Ne craignez rien, nous serons prudents! Et se tournant vers les deux soldats, le baron ajouta : Bouche close surtout, vous autres!

— Oui, oui, reprit le Canadien, d'autant plus qu'on ne se repent jamais de s'être tu. C'est une maxime vieille comme le monde, cela, et je la trouve fort sage.

— Alors, en route!

Ils partirent.

Après avoir marché environ trois quarts d'heure sur les pas du Canadien, ils aperçurent la lueur d'un feu sur le sommet d'une colline peu élevée et entièrement dépouillée d'arbres : cette lueur brillait comme un phare dans les ténèbres.

— C'est là! dit le Canadien.

La vue du feu rendit le courage et la gaieté aux Français; il doublèrent le pas.

Arrivé au pied de la colline, Berger s'arrêta et imita le cri de la hulotte, un cri pareil lui répondit aussitôt.

— Maintenant, dit le chasseur, nous pouvons avancer sans crainte d'être salués par une balle : nous serons bien reçus

Ils commencèrent aussitôt à gravir la colline; en mettant le pied sur le sommet, ils furent reçus par deux hommes, sans armes, qui leur souhaitèrent la bienvenue, d'une voix joyeuse et cordiale.

Le baron réprima avec peine un mouvement de surprise.

Dans ces deux hommes, il avait reconnu Jan-Pol, le Proscrit et son inséparable compagnon la Couleuvre; la jeune femme demeurée auprès du feu, pour surveiller sans doute le souper, était Angèle, la fille du Proscrit.

Lorsque les premiers compliments eurent été échangés, chacun prit place autour du feu avec un sentiment évident de plaisir. Le froid était assez vif.

On soupa gaiement; puis, après le souper, les pipes furent allumées, et, pendant que les hommes restaient à causer devant le feu, la jeune fille, après leur avoir souhaité le bonsoir, se retira modestement dans une hutte en branchages, probablement faite exprès pour elle par son père et par la Couleuvre.

La conversation était assez languissante entre nos personnages ; elle menaçait de se maintenir longtemps sur le même pied; mais tout à coup le Proscrit jugea à propos de rompre la glace d'une façon qui porta à son comble l'étonnement de ses hôtes.

— Eh! mon brave Sans-Piste, dit-il en passant au chasseur sa gourde pleine d'excellente eau-de-vie, vous ne comptiez guère me rencontrer aujourd'hui, hein?

— Pardieu! ni vous non plus, je suppose, maître Jan-Pol?

— Moi, fit-il avec ce ricanement qui lui était particulier, voilà ce qui vous trompe; je vous attendais.

— Vous? Ah! par exemple!

— Voilà deux jours que nous marchons côte à côte. Aujourd'hui seulement, j'ai voulu vous dépasser; sans cela nous aurions pu aller ainsi jusqu'à... jusqu'à...

— Où? s'il vous plaît, Jan-Pol, jusqu'où?

— Dame! jusqu'où vous allez, seulement maintenant nous irons probablement ensemble.

— Eh ! reprit le baron, ceci me semble assez risqué, mon maître ; il faudrait, il me semble, savoir d'abord où nous allons.

— Qui vous dit que je ne le sais pas ?

— A moins que vous ne l'ayez deviné...

— Il n'y aurait rien d'impossible à cela ; mais je ne veux pas jouer au fin avec vous, nous tendons au même but ; mettons-nous donc d'accord, au lieu de nous tenir sur la réserve, ce qui pourrait nuire à nos projets et les empêcher de réussir.

— Je ne vous comprends pas, monsieur, dit le jeune homme, et, à moins que vous ne vous expliquiez plus clairement, il me sera, à mon grand regret, impossible de vous répondre.

— Bien parlé, sur mon âme ; je vois avec plaisir que, tout jeune encore, vous êtes prudent, monsieur, répondit-il d'un air goguenard. La route que vous suivez suffirait seule pour me renseigner, si je ne savais parfaitement quel est le coup de main que vous prétendez tenter. Ne vous fâchez pas, ajouta-t-il sur un geste d'impatience du baron ; je m'intéresse autant que vous au capitaine de Villiers. Il m'a sauvé la vie ; c'est une vieille dette que j'ai contractée envers lui, et que j'ai à cœur d'acquitter le plus tôt possible !

— Il serait vrai !

— L'ignorez-vous donc ?

— Mon ami n'a pas pour coutume de publier les services qu'il rend.

— C'est vrai, et je lui en sais gré. Cette réserve augmente encore ma sympathie et ma reconnaissance pour lui et envers ses amis.

— Ainsi, dit Berger, au cas où notre intention serait réellement d'essayer de délivrer le capitaine, nous pourrions compter sur vous ?

— Autant que sur vous-mêmes. Mais tenez, nous nous connaissons, vous et moi ; donc, soyons francs : je vais vous prouver que je sais tout. Vous attendez Kouha-Handé, n'est-ce pas ? Eh bien, avant de se rendre auprès de vous, il doit d'abord me venir trouver.

— Ah ! par exemple, maître Jan-Pol, pour cela...

— Vous doutez ? dit-il en souriant.

— Certes, à moins de le voir de mes propres yeux !

— Eh bien ! puisqu'il en est ainsi, regardez !

Et il l'obligea à tourner la tête.

Berger fit un bond de surprise. En ce moment, Kouha-Handé, le chef indien, après avoir gravi la colline, s'avançait à pas lents vers le campement.

Le doute devenait impossible : le Proscrit avait dit vrai.

XVII

LE MARTYR

Le comte Coulon de Villiers avait assisté, impassible, au repas de ses ravisseurs, refusant d'y prendre la moindre part et repoussant tous les vivres qu'on lui offrait.

Quels qu'ils fussent, blancs ou rouges, les bandits ne l'avaient pas obligé à se soumettre à leurs volontés.

Ils avaient plutôt respecté les siennes.

En outre, ils avaient pris soin de s'éloigner de lui, lui laissant ainsi la faculté de se livrer tout à son aise aux sombres pensées que devait lui inspirer sa position actuelle.

La halte avait duré près de deux heures. Au coucher du soleil, contrairement aux habitudes des Indiens, qui, hors les cas fort rares d'absolue nécessité, ne font jamais de marches de nuit, le signal du départ fut donné.

Le même homme qui déjà avait parlé au comte s'approcha de nouveau de lui, et après l'avoir salué :

— Monsieur, lui dit-il, nous sommes contraints de changer notre mode de voyager; il nous faut prendre des chevaux pour continuer notre route. Consentez à me donner votre parole d'honneur, ainsi que je vous en ai prié : un cheval vous sera immédiatement amené; vous serez libre au milieu de nous, et traité avec la plus grande considération.

Le jeune officier tourna la tête, sans paraître avoir même écouté ce que cet homme lui disait.

— C'est dans votre intérêt que j'insiste, monsieur, reprit le pseudo-Indien; vous vous condamnez, par votre obstination, à des souffrances affreuses, auxquelles, par un seul mot, il vous est facile de vous soustraire. Consentez à ce que je vous demande, je vous en supplie.

Le comte sourit avec mépris, haussa dédaigneusement les épaules, mais il demeura muet.

Après quelques secondes d'une attente inutile, l'Indien fit un geste et s'éloigna à pas lents, en murmurant tristement à part lui :

— Cet homme est de fer, on n'en obtiendra rien. Faites votre devoir, ajouta-t-il à voix haute, en s'adressant aux gens qui l'entouraient.

Le comte fut de nouveau garrotté et aveuglé au moyen d'un mouchoir; puis, on le souleva, on l'enleva du brancard, et bientôt il reconnut qu'il était assis sur le cou d'un cheval, devant un homme auquel on l'avait attaché et qui le maintenait, afin qu'il ne tombât ni d'un côté ni de l'autre.

La position devenait très fatigante. Le jeune homme, à demi-couché et cambré en arrière, n'avait aucun point d'appui pour se retenir; ses pieds battaient l'air, et sa tête ballottait dans tous les sens.

— Faites un geste de consentement, dit une voix à son oreille, et vous serez aussitôt délié et maître de vos mouvements.

Par un effort suprême, le comte se roidit de façon à demeurer complètement immobile pendant quelques instants : le refus était péremptoirement exprimé. On n'insista pas.

Un coup de sifflet se fit entendre, et la troupe s'ébranla lentement d'abord, mais peu à peu l'allure des chevaux, — tous ces hommes étaient montés maintenant, — l'allure des chevaux, disons-nous, devint plus rapide, et bientôt ls prirent un galop qui ne tarda pas à se changer en une course d'une vélocité extraordinaire.

Malgré les soins que prenait le cavalier auquel il était attaché pour le maintenir en équilibre sur le devant de sa selle, le comte souffrait des tortures réellement horribles : il fallait toute son indomptable énergie et toute la puissance de volonté qu'il possédait sur lui-même pour l'empêcher non pas seulement de se plaindre, mais encore de demander grâce à ses impitoyables bourreaux.

Le sang lui montait à la tête, il avait des bourdonnements sinistres dans les oreilles, ses artères battaient à se rompre, des crampes horribles tordaient tous ses membres: il sentait le vertige s'emparer de lui, sa raison l'abandonnait; des fantômes sanglants peuplaient la nuit qui l'enveloppait, grimaçant autour de lui avec des ricanements lugubres.

La course infernale continuait toujours plus rapide. Peu à peu, la folie brûla son cerveau, il n'eut plus conscience de ce qui se passait et fut en proie à d'affreuses hallucinations; puis il sentit un froid de glace, un affaissement général s'empara de lui et le terrassa. Il n'entendait plus, son corps se fit insensible, il crut qu'il allait mourir; un soupir de soulagement souleva sa poitrine et il se laissa aller en arrière.

Il était évanoui.

Enfin ses yeux se rouvrirent faiblement; il jeta un regard sans but autour de lui, fit un geste machinal et referma les yeux en murmurant d'une voix faible :

— Pourquoi ne suis-je pas mort?

Quelques minutes s'écoulèrent. Le jeune homme fit un nouvel effort, ses yeux lancèrent un regard plus intelligent; la vie revenait et avec elle la mémoire, c'est-à-dire la souffrance. Il essaya de se lever; son état de prostration et de faiblesse était si grand que c'est à peine s'il parvint à tourner un peu la tête de côté.

Peu à peu cependant le jour se faisait dans son cerveau; les idées revenaient plus nettes et plus limpides.

— Où suis-je donc? murmura-t-il, que signifie cela? Comment me trouvé-je ici?

En effet, ce qu'il voyait devait le surprendre.

Il était couché sur un châlit, dans une hutte fort solidement construite en apparence. Les murs étaient partout garnis d'épaisses fourrures tenant lieu de tapisseries, des fourrures recouvraient le sol; une vaste cheminée à haut manteau, et dans laquelle brûlait un bon feu, tenait une partie de la pièce; un dressoir en chêne chargé de vaisselle; un bahut sculpté; une grande horloge à gaine, style Louis XIII, quelques sièges, une table, un miroir, et près du châlit un guéridon avec une veilleuse allumée, formaient un ameublement confortable, ainsi qu'on le dit aujourd'hui, qui augmentait encore l'étonnement du comte.

Bien que la pièce dans laquelle il se trouvait fût de dimensions assez grandes, cependant elle ne devait pas composer à elle seule tout le logement de la hutte; deux portes, à demi dissimulées sous des fourrures, paraissaient donner dans des appartements intérieurs.

Et d'abord, était-ce une hutte ou une maison qu'il habitait? Quelles étaient les personnes qui lui offraient cette fastueuse hospitalité dans le désert?

Autre difficulté encore; se trouvait-il dans le désert? ou ses ravisseurs, attaqués à l'improviste, avaient-ils été forcés de lâcher leur proie, et l'avait-on ramené sur les plantations?

Dans cette dernière hypothèse, sur quelles plantations était-il? françaises ou anglaises?

Libre ou prisonnier?

Depuis combien de temps, terrassé par la douleur, était-il étendu sur ce lit?

L'horloge s'éveilla et sonna douze coups.

Était-ce midi ou minuit?

Une veilleuse l'éclairait à la vérité; mais les fenêtres, hermétiquement bouchées, disparaissaient derrière les fourrures. Peut-être ne voulait-on pas lui laisser voir le jour.

Pourquoi? pourquoi? pourquoi?

Ce mot revenait sans cesse sur les lèvres du jeune homme, sans qu'il lui fût possible d'y répondre; son esprit, bourrelé et trop faible encore, lui rendait impossible tout travail de la pensée.

Sa tête retomba sur l'oreiller; il poussa un soupir, referma les yeux et s'endormit, mais cette fois d'un sommeil calme et réparateur.

Un joyeux carillon le réveilla : l'horloge sonnait. Il se dressa sur son séant, et regarda avec une indicible expression de bien-être tout autour de lui.

Par une fenêtre ouverte un éblouissant rayon du soleil entrait dans la chambre, qu'il illuminait. Cette pièce, si triste et si sombre quelques heures auparavant, était gaie maintenant; les oiseaux gazouillaient au dehors, un air frais et embaumé par les senteurs des grands bois caressait doucement le front pâle du jeune homme et se jouait dans les longues boucles de sa chevelure.

Il se sentait renaître à la vie et à la santé : il était fort! Avec le soleil tout son courage était revenu; le passé n'était plus qu'un songe, l'espoir rentrait dans son cœur, et, avec l'espoir, la joie et l'insouciance, ces charmants compagnons de la jeunesse.

Une porte s'ouvrit, un homme entra.

Cet homme était jeune, il avait une physionomie douce et avenante; son costume, entièrement noir, était celui d'un serviteur de bonne maison.

Il tenait entre les mains un plateau chargé de plusieurs plats en argent, soupière, assiettes, etc. Après avoir refermé la porte, il s'avança doucement vers la table, sur laquelle il déposa le plateau; puis il se retourna, vit les yeux du jeune homme fixés sur lui, s'inclina respectueusement et attendit.

M. de Villiers avait suivi avec une curiosité extrême les mouvements de ce nouveau personnage.

— Enfin! avait-il murmuré à part lui, je vais donc savoir où je suis.

Lorsqu'il vit que le serviteur semblait attendre ses ordres, il lui fit un geste amical de la main et l'invita à s'approcher de son lit.

— Aux ordres de monsieur le comte, répondit le serviteur en se plaçant en face du jeune homme.

— Vous me connaissez? fit le capitaine avec surprise.

— J'ai l'honneur de savoir que monsieur est le comte Louis Coulon de Villiers, capitaine au régiment de royal-marine.

— Très bien! Puisqu'il en est ainsi, que mes noms et qualités sont connus, c'est que probablement les personnes dont je reçois une si fastueuse hospitalité sont de mes amis?

— Des meilleurs amis de monsieur le comte.

— De mieux en mieux! Et comment se nomment ces amis?

— Mon maître se réserve de se faire connaître lui-même à monsieur le comte.

— Ah! fit-il avec contrariété... Où suis-je ici?

— Je ne puis le dire à monsieur le comte.

— Vous est-il donc défendu de me répondre?

— Depuis un mois à peine dans ce pays, je ne le connais pas.

Le capitaine comprit que c'était une consigne donnée : il n'insista pas.

— Pouvez-vous me dire, reprit-il au bout d'un instant, depuis combien de temps je suis dans cette maison?

— Il y a douze jours aujourd'hui que monsieur le comte est arrivé; il a été fort malade, on a craint assez longtemps pour sa vie. Heureusement monsieur le comte est guéri à présent.

— Oui, complètement. Veuillez, je vous prie, me faire donner des vêtements, je désire me lever.

— Les habits de monsieur le comte sont là, sur cette chaise.

— Merci, je les vois.

— Monsieur le comte désire-t-il que je l'aide à s'habiller, à se coiffer?

— C'est inutile, je ne mettrai pas de poudre; je suppose qu'en ce pays, quel qu'il soit, ajouta-t-il en souriant, l'étiquette n'est pas aussi sévère qu'à la cour de France.

— Le déjeuner de monsieur le comte est sur cette table. Si monsieur le comte a besoin de quelque chose, il a là un sifflet; j'accourrai au premier signal.

Le serviteur s'inclina et sortit.

A peine fut-il seul, que le jeune homme, jetant loin de lui draps et couvertures, s'élança d'un bond hors du lit. Mais il avait oublié, dans ce retour d'ardeur juvénile, qu'il était à peine convalescent, sortant d'une maladie terrible. Ses forces, non encore revenues, trompèrent sa volonté, et il roula tout d'une pièce sur le sol, où il demeura immobile, inerte, impuissant à se relever, malgré tous ses efforts.

Cependant il était résolu à vaincre cette faiblesse qui prétendait le dompter; son énergie se décupla pour ainsi dire; rampant et se traînant sur les genoux en s'arrêtant haletant à chaque pas pour respirer et essuyer la sueur qui découlait de son front, il atteignit la table sur laquelle avait été placé son déjeuner. S'accrochant avec les ongles après le rebord de cette table, il parvint à se mettre debout; puis il saisit un flacon, le déboucha, remplit aux deux tiers environ le gobelet d'un vin généreux dont l'arome parfuma toute la chambre, porta ce gobelet à ses lèvres et le vida d'un trait, sans reprendre haleine.

L'effet produit par la chaude liqueur fut subit. Le jeune homme sentit son

Tout à coup un rire joyeux résonna à leurs oreilles.

sang circuler plus rapide dans ses veines; ses joues pâles se rosèrent d'une légère teinte incarnadine; son œil s'ouvrit plus large, et l'éclair brilla dans son regard. La force lui était revenue, force factice peut-être, mais qui, en ce moment, lui rendait sa lucidité d'esprit et la faculté d'agir.

D'un pas ferme, il alla prendre ses habits; en un tour de main il fut vêtu. Un regard sournoisement jeté sur le miroir lui prouva qu'il n'avait rien perdu de ses avantages physiques, et que la maladie, en éminçant les contours de son visage, les avait pour ainsi dire poétisés, en lui enlevant ce relief brutal qu'imprime la santé sur les figures les plus régulières.

Dès qu'il fut vêtu, son premier soin fut de déjeuner. Ce détail semble peut-être un peu trop prosaïque, cependant il était le résultat d'une combinaison profonde : d'après les réponses qui lui avaient été faites par le serviteur avec lequel il venait de causer quelques minutes, le comte avait compris que les réticences du valet étaient dictées par les maîtres, quels que fussent ceux-ci. Un mystère l'enveloppait; or, ce mystère, il était important de l'approfondir. C'était donc une bataille à livrer, l'essai qu'il avait fait de ses forces, en sautant en bas de son lit, lui avait prouvé sa faiblesse physique. Il savait combien, en toutes espèce de luttes, le physique influe sur le moral : donc, ces forces qui lui manquaient, il lui fallait à tout prix les conquérir, afin d'être en mesure de soutenir, sans trop de désavantage, une lutte qu'il prévoyait prochaine. Les deux doigts de vin qu'il avait bus lui avaient trop bien réussi pour qu'il n'eût pas de nouveau recours au même remède et ne redoublât pas la dose.

Voilà pourquoi son premier soin avait été de se mettre à table et de manger avec un véritable appétit de convalescent, c'est-à-dire comme un ogre.

Lorsqu'il eut vidé tous les plats et égoutté toutes les bouteilles, il se leva enfin avec un soupir de satisfaction.

Maintenant il se sentait réellement prêt au combat.

Pour s'assurer qu'il ne se trompait pas et qu'il était bien réellement rentré en possession de toutes ses facultés, il fit, à pas lents, deux ou trois fois le tour de sa chambre, regardant et furetant dans tous les coins afin de se renseigner sur le lieu où il se trouvait; mais ces perquisitions furent inutiles.

Les gens auxquels il avait affaire n'avaient pas commis le plus léger *lapsus*; rien n'avait été oublié. Sa chambre, bien que très confortablement meublée, ainsi que nous l'avons dit plus haut, avait cet arrangement banal qui se rencontre partout; elle ne révélait aucun des secrets qu'on semblait avoir si grand intérêt à garder.

Cette découverte donna beaucoup à réfléchir au jeune homme. Il avait affaire à forte partie, il s'agissait de jouer serré, s'il ne voulait pas être honteusement battu.

La chambre visitée, restait la fenêtre; il y courut et se pencha en dehors, il regarda... Il ne put retenir un mouvement d'impatience et de dépit.

Devant lui, une épaisse forêt, composée d'arbres immenses et séculaires, formait un impénétrable rideau où l'œil se perdait dans un inextricable fouillis de verdure.

Les précautions avaient été bien prises ; c'était une gageure qu'on avait l'air de tenir à gagner.

Cependant, malgré lui, le comte demeura accoudé à la fenêtre, perdu dans une douce rêverie, et respirant à pleins poumons la brise embaumée qui se jouait dans les hautes futaies.

Son regard vague errait sans but autour de lui; il admirait les paraboles excentriques formées par des lianes enroulées autour des arbres gigantesques, il suivait avec intérêt les sauts gracieux des écureuils gris bondissant de branche en branche ; il écoutait avec ravissement les chants des milliers d'oiseaux babillards groupés sous la feuillée. Le temps s'écoulait ; il demeurait là, retenu par un charme invincible, songeant à quoi ? lui-même n'aurait su le dire.

A un moment, la forêt devint subitement silencieuse ; tous les bruits se turent à la fois ; un calme profond succéda comme par enchantement au brouhaha qui, quelques instants auparavant assourdissait le comte. Tout à coup il recula, effaré. Peut-être se trompait-il et rêvait-il tout éveillé ? Il lui sembla que, juste en face de lui, les branches touffues d'un arbre s'écartaient doucement, laissant dans leur entre-bâillement, plutôt deviner qu'apercevoir la tête d'un homme.

Cet homme, que le comte ne put reconnaître à cause de la distance, bien que tout son buste fût parfaitement en vue, lui fit, de la main, un signe qu'il ne comprit pas d'abord ; mais l'individu le répéta deux fois d'une façon tellement claire que le comte instinctivement fit deux pas en arrière. Au même instant, une pierre tomba à ses pieds ; puis son mystérieux correspondant posa un doigt sur sa bouche pour lui recommander le silence, les branches se rejoignirent et la vision disparut.

Le capitaine regarda machinalement à ses pieds ; il vit la pierre, que son étonnement lui avait fait oublier ; il la ramassa.

Autour de cette pierre, une feuille était enroulée et maintenue au moyen d'un fil de chanvre.

Le comte, le cœur palpitant, jeta un regard soupçonneux autour de lui, afin de ne pas être surpris ; il alla appuyer l'épaule contre la porte par laquelle était sorti le domestique ; puis la main frémissante, il brisa le fil et déroula la feuille. Cette feuille était une lettre ; sur sa pulpe, avec un éclat de bois taillé en stylet, on avait gravé profondément des lettres faciles à déchiffrer.

Le comte lut rapidement ce qui suit :

« Depuis sept jours, je suis embusqué dans les arbres en face de votre fenêtre, guettant sans cesse votre présence. Vous voilà enfin : Dieu soit loué ! Des amis sûrs veillent pour vous sauver. Prenez garde aux gens au pouvoir desquels vous êtes ; n'adressez aucune question, refusez toute entrevue demandez à vous promener au dehors, cette permission vous sera accordée. Quoi que vous voyiez, quoi que vous entendiez, quels que soient les gens que vous rencontriez pendant votre promenade, ne vous étonnez de rien, ne reconnaissez personne. Quand vous entendrez le cri du mawkawis, tenez-vous prêt, ouvrez votre fenêtre ; la délivrance approchera !

UN AMI.

« Détruisez cette feuille. Espoir, courage ! »

— Ah ! s'écria le comte avec joie, je ne suis donc pas abandonné de tous !

Après avoir écrasé la feuille sous le talon de sa chaussure, il saisit le sifflet et le porta à ses lèvres.

Presque aussitôt la porte s'ouvrit, et le même serviteur qui, le matin, était venu, entra dans la chambre; il salua respectueusement le comte, et attendit qu'il lui plût de lui adresser la parole.

XVIII

FACE A FACE

Après un moment de silence, le comte prit la parole, d'un air qu'il essaya de rendre indifférent.

— Deux mots, mon ami.

— Je suis aux ordres de monsieur le comte.

— Je le suppose... je ne suis pas prisonnier dans cette chambre?

— Monsieur le comte n'a qu'à exprimer le désir de...

— S'il me plaît d'en sortir. S'y opposera-t-on?

— Monsieur le comte est chez lui dans cette maison : libre d'entrer, de sortir, et de se promener où bon lui semblera.

— Et si cette fantaisie de promenade me prenait maintenant, répondit en souriant le jeune homme, me serait-il permis de m'y laisser aller?

— Rien ne s'y opposerait. Cependant, avec tout le respect que je dois à monsieur le comte, je me permettrai de lui faire observer qu'il est encore bien faible pour sortir, et que peut-être vaudrait-il mieux qu'il attendît à demain.

— Je vous remercie de l'intérêt que vous me témoignez, mon ami. A propos, quel est votre nom?

— André, monsieur le comte.

— Fort bien! Alors, André, mon ami, je vous dirai que je me sens beaucoup plus fort que vous ne le supposez; je vous avoue de plus que j'éprouve un vif désir de me promener au grand air. Ainsi, veuillez, si vous n'y voyez pas d'inconvénient, afin d'éviter tout accident, au cas où je serais plus faible que je ne le pense, veuillez, je vous prie, m'accompagner; de cette façon, vous veillerez sur moi et me viendrez en aide, si besoin est. Est-ce convenu?

— Je suis aux ordres de monsieur le comte.

— Alors sortons sans retard; j'étouffe entre ces murailles, j'ai besoin d'air et d'espace.

Le serviteur ouvrit la porte et s'inclina pour laisser passer le comte.

— Précédez-moi, dit celui-ci, il me serait impossible de me diriger; je ne connais pas la maison.

André obéit sans répondre. La porte ouverte par lui donnait dans une espèce de salon d'attente assez convenablement meublé, mais sans luxe; à la suite de ce salon se trouvait une antichambre très petite et donnant elle-même sur un corridor débouchant sur une cour étroite, close par une haie vive très épaisse et haute de six pieds environ. Une porte en treillage, négligemment fermée au moyen d'un loquet de bois, servait pour entrer et sortir.

Tout cela était essentiellement primitif et ne ressemblait en rien à une prison.

Dans la cour, le comte se retourna et examina avec soin la maison.

C'était une hutte assez grande, construite en troncs d'arbres juxtaposés et reliés entre eux par des crampons de fer; les intervalles laissés entre les joints étaient bouchés par de la mousse pétrie avec de la terre et de l'eau; à l'intérieur, ces murs, d'une grande épaisseur et d'une solidité extrême, étaient entièrement recrépis. Ce système de construction n'étonna pas le jeune homme; il le connaissait déjà. C'était celui adopté par les *traitants* pour leurs *loges* ou *comptoirs* dans leurs stations d'hiver sur le territoire indien, quand ils s'arrêtaient pour trafiquer avec les Peaux-Rouges.

Cette large hutte ou maison, ainsi qu'il plaira au lecteur de la nommer, formait un carré long, avec six fenêtres de façade et deux sur chacun des côtés; une infinité de meurtrières masquées tant bien que mal et disposées sans ordre apparent, indiquaient suffisamment quelle avait été sa destination primitive. Elle n'avait qu'un étage; le toit, construit à la mode normande, s'avançait en dehors.

En somme, malgré son apparence de bonhomie, qui la faisait ressembler à une chaumière de paysan riche, il suffit d'un coup d'œil au capitaine pour s'assurer que c'était une forteresse solidement établie et en état de résister avec avantage à un coup de main, si jamais la pensée de l'attaquer venait aux Indiens.

Après avoir terminé cette inspection, qui ne lui demanda pas plus de cinq minutes, le comte traversa la cour et sortit.

Il reconnut alors qu'il se trouvait dans un village d'hiver indien assez considérable.

Il commença sa promenade en feignant la plus complète indifférence, mais en regardant sournoisement de tous les côtés et ne laissant rien échapper sans l'analyser et le noter précieusement dans sa mémoire.

Les Indiens, ceux de l'Amérique du Nord surtout, ont en général deux villages par tribu : celui d'été et celui d'hiver.

Le village d'été, dont l'emplacement varie presque chaque année, n'est pour ainsi dire qu'un campement que l'on construit à la hâte, selon les besoins de la chasse, les Indiens n'étant pas cultivateurs; les huttes sont construites au moyen de pieux plantés en terre et recouverts de peaux cousues, dont le bas est maintenu sur le sol par un bourrelet de terre et de pierres rapportées. Il suffit de quelques heures pour établir un de ces campements; moins de temps encore est nécessaire pour le faire disparaître.

Quant aux villages d'hiver, leur emplacement, à moins d'une émigration définitive de la tribu, est toujours le même. Ils sont ordinairement placés au centre d'une forêt, sur le bord d'une rivière; on n'y arrive qu'avec des difficultés extrêmes, car les Indiens cachent avec soin leurs retraites. Ils ont une forme ronde, sont entourés d'une palissade haute de dix pieds environ, qui leur sert de rempart. A l'extérieur, à un mille au plus, se trouvent les échafaudages sur lesquels sont placés les morts. Les Peaux-Rouges n'enterrent que rarement.

Les huttes, de forme ovale ou ronde, selon le goût des propriétaires, sont divisées en plusieurs compartiments au moyen de claies ou de peaux tendues sur des cordes. A la droite de chaque hutte se trouve une espèce de hangar qui sert à renfermer les provisions de la famille.

Ces huttes, assez bien alignées, forment des rues étroites et fangeuses, qui rayonnent toutes vers un même point et aboutissent à une large place, située au centre même du village. Sur cette place, assez vaste pour contenir toute la population masculine de la tribu, s'élève une immense hutte, nommée le *calli médecine*, c'est-à-dire la case du conseil servant à la réunion des chefs.

Devant l'entrée est planté le *totem*, longue perche garnie de plumes dans toute sa longueur et à l'extrémité de laquelle flotte une peau demi-tannée et sur laquelle est grossièrement peint en rouge un animal, ours, loup, tortue, emblème de la tribu, révéré de tous, espèce d'étendard sacré qui sert, dans un combat, à rallier les guerriers, et qui est porté en avant par un chef renommé; à gauche, sur deux pieux enfoncés en terre et se terminant en fourche, est posé le grand calumet sacré, qui jamais ne doit être souillé par le contact du sol.

Au milieu juste de ces deux emblèmes et un peu en avant, une sorte de tonneau défoncé est à demi enterré, debout et enveloppé de plantes grimpantes, entretenues avec soin.

Ce tonneau, nommé l'*arche du premier homme*, est fort respecté des Indiens; c'est ordinairement près de lui que se font les exécutions et que se trouve par conséquent le poteau de torture.

Çà et là, dans les rues, certains arbres, laissés exprès, ont leurs branches chargées de morceaux d'étoffes, de colliers, de wampums, de chevelures ou de peaux de toutes sortes; ces arbres sont des espèces d'autels votifs où les hommes et les femmes suspendent, en l'honneur du Maître de la vie, les dons que dans une circonstance dangereuse ils lui ont votés s'il les sauvait.

Depuis son débarquement en Amérique, c'était la première fois qu'il était permis au jeune Français d'étudier de près la vie indienne et de visiter un des centres réels de ces peuplades indigènes qu'on lui avait toujours représentées comme des sauvages abrutis et presque idiots.

Aussi, malgré les pensées assez tristes qui assombrissaient son esprit et l'indifférence qu'il avait cru devoir feindre, peu à peu se laissa-t-il aller à une curiosité bien naturelle, du reste, en pareille circonstance, et se livra-t-il entièrement à l'intérêt que lui causait ce qu'il voyait.

Les rues étaient littéralement encombrées par des passants de toute sorte : tantôt c'étaient des guerriers marchant la tête haute d'un air délibéré, qui, au passage, lui lançaient un regard de haine, tantôt des chefs déjà âgés, enveloppés de leur robe de bison, causant entre eux à voix basse en se promenant à pas lents.

Plus loin, des femmes et des enfants allaient et venaient d'un air effaré, conduisant des traîneaux chargés de vivres ou de bois de chauffage, et attelés à des chiens rouges, maigres et pelés, aux oreilles droites et au museau pointu, ressemblant à des loups et à des chacals. D'autres femmes passaient, portant sur l'épaule des corbeilles de jonc, tressées si habilement que pas une goutte de l'eau qu'elles contenaient ne se répandait au dehors. Puis, c'étaient des enfants de cinq à six ans, entièrement nus, se roulant dans la poussière, et quittant parfois leurs jeux pour aller téter leurs mères assises sur le seuil des huttes, causant, riant entre elles d'un côté de la rue à l'autre.

Les enfants indiens tètent quelquefois jusqu'à l'âge de huit ou neuf ans, sans que jamais la mère leur refuse le sein, aussi sont-ils généralement grands, fort, bien découplés, et exempts pour la plupart de ces maladies de l'enfance qui, dans nos pays civilisés, déciment si cruellement ces frêles créatures.

Après une promenade qui n'avait pas duré moins de deux heures, le capitaine, fatigué d'avoir si longtemps marché à l'aventure, mais fort intéressé par ce qu'il avait vu, reprit, en s'appuyant sur le bras d'André, le chemin de la maison qu'il habitait.

Il était sur le point d'y arriver, lorsque tout à coup il tressaillit, à la vue d'une femme qui marchait à sa rencontre.

Lorsqu'elle les eut dépassés, machinalement, par un mouvement dont il ne fut pas maître, il retourna la tête. La femme avait fait de même; elle lui lança un regard expressif, en posant un doigt mignon sur ses lèvres rosées, et elle continua sa route.

Cette femme était Angèle; l'homme qui l'accompagnait, son père, celui qu'on nommait le Proscrit.

Par quel hasard ces deux personnes se trouvaient-elles dans ce village? Quel motif les y avait amenées? Était-ce pour lui qu'elles y étaient venues? Quelle probabilité que cela fût! et puis la lettre laissée par la jeune fille dans le creux de l'arbre n'annonçait-elle pas un long voyage? Le hasard seul avait sans doute amené cette rencontre.

Tout en réfléchissant ainsi le capitaine était rentré dans la maison, avait regagné sa chambre et s'était laissé aller sur un siège, brisé par la fatigue, et rappelé brusquement au sentiment de sa position par la rencontre bizarre qu'il avait faite.

Quelques minutes s'écoulèrent ainsi; il réfléchissait profondément. La porte de la chambre s'ouvrit; supposant que c'était André qui entrait, le comte ne releva pas la tête.

Soudain une main se posa doucement sur son épaule, et une voix dont le timbre harmonieux lui était bien connu, lui dit avec un accent affectueux :

— A quoi pensez-vous donc qui vous absorbe si complètement, monsieur le comte?

Le jeune homme tressaillit comme s'il avait reçu une commotion électrique, et releva brusquement la tête.

Avant même de l'avoir vue, il avait reconnu la comtesse de Maleval.

C'était elle, en effet, plus belle, plus agaçante que jamais, qui se tenait immobile et souriante devant lui.

Le jeune homme se sentit frissonner sous le feu du regard de la comtesse opiniâtrément fixé sur lui; il pâlit affreusement, chancela, et fut obligé de se retenir à un meuble pour ne pas rouler sur le sol.

— Est-ce la joie, la crainte ou la haine qui causent l'émotion que vous éprouvez à ma vue, mon cher comte? reprit-elle avec une légère pointe d'ironie.

— Madame, répondit-il en faisant un effort immense sur lui-même, pardonnez-moi ; bien que je dusse m'attendre à vous voir, je vous avoue que je n'ai pas été maître du sentiment que j'ai éprouvé en vous apercevant tout à coup devant moi.

— Dois-je prendre ceci comme un compliment? reprit-elle en attirant un siège et s'asseyant devant le comte qui l'imita machinalement.

Il y eut un assez long silence.

Ce fut la comtesse qui se décida enfin à le rompre.

— Vous vous doutiez que j'étais pour quelque chose dans votre enlèvement? C'est bizarre, n'est-ce pas? continua-t-elle : un bel officier du roi enlevé par une femme qu'il a délaissée. C'est le monde renversé, cela! Avouez que cette aventure vous poserait extraordinairement à l'Œil-de-bœuf. Mais nous sommes ici dans un pays perdu où malheureusement elle n'aura pas le moindre retentissement. C'est fâcheux, n'est-il pas vrai?

— Madame!

— Que voulez-vous, comte, interrompit-elle, je suis une créature bizarre, moi! taillée sur un patron exceptionnel, j'aime qui me fuit! Vous seriez demeuré à Québec, que probablement nous n'aurions pas tardé à rompre, et cela, sans secousse, d'un commun accord. Vous avez jugé à propos de m'abandonner; comme une nouvelle Ariane, j'ai couru après vous, et je vous ai rattrapé.

— Quel but vous proposiez-vous donc, madame, en agissant ainsi? je ne me l'explique guère.

— Le sais-je moi-même, serais-je femme, si je réfléchissais? la passion ne calcule pas, elle agit! Je voulais vous atteindre, me venger de votre perfidie, de votre abandon; je le voulais fermement...

— Et maintenant?

— Maintenant, j'ai changé d'avis... je vous ai revu...

— Ah! vraiment!

— Oui! cela vous étonne?

— Nullement, madame, je demande seulement pourquoi, puisque vous vouliez vous venger de ce que vous nommez ma perfidie, à présent que vous avez réussi à vous emparer de moi, que vous me tenez sans défense en votre pouvoir, vous ne profitez pas de cette occasion pour satisfaire votre vengeance?

— J'ai changé d'avis, mon cher comte, j'ai d'autres projets.

— Ces projets, me sera-t-il permis de les connaître, madame?

— Je suis venue exprès pour vous en faire part.

— Je vous écoute.

Tout cela avait été dit de la façon la plus gracieuse, le sourire aux lèvres; un témoin invisible de cet entretien extraordinaire n'aurait certes pu deviner

S'accrochant avec les ongles après le rebord de cette table, il parvint à se mettre debout.

quelle haine ardente bouillonnait au fond de ces deux cœurs, et combien de menaces contenaient ces sourires enchanteurs que les deux interlocuteurs échangeaient à l'envi l'un de l'autre.

M. de Villiers, complètement maître de lui-même, avait repris tout son sang-froid et par conséquent tous ses avantages; il se préparait à soutenir bravement la lutte qu'il pressentait. Calme, souriant, il attendit qu'il plût à la comtesse de s'expliquer.

Celle-ci reprit presque aussitôt, en se mordant légèrement les lèvres :

— Vous aussi, mon cher comte, vous m'avez tenue en votre pouvoir; pourquoi ne vous êtes-vous pas vengé?

— Vengé de quoi, madame? de vous avoir aimée et d'avoir été assez heureux pour être aimé de vous? Vous raillez sans doute, répond-il galamment.

— Ne marivaudons pas, je vous prie, comte. Le temps des bergeries est passé entre nous. Répondez franchement, comme un gentilhomme doit le faire.

— Puisque vous l'exigez, madame, je vous répondrai donc : un homme de cœur, qu'il ait ou non à se plaindre d'une femme, ne se venge jamais d'elle...

— Il la méprise et la chasse, n'est-ce pas? interrompit-elle avec violence.

— Non madame, il la plaint sincèrement et respecte en elle celle qu'à une autre époque il a aimée.

La comtesse lui lança sous ses longs cils un regard d'une expression étrange.

— Soit, dit-elle au bout d'un instant; cette explication peut être vraie, à la rigueur.

— Elle est l'expression sincère de ma pensée, madame; le cas échéant, j'agirais encore de même.

— C'est possible! Mais revenons à ce que je voulais dire : vous êtes mon prisonnier.

— Je le sais, madame.

— Il ne tient qu'à vous d'être libre.

— J'attends que vous daigniez m'expliquer à quelles conditions.

— Savez-vous où vous êtes ici?

— Mais chez vous, je suppose.

— N'équivoquons pas : je parle du pays et non de la maison.

— D'après ce que j'ai cru reconnaître, je suis dans un village indien.

— Oui, vous vous trouvez sur le territoire britannique, à dix lieues au plus, à vol d'oiseau, du fort Nécessité, au milieu d'une tribu toute dévouée aux Anglais, et qui, par conséquent, professe pour les Français une haine implacable.

— Où voulez-vous en venir, madame? Ces détails, très intéressants, sans doute, me touchent peu; je désirerais qu'il vous plût de vous expliquer franchement, ainsi que vous-même me sommiez il n'y a qu'un instant, de le faire, ainsi que je l'ai fait à votre demande. Nous sommes nobles tous deux : le mensonge ne nous est pas plus permis à l'un qu'à l'autre.

— Je serai donc franche avec vous, monsieur. Grâce aux moyens dont la bienveillance du gouverneur de la Virginie m'a permis de disposer, et [que m'auraient refusé les autorités françaises, je suis parvenue à m'emparer de vous. Eh bien! maintenant que je te tiens entre mes mains ma vengeance, que je puis à mon gré la satisfaire sans que rien m'en empêche, je suis prête à y renoncer si vous le voulez ; cela dépend de vous. Dites un mot, un seul, et toute haine sera à jamais éteinte entre nous.

— Je serais heureux, croyez-le bien, madame, d'obtenir un tel résultat, il est le plus cher de mes vœux. Malheureusement, je ne sais pourquoi, mais il me semble que ce mot que vous exigez, que cette combinaison de lettres si simples à prononcer en apparence, ma bouche ne réussira point à l'émettre.

— Écoutez-moi d'abord, monsieur, vous déciderez ensuite si vous devez accepter ou refuser mes propositions.

— C'est juste, répondit-il en s'inclinant.

— Vous êtes gentilhomme, monsieur de Villiers, reprit la comtesse, de grande famille militaire même, mais vous êtes pauvre, sans protections puissantes à Versailles, où tout aujourd'hui se donne à la faveur. Il est probable que jamais vous ne dépasserez le grade de capitaine, malgré vos talents et votre courage.

— C'est probable, en effet, madame, répondit-il froidement; aussi, je vous avoue bien humblement que j'en ai pris mon parti.

— Eh bien, moi, si vous voulez prononcer ce seul mot : *J'accepte*, je vous remets à l'instant un brevet du colonel, avec une dotation de trois cent mille livres pour lever votre régiment.

— Voici une singulière vengeance, avouez-le, madame, répondit-il en souriant avec ironie.

— Pourquoi ne me montrerais-je pas aussi généreuse que vous ?

— Excusez-moi, madame, mais ce que vous me dites me semble tellement extraordinaire, qu'à moins de voir, au bas de ce brevet, la signature de Sa Majesté très chrétienne le roi Louis quinzième, que Dieu protège! malgré le profond respect que je professe pour vous, je ne saurais y croire.

— Ai-je dit que ce brevet fût signé par le roi Louis XV? répondit-elle en fixant sur lui un regard d'une expression étrange.

— Par qui donc le serait-il alors, madame? Nul, que je sache, excepté le roi, n'a le pouvoir de créer des officiers dans l'armée.

— Le roi Louis XV est-il donc le seul monarque qui possède cette puissance?

— Je ne connais que lui, madame.

— Moi, monsieur le comte, je connais un aussi grand roi que celui dont vous parlez, c'est le roi Georges II.

— Le roi d'Angleterre!... s'écria-t-il en se levant avec une telle violence que, malgré elle, la comtesse se rejeta en arrière. Ah! je comprends tout maintenant, madame. Voilà donc quelle était la vengeance que vous prétendiez tirer de moi! C'est mon honneur qui est en jeu! C'est mon déshonneur et ma honte qu'il vous faut! Et vous avez osé me faire une telle proposition, à moi, Louis Coulon de Villiers, frère de l'infortuné de Jumonville, assassiné par un officier anglais! Oh! madame, vous me supposez donc bien vil et bien infâme.

— Monsieur, prenez garde! je n'ai qu'un mot à dire, un geste à faire, et vous serez immédiatement livré aux Indiens.

— Ah! je le préfère, madame, à vous écouter plus longtemps. Vienne la torture, je la subirai en gentilhomme et en homme de cœur. Mais de quel vil limon êtes-vous donc pétrie, madame, pour qu'une si odieuse pensée ait pu germer dans votre cœur?

— Monsieur!

— Ah ! pas un mot de plus ! la mort mille fois plutôt que votre présence ! Et j'ai aimé cette femme ! ajouta-t-il en la terrassant d'un regard chargé d'un mépris écrasant.
— C'en est trop ! s'écria-t-elle avec rage. A moi ! à moi !
André parut.
— Qu'ils entrent ! dit-elle, qu'ils entrent !
André fit un signe. Une dizaine de chefs indiens pénétrèrent aussitôt dans la chambre et fixèrent leurs regards sur la comtesse.
Celle-ci, en proie à une fureur qui touchait presque à la folie, marchait à grands pas, tournant autour de la pièce comme une lionne dans sa cage. Le comte de Villiers, les bras croisés sur la poitrine, la regardait avec une expression de tristesse et de pitié. Tout à coup, elle s'élança vers lui, et le poussant brusquement aux mains des Indiens :
— Prenez-le ! dit-elle d'une voix rauque ; il est à vous, je vous le donne !
Et elle tomba, haletante, presque suffoquée par la rage, sur un siège.
— Adieu, madame, dit le comte ; je vous plains, vous devez bien souffrir. Vous n'êtes pas même digne du mépris d'un galant homme... vous ne méritez que sa pitié.
Et, se plaçant de lui-même au milieu des guerriers peaux-rouges, il leur fit signe qu'il était prêt à les suivre.
— Misérable ! murmura Mme de Maleval, au comble de l'exaspération, suis-les, préfère-les à moi ! tu cours à ta perte !... Dans peu nous serons quittes !
Le comte de Villiers sortit, emmené par les Indiens.
Elle demeura seule.

XIX

LA SURPRISE

Dans la même journée, au moment où le soleil se couchait, à deux milles du village, dans un ravin pierreux, lit d'un torrent desséché, cinq personnes, que nul ne serait attendu à voir réunies, assises autour d'un feu, causaient gaiement en dépeçant un superbe cuissot de chevreuil rôti.
Parmi ces cinq personnes, se trouvaient Jan-Pol, le père d'Angèle, et la Couleuvre, son inséparable compagnon. Auprès d'eux, causant et devisant amicalement, nos anciennes connaissances, Rameau-d'Or et Risque-Tout ; et enfin le señor don Palamède de Bivar y del Carpio, l'ancien flibustier, que la comtesse de Maleval avait attaché à son service quelques jours avant son départ de sa maison du *Saut de Montmorency.*
Les cinq compagnons paraissaient d'une charmante humeur, la plus touchante cordialité régnait entre eux ; ils dévoraient avec un appétit de loups affamés leur cuissot de chevreuil, qu'ils arrosaient d'une eau-de-vie de

France, contenue dans une bouteille en cuir, à large ventre, qui circulait incessamment de l'un à l'autre.

— Ainsi, dit Rameau-d'Or, la bouche pleine, c'est pour cette nuit?

— Pour cette nuit, répondit Jan-Pol; oui, puisque l'exécution doit avoir lieu demain, au lever du soleil.

— Mon pauvre capitaine! et vous croyez qu'ils auraient le courage de le martyriser ainsi?

— Avec cela qu'ils prendraient des gants! fit Risque-Tout en haussant les épaules. Ils sont tendres, les gaillards! c'est une fête pour eux de couper par morceaux un officier français.

— Je croyais qu'ils se contentaient de tuer les missionnaires.

— Bah! ils sont blasés sur ces pauvres diables; ils en ont tant rôti que cela ne leur produit plus d'effet.

— Oh! dit la Couleuvre, depuis quelques années, il leur est passé par les mains pas mal d'officiers et de soldats!

— Les soldats aussi! s'écria Rameau-d'Or; diable! ce n'est pas drôle, cela! ils ne respectent rien, ces gueux-là.

— As-tu peur qu'ils te mangent? reprit Risque-Tout. Rassure-toi, mon vieux; tu es trop coriace, ils se casseraient les dents sur toi.

Cette saillie égaya encore la réunion : on n'est pas difficile au désert.

— Écoute donc, tu en parles bien à ton aise, toi! fit Rameau-d'Or. Être tué, ce n'est rien; le soldat est fait pour cela, c'est son métier, il s'attend toujours que cela lui arrivera un jour ou l'autre; mais de cette façon-là, ce n'est pas régalant!

— Le fait est que cela manque de charme, tu as raison, mon vieux! Pour ma part, je préfère autre chose, n'importe quoi, quand ce ne serait qu'une haute paye de dix sous par jour.

— Merci! tu n'es pas dégoûté!

— Ainsi, je puis compter sur vous, don Palamède? dit alors le Proscrit.

Le flibustier n'avait pris aucune part à la conversation; il s'était contenté de manger comme un ogre et de boire comme une éponge; il releva la tête, fit une grimace qui avait la prétention de ressembler à un sourire, et répondit d'un ton de mauvaise humeur, qu'il essayait vainement de dissimuler :

— Ne vous ai-je pas donné ma parole?

— C'est vrai; mais vous ne paraissez pas bien enthousiasmé de mon projet. Est-ce qu'il ne vous plairait pas, par hasard?

— Je ne dis pas cela, mon maître, au contraire; je le trouve parfaitement conçu, d'une réussite immanquable.

— Alors, s'il en est ainsi, qu'est-ce qui vous chagrine et vous rend si morose?

L'hidalgo prit un air digne.

— Je suis gentilhomme d'aventure, répondit-il d'un ton grave; malgré moi, je sens mon honneur se révolter à la pensée de trahir la confiance de personnes dont les procédés ont toujours été excellents à mon égard.

— Ta, ta, ta! reprit en riant le Proscrit, quelle antienne nous chantez-vous là, compagnon? Nous prenez-vous pour des imbéciles?

— Dieu m'en garde! je sais trop bien ce que je vous dois, Jan-Pol; vous m'avez rendu de trop grands services pour que j'hésite jamais à faire ce que vous exigerez de moi.

— Oui, nous nous connaissons de longue date; aussi, je ne serais pas fâché, une fois pour toutes, de voir clair dans votre pensée.

— Cela ne vous sera pas difficile, Jan-Pol, je suis sans détours, moi. Vous me direz ce que vous voudrez, mais je n'en suis pas moins un traître en ce moment.

— Pas encore, dit en riant la Couleuvre, mais bientôt.

— Ma présence ici me condamne! Ah! ma conscience m'adresse de graves reproches, fit-il avec un soupir ressemblant à un rugissement.

— Pauvre agneau sans tache! murmura Rameau-d'Or.

— Oubliez votre conscience, elle vous laisse parfaitement tranquille, mon vieux camarade, dit Jan-Pol en souriant avec ironie.

— C'est cela! interrompit Risque-Tout, ne parlons pas des absents, cela porte malheur!

Don Palamède de Bivar y del Carpio lança un regard de colère au mauvais plaisant, et se remit à manger.

— Savez-vous où le bât vous blesse, compagnon? je vais vous le dire, moi, fit la Couleuvre. Ce n'est pas de trahir la comtesse qui vous taquine...

— Qu'est-ce donc alors? demanda-t-il d'un ton rogue.

— Pardieu! c'est de la trahir sans en tirer profit.

— Il y a du vrai, approuva Risque-Tout.

— Bah! reprit le Proscrit, serait-ce réellement une question d'argent?

— Il préférerait de l'or, dit Rameau-d'Or en riant; c'est moins salissant et plus facile à porter.

— Oh! oh! pourquoi ne l'avoir pas dit tout de suite? Croyez-vous donc que j'avais l'intention de vous faire travailler pour rien?

— Je n'ai pas dit cela, répondit le flibustier, dont les traits se détendirent.

— Toute peine mérite salaire. Je comptais après l'affaire vous remettre un millier de francs, comme marque de ma gratitude; puisque vous le désirez, je vous les donnerai à l'instant.

— Ne croyez pas que ce soit l'intérêt.

— Comment donc? au contraire! je connais trop bien votre désintéressement pour élever un doute à cet égard.

— Vous me rendez justice.

— Tenez, mon ami, reprit-il en lui jetant un sac d'argent, que le flibustier attrapa au vol et fit disparaître à l'instant dans les larges poches de sa culotte, prenez toujours cela et, après l'affaire, eh bien! si je suis content de vous, je vous en donnerai encore autant. Là, êtes-vous satisfait?

— C'est-à-dire que je suis ravi!... Ah! Jan-Pol, je ne sais personne qui puisse vous être comparé; vous êtes généreux comme un grand seigneur. Voilà une grande partie de mes scrupules éteints! Oui, je le répète, vous êtes généreux comme un grand seigneur.

— Ou comme un voleur ; allez, ne vous gênez pas ! fit-il en riant, c'est la même chose ; puis reprenant son air sérieux : Seulement, ajouta-t-il d'un ton bref, plus de palinodies, n'est-ce pas ? C'est fini ! Je vous ai payé sans marchander, vous m'appartenez corps et âme. Pas d'hésitations, de détours ! Vous agirez franchement et loyalement avec moi, sinon... vous savez que j'ai mauvais caractère.

— C'est entendu !
— Bien.

« Maintenant que notre souper est terminé, convenons de nos faits, tout en fumant une pipe, l'un n'empêche pas l'autre. Écoutez-moi, messieurs !

Les auditeurs avalèrent une dernière gorgée d'eau-de-vie, allumèrent leurs pipes, et d'un commun accord, ils se tournèrent vers le Proscrit, afin de mieux entendre ce qu'il allait dire.

— Rameau-d'Or et vous, Risque-Tout, vous suivrez le señor Don Palamède, reprit Jean-Pol ; ainsi que cela est convenu il vous introduira dans la maison, où vous vous tiendrez cois, jusqu'à ce que vous entendiez le premier coup de feu. Il n'y a qu'un homme dans la maison ; les autres sont logés dans une hutte à l'extrémité du village : vous n'aurez donc pas de grandes difficultés à vaincre. Surtout évitez, s'il est possible, l'effusion du sang ; n'attaquez pas, contentez-vous de vous défendre : c'est bien compris ?

— Parfaitement, répondit Rameau-d'Or ; mais mon capitaine, qu'est-ce qu'il deviendra pendant ce temps-là ?

— Ne vous en inquiétez pas, d'autres se sont chargés de le sauver.

— Vous me le promettez ?

— Je vous le jure sur mon honneur ! répondit-il avec un ton de majesté qui convainquit le soldat ; et croyez-moi, mon bon ami, bien qu'on me nomme le Proscrit, mon honneur est sans tache, et nul ne peut dire que j'aie jamais manqué à ma parole.

— Bon ! me voilà tranquille ; mais vous, que ferez-vous ?

— J'agirai de mon côté : ma besogne sera plus rude que la vôtre. Maintenant que tout est bien convenu, il est temps de partir, ajouta-t-il en regardant le ciel. La lune se lèvera dans deux heures ; il faut que tout soit fini, ou du moins en bon chemin, avant qu'elle ne paraisse et éclaire l'horizon de sa lumière blafarde. En route !

— En route ! répétèrent les quatre hommes en se levant tous à la fois.

Ils quittèrent alors le ravin et se dirigèrent vers le village. La nuit était sombre ; ils marchaient sur une seule ligne et suivaient le Proscrit, qui tenait la tête de la petite colonne et la dirigeait avec une extrême prudence, de façon à toujours la mettre à l'abri des arbres de la forêt.

Du reste, les risques qu'ils avaient à courir étaient de peu d'importance : les Indiens se couchent de bonne heure dans leurs villages ; à huit heures du soir, il n'y a plus personne dans les rues, chacun est retiré chez soi. De plus, excepté lorsqu'une tribu est en guerre avec une autre, jamais on ne place de sentinelles, et les chiens errants, fort nombreux du reste, demeurent les seuls gardiens de la population. Mais, comme en général les chiens ont l'habitude d'aboyer les trois quarts du temps sans aucun motif et pour le seul plaisir de faire du vacarme, les Indiens, qui leur savent cette manie, les laissent hurler tout à leur aise sans s'en occuper, et n'en dorment que plus profondément.

Ainsi, à moins d'un hasard impossible à prévoir, nos cinq aventuriers avaient la presque certitude d'atteindre le village sans être découverts.

Ce fut ce qui arriva : d'ailleurs, par surcroît de précautions, le Proscrit leur avait fait faire un long détour, au moyen duquel ils étaient parvenus presque aux pieds des retranchements sous l'abri tutélaire des arbres de la forêt.

Dès qu'ils furent là, Jean-Pol adressa à voix basse quelques dernières recommandations au flibustier; puis, après lui avoir dit : *Bonne chance!* il s'éloigna rapidement, suivi de la Couleuvre.

Les trois hommes, demeurés seuls, restèrent un instant immobiles, afin de reprendre haleine, car leur marche avait été rapide; au bout de quelques minutes, sur un signe du flibustier, ils continuèrent à s'avancer résolument en avant.

Bientôt ils atteignirent le pied des retranchements.

Rameau-d'Or et Risque-Tout se demandaient *in petto* comment ils feraient pour escalader cette enceinte de dix pieds de haut, qui ne leur offrait aucune prise; mais ils furent, au bout d'un instant, rassurés à cet égard. Le flibustier, après avoir tâté quelques pieux les uns après les autres, fit un geste de satisfaction, et en saisissant un à deux mains, il lui imprima une forte secousse et l'attira à lui. Contre l'attente des soldats, le pieu ainsi arraché n'opposa qu'une résistance insignifiante et se détacha, ouvrant ainsi une brèche assez large pour livrer passage à un homme.

Le señor don Palamède, la nuit précédente, avait eu la précaution de scier ce pieu au ras de terre, dans la prévision sans doute de ce qui arrivait en ce moment; après l'avoir complètement détaché, il l'enleva, le posa sur son épaule, et le transporta à quelques pas où il l'étendit doucement à terre; puis il rejoignit les soldats, demeurés immobiles en attendant son retour.

— Entrons maintenant, leur dit-il à voix basse; la porte est ouverte.

Ils passèrent alors tous les trois par la brèche et pénétrèrent dans le village.

— Maintenant, dit-il, suivez-moi; marchez avec précaution, et faites attention aux endroits où vous poserez les pieds. Pas de bruit et le moins de traces possible.

Les soldats le suivirent sans répondre.

Le calme le plus profond régnait autour d'eux; toute la population était plongée dans le sommeil; les chiens eux-mêmes, par un hasard singulier, avaient fait trêve à leurs aboiements et gardaient le silence.

Nos rôdeurs de nuit s'avançaient en usant de précautions extrêmes, retenant leur respiration, marchant le fusil en avant, le doigt sur la détente; sondant les ténèbres, prêtant l'oreille, de crainte de surprise, s'arrêtant au bruit le plus léger, et ne reprenant leur course que lorsqu'ils s'étaient assurés qu'ils étaient dupes d'une fausse alerte.

Il leur fallut plus d'un quart d'heure pour atteindre la maison vers laquelle

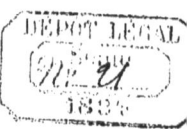

Les cinq compagnons paraissaient d'une charmante humeur.

ils se dirigeaient, bien qu'elle ne fût qu'à une distance fort courte de la palissade.

Enfin ils arrivèrent à la haie dont elle était entourée. Cette fois encore le flibustier usa du même procédé dont il s'était précédemment servi. Le digne hidalgo était décidément l'ennemi des portes, il avait un goût particulier pour passer à travers les murs.

Une brèche pratiquée à l'avance, et que don Palamède démasqua en moins de deux minutes, leur donna accès dans la cour.

— Bon! murmura Rameau-d'Or, maintenant il ne s'agit plus que d'entrer dans la maison; notre ami a sans doute une clef dans sa poche!

Le soldat avait deviné juste : le flibustier avait effectivement plusieurs clefs dans sa poche, mais il ne jugea pas à propos de s'en servir; il s'approcha d'une porte, souleva tout prosaïquement le loquet : la porte s'ouvrit, ils entrèrent. Ils étaient dans la cuisine, ainsi que les soldats le reconnurent bientôt, non pas à la vue — il faisait noir comme dans un four — mais à l'odorat.

Le flibustier leur recommanda de ne pas faire un mouvement, puis il poussa une reconnaissance à l'intérieur. Son absence fut courte : tout le monde dormait, ils étaient les maîtres absolus de la maison.

Don Palamède, complètement rassuré, alluma une torche de bois-chandelle qu'il cacha dans la cheminée, afin d'en dissimuler la lumière; puis il étendit une peau de bison devant la fenêtre, au cas peu probable où quelqu'un passerait dans la rue et s'étonnerait de voir cette pièce éclairée.

Ces précautions prises, l'hidalgo tint conseil avec les deux soldats.

La maison avait deux entrées et de plus une douzaine au moins de fenêtres, par lesquelles, dans une circonstance pressante, il serait facile de sauter et par conséquent de s'échapper, leur hauteur au-dessus du sol étant à peine de cinq pieds.

C'étaient toutes ces issues qu'il s'agissait de garder. Cette fois, malgré toute sa bonne volonté don Palamède se trouvait sérieusement embarrassé; sa tâche lui apparaissait plus difficile qu'il ne l'avait supposé d'abord.

En effet, comment, à trois hommes, garder à la fois autant d'entrées et de sorties?

Rameau-d'Or, en digne enfant de Paris qu'il était, ne doutait jamais de rien; il ne lui fallut que cinq minutes pour trouver le moyen que l'hidalgo se creusait vainement la tête à chercher. Il vint généreusement à son aide.

— De quoi s'agit-il? d'empêcher de sortir, n'est-ce pas? dit-il. C'est simple comme bonjour. Voici ce qu'il faut faire, suivez bien mon raisonnement : l'un de nous se placera juste à la bifurcation du corridor, de manière à commander les deux sorties, les deux autres s'embusqueront dans la cour; ils se cacheront comme ils pourront, de chaque côté de la maison, et surveilleront les fenêtres, qu'ils ne perdront pas de l'œil; de cette façon, rien ne bougera, bêtes ou gens, sans être aussitôt découvert. Ce n'est pas plus malin que cela. Maintenant, si vous n'êtes pas satisfait, tâchez de trouver mieux !

Le moyen, si simple en effet, proposé par Rameau-d'Or, parut excellent; il fut adopté à l'unanimité. Par surcroît de précautions, le señor Palamède fut désigné pour veiller à l'intérieur de la maison. Si, par hasard, quelqu'un se evait, le premier prétexte venu suffirait pour éloigner les soupçons, l'hidalgo étant un serviteur de confiance.

Les deux soldats quittèrent alors la cuisine, et, l'un à droite, l'autre à gauche, ils se blottirent dans la haie, au milieu de laquelle ils disparurent complètement.

Nos trois aventuriers, ainsi postés, l'œil et l'oreille au guet, attendirent avec impatience le signal de l'attaque, signal qu'ils supposaient ne devoir pas longtemps tarder à retentir.

Soudain une lueur rougeâtre éclaira l'horizon de reflets sanglants; puis plusieurs coups de feu éclatèrent suivis presque immédiatement d'une fusillade bien nourrie.

— Nous allons avoir de l'agrément, s'écria Rameau-d'Or; on se bat et le feu est au village, nous y verrons clair pour nous tuer ! Attention, Risque-Tout!

— As pas peur, mon vieux ! répondit son camarade, je suis là !

Cependant le tumulte croissait dans des proportions effrayantes; des femmes, des enfants fuyaient affolés, en poussant d'horribles clameurs; la fusillade s'étendait sur tous les points du village, sans doute la résistance s'organisait. Les Indiens, surpris par une attaque imprévue, avaient repris courage et combattaient bravement pour sauver leurs demeures qui brûlaient comme de lugubres phares. Le feu mis en plusieurs endroits à la fois par les assaillants, s'était, grâce aux provisions de fourrages réunies dans les magasins, propagé avec une rapidité effrayante. Le village était changé en fournaise: la maison, toujours calme et silencieuse, surveillée par les soldats, se trouvait maintenant former le centre d'un cercle de flammes.

Mais les deux hommes, fidèles à la consigne qu'ils avaient reçue, demeuraient immobiles à leur poste, bien que le danger augmentât d'instant en instant et que le feu, s'avançant en grondant de tous les côtés à la fois, menaçât de leur couper la retraite.

Il n'était plus temps d'arrêter ou seulement de ralentir les progrès de l'incendie. Les arbres de la forêt commençaient à s'allumer les uns après les autres, se tordant et tombant avec un fracas horrible; des bruits sinistres, des craquements sourds, des râles d'agonie s'élevaient du fond des solitudes inexplorées de la forêt; de grandes ombres, bondissant à travers les flammes, fuyaient en rugissant aux atteintes mortelles du feu et se précipitaient dans le village en brisant et renversant tout ce qui s'opposait à leur passage.

C'étaient les hôtes terribles du désert qui, chassés de leur repaire, fous de terreur et de rage, s'élançaient droit devant eux et ajoutaient encore, par leur invasion au milieu de la malheureuse population, à l'horreur de sa position.

— A moi ! à moi ! cria l'aventurier, de l'intérieur de la maison.

Deux coups de feu retentirent.

— Cours voir ce qui se passe, s'écria Rameau-d'Or; moi je reste ici.

A la lueur incertaine d'une torche échappée des mains de l'un d'eux et qui continuait à brûler à terre, deux hommes luttaient corps à corps avec un acharnement de démons.

Tout à coup ils roulèrent sur le sol sans lâcher prise et continuèrent à s'entre-déchirer; vainement le soldat s'élança pour les séparer, il lui fut impossible de secourir celui qui l'avait appelé à l'aide. Enlacés comme deux serpents, rugissants comme deux bêtes fauves, les deux ennemis ne cessèrent de se frapper que lorsque la mort vint mettre un terme à cette lutte affreuse.

— Diable! voilà deux gaillards qui n'y allaient pas de main morte! murmura le soldat; et ramassant la torche, il se pencha sur les corps.

Le premier qu'il souleva il ne le reconnut pas : c'était André, le frère de lait de la marquise ; le second était l'hidalgo.

— Pauvre garçon ! reprit le soldat, voici sa carrière terminée ; il a, ma foi, tenu sa promesse et gagné son argent ! A propos, à qui cet argent profitera-t-il ? Pardieu ! ajouta-t-il en s'emparant de la bourse et la faisant passer de la poche du mort dans la sienne, que je suis niais ! il profitera à mon camarade et à moi ! Ce qui tombe dans le fossé est pour... les soldats !

Un coup de feu retentit au dehors, suivi immédiatement d'un second.

— Il y a du grabuge par là ; allons un peu voir ce qui se passe ! s'écria le soldat en s'élançant dans la cour.

Voici ce qui était arrivé : A peine Risque-Tout avait-il pénétré dans la maison, qu'une fenêtre s'était ouverte avec fracas et une femme à demi-vêtue s'était penchée au dehors.

Rameau-d'Or s'était avancé aussitôt, et, le fusil à l'épaule, il avait enjoint à cette femme de rentrer et de refermer la fenêtre, en ajoutant que si elle obéissait, il ne lui serait fait aucun mal.

Cette femme lui avait ri au nez et avait essayé d'enjamber la fenêtre pour s'enfuir.

— Madame, avait repris Rameau-d'Or avec la plus grande politesse, rentrez ! je vous le répète, ou sinon prenez garde ; j'ai ma consigne.

— Prends garde toi-même, misérable ! s'était écriée cette femme, et elle avait déchargé deux pistolets sur lui. Les balles avaient sifflé à ses oreilles, l'une même lui avait fait une légère blessure à la tête.

— C'est comme ça ! s'écria le soldat furieux.

Et il lâcha son coup de fusil.

La femme poussa un cri de douleur et disparut.

— Bien ! je crois qu'elle a du plomb dans l'aile, dit philosophiquement le soldat en rechargeant son arme. Tant pis pour elle, c'est sa faute ! Soyez donc gentil avec les femmes !

Au même instant, une troupe de gens armés envahit la cour.

Berger et le baron de Grigny étaient à leur tête.

— Eh bien ! demanda le Canadien, quoi de nouveau ?

— Pas grand'chose ! répondit le soldat. Les oiseaux sont au nid.

— Mais ces coups de feu ?

— Une simple escarmouche ! histoire de passer le temps ! dit Risque-Tout, qui arrivait en ce moment.

XX

L'ÉVASION

La comtesse de Maleval avait tout prévu.

Elle comptait avoir avec son ancien amant un entretien duquel devait dépendre la vie ou la mort de celui-ci.

Ou M. de Villiers en passerait par les fourches caudines de sa rancune et de sa vengeance, ou il était irrémissiblement perdu.

Elle avait invité les principaux chefs de la tribu à se rendre chez elle pour recevoir de ses propres mains le malheureux jeune homme.

Les chefs indiens s'étaient hâtés d'obéir, ils haïssaient profondément les Français, et l'espoir de s'emparer de l'un des principaux officiers les comblait de joie.

Cependant ils ne purent s'empêcher d'éprouver un vif sentiment d'admiration pour le capitaine, lorsqu'ils virent de quelle façon lui-même s'était remis entre leurs mains; aussi, en quittant la maison, paraissaient-ils bien plutôt lui former une escorte d'honneur que le conduire prisonnier.

Le comte traversa tout le village, la tête haute et le visage souriant. La perspective de la mort cruelle qui, selon toutes probabilités, lui était réservée, ne l'attristait nullement; il éprouvait, au contraire, une secrète joie en songeant à la fureur de son ennemie, qui venait de voir ses plans renversés, à sa rage d'être contrainte de se contenter d'une vengeance banale, au lieu de celle qu'elle avait un instant rêvée et pour l'accomplissement de laquelle elle avait tout sacrifié, même son honneur.

D'ailleurs, qu'était la mort pour un soldat, habitué à la voir en face, accoutumé à l'idée de la donner ou de la recevoir, un peu plus tôt, un peu plus tard, de la main d'un ennemi dans un combat?

Le capitaine fut conduit dans la grande *hutte médecine* du conseil où il fut laissé libre de ses mouvements, après qu'on eût pris la simple précaution de lui enlever ses chaussures.

Les Indiens connaissent la délicatesse des Européens d'un certain rang; ils savent qu'il leur est impossible de marcher nu-pieds, surtout dans les chemins de leur pays, impraticables pour tout autre qu'un homme habitué dès son enfance à la vie si pénible du désert.

Le jeune homme s'assit sur un escabeau, s'appuya contre un poteau qui se trouvait derrière lui, et se livra à ses pensées, sans paraître s'occuper le moins du monde de ce qui se passait autour de lui, bien que cependant cela dût l'intéresser.

En effet, c'était de lui qu'il s'agissait; les chefs décidaient entre eux de son sort.

Le *hachesto* ou crieur public avait rassemblé tous les chefs, qui, les uns après les autres, s'étaient rendus dans la case médecine, puis ils s'étaient accroupis autour du feu; le calumet avait été apporté, fumé silencieusement, et le conseil avait été immédiatement ouvert.

La délibération durait déjà depuis plus d'une heure, plusieurs orateurs avaient parlé tour à tour, les chefs ne paraissaient pas encore s'être mis d'accord, lorsque tout à coup un grand bruit se fit entendre au dehors, et plusieurs guerriers entrèrent, amenant au milieu d'eux un Indien désarmé et, selon toute apparence, prisonnier.

Cet Indien, dont la ceinture était enlevée, et auquel on n'avait même pas laissé son couteau à scalper, avait dans la tournure et la démarche quelque chose d'imposant et de fier qui attirait l'attention.

Lorsqu'il se retourna, le capitaine tressaillit, il eut un serrement de cœur : il avait reconnu Kouha-Handé, le grand sachem des Loups-Hurons.

Le chef ne sembla pas le voir ; tandis que les guerriers rendaient compte aux membres du conseil de la manière dont il était tombé entre leurs mains, Kouha-Handé, les bras croisés sur la poitrine, la tête haute, le corps fièrement cambré, promenait sur l'assemblée un regard hautain et dédaigneux.

Malheureusement, le jeune officier ne comprenait pas un mot à ce qui se disait, il ne put donc rien apprendre.

Après une discussion assez longue et surtout très orageuse, le chef tourna sans cérémonie le dos aux membres du conseil et alla, à pas lents, s'asseoir auprès de M. de Villiers.

Un guerrier se leva alors, se rendit auprès de lui, et, au moyen d'une courroie de cuir, il lui attacha les pieds et les mains ; mais ces liens étaient assez lâches, bien que solidement liés, pour ne gêner en rien ses mouvements ; puis il fit la même opération à l'officier, qui n'opposa aucune résistance. D'ailleurs, à quoi cela aurait-il servi ? à le faire maltraiter inutilement.

— Visage-Pâle, dit-il ensuite en mauvais français, tu mourras demain au lever du soleil ; prépare ton chant de mort, ton supplice sera beau !

— Merci, guerrier, répondit en souriant le capitaine ; vous ne pouviez m'annoncer une meilleure nouvelle : une prompte mort est tout ce que je désire.

— Les faces pâles bavardent comme l'oiseau moqueur, reprit le guerrier avec dédain. Demain, nous verrons comment le Français parlera.

Il tourna le dos et s'éloigna.

Quelques instants plus tard, les sachems indiens se levèrent et sortirent de la case, dont la porte se referma derrière eux.

Le capitaine, dont la curiosité était vivement excitée, prononça doucement le nom du chef afin d'attirer son attention et d'obtenir s'il était possible quelques renseignements, mais Kouha-Handé se pencha doucement vers son compagnon de captivité, et posant un doigt sur sa bouche :

— Silence ! murmura-t-il d'une voix faible comme un souffle. Peaux-Rouges yeux et oreilles partout. Attendre, espérer !

Il se tourna d'un côté, ferma les yeux et feignit de s'endormir.

Le capitaine désappointé se résigna à l'imiter.

Plusieurs heures s'écoulèrent sans qu'une seule parole fût prononcée entre les deux hommes ; la lumière diminua peu à peu : enfin, la nuit remplaça le jour et les ténèbres envahirent la case médecine.

Depuis une heure environ, l'obscurité était complète, lorsqu'une grande lueur parut au dehors, et plusieurs guerriers, tenant des torches allumées à la main, entrèrent dans la hutte. Deux d'entre eux portaient des vivres qu'ils placèrent à la portée des prisonniers.

— Mangez ! dit un chef.

Ces vivres se composaient de viande grillée, de pommes, de maïs et de légumes cuits sous la cendre.

Une torche fut plantée en terre, et les guerriers se retirèrent, excepté un seul, qui demeura debout contre la porte dans la hutte.

Celui-là était chargé de veiller sur les deux captifs ; un autre resta auprès d'eux, appuyé sur ses armes.

Les deux hommes mangèrent de bon appétit : en tout état de cause, le capitaine comprenait qu'il n'était pas inutile, quoi qu'il dût arriver, de prendre des forces.

La vie active du désert a cela de particulier que chez ceux qui la mènent, le moral n'influe jamais sur le physique ; les besoins naturels de l'existence deviennent si impérieux qu'il faut toujours les satisfaire.

Mais l'appétit du capitaine n'était rien auprès de celui du chef ; celui-ci dévorait littéralement, avec une insouciance aussi grande que si ce repas ne devait pas être le dernier pour lui.

Lorsque enfin les vivres eurent disparu, le guerrier indien prit la torche et se retira.

Mais la sentinelle placée à la porte demeurait toujours immobile à son poste.

Une demi-heure s'écoula ; peu à peu les bruits du dehors s'éteignirent les uns après les autres : un silence complet régna dans le village.

Les yeux de la sentinelle, obstinément fixés sur les prisonniers, brillaient dans l'ombre comme ceux d'un chat-tigre.

Depuis quelques instants, Kouha-Handé semblait se livrer à un travail dont il était impossible au capitaine de comprendre le but ; tout à coup il éleva la voix, et s'adressant à la sentinelle :

— Mon calumet est plein de *morichée* (tabac sacré), dit-il d'une voix douce et insinuante ; mon frère me refusera-t-il un charbon ardent pour l'allumer ?

— Pourquoi le chef fumerait-il ? répondit brutalement la sentinelle ; qu'il attende ! Dans quelques heures il chassera dans les prairies bienheureuses auprès du Wacondah ! Alors il fumera tout à son aise.

— Mon frère me refuse ?

— Je refuse...

— Mon frère a tort. En échange de ce charbon, je lui aurais donné un collier de wampums et de perles de verres dont les faces pâles m'ont fait cadeau.

— Où est le collier ? dit la sentinelle en s'approchant avec une rapidité qui témoignait de son désir de se l'approprier.

— Le voilà, répondit le chef.

Et bondissant comme un jaguar sur le misérable sans défiance, il lui jeta les deux mains au cou et l'étrangla si prestement que le pauvre diable tomba comme une masse, sans même jeter un cri.

— Qu'avez-vous fait, chef ? dit le capitaine d'un ton de reproche.

— J'ai tué un chien ! répondit-il sèchement ; que le Visage-Pâle attende !

Il dépouilla aussitôt la sentinelle de ses armes et coucha le cadavre auprès du capitaine, dans la même position que lui-même occupait un instant auparavant.

Puis il alla se placer auprès de la porte.

L'officier, intéressé malgré lui, suivait avec curiosité tous les mouvements du guerrier rouge; d'ailleurs, il avait deviné qu'il s'agissait de la liberté pour le chef et peut-être pour lui-même.

— Pourquoi Kouha-Handé ne part-il pas? lui dit-il, lorsqu'il le vit demeurer immobile à la porte.

— Kouha-Handé est un chef, répondit-il, il s'est fait prendre pour aider à la fuite du Visage-Pâle, il ne partira pas sans lui : que mon frère attende.

Le capitaine allait répondre, lorsqu'un léger sifflement doucement modulé se fit entendre en dehors.

Le chef entr'ouvrit la porte.

Deux personnes entrèrent; la première échangea quelques mots à voix basse avec l'Indien; la seconde courut au capitaine et coupa ses liens.

— Angèle! vous? s'écria-t-il avec surprise en reconnaissant la jeune fille; malheureuse enfant, vous! vous risquez votre vie!... et pour moi!

— Qu'importe? répondit-elle d'une voix fiévreuse. Venez, vous êtes libre!

— Mais au moins expliquez-moi...

— Pas un mot, avant que vous soyez en sûreté; prenez ces armes.

Et elle lui remit des pistolets et un fusil dont il s'empara avec joie.

— Ah! je ne mourrai pas sans défense au moins! s'écria-t-il. Merci, Angèle! merci, ma bien-aimée! près de vous, je me sens la force de dix hommes.

— Venez, venez, Louis! nous n'avons que trop tardé déjà!

Le capitaine se leva et voulut la suivre, mais ses membres engourdis ne purent le soutenir; il retomba. Hélas! il n'était fort que par le cœur et la pensée.

— Mon Dieu! s'écria la jeune fille avec douleur, ne pourrai-je donc le sauver? Mon père! mon père!

Le Proscrit, c'était lui qui causait avec le chef, accourut aussitôt.

— Du courage, capitaine! dit-il, votre salut dépend de vous!

Le jeune homme fit un nouvel effort, il se releva et parvint à faire quelques pas.

— Appuyez-vous sur moi? dit la jeune fille; je suis forte, allez! Venez, mon Louis!

Malgré sa répugnance à accepter cette offre, il fut contraint de se soumettre et de prendre le bras d'Angèle.

Ils sortirent.

Kouha-Handé, pendant que ceci se passait, s'était occupé à rallumer le feu, et cela d'une si étrange manière que les fugitifs étaient à peine à une quarantaine de pas de la case, qu'elle s'alluma tout entière et commença à brûler, en éclairant tout le village d'une lueur sinistre.

A une assez courte distance, plusieurs chasseurs, armés jusqu'aux dents, se réunirent à la petite troupe. A chaque instant, il en apparaissait d'autres qui semblaient sortir de terre.

La fusillade éclata; le combat était commencé.

Les Indiens se précipitaient en armes par toutes les issues, essayant de se réunir et d'organiser la défense.

— En avant! s'écria le capitaine; suivez-moi, compagnons!

... Et en saisissant un à deux mains, il lui imprima une forte secousse et l'attira à lui.

— En avant! répétèrent les chasseurs.

Ils s'élancèrent, brandissant des torches qu'ils jetèrent dans toutes les cases et faisant feu sur tous les ennemis qui osaient leur faire face.

Malgré les prières réitérées du capitaine, Angèle l'avait suivi et s'était obstinée à demeurer près de lui.

Au bout de quelques pas, le jeune officier trébucha et roula sur le sol.

Vainement il essaya de se relever, cela lui fut impossible : entraîné par son ardeur, et brûlant de prendre une éclatante revanche de son enlèvement, le jeune homme avait oublié qu'en entrant dans la case du conseil ses chaussures lui avaient été enlevées. Ses pieds délicats, déchirés par les ronces, les pierres et les épines, étaient dans un état épouvantable ; le sang ruisselait de vingt blessures qui lui causaient une souffrance horrible, une douleur atroce.

Angèle, la première, s'aperçut de l'état affreux dans lequel il se trouvait ; elle appela son père, et, malgré ses énergiques protestations, le jeune homme fut placé sur un brancard porté par deux chasseurs.

— Sortons de la mêlée, dit Angèle ; vous ne pouvez plus combattre, mon ami.

— Mon poste est ici, je ne l'abandonnerai pas.

— Mon Dieu ! s'écria la jeune fille avec désespoir, nous mourrons ici !

Le combat devenait de plus en plus vif. Les Indiens s'étaient ralliés sur plusieurs points, ils menaçaient de prendre l'offensive ; les balles pleuvaient dru comme grêle autour du brancard. Angèle, toute à son amour, ne voyait que celui qu'elle aimait, qu'elle s'obstinait à sauver et qui, lui, s'obstinait à mourir. Elle lança un regard suppliant à son père.

Le Proscrit accourut aussitôt :

— Monsieur le comte, dit-il d'une voix brève, c'est uniquement dans le but de vous délivrer que nous avons donné tête baissée dans ce traquenard, dont peut-être pas un de nous n'échappera. Voulez-vous donc nous faire perdre le fruit de nos peines ? Votre vie est précieuse, et d'ailleurs, qui vengera votre frère, si vous vous faites tuer ici ?

Le capitaine tressaillit à ces paroles, une rougeur fébrile envahit son visage.

— Je ne résiste plus, dit-il, je m'abandonne à vous. Un mot seulement avant de nous séparer ; courez à la maison de la comtesse et sauvez-la, s'il est possible ; me le promettez-vous ?

— Monsieur le comte, cette femme est...

— Pas d'hésitation, ou j'y vais moi-même ! Cette femme est mon implacable ennemie : elle doit être sauvée, je le veux.

— J'obéis, puisque vous l'exigez ; si elle peut être sauvée, je la sauverai.

— Merci !

— Maintenant, laissez-vous guider par Angèle. Des chevaux sont préparés non loin d'ici. Aurez-vous la force de vous tenir à cheval ?

— Je l'espère.

— C'est bien ! Demain, au coucher au soleil, vous serez rendu au fort Duquesne. Adieu, monsieur de Villiers !

— J'ai votre parole, souvenez-vous-en !

— Je n'y ai jamais failli.

Le Proscrit embrassa tendrement sa fille, lui glissa quelques mots à voix basse dans l'oreille ; puis, lorsqu'il eut vu disparaître le brancard, sur lequel était porté le capitaine, il rallia les bois-brûlés et s'élança en avant suivi de

Kouda-Handé; ils firent une trouée sanglante au milieu des Indiens qui essayèrent vainement de leur barrer le passage.

En même temps que lui, les troupes de Berger et du baron de Grigny envahissaient la maison de la comtesse.

Les Indiens, fous de terreur, avaient abandonné le village, qui brûlait tout entier; ils fuyaient dans toutes les directions, laissant derrière eux une quantité considérable de cadavres.

Les bois-brûlés avaient réussi beaucoup plus complètement qu'ils ne l'espéraient eux-mêmes, puisqu'ils demeuraient maîtres du champ de bataille; seulement ils n'avaient pas un instant à perdre s'ils ne voulaient pas être ensevelis dans leur triomphe et tomber victimes de l'incendie qu'ils avaient allumé de leurs propres mains.

La maison fut cernée de tous les côtés par les chasseurs et les principaux d'entre eux l'envahirent.

Ils pénétrèrent dans un salon où trois femmes étaient réunies; deux d'entre elles prodiguaient des soins à la troisième, qui, étendue sur une natte, paraissait être grièvement blessée.

— La marquise de Bois-Tracy! s'écria le baron avec stupeur.

A cette voix, qu'elle reconnut aussitôt, la marquise se redressa.

— Oui, dit-elle, c'est moi, monsieur, vous ne vous attendiez pas à me trouver ici?

— Pardonnez-moi, madame, je savais votre présence dans ce village, ainsi que celle de Mme la comtesse de Maleval.

— Qui vous amène dans cette maison, monsieur? dit la comtesse avec une hautaine ironie; venez-vous nous annoncer que nous sommes vos prisonnières?

— Dieu m'en garde! madame, s'écria le jeune homme; je n'ai qu'un désir, celui de vous sauver : je viens pour cela.

— Il est trop tard, baron, reprit la marquise; pour moi, du moins : ma blessure est mortelle, je le sens.

— Oh! vous vous trompez, madame, je l'espère.

— Non, monsieur, je sens la mort m'envahir; je n'ai plus que quelques minutes à vivre.

Elle fit un signe à la comtesse, avec laquelle elle causa bas quelques instants.

— Donnez-moi une preuve de vos bonnes intentions, monsieur, reprit-elle au jeune homme.

— Parlez, madame : vos désirs sont des ordres pour moi.

— Laissez Mme la comtesse de Maleval libre de se retirer où bon lui plaira.

— Nul de nous ne s'opposera à son départ, personne ne la suivra dans sa fuite; je le jure sur l'honneur!

— Merci, monsieur; mais, seule, il lui est impossible de partir.

— Je lui servirai de guide jusqu'à l'endroit qu'elle me désignera, dit le Proscrit en s'avançant.

— C'est bien, j'accepte! dit la comtesse. Puis, après avoir une dernière fois embrassé la marquise : Monsieur de Grigny, tout n'est point fini entre votre ami et moi, ajouta-t-elle d'une voix menaçante; au revoir!

Elle fit signe à sa servante de la suivre et sortit, précédée du Proscrit et accompagnée de trois ou quatre chasseurs, hautaine et froide comme si rien d'extraordinaire ne s'était passé depuis une heure.

La marquise la suivit du regard; puis, lorsque enfin son amie eut abandonné la chambre, elle laissa échapper un profond soupir de sa poitrine oppressée, et, se tournant vers le baron :

— Approchez-vous, monsieur, dit-elle d'une voix qui faiblissait de plus en plus; il me reste quelques mots à vous dire que vous seul devez entendre.

Le jeune homme fit deux ou trois pas en avant.

— Me voici à vos ordres, madame, dit-il tristement.

— Plus près, je vous prie, plus près encore.

Le baron s'agenouilla auprès d'elle, et, comme les forces semblaient l'abandonner, sur son instante prière il passa le bras droit autour de sa taille.

— C'est bien ainsi, reprit-elle. J'espère que Dieu me permettra de tout vous dire.

Ces paroles furent prononcées d'une voix tellement faible et tellement émue, que malgré lui le baron frissonna.

— Maintenant, écoutez-moi, monsieur. A cet instant où quelques secondes à peine me séparent de la mort, je tiens à ce que vous sachiez que c'est mon amour pour vous qui me tue.

— Ne dites pas cela, madame!

— Je vous ai aimé pendant tout le cours de ma vie; vous m'avez méconnue, calomniée.

— Mais...

— Oui, je sais bien vos griefs; ils étaient injustes! Vous n'auriez pas dû me condamner sans m'entendre. Armand, je vous aimais bien, allez! Vous avez brisé deux bonheurs en me fuyant aussi cruellement.

— Léona! Léona!

— Oui, appelez-moi Léona! j'aime mon nom sur vos lèvres. Ah! nous aurions pu être heureux! Comme vous m'avez traitée la dernière fois que nous nous sommes vus!

— Madame, devais-je vous reconnaître, au moment où vous cherchiez à nous faire assassiner, de Villiers et moi?

— Ingrat! murmura-t-elle, ingrat jusqu'au bout. Si j'ai suivi la comtesse, que le démon de la haine et de la vengeance guidait, c'est précisément pour vous sauvegarder, vous, qu'elle enveloppait dans ses projets de meurtre contre votre ami. Sans moi, vous eussiez été cent fois perdu.

— Serait-il vrai?

— Je le jure devant Dieu, devant lequel je vais bientôt paraître!

— Pardon, Léona, pardon!

— Je vous pardonne et je vous aime, Armand! Un premier et dernier baiser!

Le jeune homme se pencha vers la jeune femme, qui mourut, exhalant son pernier soupir entre ses lèvres.

Le baron de Grigny tomba à genoux près de la morte ; il sanglotait comme un enfant.

Une main rude se posa sur son épaule ; il releva la tête. C'était Berger.

— Allons, monsieur, vous pleurerez plus tard. En retraite ! Aux vivants d'abord, aux morts ensuite ! En retraite ! nous n'avons plus rien à faire ici.

Il s'élança au dehors, les chasseurs se précipitèrent sur ses pas ; ils s'éloignèrent sous une voûte de flammes.

Au moment où la maison s'abîma le chasseur canadien chercha machinalement où était le baron de Grigny.

Il ne l'aperçut pas. Il le demanda à ses compagnons.

L'un d'eux poussa un cri d'horreur, et il étendit le bras dans la direction de l'incendie. Ce fut sa seule réponse.

Le regard du chasseur suivit le bras du bois-brûlé, et il s'arrêta pétrifié. Voilà ce qu'il venait de voir.

Le baron n'avait pas quitté le lieu de l'incendie ; il se tenait toujours agenouillé près du corps de celle qu'il avait méconnue.

N'ayant pu vivre pour elle, il mourait avec elle !

Le feu gagnait. Rien à faire, aucun effort à tenter en sa faveur ! Du reste, Berger le sentait, le malheureux amant eût refusé toute chance de salut.

Le toit s'effondra en ensevelissant sous ses décombres la marquise de Bois-Tracy et le baron de Grigny.

N'ayant pu s'aimer dans la vie, ils s'aimèrent dans la mort !

XXI

LA REVANCHE

Une grande agitation régnait au fort Nécessité, situé sur la Manonghahela, une des sources de l'Ohio.

La garnison, composée de cinq cents hommes de troupes d'élite, travaillait avec une ardeur extrême à l'achèvement des travaux du rempart.

Les uns mettaient les pièces en batterie, les autres préparaient les parcs à boulets ; ceux-ci transportaient de la poudre, des balles, etc. ; ceux-là préparaient les gabions, les sacs de terre, etc.

Les Anglais s'attendaient à une attaque vigoureuse de la part des Français ; la nouvelle de cette attaque avait été apportée, deux jours auparavant, au fort, par la comtesse de Maleval. Elle avait eu une longue conversation avec le major Washington, lui avait montré des lettres, en un mot, lui avait donné des preuves si concluantes de la vérité de ce qu'elle avançait, qu'à la suite de cette conversation, le major avait réuni un conseil de guerre, composé des principaux officiers de la garnison ; il avait résolu, à l'unanimité, qu'on se mettrait en état de défense, et cela avec d'autant plus de raison, que, d'après le dire de la comtesse, le commandement des forces françaises avait été confié au comte Coulon de Villiers, frère du malheureux capitaine de Jumonville, si lâchement assassiné dans un guet-apens tendu par le major Georges Washington lui-même.

Encouragés et excités par leurs officiers, les soldats avaient donc déployé la plus vive ardeur pour se mettre en état de résister avec avantage à l'attaque dont ils étaient menacés, et à soutenir le siège assez longtemps pour donner aux secours qu'ils attendaient de la Virginie le temps d'arriver et d'obliger les Français à se retirer.

Mme de Maleval avait demandé à rester au fort Nécessité, demande que le commandant s'était courtoisement hâté de lui accorder.

Quelle que fût la source où la comtesse puisât les renseignements qu'elle avait donnés, elle était parfaitement renseignée. En effet, voilà ce qui s'était passé quelques jours auparavant, au fort Duquesne :

M. de Contrecœur, un matin de la fin du mois de juin, avait prié le capitaine de Villiers de se rendre auprès de lui.

Le comte, entièrement remis de ses blessures, s'était empressé d'accourir.

Lorsqu'il entra dans le cabinet du commandant, deux autres personnes s'y trouvaient. Ces personnes étaient Berger, le chasseur canadien, et Kouha-Handé, le chef Peau-Rouge.

En les voyant, le capitaine comprit qu'il était mandé pour une communication importante.

— Mon cher capitaine, lui dit M. de Contrecœur après les premiers compliments, je suis enfin en mesure de tenir la promesse que je vous ai faite, il y a déjà trop longtemps.

— Il serait possible! s'écria le capitaine avec un mouvement de joie qui éclaira son visage, ordinairement triste et sombre.

Les derniers événements dans lesquels il avait été acteur, la mort funeste de son ami le baron de Grigny avaient laissé des traces profondes dans l'esprit du jeune officier, et donné à ses traits une expression de mélancolie pensive que rien ne pouvait effacer.

— Oui, reprit M. de Contrecœur, tout est prêt pour tenter l'attaque du fort Nécessité. Il s'agit d'une surprise, d'un coup de main; les hommes que je place sous vos ordres sont passés maîtres en ces sortes d'expéditions.

— Surprise ou non, monsieur le commandant, répondit le capitaine d'une voix ferme et vibrante; je vous réponds, sur ma tête, du succès : le fort sera pris où je serai tué au pied de ses retranchements.

— Je serais désolé qu'il vous arrivât malheur, mon cher capitaine; j'espère, au contraire, vous conserver longtemps, dans l'intérêt de Sa Majesté. Les officiers de votre trempe sont rares; ménagez-vous donc, mon ami, je vous en prie, et, s'il le faut, comme votre chef, je vous l'ordonne.

Le capitaine s'inclina sans répondre.

— Votre détachement se composera de six cents Canadiens bois-brûlés sous les ordres de notre ami Berger, et de cents guerriers Peaux-Rouges, de la tribu des Loups-Hurons, auxiliaires précieux dont vous avez été à même déjà d'apprécier la valeur. Kouha-Handé, le sachem le plus renommé de sa nation, veut lui-même les conduire au combat. Je regrette sincèrement de ne pouvoir mettre aucune troupe réglée à votre disposition; mais, mieux que personne, vous savez combien je suis à court de soldats.

— J'ai vu à l'œuvre les bois-brûlés et les Indiens, commandant; ce sont des hommes d'un courage indomptable, des lions auxquels rien ne résiste dans la bataille. Avec eux et deux officiers du mérite de mon vieux Berger et de Kouha-Handé, je suis certain de réussir; d'ailleurs, Dieu sera pour nous! Quand partirai-je?

— Quand vous voudrez! dès ce moment, je vous donne liberté de manœuvres.

— Je vous remercie; j'en profiterai pour partir le plus tôt possible.

— Voici votre commission, mon cher capitaine, lisez-la!

M. de Villiers prit le papier que lui tendait le commandant, l'ouvrit et le parcourut rapidement avec un vif sentiment de plaisir.

Cette commission conférait au capitaine les pouvoirs les plus étendus.

Le jeune homme en témoigna chaleureusement sa reconnaissance à M. de Contrecœur.

Un paragraphe surtout le toucha vivement; il était ainsi conçu :

« Luy ordonnons de les attaquer, s'il voit jour à le faire, et de détruire (les Anglais) même en entier, s'il le peut, pour les châtier de l'*assassin* (*sic*) qu'ils nous ont fait, en violant les droits les plus sacrés des nations policées [1]. »

Cette allusion au guet-apens dont son frère avait été victime, en lui rappelant son serment de vengeance, mit le comble à sa joie et à son enthousiasme.

— Enfin! dit-il, mon malheureux frère sera donc vengé! Quand tes hommes arriveront-ils, Berger?

— Ils seront ici dans deux heures, monsieur Louis.

— Bon! et les vôtres, chef?

— Un peu avant.

— Très bien, mes amis! Nous les laisserons se reposer pendant le reste de la journée et faire leurs derniers préparatifs; puis, ce soir, nous partirons au coucher du soleil, la lune éclairera notre marche. Est-ce convenu ainsi?

— Parfaitement! répondirent-ils en même temps.

— Surtout surveillez vous-même la distribution des vivres, des armes et des munitions. Vos guerriers ont-ils des fusils, chef?

— Tous! répondit orgueilleusement le sachem, et ils montreront à mon frère comment ils savent s'en servir.

— Voilà qui est bien! Avant le départ je passerai la revue de la troupe, afin de m'assurer que tout est en état.

En ce moment un sergent vint parler bas au commandant.

— Faites entrer, dit-il.

Et s'adressant au capitaine :

— Voici des nouvelles qui nous arrivent, ajouta-t-il.

Le Proscrit parut.

1. Archives de la marine.

Ses vêtements en désordre, déchirés et maculés de taches de boue, montraient qu'il avait accompli une longue traite.

— Eh! eh! dit-il, il me semble que je viens au bon moment, monsieur le commandant!

— Vous ne pouviez mieux tomber, répondit le commandant avec un sourire.

— Vous arrivez du fort Nécessité? lui demanda le capitaine.

— Il y a deux minutes.

— Et vous rapportez des nouvelles?

— Toutes fraîches.

— Sont-elles bonnes?

— Comme toutes les nouvelles, elles renferment du bon et du mauvais.

— Hum! fit le commandant.

— Veuillez nous les communiquer; mais d'abord asseyez-vous, vous devez avoir besoin de vous reposer.

— J'avoue que je suis assez fatigué, je suis venu très vite, par des chemins épouvantables.

Il prit un siège, que le commandant lui-même lui avança. M. de Contrecœur montrait en toutes circonstances les plus grands égards pour cet homme, qui était une énigme vivante pour tout le monde sur la frontière.

— Les chemins sont-ils donc aussi mauvais que vous le dites? lui demanda le capitaine.

— Rassurez-vous, répondit-il en souriant. Je suis comme les oiseaux, moi, je prends toujours la ligne droite; mes chemins ne sont pas les vôtres.

— Voilà qui me tranquillise un peu; maintenant nous vous écoutons.

— M'y voici : les Anglais sont prévenus et sur leurs gardes.

— Mauvaises nouvelle! dit le commandant en hochant la tête.

— Qu'importe qu'ils connaissent nos projets! s'écria avec énergie le capitaine, nous n'aurons que plus de gloire à les vaincre.

— Continuez, je vous prie, dit M. de Contrecœur à Jean-Pol.

— Savez-vous qui les a avertis? La comtesse de Maleval.

— La comtesse de Maleval!... Vous êtes certain de cela?

— Oui, elle-même. D'ailleurs, vous aurez sans doute occasion de la voir, elle a voulu rester dans le fort.

— Vous savez, mon ami, fit alors observer le commandant à M. de Villiers, que cette comtesse de Maleval, qui a trahi son pays pour se faire l'espionne de nos ennemis, est mise hors de la loi par un décret du gouverneur de la Nouvelle-France. Le tort que nous a causé cette femme est incalculable. Je ne sais quels sont les motifs qui l'ont poussée à nous trahir, mais son acharnement contre tout ce qui porte le nom de Français est sans exemple. Dieu veuille qu'elle ne tombe pas entre nos mains! je serais contraint de la faire pendre, et cela me contrarierait fort.

— Pendre une femme! dit faiblement le capitaine, qui se sentit rougir.

— Une femme est souvent plus dangereuse qu'un homme, mon ami; d'ailleurs j'ai reçu l'ordre précis de M. Mennesville, et le cas échéant, je n'hésiterai pas à faire mon devoir.

Le baron de Grigny tomba à genoux près de la morte.

M. de Villiers détourna la tête pour cacher son embarras et son trouble.

— Voyons, continua M. de Contrecœur, quelles autres nouvelles nous apportez-vous?

— Lorsqu'ils ont su qu'ils étaient menacés d'une attaque, les Anglais ont expédié quatre courriers, par quatre chemins différents, portant chacun en duplicata, au gouverneur de la Virginie, la demande de prompts renforts en hommes, en vivres et en munitions de guerre.

— Diable ! mais c'est fort triste, tout cela! dit M. de Contrecœur.

— Oui, si ces courriers étaient parvenus à destination, reprit le Proscrit avec un accent d'ironie impossible à traduire; mais, avec une fatalité étrange, tous quatre sont tombés aux mains de nos coureurs indiens, et leurs dépêches ont péri avec eux.

— Voici qui est meilleur!

— Ce n'est pas tout : les vivres manquent ainsi que les munitions; les poudres entre autres sont avariées; les armes elles-mêmes sont en assez mauvais état; de plus, quoi qu'ils disent, ces braves gens ont grand'peur de nous voir paraître.

— De sorte?... dit le capitaine.

— De sorte que je suis convaincu que s'ils sont promptement et surtout vigoureusement attaqués, ils ne résisteront pas à l'élan de nos troupes et seront pris d'assaut.

— Bravo ! s'écria le capitaine : cet avis est aussi le mien. Nous partons ce soir; Jan-Pol, lorsque vous aurez terminé avec le commandant, veuillez être assez bon pour venir jusque dans ma chambre, je désire causer avec vous.

— Tout de suite, si vous le voulez; je n'ai plus rien à dire, et, à moins que le commandant n'ait besoin de moi...

— Nullement, vous êtes libre. A ce soir, messieurs!

M. de Contrecœur congédia alors ses visiteurs, qui se retirèrent.

Jan-Pol suivait le capitaine.

A la porte de sa chambre, M. de Villiers trouva Rameau-d'Or auquel il donna la consigne de ne laisser pénétrer personne auprès de lui; puis, lorsqu'il eut refermé la porte et offert un siège au Proscrit, il entama aussitôt l'entretien, en homme pressé d'en finir avec une chose qui pèse sur son cœur.

— Mon cher monsieur, dit-il au Proscrit, je ne sais qui vous êtes; je ne vous le demande pas, cela m'importe peu, mais depuis que le hasard nous a mis en présence, en toutes circonstances vous vous êtes mis à ma disposition avec un dévouement que certes je ne mérite pas de votre part, et que je ne sais à quoi attribuer.

— Pardon, capitaine, rétablissons les faits, s'il vous plaît. C'est vous qui avez entamé nos relations en me sauvant la vie.

— Soit, dit-il en riant; mais, comme vous me l'avez depuis sauvée à votre tour, nous sommes quittes, haut la main.

— Peut-être... Continuez.

— J'ai à vous adresser une demande dont dépend le bonheur de ma vie; je vais loyalement au but : j'aime votre fille !

— Je le sais, répondit-il d'une voix grave; elle me l'a dit. D'ailleurs, je m'en étais aperçu.

— Ni elle ni moi n'avions intérêt à vous faire un mystère de cet amour; il est chaste et vrai. Je suis d'une famille ancienne et honorable.

— Je connais votre famille. Oui, je la connais, ajouta-t-il en soupirant.

— Comment ? s'écria le comte avec surprise.

— Comme tout le monde, se hâta de répondre avec une feinte indifférence le père d'Angèle.
— Je vous demande la main de votre fille.
— Avez-vous réfléchi au nom qu'on me donne?
— Je n'ai rien à voir à cela. Vous êtes un homme de cœur, loyal et honnête; M. de Contrecœur professe pour vous une estime toute particulière. Si vous avez commis des fautes, cela vous regarde; si vous avez eu certains malheurs, je vous plains; nous ne sommes pas en Europe; ici, un homme n'est compté que par ce qu'il vaut réellement. Votre fille est un ange, je l'aime, et je vous la demande en mariage.
— Vous êtes bien résolu, monsieur le comte de Villiers?
— Oui.
— Jamais vous ne m'adresserez une question sur mon nom ou sur mon passé? fit-il avec une lenteur imposante.
— Jamais!
— Vous me laisserez vivre à ma guise?
— Tant qu'il vous plaira.
— Puisqu'il en est ainsi, monsieur Coulon de Villiers, je vous accorde la main de ma fille Angèle, rien qu'Angèle, fille de Jan-Pol, le Proscrit.
Une chaleureuse poignée de main scella cet engagement, pris d'une façon si bizarre. Le comte ne fit plus qu'une question.
— Je pars pour une expédition qui doit être une date dans ma vie. Je désire que mon mariage ait lieu au fort Nécessité, dès que je m'en serai emparé; j'ai certaines raisons personnelles pour agir ainsi.
— Je les devine. Parlez sans crainte, je me charge de tous les préparatifs du mariage. Le jour même de la prise du fort, vous nous verrez arriver, ma fille, moi, et le missionnaire chargé d'accomplir cette cérémonie.
— C'est convenu! A bientôt, mon père!
— Ne m'appelez pas ainsi! fit Jan-Pol en frissonnant.
— Pourquoi? fit le comte stupéfait.
— Vous me l'avez promis, pas de questions.
— C'est vrai! Embrassons-nous au moins.
Le Proscrit fit un mouvement comme pour ouvrir ses bras au jeune homme, puis il se recula, essuya une larme et s'éloigna.
Le soir, à l'heure dite, après avoir été passé en revue par le capitaine, le détachement quitta le fort Duquesne.
Le 3 juillet 1754, au point du jour, les sentinelles anglaises placées sur les remparts du fort Nécessité signalèrent les batteurs d'estrade français; bientôt tout le détachement apparut, marchant en colonne, flanqué à droite et à gauche par des éclaireurs indiens.
Malgré une pluie torrentielle, les bois-brûlés marchaient au pas gymnastique, causant et riant entre eux, sans paraître se préoccuper le moins du monde du fort qui se dressait menaçant et sombre, à une portée de canon en avant.
La générale battit aussitôt dans la forteresse, et chacun prit son poste de bataille.

Arrivés à une assez courte distance, les Français s'étendirent à droite et à gauche ; un quart d'heure plus tard, le fort était complètement investi.

Seulement, comme par enchantement, les assaillants avaient tout à coup disparu ; les bois-brûlés, excellents tireurs, s'étaient embusqués derrière les arbres et les rochers.

Avant de commencer l'attaque, M. de Villiers expédia Berger en parlementaire pour sommer les Anglais de se rendre.

On ne daigna pas répondre à la sommation.

L'ordre d'attaque fut aussitôt donné

Nous ne décrirons pas ce combat. Il dura dix heures sous une pluie battante qui ne cessa pas un instant.

Au bout de dix heures d'une lutte acharnée, la mousqueterie française avait forcé l'artillerie anglaise à cesser son feu.

On prépara tout pour l'assaut. Au moment de lancer les colonnes d'attaque, un drapeau blanc parut sur les remparts : l'ennemi demandait à capituler.

Les Anglais avaient eu quatre-vingt dix hommes tués ou blessés mortellement, beaucoup de soldats hors de combat, par suite de blessures légères, et toute leur artillerie démontée. Une longue résistance devenait impossible. Ce fut le colonel Georges Washington qui se rendit en personne auprès du commandant français.

— Nous pourrions venger un assassinat, dit M. de Villiers à Washington, qui se tenait pâle, mais ferme devant lui, nous ne l'imitons pas [1].

Le capitaine accorda la capitulation demandée.

Elle fut signée à huit heures du soir.

Cette capitulation commençait en ces termes :

« Sçavoir,

« Comme notre intention n'a jamais été de troubler la bonne armonie (sic) qui régnait entre les deux princes amis, mais seulement de venger l'*assassin* qui a été fait sur un de nos officiers, porteur d'une sommation, et sur son escorte, etc., etc. »

L'article 4 était ainsi conçu :

« Que comme les Anglais ont en leur pouvoir un officier, deux cadets et généralement les officiers qui ont été faits prisonniers dans l'*assassinat* du sieur Jumonville, et qu'ils promettent de les renvoyer, etc. »

Puis la capitulation se terminait par ces mots :

« Fait double, sur un des postes de notre blocus, les jour et an que dessus. — Signé : James Mackay, *Georges Washington*, Coulon de Villiers [2]. »

---

1. Historique.
2. Cette pièce si importante est conservée au dépôt des Archives de la marine et au dépôt de la guerre. (Vol. 3393, pièce 202 bis.)

La vengeance était complète, la revanche éclatante, puisque le coupable reconnaissait lui-même par sa signature, le crime qu'il avait commis, et qu'il était contraint de se courber devant la générosité de l'homme dont il avait si odieusement tué le frère.

Cette victoire, si promptement obtenue, n'avait coûté aux Français que deux hommes tués et soixante-dix blessés.

A peine la capitulation fut-elle signée, que les Anglais, pris d'une terreur panique inexplicable, s'enfuirent dans toutes les directions, et cela avec tant de précipitation, qu'ils ne songèrent même pas à emporter leur drapeau et qu'ils l'abandonnèrent[1].

Le lendemain, au lever du soleil, les Français prirent possession du fort et s'y établirent.

Mme de Maleval avait disparu sans laisser de traces; toutes les recherches faites pour la retrouver furent inutiles : personne ne l'avait vue.

Avait-elle profité du désordre qui suit une capitulation pour fuir sous un déguisement avec la garnison anglaise? C'est ce qu'il fut impossible de vérifier.

Le comte, averti peut-être avec intention par M. de Contrecœur du danger qui menaçait la comtesse si, pour son malheur, elle tombait aux mains des autorité françaises, avait tout combiné avec Berger pour assurer secrètement sa fuite. La seule vengeance qu'il prétendait exercer, pour tout le mal qu'elle avait essayé de lui faire, était de la contraindre d'assister à son mariage avec Angèle et de la rendre témoin de son bonheur; cette vengeance lui échappait.

Vers midi, ainsi qu'il l'avait promis, le Proscrit arriva avec sa fille; un missionnaire les accompagnait.

Tout avait été préparé dans un salon pour la cérémonie. Un autel modeste avait été dressé au milieu de la pièce.

La réunion des deux fiancés fut des plus touchantes. La chaste et naïve enfant n'osait croire à tant de bonheur; elle cachait, honteuse et ravie, avec une grâce touchante, son charmant visage, empourpré par la pudeur, sur le sein de son père, qui, malgré sa rude écorce, se sentait ému de voir sa fille si heureuse.

Pour faire honneur à Kouha-Handé et le remercier des services nombreux qu'il lui avait rendus, le capitaine l'avait choisi pour être un de ses témoins. Le temps se passait; le sachem ne paraissait pas.

Les Indiens auxiliaires, très peu disciplinés et surtout complètement ignorants des droits de la guerre entre pays civilisés, en voyant fuir les Anglais, qu'ils détestaient cordialement, s'étaient lancés à leur poursuite; ni ordres, ni prières n'avaient pu les retenir, et bientôt tous avaient quitté le camp.

Le capitaine était fort inquiet de cette désertion qui pouvait avoir de graves conséquences pour les vaincus; il avait envoyé plusieurs détachements à leur rencontre, lorsque un peu avant trois heures les Peaux-Rouges reparurent, conduits par Kouha-Handé.

1. Historique.

Le sachem se hâta de se rendre au fort. Le chef avait une démarche fière et joyeuse à la fois, il montrait avec affectation une dizaine de scalps sanglants attachés à sa ceinture.

Vainement Berger essaya-t-il de lui faire enlever ces hideux trophées, peu de mise dans une cérémonie comme celle qui se préparait :

— Ce sont des scalps enlevés aux *yankees*, répondit le tenace Indien ; je dois les conserver. Que mon frère, regarde celui-ci, ajouta-t-il en en désignant un avec complaisance ; jamais je n'aurais supposé qu'un de ces Visages-Pâles, possédât une aussi belle chevelure !

Et, après avoir salué le chasseur, il entra froidement dans le salon.

Par un mouvement machinal et dont il ne fut pas le maître, le comte jeta un regard indifférent sur les scalps dont le sachem était si orgueilleux ; il frissonna et se détourna avec horreur.

Il avait reconnu parmi eux la magnifique chevelure de la comtesse de Maleval ; la malheureuse était tombée sous les coups du féroce guerrier.

La bénédiction nuptiale fut prononcée.

— Vous vous étonnez de ma grande amitié pour vous, dit le Proscrit à son gendre après la cérémonie. Un de vos parents a disparu jadis dans les déserts du nouveau monde ; eh bien ! supposez que je sois le fils de cet homme, et aimez-moi un peu, à cause de ce souvenir de famille.

Cela dit, il lui serra la main et se retira.

De son vivant, le comte ne parvint jamais à en obtenir des renseignements plus positifs ; faute de mieux, il fut contraint de se contenter de celui-là.

Longtemps après, le Proscrit ayant été tué à la bataille de la Belle-Rivière où, suivant l'expression de Washington lui-même, six cents Canadiens battirent *honteusement* deux mille Anglais, le comte, que rien ne retenait plus en Amérique, s'embarqua pour la France avec sa charmante femme et un fils qui lui était né peu auparavant.

Au moment où il mettait le pied sur le bâtiment qui devait le ramener en Europe, M. de Villiers fut accosté par Berger, qui lui tendit un pli cacheté de noir.

— Qu'est-ce cela, mon ami ?

— De la part de Jan-Pol, monsieur le comte.

— Quand t'a-t-il confié ce pli ?

— Le jour de votre mariage, en me signifiant de ne vous le remettre que le plus tard possible, le jour de sa mort ou le jour de votre départ. Il est mort, j'ai attendu ! Mais vous partez, vous nous quittez pour toujours : j'obéis à mon vieux camarade.

— Merci !

Le comte allait décacheter le papier, Berger l'arrêta.

— Vous lirez plus tard... quand je ne serai plus là !

— Comme tu voudras, mon bon Berger.

M. de Villiers essaya alors vainement d'entraîner Berger en Europe.

Le chasseur canadien résista.

— Que ferais-je là-bas ! répondit-il à Angèle, qui lui serrait affectueusement les mains. Vos villes n'ont pas d'air, pas de ciel ; j'étoufferais dans leurs rues étroites! Adieu, mes amis..., il me faut l'espace et l'immensité pour vivre à mon aise, les grandes savanes et le désert! Adieu, monsieur Louis! adieu, madame la comtesse de Villiers... adieu, petite Angèle! soyez heureux!

Et écrasant deux larmes honteuses qui descendaient lentement le long de ses joues hâlées, il se secoua, jeta son fusil sur son épaule, et, se dirigeant à grands pas vers la forêt, il ne tarda pas à s'y enfoncer et à disparaître.

Une fois seul, le comte de Villiers ouvrit le dernier adieu du Proscrit.

Voici le peu de mots qu'il contenait :

« J'étais jaloux!... Ne le soyez pas, vous qui aimez ma fille! je vivais dans le même monde que votre père, Louis... Un faux soupçon nous mit l'injure aux lèvres et le fer à la main. J'ai tué votre père, Louis! voilà pourquoi je ne vous ai jamais appelé mon fils! Ç'a été mon châtiment. Je me suis expatrié à la suite de folies de jeunesse. Je n'ai pas eu le courage de faire le malheur de ma fille et le vôtre en vous empêchant de l'épouser. Je le devais peut-être.

« Pardonnez-moi!

« J'emporte ce secret terrible dans ma tombe.

« Angèle ignore jusqu'à son vrai nom.

« Libre à vous de le lui révéler. Pardon encore!

« JAN-POL le Proscrit, duc de SAINT-HÉREM. »

— Qu'as-tu, Louis? demanda Angèle, qui le vit pâlir.
— Rien, mon enfant! mon Angèle bien-aimée! répondit M. de Villiers, qui déchira le papier et en jeta les morceaux à la mer.

. . . .

Les chasseurs canadiens et les bois-brûlés défendirent pied à pied l'indépendance de la Nouvelle-France.

Après l'abandon du Canada, ils refusèrent de reconnaître la domination anglaise.

Plutôt que de se courber sous le joug britannique, ils quittèrent en masse leurs villages, abandonnant tout ce qu'ils possédaient.

Ils se réfugièrent au désert, parmi les tribus indiennes insoumises.

Peu à peu, ils adoptèrent la plupart des coutumes des Peaux-Rouges qui leur avaient offert une si généreuse hospitalité; mais ils conservèrent précieusement la langue française, seul héritage que leur eussent légué leurs pères.

Les plus hardis coureurs de bois, les plus audacieux explorateurs de ce temps, tous, quoi qu'on en ait dit, ont été des bois-brûlés.

Lorsque parfois on leur demande à quelle nation ils appartiennent, ils répondent avec fierté qu'ils sont Français et ils ont raison!

Ils ont acheté assez chèrement leur droit à cette nationalité, que chacun reconnaît au Canada.

C'est le prix de leur sang versé sur tant de champs de bataille!

FIN

LA BELLE RIVIÈRE

LE SERPENT DE SATIN

TABLE DES MATIÈRES

		Pages.
I.	Rencontre dans le désert	163
II.	Voyage de nuit	171
III.	Beaucoup de faits en peu d'instants	178
IV.	La Couleuvre	186
V.	L'Atepelt des Loups-Hurons	193
VI.	La Clairière	201
VII.	Le Fort Nécessité	211
VIII.	Le Renard-Bleu	220
IX.	Les Prisonniers	230
X.	Le Défi du Pilma	240
XI.	La Tanière de l'ours gris	248
XII.	Les Traitants	257
XIII.	L'Enlèvement d'un amoureux	266
XIV.	Le Commencement d'une piste	274
XV.	Les Chasseurs	281
XVI.	Dans la forêt	289
XVII.	Le Martyr	296
XVIII.	Face à face	304
XIX.	La Surprise	312
XX.	L'Évasion	320
XXI.	La Revanche	329

FIN DE LA TABLE DES MATIÈRES

SCEAUX, IMP. CHARAIRE ET Cie

LA BELLE RIVIÈRE

LE
SERPENT DE SATIN

PAR

GUSTAVE AIMARD

PARIS
H. GEFFROY, LIBRAIRE-ÉDITEUR
222, BOULEVARD SAINT-GERMAIN, 222

Contraste insuffisant

NF Z 43-120-14

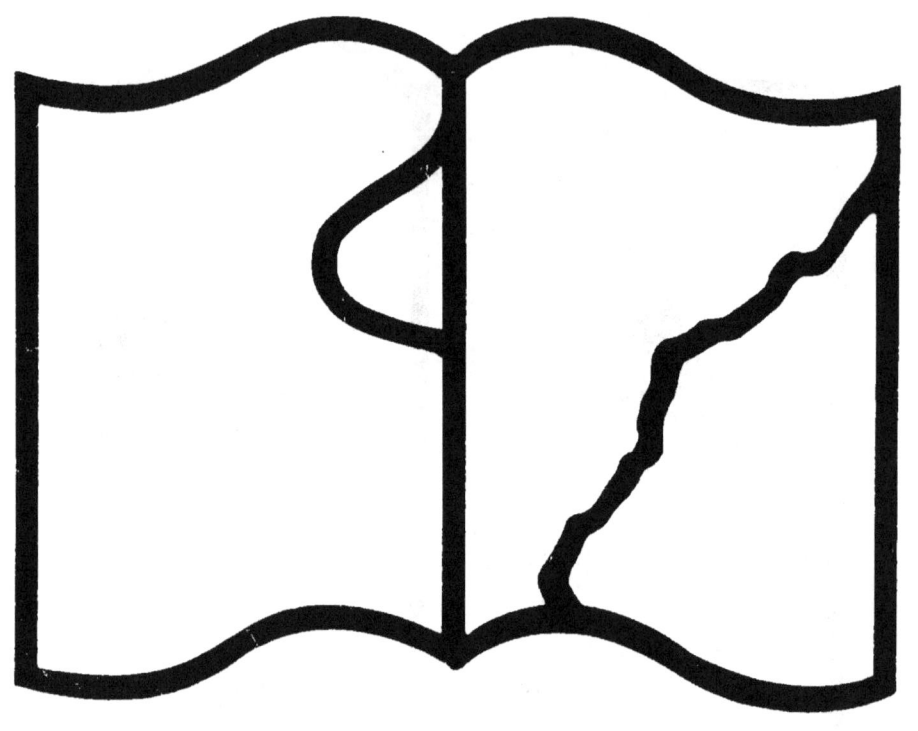

Texte détérioré — reliure défectueuse

NF Z 43-120-11

www.ingramcontent.com/pod-product-compliance
Lightning Source LLC
Chambersburg PA
CBHW050749170426
43202CB00013B/2350